Die deutschen Fallschirmjäger im Zweiten Weltkrieg

GRÜNE TEUFEL IM SPRUNGEINSATZ
UND ERDKAMPF 1939—1945

VOLKMAR KÜHN

Deutsche Fallschirmjäger im Zweiten Weltkrieg

MOTORBUCH VERLAG STUTTGART

Einbandgestaltung: Siegfried Horn
Das Titelbild zeigt eine Ausbildungsstaffel der Fallschirmjäger im besetzten Frankreich 1943 und stammt aus dem Buch »Die Ju 52 im Zweiten Weltkrieg« vom Motorbuch Verlag.

Fotos: Rudolf Fetzer, Rudolf Hambuch, Georg Schmitz, Vera Schulz, Generalmajor a. D. Karl-Lothar Schulz, Archiv des Verfassers

ISBN 3-613-01044-5

9. Auflage 1991

Ein Unternehmen der Paul Pietsch-Verlage GmbH & Co.

Drucktechnische Herstellung: Weihert-Druck GmbH, 6100 Darmstadt
Bindung: Verlagsbuchbinderei Karl Dieringer, 7016 Gerlingen
Printed in Germany

INHALTSVERZEICHNIS

Die Vorgeschichte 7
Fallschirmjäger im Kriegseinsatz 25
Der Kampf im Westen 38
Weiterer Aufbau – Zwischenziele 66
Sturmangriff aus der Luft 82
Der erste Tag – Die Hölle von Malemes 95
Einsatzraum Mitte – Verluste bei Galatas – Ein Bataillon stirbt .. 118
Ein König auf der Flucht – Tod eines Divisionskommandeurs –
Stukas greifen ein – Start nach Rethymnon 127
Kampf um Heraklion – Eine lange Nacht 135
Der zweite Tag 146
Die Tage bis zum endgültigen Sieg 161
Die Zeit zwischen den Feldzügen 189
Neue Planungen – Fallschirmjäger in Afrika 200
Von Tunis in die Festung Europa 222
Der Kampf um Sizilien 255
Der Kampf um Italien 279
Die zweite Fallschirmjägerdivision in Rußland 299
Das II. Fallschirmkorps 304
Der Kampf um Monte Cassino 307
Die Kämpfe im Westen an der Invasionsfront 324
Bis zum bitteren Ende 339
Stellenbesetzung der 7. Fliegerdivision 351
Stellenbesetzung des XI. Fliegerkorps 355
Stellenbesetzung Fallschirmjäger-Sturmregiment 356
Die 7. Fliegerdivision 359
Kreta 361
Stellenbesetzung 1. Fallschirmjäger-Division 367
Die Ritterkreuzträger der Fallschirmtruppe 369
Literatur und Quellenangabe 377

DIE VORGESCHICHTE

DAS GERÄT

Als der Luftschiffer und Ballonführer Charles Leroux am 14. 4. 1889, aus den USA kommend, in Berlin eintraf, hatte er einen Fallschirm im Gepäck. Es war der erste zusammenlegbare Fallschirm, der mit einer Haltevorrichtung versehen war, die sich der Springer um Brust und Schultern legen konnte. Leroux hatte diesen Schirm zusammen mit seinem Freund Joe Loyal gebaut.
Der Luftschiffer Leroux hatte sich einverstanden erklärt, auf dem Übungsplatz der kaiserlichen Militär-Luftschiffer-Abteilung in Berlin-Schöneberg vor den Offizieren des deutschen Generalstabes einen seiner berühmten Fallschirmabsprünge vorzuführen.
Am 16. April fand diese Vorführung statt. Von ihrem erhöhten Standort – dem Feldherrenhügel – verfolgten die Offiziere den Flug des Gasballons, mit dem Leroux aufgestiegen war. Unter ihnen befand sich der Chef des Großen Generalstabes, Graf Waldersee und der ehemalige Generalquartiermeister und spätere Chef des Großen Generalstabes, General Graf Schlieffen.
Sie sahen zu, wie sich Leroux in 1 000 Meter Höhe zum Absprung fertigmachte, wie er absprang und sicher landete, und General Schlieffen sagte wenig später in üblicher »Manöverkritik«: »Diese Art des Absprungs wäre für einen Feind eine totale Überraschung. Damit könnten zum Beispiel einige wenige Männer ein feindliches Hauptquartier ausheben, *wenn* man diese Dinger auch lenken könnte!«

Spätestens mit der Konstruktion eines »Flugapparates schwerer als Luft« war das Problem der Lenkbarkeit gelöst. Man konnte mit solchen Flugapparaten Fallschirmspringer dorthin bringen, wo sie abgesetzt werden mußten. Die ersten Fallschirmartisten benutzten die wackligen Kisten der Pionierzeit der Fliegerei zum Abspringen.

Im Ersten Weltkrieg wurde der Fallschirm schließlich für viele Ballonfahrer und -beobachter und dann auch für Flieger zum Rettungsanker aus Luftnot. Der deutsche Luftschiffer-Maschinist Otto Heinicke entwickelte den ersten brauchbaren Flugzeug-Sprung-Fallschirm. Dieser Schirm wurde auch von Käthe Paulus, der ersten deutschen Aeronautin und Fallschirmabspringerin, in Berlin gebaut. Sie stellte mit ihren Helfern während des Ersten Weltkrieges nicht weniger als 5 000 (!) dieser Fallschirme her.

Der amerikanische Generalmajor William Mitchell war es, der als Befehlshaber der US-Luftstreitkräfte in Frankreich im Oktober 1918 einen Großangriff aus der Luft im Gebiet von Ypern plante. Zu diesem Angriff, so schlug er vor, sollte die gesamte 1. US-Division mit Fallschirmen ausgerüstet werden. Das Vorhaben wurde schließlich auf Februar 1919 vertagt. Dann sollten die Fallschirm-Infanteristen im Abschnitt Menin-Roselare, im Rücken der deutschen Front, abgesetzt werden. Daneben war geplant, an großen Lastenfallschirmen Munition, Maschinengewehre und Proviant zu landen. Diese erste großangelegte Luftlandeoperation der Geschichte sollte mit sämtlichen vorhandenen Flugzeugen der Alliierten – es waren 2 000 – durch Bomben und Bordwaffenangriffe unterstützt werden.

»Dieser Einsatz von Fallschirmspringern, als ›Panic Party‹ im Rücken des Feindes, wird den Durchbruch bei Roselare sichern«, meinte Generalmajor Mitchell. Der Kriegsschluß 1918 vereitelte diesen grandiosen Plan und die gesamte Operation geriet in Vergessenheit, bis General Mitchell 1930 seine Memoiren veröffentlichte, in denen auch von diesem Unternehmen die Rede war.

Allenthalben erklärte man Mitchell für verrückt. Nur in Rußland nicht. Dort ging man bereits 1928 daran, eine Fallschirmtruppe aufzustellen, und das kam nicht von ungefähr. In der UdSSR gab es zu dieser Zeit bereits eine große Gruppe Menschen, die sich mit Fallschirmsportspringen befaßten. Einer von ihnen war Evdokimow, ein Meister des Freien Falls, der in der Lage war, *jede* Steuerung des Körpers auszuführen. Er kam im Jahre 1934 bei einem Absprung aus 11 000 Meter ums Leben. Sein Fallschirm hatte sich nicht geöffnet.

Diese neue Art des Kampfes aus der dritten Dimension wurde vor allem von Marschall Tuchatschewski, dem Oberbefehlshaber der Roten Armee, gefördert. Alle Fallschirmspringer waren in der Ossaviachim organisiert, einer vormilitärischen Ausbildungsgruppe, die in sämtlichen Städten der UdSSR Abteilungen unterhielt. In diesen Gruppen wurden junge Russinnen und Russen im Funken, Fliegen und Fallschirmspringen ausgebildet.

Im Jahre 1930 wurden zum ersten Male Fallschirmjäger im russischen Allunionsmanöver eingesetzt. Ein Leutnant sprang mit einem Zug Fallschirmjäger südlich Moskaus ab. Er hatte den Auftrag, einen sowjetischen Stab der Gegenpartei zu überraschen und auszuheben. Das Manöver gelang vollkommen. Der erste Fallschirmjäger-Einsatz der Militärgeschichte war damit erfolgt.

Anläßlich der Manöver 1931 sprangen ein Offizier und sechs Mann aus einer »Antonow 14«. Sieben Minuten nach dem Absprung hatten sie ein schweres MG in Stellung gebracht und griffen von einem strategisch wichtigen Punkt entscheidend in die Kämpfe ein.

Während dieser Zeit wurden sämtliche Fallschirmtypen der Welt in Rußland ausprobiert. Derjenige, der bei den Überprüfungen am besten abschnitt, wurde kurzerhand nachgebaut.

Als der sowjetische Fliegergeneral Michail Schtscherbakow im darauffolgenden Jahr in Frankreich weilte, wurde er von Marschall Pétain persönlich in der Maginot-Linie herumgeführt.

»Diese Festungen werden *jeden* Feind vor dem Eindringen in unser Land aufhalten«, sagte der Gastgeber dem General. Dieser lächelte leicht. Dann erwiderte er zur Verblüffung des Marschalls:
»Solche Festungen werden in Zukunft völlig überflüssig sein. Wenn ein Gegner sich die Vorstellungen des amerikanischen Generals Mitchell zu eigen machen würde, und mit Fallschirmspringern diese Festungen einfach überspringt, könnte er das Hinterland besetzen, die Festungen von ihrer Versorgung abschneiden und aushungern.«

Diese freimütigen Ausführungen lösten einen Schock aus. Die französische Führung verstärkte sofort die Luftabwehrwaffen bei den Festungen und setzte weitere Flak-Batterien dort ein.

Die sowjetische militärische Führung hingegen baute ihre Fallschirmtruppe weiter aus. Anläßlich der sowjetischen Sommermanöver des Jahres 1935 in der Ukraine wurden Fallschirmabsprünge größerer sowjetischer Verbände demonstriert und ein Jahr später sprangen mit einem Schlage 1 000 Fallschirmjäger ab und verblüfften die Militärs aus aller Welt mit der Präzision ihres Niedergehens und der Schlagkraft ihres Einsatzes. Die Militârattachés der anderen Nationen hatten Gelegenheit, die Landung der 1 000 Fallschirmjäger und die auf dem von ihnen eroberten Gebiet nachlandenden 5 000 Mann Luftlandetruppen zu beobachten. Der damalige Oberst Archibald P. Wavell, der spätere Oberbefehlshaber der Engländer in Nordafrika, schrieb an seine Regierung:

»Wäre ich nicht selbst Augenzeuge dieses Ereignisses gewesen, ich hätte niemals geglaubt, daß eine solche Operation möglich sei.«

Auch der deutsche militärische Beobachter hatte 1935 und 1936 diese sensationellen sowjetischen Manöver aus der Luft nach Berlin gemeldet. Dort hatte man seit einiger Zeit ebenfalls die Ausbildung von Fallschirmtruppen ins Auge gefaßt, denn nachdem das Gerät da war, kam es darauf an, die Männer zusammenzufassen, die es bedienen konnten.

Man schrieb den 1. April 1935, als die damals preußische Landespolizeigruppe »General Göring« zum Luftwaffenregiment »General Göring« umbenannt und in die Wehrmacht eingegliedert wurde. Ende September dieses Jahres erhielt Oberstleutnant Jakoby den Befehl, sich in Rominten beim Reichsminister der Luftfahrt und Oberbefehlshaber der Luftwaffe, Hermann Göring, zu melden. Als er sich meldete, erklärte Göring:

»Mein Regiment wird am 1. Oktober 1935 in die Luftwaffe überführt. Sie, Jakoby, sorgen dafür, daß aus Freiwilligen des Regimentes ein Fallschirmjäger-Bataillon aufgestellt wird. Dieses Bataillon soll die Stammtruppe werden für die künftige deutsche Fallschirmtruppe.«

Das Regiment wurde im Oktober 1935 auf den Truppenübungsplatz Altengrabow verlegt. Sein Auftrag lautete:

»Gliederungen und Einsatzmöglichkeiten eines Fallschirmjäger-Regimentes sind zu entwickeln und praktisch zu erproben.«

Auf dem Truppenübungsplatz in Döberitz, wohin das Regiment anschließend verlegte, wurde den Soldaten der erste Fallschirmabsprung vorgeführt. Mit gemischten Gefühlen sahen sie, daß der Fallschirmspringer bei der Landung verletzt liegenblieb. Dennoch waren die Soldaten begeistert und noch an diesem Tage meldeten sich 600 Angehörige des Regimentes, darunter fast alle Offiziere, freiwillig zum Fallschirmjäger-Bataillon. Das I. Bataillon des Regimentes »General Göring« wurde nun Fallschirmjäger-Bataillon.

Die Befehlsführung war folgendermaßen:

Bataillonskommandeur:	Major Bruno Bräuer
Adjutant:	Oberleutnant Vogel
Nachrichtenoffizier:	Leutnant Dunz
1. Kompanie:	Oberleutnant Walther
2. Kompanie:	Oberleutnant Kroh

3. Kompanie: Oberleutnant Schulz
4. Kompanie: Hauptmann Reinberger

Bei der Umorganisation des Regimentes im November 1935 wurde das Fallschirmjäger-Bataillon in IV. Bataillon umbenannt. (Das Bataillon schied erst am 1. April 1938 aus dem Regiment »General Göring« aus und führte anschließend die Bezeichnung I./FJR 1. Diesem Bataillon entstammt beinahe das gesamte Lehr- und Schulpersonal der Fallschirmschule zu Stendal.)

Obgleich also bereits im Jahre 1935 die ersten Fallschirmjäger-Einheiten aufgestellt wurden, ist als Geburtsstunde der deutschen Fallschirmtruppe der 29. Januar 1936 in die Annalen der Fallschirmgeschichte eingegangen. An diesem Tage erließ der Oberbefehlshaber der Luftwaffe, Hermann Göring, den *ersten* Befehl zur Aufstellung der neuen Waffengattung Fallschirmjäger. Dieser Befehl lautete:

Der Reichsminister der Luftfahrt Berlin, den 29. Januar 1936
und
Oberbefehlshaber der Luftwaffe

L.A. Nr. 262/36 g III, 1 A Geheim

An
Luftkreiskommando II Berlin

Zur Vorbereitung einer Ausbildung des Regimentes »General Göring« im Fallschirmspringen wird befohlen:

Als zukünftiges Lehrpersonal sind 15 Offiziere, Unteroffiziere und Unterführer des Regimentes aufgrund freiwilliger Meldungen bereitzustellen und auszubilden.

Es kommen hierfür Persönlichkeiten mit einem Gewicht unter 85 Kilogramm (einschließlich Kleidung) in Frage, die körperlich gut durchgebildet und ärztlich auf Fliegertauglichkeit untersucht sein müssen.

Beginn der Ausbildung: voraussichtlich 1. 4. 1936. Dauer 8 Wo-

chen, davon vier Wochen zur Ausbildung als Fallschirmwart beim Luftwaffen-Geräteinspizienten, anschließend vier Wochen praktischer Lehrgang im Fallschirmabspringen aus einem Flugzeug. Als Flugplatz ist dafür Neubrandenburg in Aussicht genommen.
Eine Ju 52 wird durch R.L.M. (L.C.) hergerichtet werden. Geeignete Lehrer wird R.L.M. (L.A.III) stellen.
Richtlinien für die Ausbildung ergehen zeitgerecht durch R.L.M. (L.A.III)
Zum 15. 3. 1936 meldet L.K.K.II:
1. Dienstgrad und Namen der Freiwilligen
2. Die Durchführung der fliegerärztlichen Untersuchung
3. Die Geeignetheit des vorgesehenen Flugplatzes. (Nötigenfalls ist ein anderer Vorschlag zu unterbreiten.)

Die Kommandomehrkosten sind bei Kap. A 2 Tit. 34, Unterabschnitt 4b, anzufordern; sie werden besonders zugewiesen.
Für die Dauer der vierwöchigen praktischen Ausbildung im Fallschirmabspringen wird ausnahmsweise die Fliegerzulage gem. Verfügung D.R. L.L.P. 4010/35 I 1 Ag. v. 3.5.35 Ziff. IVb (Frontgruppe) genehmigt.

Im Entwurf
I.V.
gez. Milch

Als Geburtsort kann man den Flugplatz zu Stendal bezeichnen. Hier wurden die ersten Freiwilligen ausgebildet, die sich aufgrund dieses Befehls gemeldet hatten. Die Hauptleute der Luftwaffe Immans und Kuhno leiteten die ersten Versuche und bauten auch die erste Fallschirmschule für die Sprungausbildung auf. Alle technischen Fragen des Fallschirmjägereinsatzes erarbeitete der damalige Major Bassenge, nach dessen Richtlinien später die dreimonatige Sprungausbildung aller Fallschirmjäger durchgeführt wurde.
Unmittelbar neben dieser kleinen Gruppe war auch das Bataillon Bräuer in einem großen Barackenlager untergebracht. Als Major Bruno Bräuer drei Monate nach der Aufstellung des Fallschirmjäger-Bataillons den Chef der 15. Kompanie des Regiments »Gene-

ral Göring«, den soeben zum Oberleutnant beförderten Karl-Lothar Schulz zu sich rufen ließ, ahnte der Oberleutnant, der sich auch zur Fallschirmjägerei gemeldet hatte, noch nicht, um was es ging. Bruno Bräuer begrüßte ihn mit den Worten:
»Also, Schulz, es soll jetzt auch eine Pionierkompanie in das Bataillon eingegliedert werden. Da Sie sich freiwillig gemeldet haben, bitte ich Sie, an Ihre Kompanie zur freiwilligen Meldung zu appellieren. Wenn wir einen schwachen Zug zusammenbekommen, wäre schon viel gewonnen.«
Am selben Tage noch ließ der Oberleutnant seine Kompanie antreten. Er hielt eine kurze Ansprache, die mit den Worten endete: »Männer, macht ihr alles mit, was ich euch vormache?« Die Männer stimmten zu und der Pionier Schulz beendete seine Ansprache mit den Worten: »Dann seid ihr ab heute Fallschirmjäger!«
So erhielt das Fallschirmjäger-Bataillon mit einem Schlage eine hervorragend ausgebildete Pionier-Kompanie, denn wenn es auch jedem freistand, *alle* hatten sich tatsächlich freiwillig gemeldet.
In den ersten Monaten gingen die Fachleute daran, einige technische Fragen zu lösen, die für einen Fallschirmjäger-Einsatz wichtig waren. Es galt vor allem, einen guten, sicheren, und für den Fallschirmabsprung brauchbaren Fallschirm zu finden. Der übliche Rettungsfallschirm, der manuell bedient wurde, verlangte eine ziemlich lange Falldauer des Springers; er bot bei Absprüngen unter 200 Meter keine Sicherheit. Und Fallschirmjäger mußten in bedeutend geringeren Höhen abgesetzt werden, um die Zeit möglichst kurz zu halten, da sie hilflos, jedem Gegner preisgegeben, im Schirm hingen.
Die Fallschirmerprobungsstelle der deutschen Luftfahrtbehörde hatte bereits seit 1930 in enger Zusammenarbeit mit der Prüfstelle für Luftfahrzeuge – ein Fallschirm *ist* ein Luftfahrzeug! – in Berlin-Adlershof zusammengearbeitet. Die Leiter der Prüfstelle, die Professoren Hoff und Madelung, sowie die ihnen unterstellten Sachbearbeiter der Gruppe Fallschirme und Fliegeranschnallgurte,

Dipl. Ing. Friedrich Hoffmann und die Ingenieure von Stryk und Herbert Klar, hatten dazu bereits gute Vorarbeiten geleistet. Unter Führung der Piloten von Köppen und Bruntrock waren aus dem Albatros L 76 sowie aus der Junkers K 47 Abwürfe mit Puppen aus 80 bis 100 Meter Höhe vorgenommen worden. Die Puppenlast hatte 100 Kilogramm, die Fluggeschwindigkeit 250 km/h betragen. Später wurde diese Geschwindigkeit auf 324 km/h und schließlich auf 400 km/h gesteigert. Nachdem es dem Ingenieur Freise von der D.V.L. in Berlin-Adlershof gelungen war, den Entfaltungsstoß-Schreiber zu entwickeln, war es dem Team zum erstenmal möglich, den Kräfteverlauf während des Entfaltungsvorganges – und damit auch dessen Einwirkungen auf Menschen – zu bestimmen und zu verfolgen. Dieses Gerät war ein Meisterwerk der damaligen Meßtechnik. Alle in- und ausländischen Fallschirmtypen waren auf diese Weise bereits bis zum Jahre 1933 getestet und überprüft worden.
Ab 1933 wurde dann die Entwicklung des Fallschirms auf dem militärischen Sektor zentral im Technischen Amt des Generalluftzeugmeisters beim Reichsluftfahrt-Ministerium wahrgenommen. Diesem Technischen Amt standen für die Bearbeitung der Entwicklungs-, Erprobungs- und Forschungsaufgaben folgende Dienststellen zur Verfügung:

a) Die Deutsche Versuchsanstalt für Luftfahrt in Berlin unter Leitung von Oberst Robert Thelen und Dipl. Ing. Fritz Hellriegel.
b) Die Erprobungsstelle der Luftwaffe in Rechlin, mit den Sachbearbeitern Dipl. Ing. Karl Achler, Ing. Martin Ruck, Ing. Biehl und Techniker Willi Buss. Die Herren Biehl und Buss waren gleichzeitig auch Erprobungsspringer.
   An der Erprobung nahm oftmals auch Ing. Richard Kohnke, einer der alten Fallschirmpioniere, teil, der aus großen Höhen und bei verschiedenen Geschwindigkeiten absprang.

c) Das Flugtechnische Institut der Technischen Hochschule in Darmstadt unter Professor Georgii.
d) Das 1939 in Stuttgart neueingerichtete Forschungs-Institut Zeppelin unter Leitung von Professor Madelung.

Nach 1933 stand der Fallschirmerprobungsstelle eine neue Kinotheodolit-Meßstation zur Verfügung, mit der alle Phasen eines Entfaltungsvorganges festgehalten wurden. Als es schließlich noch gelang die Kinotheodolit-Kamera mit dem Entfaltungsstoßschreiber durch funktechnische Übermittlung von Zeitzeichen zu koppeln, konnte nun bei der Auswertung der Vermessungen *jede* Phase der Entfaltung und die darin aufgetretenen Kräfte einwandfrei ermittelt werden. Alles dies trug entscheidend mit dazu bei, einen sicheren Fallschirm zu entwickeln. Es war der Rundkappenschirm des Baumusters RZ 1, der einen Durchmesser von 8,5 Meter (Planfläche) und einen Flächeninhalt von 56 Quadratmetern hatte. Dieser Schirm war durch eine Aufziehleine zwangsausgelöst und wurde als Rückenschirm getragen. Einen Reservefallschirm gab es dabei nicht, denn die Absprunghöhe wurde mit 120 Meter festgelegt, und gesprungen wurde aus den langsam fliegenden Ju 52-Maschinen. Die verbesserten Muster RZ 16 und RZ 20 kamen bald hinzu. Während des Krieges wurde mit dem RZ 36 der erste Dreiecksfallschirm eingeführt, der den dreifachen Vorteil eines geringeren Entfaltungsstoßes, geringerer Pendelbewegung und weicherer Landung besaß. Dieser Schirm war von Dipl. Ing. Wolf Schauenburg entwickelt und am 5. 6. 1943 zum Patent eingereicht worden. Doch zurück zu den Männern!
Im Oberkommando des Heeres befaßte man sich ebenfalls im Jahre 1936 mit den Überlegungen, ob es geraten sei, ein Fallschirmjäger-Bataillon aufzustellen und nur wenige Wochen nach diesen Überlegungen wurde die Fallschirminfanterie-Kompanie unter Oberleutnant Zahn aufgestellt. Als Kompanieoffizier stand ihm der bekannte Fünfkämpfer Oberleutnant Pelz zur Seite. Die-

se Kompanie war im Herbst des Jahres 1937 soweit ausgebaut, daß sie auf den Wehrmachtsmanövern in Mecklenburg zum Einsatz kam und zwar am Ende dieser Manöver, als auf dem Bückeberg das Erntedankfest begangen wurde.

Inzwischen war die Führung des Regimentes »General Göring« in die Hände von Oberst Walther von Axthelm übergegangen, der dem Fallschirmjäger-Bataillon seines Regimentes größte Aufmerksamkeit schenkte.

Mit Bestehen einer Kompanie Fallschirmjäger des Heeres meldete sich der als Taktiklehrer in Potsdam dienende Major Richard Heidrich zu dieser Waffe. Mit 41 Jahren absolvierte er den Springerlehrgang wie jeder andere Fallschirmjäger auch und übernahm am 1. 3. 1938 die Führung des Fallschirm-Infanterie-Bataillons des Heeres, das vorerst allerdings nur in jener genannten Kompanie bestand. Dieses Bataillon, dessen Ausbau mit allen Kräften vorangetrieben wurde, war anfangs ebenfalls in Stendal untergebracht. Es erhielt später eine neuerbaute Kaserne in Braunschweig-Riddagshausen als Standort zugewiesen.

Es gab nun also sowohl beim Heer, als auch bei der Luftwaffe, ein Fallschirmjäger-Bataillon und während die Sprungausbildung naturgemäß gleichartig durchgeführt wurde, vertrat man bei Heer und Luftwaffe *sehr* verschiedene Ansichten über die Art des taktischen Einsatzes. Während die Luftwaffe einer »Zerstörertaktik« zuneigte, nach welcher kleinere Fallschirmjäger-Einheiten als »Zerstörertrupps in der Tiefe des feindlichen Hinterlandes« abzusetzen waren, wo sie wichtige militärische Ziele zu vernichten hatten, strebte das Heer einen taktisch-infanteristischen Einsatz an. Bereits bei den ersten Übungen im Herbst 1937 konnte die erste Fallschirmjäger-Infanterie-Kompanie diese Taktik des unmittelbaren Zusammenwirkens mit der kämpfenden Truppe vorexerzieren und dabei gut abschneiden.

Am 1. Juli 1938 übernahm Generalmajor Kurt Student die Führung der jungen deutschen Fallschirmtruppe, der man aus Tarnungsgründen die Bezeichnung 7. Fliegerdivision gegeben hatte. Der Generalmajor, der Inspekteur der Fliegerschule war, und als solcher auch schon einige Kontakte zur Fallschirmschule in Stendal geknüpft hatte, führt damit die jüngste Waffengattung der Deutschen Wehrmacht. Am 15. 9. 1938 sollte die Division stehen. Generalmajor Student mußte sich nun nicht nur mit den so verschiedenen Ansichten über den taktischen Einsatz seiner Truppe auseinandersetzen, er hatte damals bereits seine *eigene* Konzeption, was er aus der neuen Truppe machen wollte und wie sie am besten einzusetzen sei. Er sagte darüber:

»Mit der Zerstörertaktik konnte ich mich nicht befreunden. Trotz der erforderlichen Kühnheit sah ich darin keine vollbefriedigende Aufgabe für einen Soldaten und für eine Truppe. Auch die Chancen für ein Zurückkommen erschienen mir zu gering. In den meisten Fällen blieb nur die Gefangenschaft und vielleicht sogar die Behandlung als Saboteur oder gar als Spion. Eine solche Aussicht mußte die Moral der besten Truppe untergraben. Eine gute Truppe erträgt Verluste im Kampf. Sie muß sich aber eine reelle Chance für ein glückliches Zurückkommen ausrechnen können.

Auch der taktisch begrenzte Einsatz schien mir nicht dem Wesen und der Bedeutung der Luftlandetruppen zu entsprechen. Meine Auffassung über diese jüngste Waffe ging von Anfang an *sehr* viel weiter. Ich sah unsere Aufgabe darin, die Fallschirm- und Luftlandetruppen allmählich zu einem Instrument von operativer, ja schlachtentscheidender Bedeutung zu entwickeln.

Der Einsatz von Luftlandekräften brachte für die Erdoperationen, die bisher nur in zwei Dimensionen durchführbar waren, den großen Vorteil der Ausnutzung der dritten Dimension. Er brachte damit der militärischen Führung die Möglichkeit, die feindliche Front einfach zu überspringen und den Gegner im Rücken zu packen, wo und wann sie dies wollte. Der Angriff in den Rücken des Gegners wurde bekanntlich seit jeher angestrebt, da er am meisten demoralisierend und daher am wirkungsvollsten ist. Die

Luftlandewaffe gab die Möglichkeit hierzu und war damit für die Kriegführung von unabsehbarer Bedeutung.

Hinzu kam das Überraschungsmoment bei plötzlichen Fallschirmangriffen mit ihrer lähmenden Wirkung. Die Überraschung ist umso größer, je mehr Fallschirmjäger am Feind abgesetzt werden. Aber hierin liegt auch eine große Gefahr für die springende Truppe selbst – die Gefahr, einem abwehrbereiten Gegner zu nahe zu kommen und damit selbst eine böse Überraschung zu erleben.

Diesem wichtigen Fragenkomplex mit all dem Für und Wider habe ich von Anfang an meine besondere Aufmerksamkeit gewidmet.«

Bei Übernahme der Fallschirmtruppe durch Generalmajor Student unterstand das Fallschirm-Infanterie-Bataillon zwar weiterhin dem Heer. Es wurde aber bei der Einsatzplanung für die Besetzung des Sudentenlandes der 7. Fliegerdivision unterstellt.

Hitler hatte sich entschlossen, die Sudetenfrage gewaltsam zu lösen. Im Rahmen dieser Besetzung sollte die tschechische Bunkerlinie so schnell wie möglich außer Gefecht gesetzt werden. Dazu erhielt Generalmajor Student den Befehl, die Möglichkeiten eines Luftlandeeinsatzes zu prüfen und einen entsprechenden Vorschlag vorzulegen.

Um die 7. Fliegerdivision bis zu dem geforderten Termin – dem 15. September 1938 – als Division einsatzbereit zu haben, mußte den beiden Fallschirmjäger-Bataillonen von Heer und Luftwaffe als Kern das Luftlande-Bataillon unter Oberstleutnant Sydow zugeführt werden. Dazu wurden noch das Infanterieregiment 16, der 22. ID unter Oberst Kreysing *und* – auf besonderen Wunsch Görings – das SA-Regiment »Standarte Feldherrnhalle« als Luftlande-Regimenter zur 7. Fliegerdivision abgestellt. An fliegenden Verbänden wurden der so zusammengewürfelten Division folgende Verbände unterstellt:

1 Aufklärungsstaffel,
6 Transportgruppen (Ju 52),

1 Schlachtgeschwader mit 3 Stukagruppen,

1 Jagdgeschwader mit 3 Gruppen.

Im Rahmen der Vorbereitungen führte Generalmajor Student im September die erste größere Luftlandeübung bei Jüterbog durch. An dieser Übung waren alle ihm unterstellten Truppen und Verbände beteiligt. Die alten erfahrenen Lufthansa-Kapitäne, die die Transport-Flugzeuge steuerten, konnten alle auftauchenden Schwierigkeiten meistern.

Auf der Suche nach weiteren Einsatzmitteln für Luftlandeoperationen stieß Student auf die Lastensegler. In einem Gespräch über diese Möglichkeiten mit dem damaligen Chef der Operationsabteilung, Oberst i. G. Jeschonnek, der ebenso wie Student begeisterter Segelflieger war, sagte Jeschonnek:

»Niemand kümmert sich um unsere Lastensegler. Es wäre das beste, wenn Sie sie unter Ihre Fittiche nehmen würden, sonst schläft die Sache wieder ein.«

Ein solcher Lastensegler stand in dem DFS 230 zur Verfügung. Es war ein von der Deutschen Forschungsanstalt für Segelflug nach 1933 aus dem Segler des Typs »Observatorium« weiterentwickeltes Segelflugzeug, das einen Führer und zehn Mann aufnehmen konnte. Die DFS 230 wurde von Hans Jakobs konstruiert und von Hanna Reitsch eingeflogen. Zunächst wurden unter Leitung des bekannten Segelfliegers Fritz Stamer in Darmstadt der Leutnant Kiess und der Unteroffizier Flucke auf dieser Maschine geschult. Nach erfolgreichem Abschluß der Schulung wurden in Darmstadt regelmäßig Lastensegler-Ausbildungslehrgänge eingerichtet.

Das Lastensegler-Ausbildungskommando unter Leutnant Kiess wurde ebenfalls der 7. Fliegerdivision zugeführt. Bei einer Besichtigung dieses noch kleinen Verbandes auf dem Fliegerhorst in Prenzlau flog Kurt Student selbst in einem der Lastensegler, der von Leutnant Kiess gesteuert wurde. Bei dieser Gelegenheit gab Generalmajor Student – dem Gedanken folgend, diese LS als Angriffswaffe einzusetzen – Leutnant Kiess den Auftrag, bei der unmittelbar bevorstehenden Besetzung des Sudetenlandes die beherrschende Höhe 698, südostwärts von Freudenthal, mit seinem Zug im Handstreich im LS-Einsatz zu besetzen und den dort stehenden Gegner auszuschalten.

Durch das Abkommen in München kam es indessen nicht zum Ausbruch von Kampfhandlungen. Die 7. Fliegerdivision wurde zur kampflosen Besetzung im Raume Freudenthal eingesetzt, wobei das geplante Luftlandeunternehmen als Übung durchgeführt wurde. Aus Gründen der Geheimhaltung ließ Generalmajor Student den Absprung von Fallschirmjägern und den Einsatz von Lastenseglern jedoch nicht zu. Lediglich die Landungen der 250 vorgesehenen Ju 52 auf den vorgesehenen Landeplätzen wurden durchgeführt. Generalfeldmarschall Göring, der dieser Übung beiwohnte, verfolgte fasziniert die Landungen und Ausladungen. Als das letzte Flugzeug wieder gestartet war, sagte er zu Generalmajor Student: »Diese Sache hat eine große Zukunft!«

Diese Beurteilung sollte sich günstig für die 7. Fliegerdivision auswirken. Am 1. 1. 1939 wurde das Fallschirmjäger-Infanterie-Bataillon des Heeres als Fallschirmjäger-Bataillon II in das Fallschirmjäger-Regiment 1 der 7. Fliegerdivision überführt. Sein bisheriger Kommandeur, Major Heidrich, der als Kommandeur des neuaufzustellenden 2. Regimentes der Division vorgesehen war, ging zunächst in den Stab der 7. Fliegerdivision. Sein Nachfolger als Bataillonskommandeur wurde Hauptmann Fritz Prager. Bataillons-Adjutant war Leutnant Heckel, Nachrichtenoffizier Leutnant Böhmler. Bereits im November war das Bataillon von Stendal nach Braunschweig verlegt worden.

Gleichzeitig damit wurde im Januar 1939 die 22. ID unter Generalmajor Graf Sponeck zur Luftlande-Division ausgebaut. Das noch immer der 7. Fliegerdivision unterstehende IR 16 kehrte zu seiner Division zurück. Generalmajor Student wurde zum Inspekteur der Luftlandetruppen ernannt.

Die 7. Fliegerdivision wiederum war direkt dem Oberkommando der Luftwaffe unterstellt. Während noch das Luftlande-Bataillon auf der Fallschirmschule Stendal seine Sprungausbildung erhielt, wurden die beiden stehenden Fallschirmjäger-Bataillone unter Oberstleutnant Bruno Bräuer zum Fallschirmjäger-Regiment 1 zusammengefaßt.

In Gardelegen wurde unter Hauptmann Karl-Lothar Schulz das III./FJR 1 aufgestellt, während das I. und II./FJR 2 unter Hauptmann Noster und Hauptmann Pietzonka in Tangermünde aufgestellt wurden.

Alle diese Verbände wurden grundsätzlich von Freiwilligen gebildet. Die erste Auslese erfolgte auf den Fallschirmschulen. Dort gingen die Soldaten durch ein hartes Training, das sie körperlich und seelisch voll in Anspruch nahm und ihren Persönlichkeitswert erkennen ließ. Die weitere Erziehung und Ausbildung der Fallschirmjäger formulierte Generalmajor Student zu dieser Zeit folgendermaßen:

»Die Behandlung mußte entsprechend dem Stolz der Fallschirmjäger auf die Zugehörigkeit zur Fallschirmtruppe ausgerichtet werden. Sie mußte großzügiger, fürsorglicher und kameradschaftlicher sein, als irgendwo anders. Die Erziehung mußte weit mehr auf starkem gegenseitigem Vertrauen beruhen, denn auf Disziplin und Gehorsam. Ich selbst bemühte mich, mit bestem Beispiel voranzugehen. Bei meinen vielen Truppenbesuchen suchte ich meine Fallschirmjäger besonders häufig auf, unterhielt mich mit ihnen über ihre Interessen, persönliche Verhältnisse und Sorgen, befragte sie nach ihren Ansichten und freute mich, wenn ich offene und freimütige Antworten erhielt. Meine Kompaniechefs, die Kommandeure und ich, schlossen auf diese Weise die Fallschirmtruppe zu einer immer größer werdenden Familie zusammen, und es war eine besonders schwere Strafe für einen Fallschirmjäger, aus dieser Familie ausgeschlossen und zu einer anderen Truppe versetzt zu werden.

In dieser Grundhaltung liegt zu einem großen Teil das Erfolgsgeheimnis der Fallschirmtruppe begründet, das im Kampfeinsatz zutage getreten ist.«

Parallel zur Aufstellung der Fallschirmjäger-Bataillone ging der Aufbau der Divisionstruppen voran. So wurde in Gardelegen im Sommer 1938 die erste Luftlande-Geschützbatterie 7 unter Oberleutnant Bruno Schram aufgestellt. Sie bestand aus Skoda-Geschützen mit 7,5 cm Kaliber. Da sie pferde- bzw. hundebespannt war, wurde sie von allen anderen Fallschirmjägern »Zirkus Schram« genannt.

Am 20. April 1939 trat die Fallschirmtruppe zum erstenmal bei einer großen Parade auf. In Berlin marschierte sie, unter Führung von Oberstleutnant Bräuer, an Hitler vorbei.

Anläßlich des ersten Luftlandemanövers auf dem Truppenübungsplatz Bergen im Juli 1939, das Generaloberst von Kluge leitete, wurde ein Gag präsentiert. Oberstleutnant Heidrich hatte, damals noch im Stab der 7. Fliegerdivision, bereits früher die Idee vorgetragen und vertreten, lebensgroße Puppen an Fallschirmen zur Täuschung des Gegners einzusetzen. Dieser Einfall sollte nun zum Zuge kommen.

Bei dieser Übung setzte Generalmajor Student solche »Fallschirmjäger« im Rücken eines feindlichen Regimentes ein. Die derart bedrohte Einheit machte dann auch prompt kehrt, um die Puppen zu bekämpfen. Während dieser Zeit aber sprang das II./FJR 1 auf der anderen Seite, besetzte das Höhengelände kampflos und richtete sich dort zur Verteidigung ein. Generaloberst von Kluge war begeistert.

Wie nun Hitler zu dieser Zeit zur Fallschirmtruppe stand, das war nicht mit Sicherheit zu sagen. Weder hatte er diese Truppe bis dahin besucht, noch mit Generalmajor Student über sie gesprochen.

Als Deutschland am 26. August 1939 mobilmachte, standen die Einheiten der 7. Fliegerdivision in ihren Friedensstandorten. Sie war einsatzbereit, wenn auch noch nicht zu voller Stärke aufgestockt.

Am 1. September 1939 begann der Zweite Weltkrieg. Die junge Fallschirmtruppe mußte sich nun im Ernstfall behaupten und ihre Schlagkraft unter Beweis stellen.

FALLSCHIRMJÄGER IM KRIEGSEINSATZ

AUF WARTESTELLUNG IM POLENFELDZUG

Mit Beginn des Polenfeldzuges befanden sich die Fallschirmjäger-Verbände auf der Autobahn zwischen Berlin und Breslau und machten gerade eine Marschpause. Sie sollten zu den Flugplätzen um Breslau fahren und dort für Luftlandeeinsätze bereitgestellt werden. Mehrere Einsätze waren geplant und von Generalmajor Student vorbereitet worden. So der Einsatz Pulawy, bei dem es darum ging, die wichtige Weichselbrücke zu erobern und die dort stehenden starken polnischen Kräfte zu vernichten. Zu diesem Angriff saßen die Fallschirmjäger übrigens bereits in den Maschinen, als er plötzlich ohne Angabe von Gründen abgesagt wurde. Es stellte sich später heraus, daß die deutschen Panzer noch schneller gewesen waren und diese Brücke im Handstreich genommen hatten.

In den Reihen der Fallschirmjäger machte sich die Enttäuschung über ihr tatenloses Herumlungern auf den schlesischen Flugplätzen breit. Als dann auch noch der »Ausverkauf der deutschen Fallschirmtruppe« begann, als einzelne Einheiten zu völlig anderer Verwendung abgezogen wurden, brodelte der Ärger hoch. Vor allem bei den Angehörigen des III./FJR 1, die nun zum Schutz des Gefechtsstandes des Generals der Flieger von Richthofen eingesetzt wurden.

Mitte September rollten dann Verbände der 7. Fliegerdivision nach Osten. Sie hatten den Auftrag, zwischen Weichsel und Bug Flugplätze zu besetzen und gegen versprengte polnische Verbände zu sichern. Bei einem Erkundungsvorstoß über die Weichsel, der vom II./FJR 1 durchgeführt wurde, kam es zum Zusammenstoß mit einem polnischen Artillerie-Regiment. Bei dem schweren Gefecht, das sich dabei entwickelte, gab es Verwundete und Tote. Der erste Gefallene der Fallschirmtruppe war Feldwebel Mensch.

Mitte Oktober kehrten die Verbände der Division in ihre Friedensstandorte zurück, und die ersten Fallschirmjäger meldeten sich von dieser »inaktiven» Truppe zur Infanterie, ohne zu wissen, daß ihr ganz großer Einsatz gerade in diesen Tagen vorbereitet wurde.

Generalmajor Kurt Student war am 27. Oktober in die Reichskanzlei befohlen worden. Zum ersten Male stand er Hitler gegenüber. Und von ihm erfuhr er auch den Grund dafür, warum die Fallschirmtruppe nicht eingesetzt worden war:

»Die Fallschirmtruppe ist mir zu wertvoll. Ich werde sie nur *dann* einsetzen, wenn es sich lohnt. In Polen ist das Heer allein fertig geworden. Ich wollte das Geheimnis der neuen Waffe nicht vorzeitig lüften.«

Anschließend orientierte Hitler Student über die Aufgaben, die er den Luftlandetruppen bei der bevorstehenden Westoffensive zugedacht hatte und da diese Offensive im Westen bereits am 12. November losgehen sollte, drängte die Zeit.

Hitler hatte seine engsten militärischen Berater mit einem phantastisch anmutenden Einfall überrascht. Besonders dazu ausgerüstete Sturmgruppen sollten mit Hilfe von Lastenseglern die stark befestigte belgische Werkgruppe Eben Emael im Handstreich nehmen. Generaloberst Keitel hatte das OKH über die Einzelheiten dieses Planes orientiert, und an jenem 27. Oktober 1939 erfuhr auch der Kommandeur der 7. Fliegerdivision Näheres. Im Kartenraum der Reichskanzlei fand diese Besprechung statt. Sie dauerte zwei Stunden. Außer Hitler war noch General Keitel anwesend. Kurt

Student berichtete über diese erste Zusammenkunft und Besprechung:

»Während dieser Unterredung entwickelte Hitler mit außerordentlicher Klarheit und in der ihm eigenen suggestiven Art seine Auffassung über die neue Luftlandewaffe. Zu meinem nicht geringen Erstaunen zeigte er hierbei großes fachliches Wissen in dieser neuartigen Materie, sogar auf dem Gebiet der Lastensegler. Zunächst betonte er mit Nachdruck, man müsse sich immer vor Augen halten, daß die Fallschirm- und Luftlandewaffe ein ganz neues, vorläufig noch geheimes, Kampfmittel sei.

Der erste Einsatz dieser Waffe müßte also mit aller Kraft und Kühnheit an entscheidender Stelle durchgeführt werden. Aus diesem Grunde habe er ja auch im Polenfeldzug von der Verwendung der Luftlandewaffe abgesehen, da sich keine entsprechenden Ziele geboten hätten.

Ich berichtete nun über die große Enttäuschung der Fallschirmtruppe und die bedenklichen psychologischen Folgen. Hitler hörte mir aufmerksam zu und sagte dann:

›Sie werden jetzt bestimmt im Westen zum Einsatz kommen!‹ Lächelnd fügte er hinzu: ›Und es wird eine *große* Sache werden!‹

Anschließend orientierte er mich über die Aufgaben, die er den Luftlandetruppen bei der bevorstehenden Westoffensive stellen wolle:

1. Die 7. Fliegerdivision und die 22. Luftlandedivision unter Generalmajor Student sollen das ›Reduit National‹ aus der Luft nehmen und diese wichtige Befestigungslinie bis zum Eintreffen des Heeres halten.
2. Eine weitere Fallschirmabteilung auf Lastenseglern soll im Handstreich das Sperrfort Eben Emael bei Lüttich und die nördlich davon liegenden Brücken über den Albertkanal sowie die Maasbrücken bei Maastricht erobern, um damit den schnellen Übergang der 6. Armee (General von Reichenau) über Maas und Albertkanal zu ermöglichen.«

Den ersten Teil dieses Auftrages hielt Generalmajor Student für durchführbar. Den zweiten hielt er jedoch für viel zu phantastisch. Dazu meinte Hitler lakonisch, er solle diese Dinge erst einmal beschlafen und am anderen Morgen wiederkommen.
An Schlaf war unter diesen Umständen jedoch nicht zu denken. Im Gegenteil: Student überlegte den Einsatz von allen Seiten und kam schließlich zu dem Ergebnis, daß der Handstreich auf Eben Emael bei äußerster Geheimhaltung doch durchführbar sei. Er ließ sich bei Hitler melden und unterrichtete ihn von seinem Entschluß.
Alle Vorbereitungen zu diesem Unternehmen wurden unter strengsten Geheimhaltungsbestimmungen getroffen. Dieser Handstreich basierte einerseits auf der völligen Überraschung des Gegners und andererseits, in waffentechnischer Hinsicht, auf neuentwickelten »Hohlladungen« verschiedener Größen. Gemeinsam mit Oberst Bräuer wählte Generalmajor Student die Einheiten aus, die für die Handstreiche auf die Albert-Kanalbrücken und zur Wegnahme von Eben Emael in Frage kamen.
Hauptmann Koch, Chef der 1./FJR 1, wurde beauftragt, mit seiner Kompanie die »Sturmabteilung Koch« zu bilden. Hinzu kam der Fallschirm-Pionierzug des II./FJR 1 unter Oberleutnant Witzig und das LS-Kommando unter Oberleutnant Kiess. Diese Sturmabteilung wurde durch Ersatz von der Fallschirmschule auf 500 Mann verstärkt.
In den folgenden Monaten kam es laufend zu Verschiebungen des Angriffstermins. Die abschließenden Aufträge für die Luftlandetruppen beim »Fall Gelb« lauteten schließlich:

1. Inbesitznahme der Brücken bei Moerdijk, Dordrecht und Rotterdam für die 18. Armee, die mit Schwerpunkt südlich des Stromgebietes vorgeht.
2. Gleichzeitige Besetzung der Hauptstadt Den Haag und damit Ausschaltung der feindlichen Führung.

Generalmajor Students Aufgabe war es, das gesamte Luftlandeunternehmen einheitlich vorzubereiten und zu lenken. Doch am 3. März 1940 entschloß sich Hitler, das Norwegenunternehmen *vor* dem Losschlagen im Westen durchzuführen. Hierfür wurde ein Fallschirmjäger-Bataillon angefordert. Students ablehnende Stellungnahme fruchtete nichts. Um die schon gebildete Sturmabteilung Koch nicht zu gefährden und auseinanderreißen zu lassen, bestimmte er das I./FJR 1 unter Major Erich Walther für diese Aufgabe. Der Plan sah folgenden Einsatz vor:

1. Ein Halbbataillon unter Führung des Bataillonskommandeurs zur Besetzung und Sicherung des Flugplatzes Oslo-Fornebu für nachfolgende Landungen.
2. Die 3. Kompanie unter Oberleutnant von Brandis zur Wegnahme des Flugplatzes Stavanger-Sola.
3. Die 4. Kompanie unter Hauptmann Gericke zur Besetzung der wichtigsten Brücken und Flugplätze in Dänemark.

Der scharfe Einsatz für die Fallschirmtruppe konnte beginnen.

EINSATZ IN NORWEGEN UND DÄNEMARK

Am frühen Morgen des 9. April 1940 starteten die Ju 52 Transportmaschinen mit den einzelnen Kampfgruppen des Bataillons Walther in Richtung Norden. Hauptmann Gericke, der in der Spitzenmaschine seiner 4. Kompanie saß, spürte die Spannung, die in der Enge der Ju 52 herrschte. Er blickte sich um, grinste seinem Kompanietruppführer zu. Schon zeigte die rote Lampe, daß sie sich zum Sprung bereitmachen mußten. Sie standen auf. Die Tür der Ju 52 war geöffnet. Der Fahrtwind zerrte an dem vordersten Springer, der bereits in der Tür stand und sich mit beiden Händen am Rahmen festhielt.

»Tuuu-uuut!« Das Signal zum Springen! Der erste Mann schnellte sich im Hechtsprung hinaus. Schon folgte der nächste und der dritte und vierte. Und so wie hier sprangen die Jäger der Vierten aus allen Maschinen. Sie sanken der Erde entgegen. ›Kein Beschuß!‹ registrierte Hauptmann Gericke. Dann kam die Erde im Sprung zu ihm herauf; so schien es wenigstens. Er landete, rollte über die rechte Schulter ab, löste sich vom Schirm und sammelte seine Kompanie.

Drei Minuten später gingen sie auf die Brücke zu, die die Insel Falster mit Fünen verband. Dänische Soldaten kamen ins Freie. Sie hatten noch nie vorher deutsche Fallschirmjägerhelme gesehen. Völlig überrumpelt gaben sie die Brücke kampflos auf. Damit war der Weg für die deutschen Truppen, die nur wenige Stunden später nachfolgten, nach Kopenhagen hinein frei. Für die vorbildliche Führung dieses Kampfauftrages erhielt Walther Gericke das E. K. II.

Über dem westnorwegischen Flugplatz Stavanger-Sola wurde wenig später die 3. Kompanie abgesetzt. Oberleutnant Freiherr von Brandis sammelte auch hier seine Männer. Sie hatten sporadisch im Niedergehen Feuer erhalten. Nun, im Vorgehen auf die Stützpunkte und die Flugplatzflak, wurde das Feuer stärker. Im geschlossenen Sprung gelang es ihm, ein Widerstandsnest nach dem anderen auszuheben. Dann hatte aller Widerstand aufgehört und wenig später landeten bereits die ersten Transporter mit Luftlandetruppen an Bord. Dann fielen die Zerstörer und Jäger ein und führten von hier aus den Kampf gegen die englische Flotte. Damit leisteten sie einen wesentlichen Beitrag im Kampf um Norwegen.

Die 1. und 2. Kompanie jedoch, die unter Führung von Major Walther den Flughafen Oslo-Fornebu anflogen, hatten Pech. Als die Transportmaschinen sich dem Absprungplatz näherten und auf Absetzhöhe niedergingen, sah der Kommodore der II./Kampfgeschwader z. b. V. 1, Oberstleutnant Drewes, daß der Nebel so dick war, daß keine Bodensicht bestand. Er ließ die Maschinen, die schon zum Absetzen bereit waren, wieder hochziehen und drehen. Der Nebel über den Schären bei Oslo wurde dichter und dichter und so mußte diese Kampfgruppe unverrichteter Dinge umkehren. Sie landete bei Aalborg in Nordjütland. Dieser Flugplatz war bereits durch die Kampfgruppe Gericke im weiteren Vorstürmen durch Dänemark genommen worden.

Wenig später landete dort die nächste Transportgruppe unter Hauptmann Ingenhoven. Als die acht Me 110 der I./ZG 76 niedergingen, erhielten sie Feuer. So wurde ihnen drastisch klargemacht, daß der Flugplatz, den sie durch die Fallschirmjäger genommen wähnten, noch immer in Feindeshand war.

Mit den Bord-MG seiner Maschinen kämpfte Ingenhoven den Widerstand nieder und nahm diesen Flugplatz im Handstreich. Die Fallschirmjäger wurden nachgeflogen und blieben vorerst in Fornebu.

Mit der Landung englischer Truppen am 14. April bei Namsos und drei Tage später bei Andalsnes, beiderseits Drontheim, zeichneten sich Schwierigkeiten für die Gebirgsjäger unter General Dietl ab. In dieser Situation erhielt die 1./FJR 1 unter Oberleutnant Herbert Schmidt Befehl zu einem Einsatz. Die Kompanie sollte im Gudbrandsdal im Raume Dombas abgesetzt werden. Hier sollten sie die Vereinigung der nördlich von Oslo kämpfenden norwegischen Truppen mit den gelandeten englischen Truppen verhindern.

Die 15 Ju 52 starteten am Nachmittag zu diesem Unternehmen. Oberstleutnant Drewes führte den Transportverband, der 150 Kilometer vor der deutschen Front die Fallschirmjäger absetzte. Es war bereits dunkel geworden, als die Jäger an ihren Schirmen dem tiefverschneiten Tal entgegensanken. Einzeln mußten die Ju 52 die dicke Nebeldecke durchstoßen. Die Feindflak eröffnete das Feuer. Eine Ju 52 wurde durch Volltreffer auseinandergerissen. MG-Feuer peitschte durch die Dunkelheit. Nachdem Oberleutnant Schmidt gelandet war, stieß er auf den Kompanietruppführer und zwei Fallschirmjäger.

»Alles auf mich sammeln!« befahl er. »Dann durch zur Straße!« Es kamen insgesamt 61 Jäger zusammen. Der Rest der Kompanie war weit in der Runde verstreut niedergegangen. Beim Sprung über die Straße zu einem guten Verteidigungspunkt lief Oberleutnant Schmidt in eine MG-Salve hinein. Er spürte einen harten Schlag am Unterleib. Die Kartentasche an seiner linken Seite wurde weggefetzt. Ein stechender Schmerz zog durch seinen Leib, dann schwand jedes Gefühl aus dem rechten Bein. Der Kompaniechef stürzte schwer zu Boden.
Nachdem dieses Feind-MG niedergekämpft war, zogen sich die Fallschirmjäger in die verschneite Bergwelt zurück. Sie waren anscheinend mitten in einen norwegischen Truppenverband gesprungen. Der Oberleutnant wurde versorgt. Er hatte einen Hüftschuß bekommen und einen Bauchschuß dazu. Die Fallschirmjäger richteten sich in schnell gefundenen Stellungen ein. Stoßtrupps gingen vor und räumten die Feindstellungen aus. Der um ein Mehrfaches überlegene Gegner wich zurück.
Von den 15 Ju 52 waren allein acht zu Bruch gegangen, oder von der norwegischen Flak abgeschossen worden. Dennoch kämpften die Fallschirmjäger weiter. In den nächsten Tagen wiesen sie mehrere Angriffe der Norweger ab. Sprengtrupps versetzten den Gegner in den Nächten in Unruhe. Stoßtrupps, die weiter nach Norden vorstießen, schlugen sich mit englischen Truppen herum. Trotz der schweren Verwundungen führte Herbert Schmidt die Kompanie weiter.
Erst als nach vier Tagen und fünf Nächten die Munition zur Neige ging, mußten sich die letzten 34 Soldaten dieser kleinen Kampfgruppe den Norwegern ergeben. Dieser dramatische Einsatz hatte seinen strategischen Sinn gehabt, denn die wichtige Straße war vier ganze Tage gesperrt. Dies gab den deutschen Verteidigern die notwendige Frist, sich zu verstärken. Am 29. Mai erhielt Oberleutnant Herbert Schmidt für diesen Einsatz das Ritterkreuz des Eisernen Kreuzes. (Herbert Schmidt fiel als Major am

Fallschirmjäger verlassen in dichter Abfolge ihre Maschinen

Die Springer hängen im Schirm und schweben der Erde entgegen

Der Fallschirm ist zusammengelegt

Major Schulz nach dem Sprung

Fertigmachen zur nächsten Sprungübung

Fallschirme müssen gelüftet und getrocknet werden. Jeder Springer hat seinen Schirm, den er selbst versorgt

Kurz nach der Landung, Waffenbehälter sind entladen

Der erste Schluck Wasser auf der Insel

Luftgelandete Fallschirmjäger verlassen die Ju 52, die am Platzrand von Malemes gelandet ist und unter Feuer genommen wird

Flugplatzrand Rotterdam; rechts Waalhaven

Fallschirmabsprung über Kreta

16. Juni 1944 in der Bretagne durch die Kugel eines Heckenschützen, der ihn von rückwärts erschoß).
Noch einmal erlebte dieser nördliche Kriegsschauplatz einen Fallschirmjäger-Einsatz, als die Lage der deutschen Gebirgstruppen im Raume Narvik kritisch wurde. Da der Land- und Seeweg für den Truppennachschub nach Norwegen abgeschnitten war, sprangen noch einmal die Soldaten des I./FJR 1 unter Major Walther in der zweiten Maihälfte im Raume Narvik ab. Es war eine der schwierigsten Operationen des Krieges aus der Luft, denn nur wenige Transportmaschinen konnten jeweils aus Drontheim starten und aufgrund der widrigen Wetterverhältnisse Narvik anfliegen. So dauerte das Absetzen des Bataillons 12 Tage. Aber diese Fallschirmjäger wurden – kaum beachtet, weil im Mai der große Paukenschlag im Westen erfolgt war – für General Dietl und seine Gebirgsjäger zur entscheidenden Entlastung.
Als der Gegner hier im hohen Norden Narvik räumte, drang das Bataillon Walther am 8. Juni in die Stadt ein. Zur selben Zeit rollte schon das II./FJR 1 auf der Bahn von Oslo in Richtung Drontheim, um ebenfalls bei Narvik zum Einsatz zu fliegen. Doch der Gegner war hier weich geworden und das Bataillon fuhr nach Deutschland zurück.
Norwegen hatte die erste Feuertaufe der Fallschirmjäger gebracht und die großen Möglichkeiten, aber ebenso auch die möglichen Verluste aufgezeigt. Für Kurt Student, seit dem 1. Januar 1940 Generalleutnant, gab dieser Einsatz wichtige Hinweise auf den nun bevorstehenden Großeinsatz der Fallschirmjäger im Westen.

DER KAMPF IM WESTEN

DIE BRÜCKEN DES ALBERT-KANALS

Die Tage vor Beginn der Westoffensive waren im Führerhauptquartier, das sich noch in der Reichskanzlei in Berlin befand, von hektischer Betriebsamkeit gekennzeichnet. Am 2. Mai 1940 wurden Generalleutnant Student und Generalmajor Graf Sponeck dorthin gerufen. Hitler teilte ihnen mit, daß der Beginn der Offensive im Westen für den 6. Mai vorgesehen sei. In dieser Besprechung erklärte Hitler Generalleutnant Student unter anderem folgendes:

»Ich rechne bestimmt damit, daß die Königin der Niederlande, Wilhelmina im Lande bleiben wird. Sie kann in ihrem Stadtschloß oder auf ihrem kleinen Landsitz ›Huis ten Bosch‹ nach freier Wahl verbleiben. Als Souverän soll sie mit größter Ehrerbietung behandelt werden. Sie beide, Student und Sponeck, haften mir dafür, daß bei den Kriegshandlungen der Königin und den Mitgliedern des königlichen Hauses kein Schaden zugefügt wird. - - -

Ich kann alles auf mich nehmen, nur nicht die Tatsache, daß Königin Wilhelmina etwas zustößt. Sie ist bei ihrem Volke und in der ganzen Welt beliebt.«

Doch der 6. Mai ging vorüber und die nächsten Tage auch, ohne daß ein definitiver Bescheid erfolgt wäre. Erst am Vormittag des 9. Mai klingelte in Generalleutnant Students Arbeitszimmer das Telefon. Am anderen Ende der Leitung war Major von Below im

Auftrage Hitlers, der mit Generalleutnant Student noch einmal die Uhrzeit für den Beginn des Angriffes abstimmen wollte. Wenig später erfolgte der endgültige Befehl: »X-Tag ist der 10. Mai!«

Der Angriff konnte beginnen.

Die Sturmabteilung Koch, die in einer Einsatzstärke von 11 Offizieren und 427 Mann im Raume Hilden-Düsseldorf in Bereitschaft lag, wurde am Abend des 9. Mai auf die Flugplätze Köln-Ostheim und Köln-Butzweilerhof verlegt. Sie war in vier Sturmgruppen aufgeteilt worden, die jede ihre besondere Aufgabe zugewiesen erhalten hatte. In 42 Schleppzügen sollte sie an die vier verschiedenen Ziele herangeflogen werden, um dort im Sturzflug mit den Lastenseglern niederzugehen und den Feind auszuschalten.

Die Sturmgruppe »Stahl« unter Führung von Oberleutnant Altmann sollte die Albertkanal-Brücke Veldwezelt im Handstreich nehmen und sie für die nachstoßenden Heeresverbände offen halten.

Die Sturmgruppe »Beton« erhielt den Auftrag, die Brücke bei Vroenhoven in Besitz zu nehmen und für die nachstoßende 4. PD offenzuhalten. Ihr Führer war Leutnant Schacht.

Die Sturmgruppe »Eisen« unter Leutnant Schächter sollte die Brücke bei Canne nehmen, die unter direkter Beobachtung aus Eben-Emael heraus stand. Sie sollte für das aus Maastricht vorbrechende IR 151 freigehalten werden.

Die Sturmgruppe »Granit« unter Oberleutnant Witzig erhielt den schwierigsten Auftrag. Sie sollte mit zwei Offizieren und 83 Mann, alle waren sie ausgebildete Pioniere, die Werkgruppe Eben Emael in Besitz nehmen und deren gewaltige Feuerkraft ausschalten.

Was dies bedeutete, wird erst klar, wenn man weiß, daß diese erst im Jahre 1935 ausgebaute Werkgruppe, die auf gewachsenem Fels stand und den Albertkanal beherrschte, aus 64 Einzelwerken bestand. Viele davon waren mit Geschützen, Pak, Flak und sMG bestückt. Eine Reihe der Einzelwerke waren als Mehrscharten-

stände angelegt. Sechs ausfahrbare Panzerkuppeln von jeweils 5 Meter Durchmesser und 30 Zentimeter Stärke und sieben Panzerkuppeln von je drei Meter Durchmesser waren die stärksten Bollwerke der Werkgruppe. Hinzu kamen 15 Scheinwerfer.
Das Glacis dieser Werkgruppe, die für uneinnehmbar gehalten wurde, erhob sich 60 Meter senkrecht über dem Kanal. Der Festungseingang befand sich am Westhang des zwischen dem Kanal und dem Ort Eben Emael gelegenen Höhenrückens. Ein als Wohnhaus getarnter Schartenstand schützte den Eingang. Die Festungsbesatzung unter Major Jottrand hatte eine Stärke von 1 200 Mann. Tiefe Verdrahtungen, Minenfelder, sowie beiderseits anschließende Schartenstände und Wassergräben, erschwerten zusätzlich jeden Angriff von Feindkräften. Zur weiteren Deckung des Forts lag im Vorfeld desselben die gesamte 7. belgische Division.
Noch bei Dunkelheit startete die Sturmabteilung Koch um 04.30 Uhr des 10. Mai 1940 von den beiden Kölner Flugplätzen. Um 05.20 Uhr erreichte die Sturmgruppe Stahl den Absprungplatz bei der Brücke Veldwezelt. Oberleutnant Altmann gab den Befehl zur Sturzlandung. Mit hoher Fahrt stoben die neun Lastensegler der Erde entgegen. Der Pilot rief »Festhalten!« Und schon schrappten die mit Stacheldraht umwickelten Kufen des Seglers über den Boden. Die Männer wurden nach vorn geschleudert. Oberleutnant Altmann sprang als erster ins Freie und schon sah er, wie der Trupp Ellersiek mit seinem Segler direkt vor dem Brückenbunker niederging. MG-Feuer schnatterte den Soldaten entgegen, die der Brücke entgegenstürmten. Der Trupp um Oberleutnant Altmann rannte durch einen belgischen Graben. Sie schossen den hier liegenden Gegner nieder, rannten zum Kanal und im Schutze der Böschung auf die Brücke zu.
Die Männer des Trupps Ellersiek aber waren genau am Ziel niedergegangen. Feuer peitschte ihnen aus der Scharte des Hauptbunkers entgegen. Oberjäger Ellersiek schleuderte Handgranaten

auf den Bunker, dann warf einer seiner Männer eine geballte Ladung vor dessen Türe. Während das Feuergefecht noch in vollem Gange war, kletterten bereits einige Männer in das Gestänge der Brücke hinunter und beseitigten die Zündverbindungen zu den Sprengladungen, die in den Kammern bereitlagen.
150 Meter südlich der Brücke hatte Oberleutnant Altmann inzwischen seinen Gefechtsstand eingerichtet. Von hier aus ging um 05.35 Uhr der Funkspruch an Hauptmann Koch hinaus:

»Sturmgruppe Stahl: Objekt genommen!«

Aber noch war der Sieg nicht erreicht. Der Gegner wehrte sich verbissen und zäh. Als jedoch hier die Fallschirmschützen des Zuges Leutnant Ringler an Fallschirmen niedergingen, zogen sich die Belgier in das Dorf Veldwezelt zurück; lediglich von einer Schutthalde, ungefähr 500 Meter südwestlich der Brücke, schossen noch zwei Schnellfeuerkanonen.
Als Luftunterstützung gemeldet wurde, ließ Oberleutnant Altmann Fliegersichttücher auslegen. Die Stukas röhrten heran, kippten über die Flügel ab und heulten mit eingeschalteten Jerichosirenen der Erde entgegen. Sie warfen ihre Bomben, zogen mit aufheulenden Motoren wieder empor und verschwanden nach Osten. Die Schnellfeuerkanonen des Gegners wurden durch Volltreffer vernichtet. Damit waren auch die laufenden Gegenangriffe des Feindes wirkungsvoll gestoppt worden.
Die zugesagten Verstärkungen, die gegen 14.30 Uhr eintreffen sollten, kamen nur tropfenweise. Die Fallschirmjäger um Oberleutnant Altmann mußten die Brücke bis 21.30 Uhr gegen mehrere weitere belgische Angriffe verteidigen. Dann wurden sie entsetzt und zogen nach Maastricht.
Die Verluste dieser Gruppe betrugen 8 Tote und 14 Schwer- sowie 16 Leichtverwundete. Die Gruppe hatte ihren Auftrag erfüllt.
Die Sturmgruppe »Beton« erreichte die Brücke von Vroenhoven um 05.15 Uhr, also fünf Minuten vor der Sturmgruppe »Stahl«. Bereits über Maastricht war diese Gruppe in starkes Flak- und

MG-Feuer geraten. Bei dieser um 04.30 Uhr von Köln-Ostheim gestarteten Gruppe flog auch der Abteilungsstab mit, so daß die Gruppe eine Stärke von fünf Offizieren und 129 Mann aufwies.
Von den elf Lastenseglern war einer bereits bei Hottdorf abgerissen. Der Segler mußte notlanden. Es war der Pioniertrupp unter Oberjäger Kempa. Die übrigen Segler wurden zwischen der Grenze und Maastricht ausgeklinkt und jagten über die bereits hellerleuchteten holländischen Ortschaften hinweg lautlos dem Ziel entgegen. Leutnant Georg Schacht, der Führer der Gruppe, ließ die Segler durch den Beschuß wedeln. Die erfahrenen Piloten ließen ihre Maschinen stürzen, durchstießen den Feuervorhang und drehten wieder auf das Ziel ein. Der Segler des Trupps Stolzewski erhielt einen Treffer und stürzte aus 15 Meter Höhe ab. Drei Mann der Besatzung wurden schwerverletzt. Die anderen krochen aus den Trümmern und griffen wie befohlen an. Der Segler von Oberjäger Bading, in dem ein Feldwebel des Gefechtsstabes saß, ging 120 Meter nordwestlich des großen Feindbunkers nieder. Die Männer rannten dem Bunker entgegen. Dort im Brückenbunker befanden sich jene Soldaten, die die Sprengung ausführen mußten. Gefreiter Stenzel rannte diesem Bunker entgegen. Er schoß einige Gegner nieder, die sich ihm entgegenwarfen, erhielt Unterstützung durch seinen Truppführer, erreichte den Stichgraben, der zum Brückenbunker führte und legte die letzten vierzig Meter zum Bunker zurück. Er sah, wie die Bunkertür geöffnet wurde, warf eine Handgranate hinein und stürmte unmittelbar nach der Detonation ins Innere. Die Brückenwache war ausgeschaltet und Stenzel riß die Zündleitungen aus ihren Kontakten. Damit war die Sprengung der Brücke verhindert worden.
Um die flankierenden Kanalbunker entbrannten heftige Gefechte. Gegenangriffe der an Zahl weit überlegenen belgischen Truppen setzten ein. Die Fallschirmjäger hockten in den belgischen Brükkenstellungen und wiesen diesen Angriff mit ihren MG ab. Der sMG-Halbzug Sprengert, der um 06.15 Uhr niederging, verstärk-

te die Verteidigungskraft erheblich. Dennoch stand es hier mehr als einmal auf des Messers Schneide und erst gegen 21.40 Uhr, als der Entsatz herangekommen war – und nachdem einige belgische Artillerie-Feuerüberfälle überstanden waren – wurde auch die Sturmgruppe »Beton« nach Maastricht zurückverlegt. Sie hatte 7 Tote und 24 Verwundete. Leutnant Schacht übergab dem Kommandeur des hier eingetroffenen Infanterie-Bataillons die heilgebliebene Brücke. Auch diese Sturmgruppe hatte ihren Auftrag voll erfüllt.

Auf dem Flugplatz Köln-Butzweilerhof starteten die zehn Ju 52, in deren Schlepp die Segler der Sturmgruppe »Eisen« nach Westen geflogen wurden. Die Brücke von Canne war ihr Ziel. Die Staffel überflog die Leuchtfeuerstraße und strebte der Reichsgrenze entgegen. Sie wurde viel zu weit auf holländisches Gebiet geschleppt. Einer der Lastensegler erreichte seinen vorgesehenen Landeplatz nicht. Alle neun übrigen Lastensegler aber kamen ins Ziel, obgleich sie bereits hinter Aachen in Flak- und MG-Feuer geraten waren.

Da die übrigen Einsatzgruppen, sowie das auf die Maasbrücken angesetzte Bataillon z. b. V. ihre Ziele bereits bis zu 20 Minuten eher erreicht hatten, als die um 05.35 Uhr zum Sturz auf ihr Ziel ansetzende Gruppe »Eisen«, war der Gegner bei Canne gewarnt und noch während sie der Erde entgegenstürzten, sahen die Piloten der Segler an vier Stellen dieser Brücke haushohe spitzzüngige Detonationsflammen aufsteigen. Die Brücke von Canne war nicht mehr. Der Kommandant des Werkes Eben Emael hatte sie durch elektrische Fernzündung in die Luft jagen lassen. Dennoch mußte der Auftrag ausgeführt werden, um den von der Reichsgrenze her vorgehenden Einheiten des IR 151 und des PiBtl. 51 (mot.) den Weg über den Albertkanal freizuschlagen.

Der Segler des dritten Trupps wurde 35 Meter über dem Boden durch einen Flakvolltreffer zertrümmert. Brennend kam er am Boden an und sechs Soldaten konnten sich aus den brennenden

Trümmern ins Freie retten. Einige Segler gingen mitten in den belgischen Stellungen nieder. Mit Handgranaten und MPi-Feuer rollten die herausspringenden Fallschirmjäger die Gräben auf und drangen in die MG-Stände ein.
Leutnant Martin Schächter, der Führer dieser Gruppe, stürmte an der Spitze seiner Männer durch den Feindgraben. Ein Beinschuß warf ihn für wenige Sekunden nieder. Er stand wieder auf, führte die Gruppe weiter, bis ein Kopfschuß ihn endgültig zu Boden streckte. Leutnant Joachim Meissner übernahm nun die Führung der Sturmgruppe. Die Männer schafften es. Sie erreichten das Dorf Canne und sprengten die Widerstandsnester. Um 05.50 Uhr nahm Leutnant Meissner mit dem Abteilungsgefechtsstand Verbindung auf:
»Sturmgruppe Canne an Sturmabteilung: ›Objekt erreicht. Brücke vom Gegner gesprengt, doch mit Pioniervorbereitung wieder passierbar zu machen.«
Als hier der Gegner zum Gegenangriff antrat, wurde der erste Angriff von einem deutschen Stukaangriff rechtzeitig erfaßt und zerschmettert. Ab 20.00 Uhr lag dann starkes Artilleriefeuer auf der Brücke, das die ganze Nacht hindurch anhielt. Angriffe aus Westen und Südwesten wurden abgewiesen und um 23.30 Uhr erreichten die ersten Verstärkungen – Angehörige des IR 151 und des PiBtl. 51 – die zerstörte Brücke. Erst am 11. Mai konnte diese Sturmgruppe um 14.40 Uhr nach Maastricht zurückverlegen. Ihre Verluste waren besonders hoch. Sie hatte 22 Tote zu beklagen. 26 Männer wurden verwundet, keiner wurde vermißt.

STURM AUF EBEN EMAEL

Die Sturmgruppe »Granit«, deren Einsatzziel die Werkgruppe Eben Emael war, wurde am 9. Mai 1940 in der Flakkaserne Hilden bei Düsseldorf alarmiert. Sie wurde geführt von Oberleutnant

Witzig und jeder dieser Männer war ein ausgezeichneter Pionier, der mit Sprengsachen umzugehen wußte. In elf Lastenseglern sollte die Sturmgruppe an den Feind gebracht werden. Die Piloten dieser Segler, die eine genaue Punktlandung ausführen mußten, waren die besten Segelflieger, die es in Deutschland gab.
Direkt nach dem Alarm trommelten die Truppführer ihre Männer zusammen und schon ging es in schneller Fahrt nach Köln-Ostheim, dem Startplatz der Gruppe. Dort wurden Bereitschaftsquartiere bezogen und anschließend die Lastensegler beladen. Folgen wir hier der Schilderung von Oberjäger Peter Arent, der den Trupp 3 dieser Sturmgruppe führte:
»Um 21.00 Uhr hatten wir Truppführer Oberleutnant Witzig die Klarmeldungen abgegeben und ich versammelte meine Männer noch einmal um mich, um ihnen folgendes zu sagen:
›Kameraden, morgen früh geht es in den Einsatz! Wir müssen unter Beweis stellen, daß wir unsere Zeit nicht vertan haben und daß wir alles, was wir lernen mußten, auch gelernt haben.‹
Mit diesen Worten entließ ich sie in die Quartiere. Am anderen Morgen war um 02.45 Uhr Wecken. Um 03.30 Uhr wurde angetreten und zwar in voller Ausrüstung. Oberleutnant Witzig sagte noch einige Worte zu uns, dann gab er den entscheidenden Befehl:
›An die Maschinen!‹
Wir gingen zu den Maschinen hinüber, einer hinter dem anderen kletterten wir in der vorgesehnen Reihenfolge hinein. Pünktlich um 04.30 Uhr rollten die elf Schleppmaschinen an. Nacheinander hoben die elf riesigen Segler ab und ließen sich in den Morgenhimmel emporziehen.
Als wir die elf Maschinen mit der in Köln-Butzweilerhof gestarteten Gruppe ›Eisen‹ trafen, kam es zu einem unvorhergesehenen Zwischenfall. Ausgerechnet der Segler mit dem Trupp 11 und dem Sturmgruppenführer Oberleutnant Witzig an Bord mußte eine scharfe Ausweichbewegung fliegen, um nicht mit dem Schleppseil der anderen Maschine zu kollidieren. Dabei riß das

Schleppseil und der Segler mit dem Sturmgruppenführer kam gerade noch über den Rhein zurück. Später fiel auch noch Trupp 2 aus und landete bei Düren.
Ich wandte mich an meinen Kameraden Merz und schärfte ihm noch einmal ein, daß er den Trupp übernehmen solle, wenn ich ausfallen würde. Er nickte mir zu. Oberjäger Sapper, der unseren Segler flog, pfiff eine Melodie vor sich hin. Der war knochenhart! Der flog so, als ginge ihn dies alles überhaupt nichts an.«
Dann meldete die Schlepp-Ju, daß sie am Ziel seien. Oberjäger Sapper klinkte seinen Segler aus und schwebte nun frei, um in immer schmaleren Spiralen der Erde entgegenzujagen. Von nun an waren sie völlig auf sich allein gestellt. Sie sahen ihr Ziel und Arent sah drei, vier Segler schemenhaft an ihrem Segler vorbeistreichen. Die Erde kam rasendschnell heraufgeflitzt. Noch im Abfangen setzte der Segler von Trupp 3 nur 50 Meter vom Zielobjekt entfernt auf.
»Raus und ran!« rief Peter Arent.
Sie griffen nach den Sprengmitteln, rannten durch das einsetzende Feuer und sahen die Kameraden rechts und links ebenso laufen. Peter Arent hörte das heftige Atmen von Merz hinter sich. Merz trug die schwere Hohlladung. Sie erreichten die Panzerkuppel, die ihr Ziel war. Leuchtspur jagte über das Plateau hinweg. Die Ladung wurde angesetzt und gezündet. Mit einem donnerartigen Schlag wurde ein Loch in den Panzerstahl gesprengt. Sie drangen in die erste Kasematte ein. MPi-Feuer ratschte und wenig später war Kasematte 12, ihr Objekt, in ihrer Hand. Die Pioniere dieser Gruppe richteten sich hier zur Verteidigung ein.
Von den neun übrigen Seglern, die am Ziel angelangt waren, und planmäßig um 05.20 Uhr auf dem Plateau niedergingen, erreichten sieben die befohlenen Ziele. Ganze 55 Männer also waren am Zielgebiet niedergegangen. Zwei Trupps befanden sich auf einem isolierten Teil der Werkgruppe und konnten nicht in den Kampf eingreifen. Diese sieben Trupps griffen in den ersten zehn Minuten

des Kampfes um die Werkgruppe zehn Feindwerke an und zerstörten sie. Sieben Panzerkuppeln wurden geknackt, zwei Scheinkuppeln ebenfalls. Zwölf 7,5 cm-Geschütze vernichtet und zwei 12 cm-Geschütze außer Gefecht gesetzt.
Oberfeldwebel Wenzel, der wenige Minuten nach der Landung wußte, daß Oberleutnant Witzig nicht auf der Werkgruppe war, übernahm das Kommando und dirigierte die einzelnen Trupps an die noch zu überwindenden Punkte. Um 05.40 Uhr ließ er einen Funkspruch an die Sturmabteilung Koch tasten:
»Von Sturmgruppe Granit: Objekt erreicht. Alles in Ordnung!«
Oberjäger Peter Arent erhielt von Wenzel den Befehl, die Grabenstreiche Werk 4 mit den beiden Pak außer Gefecht zu setzen. Mit einer 50-Kilo-Ladung arbeiteten sie sich von der Seite an dieses Werk heran, während durch die Grabenstreiche die Feuerstöße der belgischen MG bis zum Albertkanal hinunterpeitschten. Die Beobachtungskuppel, von der aus die beiden MG eingewiesen wurden, war wenige Minuten darauf erreicht. Sie wurde mit der schweren Hohlladung völlig zerstört. Die Besatzung fiel.
Teddy Wenzel, der sein Handwerk als Pionier in Königsberg erlernt hatte, kämpfte mit letztem persönlichen Einsatz. Er wurde *der* Kuppelknacker von Eben Emael. Nur eine Unterlassung brachte ihn um das mehrfach verdiente Ritterkreuz.
Um 08.35 Uhr ließ Oberfeldwebel Wenzel den zweiten Funkspruch durchtasten. Er lautete:
»Eben Emael: Feind wird weiter zurückgeschlagen. Höhen werden besetzt!«
Nur fünf Minuten vor diesem Funkspruch war ein einzelner Lastensegler auf der Werkgruppe Eben Emael gelandet. Es war der Segler von Oberleutnant Witzig. Er hatte durch einen sofortigen FT-Spruch eine weitere Ju 52 angefordert. Dieser war es gelungen, auf dem Acker zu starten und den Segler hochzuschleppen und durch das dichte Feindfeuer ans Ziel zu bringen. Oberleutnant Witzig war überglücklich. Er war wieder bei seinen Män-

nern, er konnte bei ihnen sein in der schwersten Bewährungsprobe ihres Lebens. Er übernahm wieder die Führung.

Oberjäger Arent beteiligte sich noch an dem von Werk 12 auf das noch schießende Werk 3 angesetzten Spähtrupp, der jedoch aufgerieben wurde.

In den folgenden Stunden ging schweres und schwerstes Feuer auf die Werkgruppe nieder und die Sturmgruppenmänner mußten sich in den eroberten Kasematten und Kuppeln verkriechen.

Von seinem Gefechtsstand aus dirigierte Hauptmann Koch die Sturzkampfflieger und Zerstörer dorthin, wo der Gegner versuchte, die Fallschirmjäger durch massierte Angriffe auszuräuchern.

Als es Abend wurde, war der größte Teil der Werke außer Gefecht gesetzt. Peter Arent erhielt von Oberleutnant Witzig den Befehl, Werk 12 zu räumen, da die Gefahr eines nächtlichen Feindangriffes dort bestand. Vor Verlassen ließ er jedoch Werk 12 mit einer 50-Kilo-Sprengladung in die Luft jagen.

Diese Sprengung und gleichartige Sprengungen der Werke 13 und 19 lähmten – wie Gefangenenaussagen später ergaben – den Widerstandswillen der belgischen Besatzung, die glaubte, die Deutschen seien bereits in den Hohlgängen der Kasematten.

Am nächsten Morgen erreichten die Pioniere des PiBatl. 51 unter Oberstleutnant Mikosch die Werkgruppe. Wenig später gelang es dem Oberfeldwebel Portsteffen im Alleingang zu den Fallschirmjägern durchzubrechen und Verbindung aufzunehmen. Er schloß sich den Verteidigern an, die von dem Oberfeldwebel hörten, daß Entsatzgruppen nahe seien. Gegen 12.00 Uhr des 11. 5. erreichten weitere Stoßtrupps das Ziel und dann stürmte Oberleutnant Marquard, Chef der 6./IR 151 von Opcanne aus, das er im Kampf erreicht hatte, bis zum Nordeingang von Eben Emael vor. Er knackte den Ring um das Fort auf. Ein heftiger Kampf entbrannte noch einmal, in den wiederum die Stukas eingriffen, die bereits das 2. belgische Grenadierregiment schwer getroffen und vernichtet hatten.

Dann auf einmal ertönte ein lautes Trompetensignal. Aus Werk 3 wurde eine weiße Fahne hinausgestoßen und im selben Augenblick stellten die noch schießenden Werke 17, 35 und 23 das Feuer ein. Ein Parlamentär erschien bei Hauptmann Hauboldt, dem Chef der 14. /IR 151, die ebenfalls in den Kampf eingegriffen hatte. Er bot die Kapitulation an. Die ersten belgischen Soldaten kamen aus den Kasematten ins Freie. Ihnen folgten über 1 000 weitere Soldaten und Offiziere. Eine der stärksten und modernsten Werkgruppen der Kriegsgeschichte hatte kapituliert. Major Jottrand versicherte Oberstleutnant Mikosch ehrenwörtlich, daß im Werk selber keine Minen oder Sprengladungen angeschlagen seien.

Um 16.00 Uhr des 11. 5. verließ die Sturmgruppe »Granit« unter Führung von Oberleutnant Witzig Eben Emael und fuhr nach Maastricht zurück. Von den insgesamt eingesetzten 85 Soldaten waren 6 gefallen; 20 von ihnen wurden verwundet. In seinem Abschlußbericht über diesen Einsatz schrieb Rudolf Witzig, inzwischen Hauptmann geworden:

»Gründe für die Übergabe der Werkgruppe sind:

a) Die völlige moralische Erschütterung, verbunden mit der Angst, die Deutschen wären bereits in den Kasematten.
b) Die Lähmung der Werkgruppe durch Verlust der Masse der Werke und durch die auftretende Unsicherheit über die Außenanlagen.
c) Das Versagen jeglicher Hilfe von außen, außer dem Artilleriefeuer. Ein Gegenangriff in ausreichender Stärke wurde überhaupt nicht geführt. Von der (laut späterer Gefangenenaussage) hierfür angeforderten Infanterie, sind nur 40 Mann eingetroffen, von denen 12 zurückkamen.«

Generaloberst Kurt Student sagte nach dem Kriege über den Einsatz der Sturmgruppe »Granit«:

»Es war eine Tat von einzigartiger Kühnheit und entscheidender Bedeutung. Eine Handvoll vorausgeschickter Fallschirmjäger erzwang mit starker Unterstützung der Luftwaffe den Durchbruch für eine Armee. Ich habe die Geschichte des letzten Krieges studiert; und das an allen Fronten. Unter den vielen glänzenden Waffentaten bei Freund und Feind habe ich kein Beispiel finden können, das dem großen Erfolg der Sturmabteilung Koch gleichkommen könnte.«

Die Einsätze der übrigen Fallschirmjäger-Einheiten standen doch, was Kühnheit angeht, nicht hinter diesem Einsatz zurück. Der Sturm auf die Festung Holland sah noch weitere Sturmangriffe aus der Luft. Der Rahmen dieser Operationen war wesentlich weitergespannt als jene am Albertkanal. Dieses Kernstück der niederländischen Landesverteidigung, das den Großraum zwischen Amsterdam, Utrecht, Rotterdam und Dordrecht deckte, sollte ebenfalls in zwei großangelegten Operationen durch Fallschirmtruppen aus den Angeln gehoben werden. Vorgesehen waren hier folgende Einsätze:

a) Schlagartige Inbesitznahme der wichtigsten Flußübergänge innerhalb der Festung Holland durch die 7. Fliegerdivision.
b) Schnelle Ausschaltung der politischen und militärischen Führung Hollands durch einen unmittelbaren Luftlandeangriff gegen die Hauptstadt Den Haag durch die 22. Luftlande-Division.

Diese Operationen sollten mit der 18. Armee koordiniert werden, um die Holländischen Streitkräfte zu vernichten. Und zwar sollte die 9. PD bei Gennep die Maas überschreiten, die dort gelegene Peelstellung durchbrechen und dann im Vorgehen über Breda von Süden aus über die von den Fallschirmjägern im Sprungeinsatz gewonnenen Brücken nach Rotterdam und Den Haag einfallen. Dies alles machte die zeitlich und örtlich genau und sicher durchgeführten Luftlandungen und Fallschirmeinsätze notwendig. Die drei wichtigen Brückenpaare Moerdijk, Dordrecht und Rotterdam, sowie der holländische Flugplatz Waalhaven mußten im Handstreich in Besitz genommen werden. Hiervon war der Flug-

platz Waalhaven das wichtigste Objekt, denn auf ihm sollten die Verbände der 22. Luftlandedivision nachgelandet werden und dazu mußte der Flugplatz in deutscher Hand sein.
Während das I. und II./FJR 1 unter Oberst Bräuer auf die Brücken von Moerdijk und Dordrecht angesetzt wurden, erhielt das III./FJR 1 unter Hauptmann Karl-Lothar Schulz Befehl, den Flugplatz Waalhaven in seine Hand zu bringen.
»Fertigmachen! – Abstände genau einhalten. Nach der Landung sofort sammeln!« Hauptmann Karl-Lothar Schulz ging zur offenstehenden Tür der Ju 52. »Noch eine Minute, Männer!«
Rauschend schoß der Wind durch die Maschine. Dann kam das Sprungsignal des Boschhorns. Mit einem weit ausgreifenden Satz sprang der Fallschirmjäger-Hauptmann, der sein Bataillon zum Sprung auf Waalhaven führte, ins Leere. Er spürte das Gewicht der schweren Gerätetasche und der Waffen, die ihn in sausender Fahrt in die Tiefe rissen. Die Luft war wie ein Brett. Dann traf ihn der Entfaltungsstoß mit voller Wucht, und die sich ausbreitende Seidenglocke donnerte über seinem Kopf wie ein Segel im Wind. Angespannt spähte Hauptmann Schulz nach unten, von wo aus die feindbesetzte Erde jetzt auf ihn zukam. Wenn der Gegner jetzt das Feuer eröffnete, dann ...
Hinter ihm stand der Himmel voller weißer Glocken. Im fahlen Frühlicht waren sie gut zu erkennen. Dicht bei dicht waren die Männer seines III. Bataillons gesprungen. Über dem Flugplatz von Rotterdam standen dicke Rauchwolken.
Ein pfeifendes Geräusch ließ den Hauptmann den Kopf zur Seite reißen. MG-Salven zischten an ihm vorbei. Dann kam die Erde! Instinktiv preßte er die Lederhandschuhe vor das Gesicht, zog die Beine an und landete mit einer Rolle vorwärts. Rauschend sackte der Fallschirm zusammen. Mit einem Routinegriff warf er die Gurte ab. Er war unten; es war nichts passiert!
Mit langen Sätzen rannte er nach vorn, warf sich in die nächste Deckung, hob die Leuchtpistole und schoß das vereinbarte Zei-

chen. Keuchend vor Anstrengung kam Leutnant Schuller angelaufen. Die MG-Gruppe folgte ihm und ging sofort in Stellung. Die einzelnen Gruppen schlossen auf. Das ganze Bataillon war richtig abgesetzt worden.
»Da, Herr Hauptmann!«
Drei holländische Mannschaftswagen rollten in voller Fahrt auf sie zu. Der Feuerstoß packte den ersten Wagen. Er wurde scharf herumgezogen und stürzte um. Die beiden folgenden Fahrzeuge hielten an. Holländische Soldaten sprangen heraus. Ihr Gewehr- und MG-Feuer vermischte sich mit dem Stottern des deutschen MG und der MPi. Oberleutnant Becker, Chef der 10. Kompanie, arbeitete sich mit seinen Jägern sprungweise vor, bis er in Höhe des Kommandeurs gelangt war. Holländische Flak ballerte von mehreren Seiten.
Der Hauptmann beobachtete, woher die Abschüsse kamen. »Bekker mit der Zehnten zur Flakstellung am Nordrand. Die Neunte zu den Bunkern am Südrand. Kerfin mit der Elften zur Maasinsel 'rüber! Flak ist auszuschalten. MG-Zug Schuller zu mir. Stoßrichtung Flugplatzkommandantur!«
So gingen die einzelnen Kompanien getrennt vor. Hauptmann Schulz rannte Sekunden später los, dicht gefolgt von den aufgeschlossenen MG-Gruppen. Schon nach zwanzig Metern wurden sie unter Feuer genommen und in Deckung gezwungen. Sie erreichten gerade noch einen schmalen Wassergraben.
»MG-Gruppe Hillenbrandt gibt Feuerschutz. Die anderen mir nach zu dem einen verlassenen Mannschaftswagen!« befahl der Hauptmann. Sie jagten los, als das MG des Trupps den Gegner in Deckung zwang, erreichten den Wagen; einer klemmte sich hinter das Steuer und schon rollten sie, schneller und schneller werdend, der Flugleitung entgegen. Als Karabinerfeuer klackerte, fuhr der Fahrer einen rasanten Slalom.
Nun war an allen Ecken des Flugplatzes von Rotterdam-Waalhaven der Teufel los. Sämtliche Kompanien standen im Einsatz.

Schnellfeuerkanonen eröffneten das Feuer auf den anrollenden Wagen. Doch schon hatten sie dieses Feuer unterfahren und hielten bei der Flugleitung. Sie sprangen noch im Ausrollen herunter, drangen in das Gebäude ein. Hauptmann Schulz stieß die Tür des Dienstzimmers auf und sprang in den Raum. Die holländischen Offiziere, die sich hier befanden, hoben die Hände.
»Meine Herren, der Flugplatz ist in deutscher Hand. Sie sind meine Gefangenen!« erklärte Hauptmann Schulz.
»Sie überfallen ein neutrales Land!« beschwerte sich der Flugplatzkommandant, ein Oberstleutnant. Hinter ihm an der Wand hing ein Silberkranz mit der Zahl 40 in der Mitte.
»Ist das für Sie?« fragte Schulz den Oberstleutnant. Der nickte.
»Ja, ich feiere heute mein vierzigjähriges Dienstjubiläum!«
»Meinen Glückwunsch!« erwiderte Schulz trocken. – »Der Platz ist nicht vermint?«
»Nein, Herr Hauptmann«, entgegnete ein Oberleutnant, wohl der Adjutant des Kommandanten.
»Gut, dann fahren Sie jetzt mit uns. Wir müssen den Platz abfahren, um die Nachlandungen sicherzustellen.«
Sie fuhren Platz und Landebahnen ab, während noch immer Flakfeuer bellte, das aus der Gegend der Maasinsel kam. Dann ließ Hauptmann Schulz den FT-Spruch absetzen, der die in der Luft befindlichen Luftlandetruppen heranholte:
»Flugplatz in unserer Hand! Flak-Batterien zum Schweigen gebracht. Landemöglichkeiten!«
Es dauerte nur knapp zehn Minuten, als im Osten die ersten deutschen Flugzeuge erschienen. Es waren die Maschinen des Transportverbandes, welche die Einheiten des Teiles der 22. ID absetzen sollten, um in Rotterdam zu landen. In tiefgestellter Formation kamen sie heran. Darüber standen – wie Habichte – Jäger.
»Feindjäger!« rief in diesem Augenblick einer der Männer. Es waren Hurricanes, die sich von Nordwesten dem Verbande näherten. Die deutschen Jäger stießen aus ihrer überhöhten Position auf die

Hurricanes herunter. Eine wilde Kurbelei begann, brennend stürzte die erste Feindmaschine in die Tiefe, ein deutscher Jäger folgte ihr nur Sekunden später.
Die Ju 52 aber kamen richtig und heil herunter. Sie schwebten im Formationsflug ein und schon setzten die ersten auf, rollten aus und standen. Männer quollen heraus, rannten zum Platzrand und brachten die mitgeführten leichten Waffen in Stellung.
Ein Offizier, es war Oberstleutnant von Choltitz, kam in schnellem Lauf zu Karl-Lothar Schulz herübergerannt.
»Mensch, Schulz, ich freue mich, daß Sie es geschafft haben!« rief er erleichtert darüber, daß sie hier ohne direkten Beschuß hatten landen können.
Als in dieser Phase des Kampfes plötzlich noch eine Flakbatterie zu feuern begann und eine der einschwebenden Ju 52 durch Volltreffer auseinandergerissen wurde, und als dann gar die zweite Ju 52 brennend niederging, sprang Hauptmann Schulz zu dem Mannschaftswagen hinüber.
»Becker mit der Zehnten zu mir! Das Feuer kommt von der vorspringenden Landzunge des Waalhaven!«
Sie fuhren in schneller Fahrt los. Der Flugplatzkommandant, der ins Freie gestürzt kam, winkte ihnen. Sie hielten kurz. Der Oberstleutnant sprang auf.
»Ich werde sie zur Übergabe auffordern!« rief er und Schulz nickte sein Einverständnis.
Bis auf 200 Meter kamen sie an die Batterie heran, die eben wieder eine Salve abfeuerte. Der Holländer rannte händeschwenkend auf die Batterie zu.
»Aufhören!« brüllte er. »Feuer einstellen!« Doch niemand hörte auf ihn und Sekunden später warf er mitten im Lauf die Arme hoch und stürzte schwer nach vorn.
Die Fallschirmjäger griffen jetzt an. Sie drangen in die Batteriestellung ein, schleuderten Handgranaten und brachten schließlich auch das letzte Geschütz zum Schweigen. Damit war der Flug-

platz von Rotterdam, auf dem weiter die Ju 52 landeten, endgültig in deutscher Hand.
Als Generalleutnant Student mit dem Ia der 7. Fliegerdivision, Major i. G. Trettner, wenig später landete, gab ihm Hauptmann Schulz nach der üblichen Meldung einen ersten Überblick. Flak, Artillerie und das gesamte III./IR 16 wurde gelandet und dann setzte auch die Gefechtsstaffel der 7. Fliegerdivision auf und Generalleutnant Student konnte arbeiten.
Über diesen Einsatz des Bataillon Schulz sagte Generaloberst Student nach dem Kriege:
»Das Bataillon Schulz hat an dieser für den weiteren Verlauf des Unternehmens hochwichtigen Stelle gegen eine vorbereitete Verteidigung eine glänzende Waffentat vollbracht.«

DIE ÜBRIGEN EINSÄTZE

Zur gleichen Zeit, da das III./FJR 1 Waalhaven in Besitz nahm, das Südende der Rotterdamer Brücke besetzte, sowie die Flak auf der Maasinsel außer Gefecht setzte, sprang das II./FJR 1 unter Hauptmann Prager an den Brücken von Moerdijk. Hauptmann Prager, der an Darmkrebs erkrankt im Lazarett lag, hatte sich unter Aufbietung aller Energie aufgerafft. Er wollte und mußte bei seinen Männern sein, von denen er jeden einzelnen genau kannte. Ohne Verluste kam das Bataillon am südlichen Rande der Festung Holland nieder. In schnellem Sprung rannten sie auf die Brücken zu. Das Nordende der Straßenbrücke war durch einen wuchtigen Betonbunker gesperrt, aus dem heftiges MF-Feuer hinauspeitschte und den Angreifern entgegenschlug. Die 5. Kompanie unter Oberleutnant Straehler-Pohl griff diesen Bunker von zwei Seiten an. Der erste Zug erreichte ihn und sprengte ihn mit mehreren Geballten Ladungen. Der Gegner ergab sich. Leutnant Cord Tietjen rannte mit seinem Zug über die Brücke und schoß im Lau-

fen den noch kämpfenden Gegner hinunter. Er hatte maßgeblichen Anteil daran, daß die im jenseitigen Brückenbunker sitzenden Soldaten die Brücke nicht mehr in die Luft jagen konnten. Dafür erhielt er das Ritterkreuz des Eisernen Kreuzes. (Siehe Anlage: Ritterkreuzträger der Fallschirmtruppe).
Auf der 1 400 Meter langen Eisenbahnbrücke kam es ebenfalls zu einem Gefecht, das nach zwei Minuten zu Gunsten der entschlossen und mit letztem Einsatz kämpfenden Fallschirmjäger entschieden war. Die Straßenbrückenbesatzung verteidigte sich lediglich in den beiden Brückenbunkern, die mit geballten Ladungen geknackt wurden.
Bei den Killbrücken in Dordrecht aber kam es zu einem schweren Gefecht. Hier war die 3. Kompanie des FJR 1 unter Oberleutnant von Brandis sprunggelandet. An der Spitze seiner Männer rannte von Brandis vorwärts. Feuer peitschte ihnen aus flankierenden Graben- und Bunkerstellungen entgegen. Die ersten Männer fielen, Oberleutnant von Brandis wurde im Vorwärtsstürmen von mehreren Kugeln getroffen. Er war sofort tot. Einer der Zugführer übernahm die Führung der Kompanie. Er drang in die Gräben ein, folgte den in die Stadt zurückweichenden Holländern und versuchte, sie zu vernichten. Doch in der Stadt gerieten die Fallschirmjäger in Hinterhalte und wurden fast völlig aufgerieben.
Um diese Krisenlage zu bereinigen, befahl Oberst Bräuer, der mit dem I. Bataillon als Regimentsreserve bei Tweede Tool gesprungen war, den sofortigen Angriff der übrigen Kompanien. Es gelang ihnen noch im Laufe des 10. Mai, die Straßenbrücke nach hartem Kampf in Besitz zu nehmen. Die Eisenbahnbrücke konnte jedoch nicht mehr erreicht werden. Sie war unmittelbar vor dem Eintreffen des Bataillons von den Holländern gesprengt worden. Auf dem Wege dorthin kämpfte Major Walther eine holländische Bunkerlinie nieder.
Damit waren die Brücken sämtlich im Besitz der Fallschirmjäger. Wie aber sah es im Raume Den Haag aus?

Die Soldaten des I./FJR 2 und die unterstellte 6. Kompanie dieses Regimentes hatten die Aufgabe, die Flughäfen bei Den Haag Valkenburg, Ypenburg und Ockenburg im Sprungeinsatz zu nehmen. Diese Kräfte waren teilweise falsch abgesetzt worden, zum anderen Teil konnten sie sich nicht gegen die zahlenmäßige Übermacht des Gegners durchsetzen. So gelang es ihnen nur, den Flugplatz von Valkenburg zu erreichen. Die Ju 52-Pulks, die in Ypenburg und Ockenburg zur Landung ansetzten, wurden von einem wahren Feuerhagel empfangen. Ebenso war es den Fallschirmjägern in ihren Transportmaschinen ergangen. Ju 52 stürzten brennend ab, oder landeten in die abgestürzten brennenden Trümmer hinein. Der Gegner behielt hier die Oberhand.

Als am frühen Nachmittag der Artillerieführer der 22. ID, Oberstleutnant De Boer in Ypenburg landen wollte, fand er den Platz noch immer feindbesetzt und im Niedergehen erkannte er, daß eine Landung inmitten der vielen Wracks von Ju 52 nicht möglich war. Er gab den Befehl, wieder hochzuziehen. Die Maschinen drehten ab und landeten in Rotterdam-Waalhaven.

Dort hatte inzwischen Hauptmann Karl-Lothar Schulz Verstärkung erhalten. Die leichte Fallschirm-Flakbatterie unter Oberleutnant Timm, damals die einzige Flak-Einheit der Fallschirmtruppe, war im Lufttransport nachgelandet und hatte die Feuerkraft der Verteidiger verstärkt, die sich übrigens auch der holländischen Beutegeschütze bedienten.

Die Luftlandeverbände der 22. ID aber mußten – außer den Truppen, die in Valkenburg landen konnten – auf den Autobahnen bei Delft und Leiden, oder in den Dünen von Katwijk, niedergehen.

Die dritte Welle der Luftlandeeinheiten wurde daraufhin von Oberst Fichte, dem Leiter des Verbindungsstabes der 22. ID, noch in Deutschland angehalten. Und nachdem sämtliche Fallschirmtruppen eingesetzt waren, bestand auch keine Möglichkeit mehr, die Landeplätze im Raume Den Haag durch Fallschirmeinsätze in

die Hand zu bekommen. General der Flieger Kesselring, der Oberbefehlshaber der Luftflotte 2, befahl den Abbruch dieser Operationen der 22. ID.
In ihren Widerstandsnestern mußten sich die gelandeten Männer dieser Division immer stärker werdender holländischer Angriffe und der Luftangriffe der Engländer erwehren. Es waren Angehörige der Infanterie-Regimenter 47 und 65 der Division.
Ein holländischer Angriff in die Flanke des FJR 1 wurde von Oberst Bräuer unter Einsatz der letzten Reserven abgefangen und hinter den Killabschnitt zurückgeworfen.
Als am späten Nachmittag die Nachricht durchsickerte, daß motorisierte holländische Pioniere die schwachen deutschen Sicherungen zwischen Dordrecht und Moerdijk überwältigt hatten und die Moerdijker Brücke angriffen, ließ Oberst Bräuer am Morgen des 11. Mai den Kommandeur seines III. Bataillons rufen.
»Schulz, Sie fahren sofort mit zwei Kompanien los. Halt, nehmen Sie nur eine, die anderen brauche ich hier. Das sollte genügen, denke ich.«
Mit seiner Kompanie stieß der Hauptmann direkt auf die fünf Kilometer lange Brücke von Moerdijk vor, auf die Hauptmann Prager mit seinem Bataillon angesetzt war und es auch im ersten Sprung geschafft hatte, diese wichtigste Verbindung durch das Hollandsche Diep nach Rotterdam zu besetzen. Mit Fahrzeugen der Holländer und nachgelandeten Krädern brausten sie los. Als sie den Bereich der Brücke erreichten, erhielten sie von den hinter den Stahlpfeilern in Deckung gegangenen Holländern Feuer.
»Absitzen und rechts und links der Straße durch die Gräben vorgehen!«
Die eigenen MG gingen in Stellung und schossen auf den Gegner, der sich bereits auf die Brücke hinaufgekämpft hatte und aus dieser überhöhten Stellung auf alles schoß, was sich zeigte.
Im geschlossenen Sprung gingen die Fallschirmjäger vor. Knapp fünfzig Meter vor der Brücke spürte Hauptmann Schulz einen

stechenden Schmerz in der Hand. Ein Schuß war durch die geballte Faust gegangen und hatte einen Finger zerrissen.
Hauptmann Schulz rannte im nächsten Sprung weiter. Er kam bis auf zwanzig Schritte an die Brücke heran. Da, wieder ein heftiger Schlag! Diesmal gegen den rechten Fuß, und als er beim nächsten geschlossenen Sprung aufspringen und vorrennen wollte, stürzte er zu Boden. Der Fuß machte nicht mehr mit.
Seine Fallschirmjäger aber rannten an ihm vorbei, sprangen auf die Brücke; sie schossen in schnellster Schußfolge und schlugen den Gegner in die Flucht. Ein Teil der Holländer ergab sich.
Hauptmann Schulz wurde mit den übrigen Verwundeten im Lufttransport in ein Heimatlazarett überführt.
An diesem 11. Mai hatte die 18. Deutsche Armee bereits die Peel-Stellung durchbrochen. Die 9. PD dieser Armee war bei Gennep über die einzige, nicht in die Luft gejagte Maasbrücke übergesetzt und rollte in schneller Fahrt auf Breda zu. Sie drückte die französischen Truppen auf die Seite, die versuchten, sich hier mit den Niederländern zu vereinigen. Am Nachmittag des 12. Mai erreichte die Aufklärungs-Abteilung der Division die deutschen Fallschirmjäger bei Moerdijk, und am nächsten Tage rollten sie nach Dordrecht und Rotterdam weiter, wo noch immer hart gekämpft wurde.
Generalleutnant Kurt Student, der in einer Funkmaschine bereits am Vormittag des 10. Mai auf dem Waalhaven gelandet war, begann mit seinem kleinen Führungsstab sofort zu arbeiten. Am 11. Mai schickte General Kesselring den Chef der Aufklärungsstaffel, Oberstleutnant Triebel, nach Rotterdam, wo der Gefechtsstab Students lag, um eine genaue Lagemeldung zu bekommen. Generalleutnant Student saß gerade über einem Plan zur Bereinigung der Lage bei Dordrecht, als Triebel eintraf. Der Oberstleutnant war mit seiner Hs 126 von Feindjägern bis Waalhaven gejagt worden. Er machte Meldung, und Generalleutnant Student gab ihm sofort handschriftlich seine Schilderung der bisherigen

Kämpfe und seine weiteren Absichten mit. Er schloß seine Meldung an General Kesselring mit der Feststellung:

»Man kann jetzt schon sagen, daß die Luftlandeoperation mit einem vollen Erfolg enden wird.«

Diese Meldung nahm General Kesselring zur Berichterstattung nach Berlin mit, wo er sie Göring und Hitler vorlegte.

Als sich am 12. Mai an den Dordrechter Brücken ein Leutnant der Panzertruppe bei Generalleutnant Student meldete und ihm berichtete, daß er mit seinen wenigen Panzern als Aufklärungsspitze der 18. Armee vorgeschickt worden sei, schien sich diese Voraussage zu bestätigen. Generalleutnant Student zog die Uhr, um diesen denkwürdigen Augenblick in seinen Memoiren genau fixieren zu können. Es war 17.30 Uhr.

Die Fallschirmjäger und die gelandeten Verbände der 22. ID hatten ihre Objekte sämtlich fest in Besitz genommen. Sie hielten jeden Gegner nieder, der versuchte, an die Flugplätze und Brükken heranzukommen.

Am Morgen des 13. Mai erkundete Generalleutnant Student mit seinem Ordonnanzoffizier Oberleutnant Herrmann und seiner Gefechts-Ordonnanz am Rande von Dordrecht wieder die Lage. Das Südostviertel lag völlig still. Sie gingen, jeder nur mit einem Karabiner bewaffnet, in die Stadt. Wenig später meldeten sich die Kommandeure der beiden Vorausabteilungen der 9. PD bei Student.

Der Kampf der angreifenden Panzer um Dordrecht begann. Noch einmal versuchte der Gegner, hier die Lage zu wenden. Doch die Panzer schossen die Widerstandsnester zusammen, und am Nachmittag dieses Tages ging an der hohen Kathedrale von Dordrecht die weiße Fahne hoch.

Am späten Abend dieses 13. Mai hatte Generalleutnant Student endlich auch mit der 9. PD die Truppe zur Verfügung, um an den Rotterdamer Brücken die Initiative ergreifen zu können, denn nördlich dieser Brücken hielt sich noch ein starker Brückenkopf des Gegners. Es war die letzte Aufgabe der 7. Flieger-Division, diesen Brückenkopf zum Einsturz zu bringen und so der gesamten 18. Armee den Weg zu öffnen.

Am frühen Morgen des 14. Mai erschien Generalleutnant Hubikki, der Kommandeur der 9. PD, im Gefechtsstand Students. Wenig später traf auch General Schmidt, der Kommandierende General des XXXIX. AK, auf diesem Gefechtsstand in Rijsoord ein. Nun übergab Student die Leitung weiterer Operationen an das Heer.

Diese erste erfolgreiche Luftlandeoperation der Kriegsgeschichte sollte schließlich mit einem Mißton enden: dem tragischen Bombenabwurf auf Rotterdam. Unter dem frischen Eindruck der hohen Panzerverluste bei Dordrecht, kam Generalleutnant Student zu dem Ergebnis, daß auf den Einsatz von Bombern nicht verzichtet werden dürfe, solange der Gegner nicht kapitulierte. Es war eine zwangsläufige Entscheidung, und jeder andere Truppenführer hätte in dieser Situation genauso gehandelt.

Die Ziele aber wurden genau festgelegt. Sie lagen dort, wo der Gegner noch verbissen kämpfte: am Maas-Bahnhof und in einem kleinen Abschnitt dicht am nördlichen Brückenende. Es wurden keine Brandbomben eingesetzt.

Entscheidend für diesen Bombenangriff war, daß der Kommandant von Rotterdam noch am 14. Mai eine Aufforderung zur Übergabe abgelehnt hatte. General Schmidt stellte ihm am Vormittag des 14. Mai ein letztes Ultimatum. Als diese Frist abgelaufen war, erschien ein holländischer Hauptmann als Parlamentär an der Rotterdamer Straßenbrücke. Er wies lediglich darauf hin, daß das Ultimatum keine Unterschrift trage. Der holländische Kommandant von Rotterdam wollte durch diese Winkelzüge Zeit gewinnen, obwohl er wußte, daß seine Lage hoffnungslos war.

General Schmidt, der den Parlamentär persönlich empfangen hatte, gab abermals einen Aufschub. Bis dahin wurde Waffenruhe vereinbart. Gleichzeitig ließ er einen FT-Spruch absetzen, der die deutschen Bomber auf ihren Einsatzhäfen in Westdeutschland auf-

halten sollte. Dieser wichtige Funkspruch, der über die Luftflotte laufen mußte, kam nicht rechtzeitig durch.
In den frühen Nachmittagsstunden dieses 14. Mai standen General Schmidt und Generalleutnant Student auf dem runden Platz südlich der Brücken und warteten auf die Entscheidung des holländischen Kommandanten. In den Straßen standen die für den Angriff vorgesehenen und bereitgestellten Truppen in Deckung. Plötzlich vernahmen die Generale Schmidt und Student Motorengeräusche von Flugzeugen. Es waren von Osten anfliegende Maschinen, die bald darauf als deutsche Bomber erkannt wurden.
»Um Gotteswillen!« rief Schmidt, »das gibt eine Katastrophe!«
Die beiden Generale, aufgewachsen in der Schule der preußischen Armee, durchdrungen von den Gesetzen ritterlicher Kampfesweise, waren entsetzt. Vor ihren Augen bahnte sich eine Verletzung der vereinbarten Kampfruhe an. Sie mußten dies mit allen Kräften zu verhindern suchen.
»Leuchtkugeln!« rief General Student.
Beide Generale schossen aus den gereichten Pistolen rote Leuchtkugeln. Diesem Beispiel folgend, schossen auch andere Offiziere rote Leuchtkugeln.
Die Führungskette der Bomber verstand dieses Zeichen und drehte ab. Auch die vorderste Staffel hatte das Leuchtzeichen erkannt und drehte ebenfalls, ohne die Bomben zu werfen. Die nachfolgenden Maschinen aber warfen. Der Funkbefehl, den der Verbandsführer durchgegeben hatte, war nicht von allen Maschinen verstanden worden.
So wurde der Bombenabwurf auf Rotterdam eine Folge mangelhafter Nachrichtenverbindung und eine Verkettung unglückseliger Umstände. Seine besondere Tragik liegt darin, daß er – als er erfolgte – gar nicht mehr beabsichtigt und auch nicht mehr notwendig war.
Obgleich die Ziele sorgfältig angeflogen wurden, mit der Absicht, die starke Feindverteidigung durch einen kurzen, wuchtigen Bom-

benschlag unmittelbar an den Brücken zu lähmen und den deutschen Panzern den Ausfall aus der Brückenenge zu ermöglichen, kam es zu einigen Fehlwürfen, die in der Altstadt von Rotterdam eine wahre Feuersbrunst auslösten. Nach amtlichen holländischen Feststellungen hat dieser Bombenangriff 850 Todesopfer gefordert.

Nach diesem Angriff kapitulierte Rotterdam. Generalleutnant Student wurde dazu bestimmt, die weiteren Verhandlungen über die Entwaffnung der niederländischen Truppen zu führen. Zu diesem Zweck fuhr er – begleitet von Hauptmann Hübner – zum Gefechtsstand des holländischen Kommandanten im Nordwesten der Stadt, der in einem Mietshaus, drei Treppen hoch, im Obergeschoß lag. Oberstleutnant von Choltitz kam hinzu.

An die versammelten holländischen Kommandeure richtete Generalleutnant Student ritterliche Worte der Anerkennung. Er schloß: »In jedem Kampf muß es Sieger und Besiegte geben. In diesem Fall sind Sie unterlegen, meine Herren. Die holländischen Truppen haben tapfer und opfermutig gekämpft.«

Als die Gespräche über die Einzelheiten der Entwaffnung geführt wurden, fielen draußen einige Gewehrschüsse. Alle Anwesenden blickten einander betroffen an. Generalleutnant Student trat an eines der breiten hohen Fenster, die bis zum Fußboden reichten. Da es kühl war, hatte er seinen Generalsmantel mit den breiten weißen Brustaufschlägen anbehalten. Lassen wir an dieser Stelle Generaloberst Student selbst berichten:

»Plötzlich erhielt ich einen ungeheuren Schlag gegen die Stirn, wie mit einem schweren Vorschlaghammer. Dann spürte ich in meinem Schädel ein seltsames, widerwärtiges Geräusch. Es war ein Reiben, Knirschen und Splittern von Knochen, das dann in ein Vibrieren und Singen des ganzen Kopfes überging. Ich hatte einen Tangentialschuß erhalten, der mir die obere Schädeldecke handtellerweit aufspaltete.

Wenn ich dies nicht selbst erlebt hätte, hätte ich niemals für mög-

lich gehalten, daß man einen Kopfschuß bei vollem Bewußtsein und in dieser Weise – beinahe zeitlupenartig – empfindet.
Ich fühlte, daß ich lebensgefährlich verwundet war. Aber nun bäumten sich alle vorhandenen starken Lebensenergien in mir auf. Mit der letzten Kraft versuchte ich, mich an der Tischkante festzuhalten. Aber meine Knie wurden weich, und ich sank unter dem Tisch zusammen. Dann umfing mich tiefe Nacht.«
Am selben Abend wurde Generalleutnant Student in einem Rotterdamer Krankenhaus von einem holländischen Chirurgen in vorbildlicher Weise operiert. Diese rasche Operation rettete ihm vermutlich das Leben. Er wurde auch der Sprache, die er zeitweise verloren hatte, wieder mächtig.
Wenige Tage danach kam der berühmte Gehirnchirurg Professor Tönnis aus Berlin nach Rotterdam. Seiner Kunst ist es zu verdanken, daß Generalleutnant Kurt Student nach neun Monaten wieder voll einsatzbereit war.
Nachdem er bereits am 12. Mai das Ritterkreuz erhalten hatte, wurde Kurt Student am 29. Mai bevorzugt zum General der Flieger befördert.
Die Fallschirmtruppe, noch immer ein kleiner Verband, hatte den Westfeldzug an vorderster Stelle mitentschieden. Der Erfolg der zahlenmäßig weit unterlegenen Fallschirmtruppe blieb ausländischen Beurteilern auch nach Ende des Zweiten Weltkrieges noch so unbegreiflich, daß immer wieder behauptet wurde, es sei nicht alles mit rechten Dingen zugegangen. Eine deutsche »Fünfte Kolonne« hätte den deutschen Fallschirmjägern die Brücken zugespielt. Maßgebliche holländische Persönlichkeiten behaupteten während des Krieges über den Rundfunk, die deutschen Fallschirmjäger seien als Marktfrauen, Briefträger und sogar als Priester verkleidet vom Himmel gefallen. Hierzu eine abschließende Bemerkung von Generaloberst Student:
»Für die deutschen Stellen bedeuteten die Luftlandungen und Fallschirmjägereinsätze gegen die Festung Holland und das Un-

ternehmen Albert-Kanalbrücken Eben Emael den endgültigen Durchbruch der Luftlande-Idee gegen alle sonstigen Widerstände. Nicht nur die ganze Welt horchte auf, sondern auch die deutsche Wehrmacht.
Auch die Fallschirmjäger, die nach dem Polenfeldzug den Glauben verloren hatten, kehrten wieder in unsere Reihen zurück. Die deutsche Fallschirmtruppe schloß sich auf das Engste zusammen.«
Viele deutsche Fallschirmjäger wurden mit dem Ritterkreuz ausgezeichnet (siehe Anlage Ritterkreuzträger der Fallschirmtruppe).
Ein einmaliger Einsatz war zu Ende gegangen.

WEITERER AUFBAU – ZWISCHENZIELE

»SEELÖWE« FINDET NICHT STATT

Bereits wenige Wochen nach dem Sieg im Westen sprach man auch bei der Fallschirmtruppe nur noch von der geplanten Invasion Englands, und immer mehr Gerüchte wollten von verschiedensten kühnen Fallschirmjäger-Plänen wissen. Wie aber sollte nun die junge Fallschirmtruppe, die auf so gründliche Weise von sich reden gemacht hatte, wirklich bei dieser Landungsoperation eingesetzt werden? Auf diese Frage bleibt uns der Operationsstab von Generalleutnant Student die Antwort nicht schuldig.
Bereits vor dem Losschlagen im Westen hatte Kurt Student einen Plan ausgearbeitet, nach welchem eine Invasion Englands mit einer großen Luftlandeoperation als erstem Schlag verbunden war. Er wollte mitten in den Gegner hineinspringen und einen starken Brückenkopf auf der britischen Insel bilden. Binnen dreier Wochen wäre er in der Lage gewesen, die Truppe wieder für diesen Einsatz bereitzustellen. Als Luftlandetruppen sollten nach seinem Vorschlag gut ausgebildete Infanterie-Regimenter eingesetzt werden. Seine wichtigste Voraussetzung war jedoch, daß dieser Angriff aus der Luft auf England noch in der Schwächeperiode des Gegners stattfinden mußte. Also in jener Zeit des Juni 1940, als sich die englische Expeditionsarmee in wilder Flucht vom Festland nach England hinüberrettete. Dies war die Zeit, von der später auch der englische Kriegshistoriker Liddel Hart schrieb:

»In den sechs Wochen nach Dünkirchen waren die verfügbaren Landstreitkräfte Englands so schwach, daß selbst ein paar Divisionen genügt hätten, sie wegzufegen.«

Als Hitler jedoch Ende Juli – gut sechs Wochen zu spät, um die Schwäche des Gegners auszunützen – diese Invasion Englands plante, hatte sich der englische Gegner bereits wieder erholt. Dennoch sah Hitlers Plan den Einsatz von einer Luftlande-Division und der 7. Flieger-Division vor. Diese beiden Divisionen sollten bei Folkestone niedergehen und einen Brückenkopf bilden. Dadurch würde der Gegner an zwei Fronten gebunden sein.

(Für diese Landungen waren auch die »Gigant«-Lastensegler entwickelt worden. Maschinen, die bis zu 21 Tonnen Material laden konnten, also auch in der Lage waren, den deutschen Panzer III oder eine Flak 8,8 cm aufzunehmen.)

Da man englischerseits erfuhr, daß bei Folkestone aus der Luft gelandet werden sollte, wurden die Hindernisse dort verstärkt und ein richtiges »Empfangs-Komitee« gebildet.

Da General der Flieger Student in dieser Zeit noch an den Folgen seines Kopfschusses litt, konnte er seinen besonderen Plan auch nicht in Vorschlag bringen. Er sagte später über diesen Punkt:

»Wenn ich im Dienst gewesen wäre, hätte ich Hitler vorgeschlagen, sofort mit den Luftlandetruppen nach England zu fliegen, um dort die Ausschiffungshäfen des britischen Expeditionskorps in Besitz zu nehmen. Und dies an dem Tage, an dem die Briten vom Festland verschwanden. Damit wäre das Schicksal Englands besiegelt gewesen, denn dieser Gegner, der aus Dünkirchen entkommen war, war nicht nur am Ende seiner Kraft, sondern auch noch in der Mehrzahl ohne Waffen. Im Lande selbst standen nicht genügend Soldaten zur Verfügung, die uns hätten niederschlagen können.«

Dieses Unternehmen war kühn konzipiert; zu kühn, als daß es den kühlen Rechnern vom Heer gefallen hätte. Und auch Hermann Göring sagte im Nürnberger Gefängnis, als man ihn zu die-

sem Problem der sofortigen Landungen in England nach dem Sieg und der Einschiffung der britischen Expeditionsarmee befragte:
»Ich habe damals nur eine Fallschirmjäger-Division zur Verfügung gehabt, die ich dazu noch unter der Hand aufbauen mußte. Mit meinen Forderungen nach dem raschen Aufbau von vier Fallschirmjäger-Divisionen bin ich gegenüber dem Heer nicht durchgedrungen. Das rächte sich im Falle England, denn hätte ich diese vier Divisionen nach Ende des Frankreich-Feldzuges zur Verfügung gehabt, dann wäre ich zur Zeit von Dünkirchen sofort nach England hinübergegangen.«
Zu dieser Zeit, da alles auf des Messers Schneide stand, verfügte der britische Kriegspremier Sir Winston Churchill die Aufstellung einer englischen Fallschirmtruppe. Die Expeditionsstreitmacht war eben drei Wochen im Lande, als er aus Freiwilligen dieser Männer zunächst 5 000 Fallschirmschützen ausbilden ließ. Auf den rasch gebildeten Schulen in Manchester und Ringway wurden diese Schützen im Schnellverfahren ausgebildet. Zwei Lastensegler für Luftlandetruppen wurden gebaut, Typ »Horsa« u. »Hamilcar«. Hitler aber zögerte. Er wollte zuerst die Luftherrschaft über England erringen. Doch diese Voraussetzung konnte von der deutschen Luftwaffe nicht geschaffen werden.
Als General Student noch während seiner Rekonvaleszenzzeit am 2. September 1940 in Karinhall von Reichsmarschall Göring empfangen wurde, erfuhr er, daß das Unternehmen »Seelöwe« nicht stattfinden würde.
Göring überreichte General Student das Goldene Fliegerabzeichen mit Brillanten und verabschiedete den General mit den Worten:
»Sie sollten sich lieber nicht so viele Gedanken machen, sondern mehr Ihrer Gesundheit leben.«
Ende dieses Monates September stand General Student wieder vor Göring, und dieser sagte im Gespräch zum Kommandierenden General des neugebildeten XI. Fliegerkorps:
»Hitler hofft immer noch, mit England ins Gespräch zu kommen,

Hier das erste Zeltlager

Feldmarschall Sperrle, vorn, empfängt: von links Oberstleutnant Frhr. von Carnap, Generalleutnant Petersen, Major Schulz, Oberleutnant von Bonin, Major Schleicher

Die Jäger eilen zum Sammelplatz

General der Flieger Student auf Kreta, vorn englische Gefangene

Fallschirmplanen geben guten Sonnenschutz

Fallschirmjäger und Gebirgsjäger treffen sich

Fallschirmjäger in Heraklion

Griechische Mädchen bestaunen die Zelte der Fallschirmjäger

Der Bürgermeister von Heraklion bei Major Schulz

Oberst Bruno Bräuer, Kdr. FJR 1, rechts, im Gespräch mit Major Schulz, Kdr. III./FJR 1

Besprechung über den Fortgang der Kämpfe. Mitte Oberst Bräuer

Karl Lothar Schulz in Heraklion, links Oberleutnant Kerfin

Student. Vielleicht liegt darin der Grund seines Zögerns mitbeschlossen.« Und dann fügte er noch hinzu: »Wenn wir diesen Krieg verlieren, dann gnade uns Gott!«

SCHWERE WAFFEN FÜR DIE FALLSCHIRMTRUPPE

Inzwischen war der Aufbau der Fallschirmtruppe weiter vorangegangen. Das Fallschirmjäger-Regiment 3 wurde aufgestellt, und dazu wurde ein neues Fallschirmjäger-Sturmregiment unter Oberst Eugen Meindl aufgestellt, das dem Gebirgsjäger-Offizier aus ganz besonderen Gründen übertragen worden war. Oberst Eugen Meindl war als Kommandeur des Gebirgs-Artillerie-Regimentes 112 im Mai 1940 ohne jede Springerausbildung bei Narvik mit einigen Gruppen seiner Gebirgsjäger abgesprungen. Er war von dieser neuen Art des Kampfes aus der dritten Dimension so begeistert, daß er im August dieses Jahres zur Luftwaffe überwechselte und seine Fallschirmjäger-Ausbildung durchführte. General Student sah in ihm einen jener Männer, die einen Fallschirmjäger-Verband führen konnten. So machte er ihn zum Kommandeur des Fallschirmjäger-Sturmregimentes, das er, Meindl, aufzustellen und auszubilden hatte.

Der Einsatz im Westen hatte gezeigt, daß die Frage der Mitführung der Waffen am Mann gelöst werden mußte. Selbst die Karabiner waren noch in Waffenbehältern abgeworfen worden und wurden manchmal nicht gefunden, so daß die Fallschirmjäger nur mit Pistole und Handgranaten und dem Kappmesser bewaffnet waren, wenn sie am Feind standen. Dies stand auch einer schnellstmöglichen Kampfbereitschaft im Wege.

Darüber hinaus fehlte es gänzlich an Unterstützungswaffen, und ohne solche Waffen war jede Truppe gegenüber einem in festen Stellungen liegenden Gegner, mit schweren Waffen im Nachteil. Diesen Nachteil galt es auszumerzen und Unterstützungswaffen

für die Fallschirmtruppe sowie ihren Transport zu entwickeln. Noch im Mai 1940 war ja auf dem Flugplatz Waalhaven die Fallschirmgeschütz-Batterie mit Pferden (!) gelandet worden.
Es wurde ein »Fünfling-Fallschirm« entwickelt, der Geschütze absetzen konnte. Dazu wurde ein völlig neues Fallschirm-Leichtgeschütz entwickelt.
Die Panzerjäger-Abteilung der 7. Flieger-Division wurde aufgestellt und mit der leichten Pak vom Kaliber 3,7 cm ausgerüstet. Alles dies aber brauchte Zeit; und Zeit war etwas, was die Fallschirmtruppe nicht hatte, denn es zeichneten sich bereits weitere Einsätze für sie ab.

WEITERE EINSATZMÖGLICHKEITEN

Am 1. Januar 1941 übernahm General der Flieger Student, inzwischen völlig genesen, die Führung und den weiteren Ausbau des neuen Luftlandekorps, in dem die 7. Flieger-Division und die 22. Luftlande-Division (die alte 22. ID) zusammengefaßt worden waren. Das Fallschirmjäger-Sturmregiment – aus der Sturmabteilung Koch als Kerntruppe zusammengesetzt –, stand bereits. Zwei Kampfgeschwader z. b. V. und ein neugegründetes Luftlandegeschwader – in dem alle verfügbaren Lastensegler zusammengeschlossen waren – kamen hinzu.
Chef des Generalstabs dieses Korps wurde Generalmajor Schlemm. Der Ia dieses Korps war der ehemalige Ia der 7. Flieger-Division, Oberstleutnant i. G. Trettner.
Da am 25. Januar 1941 auf dem Berghof eine Aussprache zwischen Hitler und Göring über allgemeine Fragen und Luftwaffenfragen anberaumt worden war, nahm Reichsmarschall Göring General Student dorthin mit. Im Sonderzug fuhren die beiden Männer der Luftwaffe nach Berchtesgaden. General Student wollte sich außerdem gesundmelden.

Hitlers Gespräche, das spürte der Fallschirmjäger-General sofort, drehten sich um England. Und nun konnte Student heraushören, daß Hitlers Invasionsdrohung gegen England nur ein Täuschungsmanöver gewesen war. Bei diesem Gespräch erhielt Student den Auftrag, die Möglichkeiten eines Luftlandeunternehmens gegen Gibraltar zu untersuchen.

Auf der Rückfahrt in Görings Sonderzug nach Berlin entwickelte der Reichsmarschall seine Gedanken über die Aktivierung des Kampfes gegen England im Mittelmeerraum:

»Irgend etwas läßt den Führer immer wieder vor einer Landung in England zurückschrecken; der Zeitpunkt dazu ist wohl auch schon verpaßt. Jetzt kommt es darauf an, das britische Weltreich von außen her zum Einsturz zu bringen. Das Mittelmeer und der Mittlere Osten sind für das britische Empire lebenswichtig. Italien allein kann die Aufgabe nicht lösen, die Engländer aus dem Mittelmeerraum zu vertreiben; es braucht ja schon jetzt Hilfe, um sich selber zu halten.«

»Dann müßte nach weiteren Angriffsmöglichkeiten gesucht werden«, entgegnete Student. »Und es böten sich schon einige an. Ich denke an die neuralgischen Punkte, an den Suezkanal, an Kreta, Zypern und Malta.«

»Gut, Student. Prüfen Sie also nicht nur den Fall Gibraltar, sondern auch sämtliche anderen Luftlandemaßnahmen, die möglich sind. Es ist möglich, daß die Eroberung dieser vier Ziele in Angriff genommen werden wird.«

Von seiner Dienststelle in Berlin-Tempelhof aus verfolgte General Student die Ereignisse auf dem Balkan aufmerksam. Durch einen Staatsstreich in Belgrad war die Regierung abgelöst worden, die dem Dreimächtepakt Deutschland-Italien-Japan beigetreten war. Die neue Regierung schloß einen Freundschaftspakt mit der UdSSR ab. Hitler handelte sofort, indem er die in Bulgarien zusammengezogenen Truppen gegen Griechenland und Jugoslawien antreten ließ. Am 17. April war Jugoslawien geschlagen. Vier

Tage später kapitulierte die griechische Epirusarmee. Die beiden englischen Griechenland-Divisionen unter General Wavell zogen sich mit der ebenfalls eingesetzten Panzerbrigade zurück. General Wavell verlegte die Einschiffung der britischen Truppen vom 28. auf den 24. April vor. Es galt, 54 000 englische Soldaten über See nach Ägypten zu schaffen. Da die Häfen von Attika unter dem Bombenhagel deutscher Kampfflieger lagen, mußte sich die britische Führung dazu entschließen, die Häfen des Peloponnes zu benutzen. Der einzige Weg dorthin führte über den Isthmus von Korinth, der von einer Brücke überspannt wurde.
Inzwischen aber hatte sich in Deutschland in Bezug auf die Fallschirmtruppe einiges getan. Am 20. April flog General Student mit Oberstleutnant Trettner ins Führerhauptquartier auf den Semmering. Hier vertrat General Student die Auffassung, daß nach Ende der Kämpfe in Griechenland eine so wichtige Bastion wie die Insel Kreta nicht in der Hand des Gegners bleiben dürfe. Er machte den Vorschlag, die Insel schlagartig mit seinem Luftlandekorps in Besitz zu nehmen. Während der Besprechung mit Hitler erläuterte Student, wie die Eroberung dieser Insel aus der Luft möglich sei. Dabei dachte er aber bereits weiter, denn Kreta war für ihn die eine Voraussetzung, die den zweiten Sprung, den zum Suezkanal, sichern sollte. Und dann wollte er auf Zypern springen.
So wurde denn der Kreta-Einsatz beschlossen. Zuvor aber hatte die vorher geschilderte Entwicklung auf dem griechischen Festland eine Situation geschaffen, in der es zu einem weiteren Sprungeinsatz kommen sollte.

SPRUNG AM KANAL VON KORINTH

Eingangs März 1941 war das verstärkte Fallschirmjäger-Regiment 2 unter Führung von Oberst Alfred Sturm in den Raum

Plovdiv nach Bulgarien verlegt worden. Von hier aus sollte das »Detachement Süßmann« – General Süßmann war inzwischen Kommandeur der 7. Flieger-Division geworden – am 1. April die Insel Lemnos besetzen. Es wurde befürchtet, daß General Wilson, der Oberbefehlshaber der britischen Expeditionsstreitmacht, diese Insel als Stützpunkt verwenden würde, wie dies im Ersten Weltkrieg der Fall gewesen war. Die Insel wurde jedoch im Verlaufe der ersten Kämpfe des 6. April von den Heerestruppen in Besitz genommen.

Als nun am 24. April die Einschiffung der britischen Truppen in Griechenland begann und sich der Weg der Engländer abzeichnete, auch über den Peloponnes auszuweichen und die Truppen in den dortigen Häfen zu verschiffen, erhielt dieses Regiment den Auftrag, die Kanalbrücke des Kanals von Korinth im Handstreich zu nehmen und ein Ausweichen der britischen Truppen auf den Peloponnes zu verhindern. Oberst Sturm standen für diesen Auftrag folgende Truppen zur Verfügung: sein I. und II. Bataillon, eine Pionierkompanie, eine Leichtgeschütz-Batterie, eine Nachrichten- und eine Sanitätskompanie.

Am 25. April starteten die Fallschirmjäger zum Flug nach Larissa, dem Bereitstellungsraum für den Angriff am kommenden Morgen. Der Angriff war in der bekannten Fallschirmjäger-Manier ausgearbeitet worden. Dem Gros des Regimentes sollte der Pionierzug und ein Zug der 6. Kompanie unter Leutnant Hans Teusen in Lastenseglern vorausfliegen und die Brücke über den Kanal von Korinth im Handstreich nehmen, die Sprengladungen entfernen und das Objekt so lange halten, bis das Gros herangekommen war.

Das Gros wiederum sollte mit dem II. Bataillon südlich des Kanals niedergehen, während das I. Bataillon nördlich des Kanals landen und die Brücke sperren sollte.

Folgen wir dem Zug Teusen nach, gehen wir mit ihm zum Kanal von Korinth:

Um 05.00 Uhr gingen die Männer um Leutnant Teusen zu den Seglern. Sie starteten sofort, und nach zwei Stunden Flug stießen die Segler auf die Brücke über den Kanal nieder. Sie erhielten von der dort stehenden englischen Flak sofort schweres Feuer. Die Pioniersegler kamen durch, ein Segler des Zuges Teusen erhielt in acht Meter Höhe einen Treffer und stürzte ab.
Als Leutnant Teusen landete, feuerten die beiden Flak-Batterien des Gegners am Südende der Brücke immer noch nach Norden, wo die Pioniere niedergingen. Mit den ersten Männern seines Zuges stürmte Teusen vor. Sie drangen in die Stellung der Batterie ein und brachten sie zum Schweigen. Die Pioniere am anderen Ufer hatten die Brücke ebenfalls erreicht, sie liefen hinauf, kletterten bereits im Gestänge herum und zerschnitten die Zündleitungen. Von Hand zu Hand weitergereicht, wurden die Sprengladungen emporgehievt und auf die Brücke geworfen.
Leutnant Teusen hatte sich inzwischen bis dicht an die Brücke herangearbeitet, als er unter neuerlich aufflammendem Beschuß hinter Steinblöcken in Deckung gehen mußte. Eine der 4 cm-Bofors-Kanonen des Gegners feuerte wieder auf die Pioniere. Eben schrieb Teusen eine Meldung für seinen Kommandeur, als er auf der Brücke den PK-Mann, Sonderführer E. von der Heyden, erspähte, der gerade seine Kamera hochriß. Und in dem Augenblick, als Teusen den Zettel vom Meldeblock abriß, vernahm er wieder Abschüsse einer Flak. Noch machte er die Bewegung des Abreißens, als vor ihm auf der Brücke eine dumpfe Explosion brüllte, der ein donnerähnliches Krachen folgte. Er sah, wie die Brücke in der Mitte durchbrach, und wie zu beiden Seiten dicke Qualmwolken aufstiegen und das Eisengerüst in den Kanal stürzte. Die wenigen Pioniere und Männer seines Zuges, die sich auf der Brücke befanden, wurden in den Tod gerissen. Ebenfalls der Kriegsberichter, dessen Kamera auf dem Ufer gefunden wurde, mit *dem* Foto, wie die Brücke eben hochging.
Der Zufallsschuß der englischen Flak hatte die ausgebauten

Sprengladungen, die wegen der Eile der Räumung nicht hatten zurückgeschafft werden können, als Volltreffer hochgejagt, und somit war die Brücke doch noch durch die dafür vorgesehenen Ladungen vernichtet worden.
Die Fallschirmjäger waren inzwischen herangekommen und sprangen in zwei Gruppen nördlich und südlich der Brücke. Mit seiner 6. Kompanie landete Hauptmann Schirmer südlich des Kanals in einer Talsenke. Im Nahkampf räumte er die englischen Stellungen am Rande dieser Senke aus, und als sich die Kompanie gesammelt hatte, erfolgte eine gewaltige Detonation. Über der Kanalbrücke stand plötzlich eine gewaltige Rauchsäule.
Hauptmann Schirmer gelang es, dem vordrängenden Gegner Halt zu gebieten und ihn nach Süden zurückzudrücken, so daß er nicht mit den wenigen mit den Lastenseglern gelandeten Männern des Zuges Teusen zusammenstieß. Wenig später traf Oberst Alfred Sturm bei Schirmer ein. Als nun der Gegner weich wurde, erhielt Schirmer, der die Führung des II. Bataillons übernommen hatte, weil der Kommandeur verwundet ausgefallen war, von Sturm den Befehl, den weichwerdenden Gegner zu verfolgen:
»Schirmer, Sie gehen hinterher, drücken stark nach, lassen den Gegner nicht zum Stehen kommen und jagen ihn bis Argos und Nauplia.«
Eine wilde Verfolgungsjagd begann, die als »Argonautenzug der Kampfgruppe Schirmer« in die Kriegsgeschichte einging.
Immer dicht am weichenden Gegner bleibend, gelang es der Kampfgruppe, Argos und Nauplia im Handstreich zu nehmen. Die Krone dieses schnellen Verfolgungsraids aber war die Gefangennahme des Oberbefehlshabers der griechischen Peloponnes-Armee. Danach streckten sämtliche griechischen Truppen dieser Armee die Waffen. Für diesen Einsatz erhielt Gerhard Schirmer am 14. Juni 1941 das Ritterkreuz.
Der Zug Teusen war inzwischen nach Korinth hineingestürmt. Zwei mitgeführte Beute-Flak ebneten den Weg in die Stadt. Hier

traf der Zugführer seinen Kompaniechef, Hauptmann Schirmer, wieder.

»Teusen, Sie bilden die Vorausabteilung. Stoßrichtung Nauplia!« befahl Schirmer dem Leutnant. »Dort wird sich der Gegner einschiffen.«

Eine Minute später rollte der Zug weiter. Unmittelbar vor Tolon stieß er auf die Nachhut des Gegners. Es waren über 100 Mann. Teusen ließ sofort angreifen, und nach kurzem Kampf ergab sich der Feind. 40 Gefangene wurden mit zwei verwundeten Fallschirmschützen zurückgelassen.

Kurz vor Tolon wurde der Zug von massiertem Feindfeuer aufgehalten, das von den die Straße flankierenden Höhen kam. Im Sturmangriff wurde die nächste Höhe genommen. Hierbei wurde Leutnant Teusen verwundet. Dennoch machte er weiter und schickte einen englischsprechenden Feldwebel als Parlamentär zu den Engländern. Die Engländer fielen auf das Märchen von der nachfolgenden Fallschirmjäger-Division und den Stukas herein und ergaben sich. So waren die Weichen für die nachfolgenden Einheiten des II. Bataillons gut gestellt. In einem tollkühnen Husarenstreich hatte Leutnant Teusen 1 400 Engländer gefangen genommen und diese wichtige Höhenstellung, von der aus auch das gesamte Bataillon hätte aufgehalten werden können, erobert. Damit schuf er die Voraussetzungen zum Weiterstoß des Bataillons. Er erhielt am 14. Juni das Ritterkreuz.

Als sich am 28. April Voraustruppen des Heeres von Norden dem Kanal von Korinth näherten, hatte hier das I. Bataillon bereits den Brückenkopf gesichert, den Gegner geworfen und die Arbeiten der Pioniere gedeckt, die den Übergang über den Kanal bis zum Morgen des 28. April fertig hatten, so daß die nachfolgenden Heerestruppen sofort übersetzen konnten. Es war die Vorausabteilung der 5. PD. Das Fallschirmjäger-Regiment 2 machte insgesamt 10 500 Gefangene. Der Auftrag war damit erfüllt.

Dieser Einsatz war – das stellten Kriegshistoriker von Rang nach dem Kriege fest – zwei Tage zu spät erfolgt. Nur 48 Stunden früher, und es wäre durch diese Operation möglich geworden, das britische Expeditionskorps in seiner Masse abzuschneiden und gefangenzunehmen. Dies wiederum hätte das Herüberkommen eines großen Teiles dieser Expeditionsstreitmacht nach Kreta verhindert und die hohen Verluste der Fallschirmtruppe auf dieser Insel vermeiden helfen.

So wurde der Sprung über dem Kanal von Korinth zwar ein Erfolg, aber der Gegner ahnte bereits zu diesem Zeitpunkt, daß die deutschen Fallschirmjäger nicht an der deutschen Ostgrenze in Bereitschaft lagen, sondern irgendwo im mittelmeernahen Raum und – daß sie wahrscheinlich dazu bereitlagen, den Balkanfeldzug mit der Eroberung der Insel Kreta abzuschließen.

Übrigens war dies die erste und einzige Fallschirmunternehmung, über die General der Flieger Student nicht vorher informiert worden war.

Inzwischen war das Kreta-Unternehmen aus der Vorbereitungsphase in die Endphase getreten. Ehe wir nun kurz zu den Ereignissen des 21. April zurückkehren, noch eine Bemerkung, die dem widersinnigen Vorwurf entgegentreten soll, daß der deutsche Angriff auf Kreta ein Angriff auf ein neutrales Land gewesen sei.

Seit dem 29. Oktober 1940 waren auf Kreta britische Truppen stationiert, und gegen diesen britischen Stützpunkt richtete sich der Angriff der deutschen Truppen; nicht aber gegen die kretische Zivilbevölkerung.

STURMANGRIFF AUS DER LUFT

BEIDE SEITEN VORHER

Zur gleichen Zeit, da am 21. April 1941, um 12.00 Uhr, in Larissa General Papagos, der Oberbefehlshaber aller griechischen Streitkräfte, die offizielle Kapitulationsurkunde unterzeichnete und 16 griechische Divisionen in Mazedonien und im Epirus die Waffen streckten, fand im vorgeschobenen Führerhauptquartier auf dem Semmering eine Besprechung statt, in der es darum ging, ob Kreta in der Hand des Gegners bleiben sollte.

An der Besprechung nahmen neben General der Flieger Student auch sein Ia, Oberstleutnant i. G. Trettner, General der Flieger Jeschonnek, General Jodl und Generalfeldmarschall Keitel teil. Ziel dieser Besprechung war es, den nächsten Einsatz für die Fallschirmtruppe auszuwählen. Als wichtigste Ziele waren Kreta und Malta im Gespräch.

General Student trug während jener Besprechung vor, daß ein so starker Stützpunkt wie Kreta nicht in der Hand des Gegners bleiben dürfe. Er machte den Vorschlag, diese Insel mit seinen Fallschirmjägern aus der Luft zu nehmen.

Hitler wurde hinzugebeten und General Student trug auch ihm vor, daß die Eroberung von Kreta aus der Luft möglich sei. Kreta würde das erste Sprungbrett zum Suezkanal werden. Zypern sollte folgen. Hitler entschied sich für den Angriff auf Kreta.

In der Operation »Demon« war es den Briten gelungen, 50 672

Mann aus Griechenland zu evakuieren. Der Großteil dieser Soldaten der britischen Expeditionsarmee wurde nach Kreta geschafft. Damit war diese Insel zu einem festen Bollwerk geworden.
Während das Generalkommando des XI. Fliegerkorps und die Truppen nach Griechenland verlegten, blieb General Student mit einer kleinen Arbeitsgruppe in Berlin zurück, um den detaillierten Angriffsplan auszuarbeiten. Dieser Plan stützte sich nicht zuletzt auf die Feindnachrichten, die vom Chef der deutschen Abwehr, Admiral Canaris, dem XI. Fliegerkorps übergeben wurden. Danach sollte Kreta nur schwach besetzt sein. Von der britischen Expeditions-Streitmacht sei der überwiegende Teil nach Alexandria überführt worden, sagten die Feindnachrichten. Nur kleine Splittergruppen seien nach Kreta gelangt. Diese Meldung war falsch!
Für die Art der Durchführung des Angriffes auf Kreta bestanden drei Möglichkeiten. Der Vorschlag der Luftflotte 4 lautete:
»Besetzung des Westteiles von Kreta (von Malemes bis einschließlich Chania) und angriffsweise Eroberung der Insel durch Vorstoßen beider Divisionen von Westen nach Osten.
Vorteil: Starke Kräfteballung und damit absolute schnelle Überlegenheit an einer Stelle, auch wenn der Gegner stärker war als angenommen.
Voller Schutz des Absprunges durch das VIII. Fliegerkorps.
Nachteil: Schwierige, vielleicht langwierige Kämpfe im Gebirge, wobei dem Gegner die Möglichkeit der Ausnützung seiner ostwärtigen Flugplätze – zumindest beschränkt – blieb.«
Der Vorschlag des XI. Fliegerkorps lautete:
»Gleichzeitige Besetzung durch Absetzen an etwa 7 Punkten der Insel, darunter den wichtigsten: Malemes, Chania, Rethymnon und Heraklion.
Vorteil: Die wichtigsten Punkte der Insel waren schlagartig in eigenem Besitz, die Insel war schnell erobert.
Nachteil: Die an den einzelnen Punkten abzusetzenden Kräfte

waren schwach, Unterstützung durch das VIII. Fliegerkorps nicht an allen Stellen möglich.«

Das Oberkommando der Luftwaffe hingegen entschied abschließend:

»Eroberung der Insel durch Inbesitznahme der vier wichtigsten Punkte; zeitlich gestaffelt, um den vollen Schutz durch das VIII. Fliegerkorps zu ermöglichen; und zwar vormittags den Westteil (Malemes und Chania), hier Schwerpunkt. Nachmittags der Ostteil (Rethymnon und Heraklion).«

Zur Schaffung der Feindunterlagen wurden sofort mit Beendigung der Operation auf dem griechischen Festland folgende Einheiten angesetzt:

a) Luftaufklärung:

   2 Aufklärungsstaffeln des VIII. Fliegerkorps zur laufenden Überwachung der Schiffsbewegungen im Seeraum um Kreta, der Belegung der Häfen auf Kreta und Feststellung der feindlichen Luftwaffe in Kreta.

   1 Aufklärungsstaffel des XI. Fliegerkorps zur Erkundung von Landeplätzen, Feldbefestigungen, Artilleriestellungen, Truppenlagern usw. auf Kreta.

b) Die Abwehrorganisation:

   Unter Admiral Canaris versuchte sie, durch Entsendung von Vertrauensleuten und Vernehmung von Agenten ein Bild von der Stärke der Besetzung Kretas und den Verteidigungsabsichten der Engländer zu gewinnen.

c) Durch die 12. Armee:

   Durch ständige und systematische Vernehmung der von der 12. Armee eingebrachten Gefangenen.

Das so gewonnene Bild der Feindlage stellte sich folgendermaßen dar:

Bedeutungsvollster Hafen auf Kreta, mit schwacher Belegung mit Kriegsschiffen, und stärkerer, oft wechselnder Belegung mit Handelsschiffen, ist die Suda-Bucht. Im übrigen nur beschränkte

Landungsmöglichkeiten in Rethymnon, Heraklion, Golf von Mirabella, Ierapetra und Bucht von Mesara.
Brauchbare Flugplätze und mit Startbahnen versehen, bei Malemes und Heraklion; ein beschränkt brauchbarer Flugplatz bei Rethymnon. Durchschnittliche Belegung der Flugplätze mit insgesamt 25 bis 40 Maschinen; in der Masse Jagdflugzeuge, einige wenige Kampfflugzeuge.
Starke Flakabwehr im Raume Chania, sowohl in der Suda-Bucht, wie bei dem Flugplatz Malemes, bei Rethymnon und Heraklion.
Geschätzte Stärke der Besatzung der Insel nach Aussagen der Agenten und Gefangenen ungefähr eine Division und Teile der aus Griechenland entkommenen Truppen.
(Daß diese Feindbeurteilung *nicht* den tatsächlich angetroffenen Verhältnissen entsprach, liegt darin begründet, daß die Engländer bereits sehr früh, lange vor Beginn der deutschen Operationen im Südostraum, mit dem verteidigungsmäßigen Ausbau der Insel begonnen hatten und es verstanden, alle Geländeverstärkungen gut zu tarnen. Bei einem Teil der auf den Lichtbildern festgestellten Flakstellungen handelte es sich um Scheinstellungen, während die *wirklichen* Stellungen nicht erkannt wurden. Die meist sehr widersprechenden Angaben der Vertrauensleute konnten bei der Kürze der zur Verfügung stehenden Zeit keine volle Klarheit bringen).
England hatte den festen Willen, Kreta zu verteidigen und zu halten. Da bekannt war, daß ein Angriff auf Kreta nur als Luftlandeunternehmen durchgeführt werden konnte, hatte der Gegner die Abwehr entsprechend eingehend vorbereitet. Um die Flugplätze und alle für die Landung infrage kommenden Plätze waren nach allen Seiten verteidigungsfähige Stützpunkte ausgebaut.
Da jedoch nach der Feindlagemeldung nur mit schwacher Abwehr gerechnet wurde, beschloß der Operationsstab des XI. Fliegerkorps den Angriff folgendermaßen:
Die Flugplätze Malemes und Heraklion sollten im Direktangriff

genommen und für spätere Luftlandungen offengehalten werden. Ein weiteres Fallschirmjäger-Regiment wurde auf Chania angesetzt, um die dort vermuteten Hauptkräfte des Gegners zu fesseln und das Hauptquartier von General Freyberg ausschalten. Zur Rückendeckung dieses Regimentes sollte das Fallschirm-Pionier-Bataillon bei Alikianou springen.

Die vierte Kampfgruppe hingegen sollte Flugplatz und Ortschaft Rethymnon nehmen und im weiteren Verlauf ihres Einsatzes die Verbindung zwischen der West- und Ostgruppe herstellen.

Am 30. April 1941 hatte General Bernard Freyberg den Oberbefehl über alle auf der Insel Kreta stehenden alliierten Streitkräfte übernommen. Mit dem Oberbefehlshaber Nahost in Kairo, General Wavell – der am 30. April Kreta besuchte – kam auch General Freyberg zu der Überzeugung, daß bei einem bevorstehenden deutschen Luftlandeangriff und Angriff von See her auf Kreta vier Landungszonen in Frage kämen. Diesen vier Zonen wurde in den folgenden Wochen die größte Aufmerksamkeit gewidmet. Alles richtete sich hier auf die Abwehr eines solchen deutschen Angriffes ein.

Die erste Angriffszone war der Westteil der Insel mit dem Flugplatz Malemes. Auf der Ebene ostwärts Malemes konnten Fallschirmlandungen vorgenommen werden.

Der zweite Landeabschnitt wurde im Raume der Suda-Bucht in der Nähe der Hauptstadt Chania vermutet. Dritter Angriffpunkt schien unzweifelhaft der Flugplatz Rethymnon; und im Ostteil der Insel würde der erste Feindangriff vor allem dem Flugplatz Heraklion gelten.

Demzufolge erließ der Operationsstab für Kreta, »Creforce«, am 3. Mai 1941 seinen Operationsbefehl Nr. 10. Dieser Befehl hatte folgenden Wortlaut:

Abschnitt Heraklion:

Einsatz der 14. brit. Infanterie-Brigade mit dem 7. Mittelmeer-Regiment. Dazu das australische Bataillon 2/4, die britische 156.

und die australische 7. le. Flakbatterie. Für Küstenschutz wird die B-Batterie des 15. Küstenartillerie-Regimentes eingesetzt. Zwei griechische Infanterie-Bataillone werden als Verstärkung unterstellt. Führung der Abschnittskräfte: Brigadier Chappel.

Abschnitt Rethymnon:

Einsatz der australischen 19. Brigade mit den Bataillonen 2/2, 2/7, 2/22 sowie eine MG-Kompanie. Zwei griechische Infanterie-Bataillone werden als Verstärkung unterstellt. Führung der Abschnittskräfte: Brigadier Vasey.

Abschnitt Suda-Bucht:

Kräfte zum Schutz des Versorgungszentrums der Insel und der Halbinsel Akrotiri, mit der brit. 151. und 234. schweren und der 129. le. Flakbatterie. Hinzu kommt die 7. australische le. Flakbatterie. An Infanterieschutz werden das australische Bataillon 2/8, die Nordhumberland Hussars, eine Panzerjäger-Abteilung und die Masse des 15. Küstenartillerie-Regimentes eingesetzt. Verstärkung durch ein griechisches Infanterie-Bataillon. Führung der Abschnittskräfte: Generalmajor Western.

Abschnitt Malemes, Raum westlich Chania:

Einsatz der gesamten 2. neuseeländischen Division mit der 4. und 5. Brigade und der Kampfgruppe Major Oakes. Ferner eine Kampfgruppe der brit. 156. und ein Kampftrupp der 7. australischen le - Flakbatterie. Als Verstärkung 3 griechische Infanterie-Bataillone. Führung der Abschnittskräfte: Generalmajor Puttick.

Die Gesamtstärke dieser Inselbesatzung betrug 30 000 Mann Empiretruppen und 11 000 griechische Soldaten. Um diese Abschnittsgruppen noch zu verstärken, wurden von Kairo alle Register der Überführungstechnik gezogen. In der Suda-Bucht trafen im Verlauf der Maitage bis unmittelbar vor dem Angriff laufend neue Kampfeinheiten ein.

Aus dem Nahen Osten wurden die 2. Leicesters und die 1. Argyll and Sutherland Highlanders übergeführt. Am 13. Mai befahl General Freyberg die Aufstellung der 10. neuseeländischen Brigade.

Ihre Führung übernahm Colonel Kippenberger. Kommandeur der neuseel. 4. Brigade war Brigadier Inglis. Die 5. Brigade führte Brigadier Hargest.

Dem englischen Oberbefehlshaber Mittelmeer, Admiral Cunningham, wurden alle Marine-Operationen zur Verteidigung von Kreta übertragen. Zweck dieser Operationen war die Verhinderung feindlicher Marinelandungen an den kretischen Küsten. Er sagt selbst darüber: *)

»Es war bekannt, daß für die Insel eine Luftlande-Invasion bevorstand; es erschien aber beinahe unfaßbar, daß eine bloße Luftlande-Operation Erfolg gegenüber vorausgewarnten Truppen haben könnte, daß eine Unterstützung von See her unvermeidbar war, und daß die Vernichtung der Truppengeleitzüge der Deutschen durch die Mittelmeerflotte den Sieg sichern würde.«

In zwei Phasen führte die britische Mittelmeerflotte bis zum 20. Mai 1941 die ihr zufallenden Aufgaben durch. In der ersten Phase wurde der Ausbau des Hafens Suda für die Heeresversorgung durchgeführt, während die zweite Phase in den Marinemaßnahmen für den erwarteten deutschen Angriff bestanden.

Die Engländer nahmen an, daß der 17. 5. der wahrscheinliche Angriffstermin der Deutschen sei. Bereits vom 14. 5. an hielt Admiral Cunningham Marineverbände auf See bereit, um einer feindlichen Landung auf Kreta von See her begegnen zu können. Das Großziel der englischen Mittelmeerflotte *war* die Verhinderung eines solchen Angriffes.

Am 15. Mai standen diese englischen Schiffsverbände südlich Kreta in See. Admiral Cunningham gab General Wavell folgende Absichten bekannt:

a) Verband C (Konteradmiral Glennie auf der »Dido«) mit »Kandahar«, »Kingston«, »Juno« und »Coventry« sollten sich bereithalten, um mit Heraklion und Sitia fertigzuwerden.

*) In: Bericht an die englische Admiralität vom 4. 8. 1941

b) Verband D (Konteradmiral King auf der »Naiad«) mit »Phoebe« und zwei Zerstörern sollte sich mit jeder Landung westlich von Rethymnon auseinandersetzen.
c) Verband B (»Gloucester« und »Fiji«) sollten sich mit Feindkräften nordwestlich Kreta auseinandersetzen, oder den Verband D unterstützen.
d) Verband A (Vizeadmiral Pridham-Whippel auf der »Queen Elizabeth«) mit der »Barham« und fünf Zerstörern sollte westlich Kreta eine Stellung beziehen, um als Abschirmung der anderen Verbände zu fungieren.
e) Reserve: Als Reserve blieben in Alexandrien zurück: Die »Warspite«, »Valiant«, »Formidable«, »Ajax« und übrige verfügbare Zerstörer.
f) Planung: Die nächtlichen Abkämmungen der Gewässer um Kreta waren wie folgt geplant:
I. Verband B sollte die Westküste Griechenlands ab Matapan absuchen,
II. Verband D ab Anti-Kithera bis zum Piräus die See,
III. Verband C sollte von Kaso bis in Richtung Leros die See abkämmen.
g) Sämtliche Verbände sollten sich nach Erfüllung der Aufgaben so zurückziehen, daß sie sich bei Tagesanbruch hart nördlich Kreta befanden. Anschließend sollten sie sich südlich Kreta zurückziehen.
h) U-Boot »Rorqual« erhielt Auftrag, in der Umgebung von Lemnos zu operieren.
i) Eine Schnellboot-Flottille wurde in der Suda-Bucht stationiert.
j) Die »Abdiel« sollte zwischen Kephalonia und Levkas ein Minenfeld legen, um die Feindverbindungen durch den Kanal von Korinth zu unterbrechen.
k) Für angemessene Luftaufklärung sollte gesorgt werden; sie war aber zu schwach.
l) Der Oberbefehlshaber Mittelmeer sollte das Unternehmen von

Alexandrien aus kontrollieren; doch wurden die leitenden Offiziere der einzelnen Verbände verständigt, daß man von ihnen selbständige Aktionen erwarte, um etwa gemeldete Feindverbände abzufangen.

Durch diese Maßnahme gelang es auch in der Folgezeit der britischen Mittelmeerflotte, jede Annäherung deutscher Schiffe an die Insel zu erfassen und diese deutschen Verbände zu zerschlagen.

Was die britische Luftwaffe auf Kreta betrifft, so hatte sie seit dem 13. 5. unter den schweren Luftangriffen des VIII. Fliegerkorps zu leiden. Ziel der vorbereitenden Angriffe des VIII. Fliegerkorps war die Vernichtung der feindlichen Flak-Batterien, insbesondere der Flak-Batterie auf dem Kreuzer »York« in der Suda-Bucht, und Unterbindung des feindlichen Schiffsverkehrs. Am 19. 5. wurden nur noch wenige Flugzeuge auf den Flugplätzen Malemes und Heraklion gemeldet. Flak-Batterien am Nord- und Südufer der Suda-Bucht und eine Flak-Batterie auf dem Kreuzer »York« schossen noch. In der Suda-Bucht selbst lagen zahlreiche ausgebrannte Schiffe. Wie der Bericht von Admiral Cunningham ausweist, war der auf Kreta stationierte englische Jagdfliegerverband am 19. 5. nur noch 7 Maschinen stark. In Ägypten waren keinerlei Verstärkungen zu haben. Daher entschied General Wavell am 19. 5., daß alle Maschinen sofort nach Ägypten zurückgeführt werden sollten, bis sich das Ausmaß der Feindangriffe vermindert habe oder bis Verstärkungen zur Verfügung standen. Damit war die englische Mittelmeerflotte vom 19. 5. an ohne jeden Jagdschutz.

Noch am selben Tage wurde auch das griechische 1. Regiment, das einen Sicherungsauftrag bei Kastelli erhalten hatte, der 5. neuseeländischen Brigade (Brigadier Hargest) unterstellt.

Damit hatte General Freyberg alles für eine Verteidigung der Insel Notwendige getan. Er vertraute auf die Royal Navy, die das Mittelmeer beherrschte. Sie würde die zu erwartenden deutschen

Landungstruppen, auf dem Wege vom griechischen Festland hinüber nach Kreta, angreifen und – versenken.

Am 19. 5. abends waren deutscherseits alle Vorbereitungen für den Angriff auf Kreta abgeschlossen. Führer und Truppe waren in ihre Aufgaben sorgfältig eingewiesen und standen einsatzfreudig auf den Flugplätzen bereit. Das Generalkommando rechnete mit einem schnellen durchschlagenden Erfolg. Mit dem VIII. Fliegerkorps war die Unterstützung des Angriffs nach einem detaillierten Zeitplan bis in alle Einzelheiten genau festgelegt worden. Jäger-, Zerstörer- und Sturzkampfverbände warteten auf das Signal zum Angriff.

Da der vorhandene Lufttransportraum für einen gleichzeitigen Ansatz aller drei Einsatzgruppen (von denen die Gruppe Mitte *zwei* Aufträge erhielt) nicht ausreichte, mußte der geplante Angriff in zwei Wellen durchgeführt werden. Während die erste Welle in den frühen Morgenstunden des 20. gegen den Flugplatz Malemes, Chania und die Suda-Bucht gerichtet war, sollten in der zweiten Welle (geplanter Abmarsch um 13.00 Uhr mit den zurückgekehrten Transport-Maschinen der ersten Welle) die Flugplätze Rethymnon und Heraklion angegriffen und genommen werden.

Die drei Einsatzgruppen setzten sich wie folgt zusammen:

1. Welle: Fallschirmjäger-Sturmregiment (Generalmajor Meindl).

   I. Bataillon (Major Koch): Landung mit Lastenseglern gegen Flakstellungen bei Chania, Suda-Bucht und Flugplatz Malemes. Inbesitznahme der Höhe 107 nahe Flugplatz Malemes.

   II. Bataillon (Major Stenzler): Sprungeinsatz ostwärts Flugplatz Malemes, westlich Spilia.

   III. Bataillon (Major Scherber): Sprungeinsatz ostwärts Flugplatz Malemes.

   IV. Bataillon (Hauptmann Gericke): Sprungeinsatz westlich der Straßenbrücke über den Tavronitis.

Fallschirmjäger-Regiment 3 (Oberst Heidrich).

I. Bataillon (Hauptmann Frh. von der Heydte): Sprungeinsatz auf der Ebene am Zuchthaus Agya. Raum Straße Chania-Suda.

II. Bataillon (Major Derpa): Sprungeinsatz ostwärts des Zuchthauses Agya. Wegnahme der Höhen von Galatas.

III. Bataillon (Major Heilmann): Sprungeinsatz als Vorhut des Regimentes im Raume Galatas – Daratsos – Straße Alikianou – Chania.

Fallschirm-Pionier-Bataillon 1 (Major Liebach) ohne 3. Kp.: Sprungeinsatz nördlich Raum Alikianou.

2. Welle: Fallschirmjäger-Regiment 2 (Oberst Sturm).

I. verstärktes Bataillon (Major Kroh): Sprungeinsatz Flugplatz Rethymnon.

II. Bataillon (hier nicht eingesetzt)

III. verstärktes Bataillon (Hauptmann Wiedemann): Sprungeinsatz zwischen Flugplatz und Stadt Rethymnon.

Fallschirmjäger-Regiment 1 (Oberst Bräuer).

I. Bataillon (Major Walther): Sprungeinsatz bei Gournes, ostwärts Stadt und Flugplatz Heraklion.

II. Bataillon (Hauptmann Burckhardt): Sprungeinsatz ostwärts Stadt Heraklion.

III. Bataillon (Major Schulz): Sprungeinsatz Stadt Heraklion.

II. Batl./Fsch.Jäg.Rgt. 2 (Major Schirmer): Sprungeinsatz Heraklion, als Eingreifreserve.

Die 22. Luftlande-Division, die schon in Holland Schulter an Schulter mit den Fallschirmjägern gefochten hatte, stand für das Unternehmen »Merkur«, wie das Kreta-Unternehmen genannt wurde, nicht zur Verfügung. Sie war schon im März 1941 zum Schutze der wichtigen Ölfelder Rumäniens in den Raum Ploesti verlegt worden.

Statt dessen wurde die 5. Gebirgs-Division (Generalmajor Ringel) dem XI. Fliegerkorps (General Student) zum Einsatz auf der Insel unterstellt.

Der Antrag des Kommandierenden Generals des XI. Fliegerkorps, auch das VIII. Fliegerkorps ihm unmittelbar zu unterstellen, wurde nicht akzeptiert.

Mit dem Einmarsch in Athen war für die Angehörigen der 5. Gebirgs-Division der Griechenland-Feldzug zu Ende gegangen. Sechs Wochen standen die Gebirgsjäger auf dem Balkan. Sie hatten die Halbinsel nach 1 500 Kilometern Fußmarsch durchmessen.

In Chalkis erhielt Generalmajor Julius Ringel, der Divisionskommandeur, eine Gkdos-Sache, der eine Karte von Kreta beigegeben war. Darüber stand: »Unternehmen Merkur«. Er selbst sagte in der Rückerinnerung darüber:

»Es kroch uns kalt über den Rücken. Denn, die wenigen Sätze, die hier zu lesen waren, umrissen mit unsäglicher Nüchternheit das flammendste Abenteuer, das jemals Menschen zu bestehen hatten.«

Mit seinem Divisionsstab übersiedelte Generalmajor Ringel von Chalkis nach Athen. Hier begann er, diesen Plan mit seinen Mitarbeitern, dem Ia Major Haidlen, und dem Ib Hauptmann Ferchl, auszuarbeiten. Ihr Arbeitsplatz war das oberste Stockwerk des Hochhauses am Ommoniaplatz. Es war Anfang Mai 1941.

Die 5. Gebirgsdivision wurde auf die südgriechischen Flughäfen verteilt. Sie lag auf Euböa, in Attika und Böotien.

Als am 14. Mai der Angriff des VIII. Fliegerkorps auf Kreta begann, war auch dem letzten Gebirgsjäger klargeworden, wohin der Flug gehen würde: übers Meer nach Kreta!

Tag für Tag stieg die Sonne heißer, glühender ins Zenit. Am 18. Mai wurden die Boote der beiden »Leichten Schiffsstaffeln« beladen. Auf diesen Nußschalen sollten Fallschirmjäger und Gebirgsjäger mit schweren Waffen über See nach Malemes und Heraklion transportiert und dort ausgeladen werden.

Vom Motorsegler bis zum kleinen Frachter war alles vorhanden, was schwimmfähig war. Leichte Geschütze und Flak, Munition, Geräte und Fahrzeuge wurden eingeladen; Motorräder und Treibstoff. Schließlich gingen auch die Fallschirmjäger und Gebirgsjäger an Bord.

Jeder dieser Schiffsstaffeln wurde ein italienisches Torpedoboot als »Geleitschutz« mitgegeben. Sie stießen auf See zu den Konvois. Die 1. Schiffsstaffel erhielt das Torpedoboot »Lupo«, die 2. Schiffsstaffel das Torpedoboot »Sagittario«.

In den frühen Morgenstunden des 20. Mai 1941 sollten beide Staffeln in See gehen. Ihr erstes Ziel war die Insel Milos. Von dort aus sollten beide Staffeln nach Kreta weiterlaufen.

An Bord der ersten Schiffsstaffel befand sich das verstärkte III. Bataillon des Gebirgsjäger-Regimentes 100 (Führung Oberstleutnant Ehal). Die Staffel wartete im Piräus auf den Start ins Ungewisse. An Bord der zweiten Schiffsstaffel schiffte sich das verstärkte II. Bataillon des Gebirgsjäger-Regimentes 85 (Führung Major Dr. Treck) ein. Diese Staffel sollte von Chalkis auf Euböa in See gehen. Die Gebirgsjäger waren bereit.

Wie dieser Teil des Kreta-Planes von der Führung der 5. Gebirgs-Division betrachtet wurde, sagte General Ringel: *)

»Diese verrückte Fahrt der leichten Schiffsstaffeln machte mir mehr Sorgen als der bevorstehende Flug meiner anderen Einheiten auf die Insel. Diesem Teil des ›Unternehmens Merkur‹ haftete von vorn herein das Gefühl der Unsicherheit, ja des Widerwillens und der Abscheu aller an, die dabei sein mußten. Ob Offizier oder Mann – jeder, der um seine Meinung gefragt wurde, erklärte, er würde zehnmal lieber nach Kreta fliegen als zu Wasser dorthin zu fahren.«

Alles war bereit. Der Auftakt zur ersten Invasion einer Insel aus der Luft konnte beginnen.

*) In: Hurra die Gams

DER ERSTE TAG – DIE HÖLLE VON MALEMES.

Im Rahmen der Ausschaltung der feindlichen Flak erhielt das 1./ Fallschirmjäger-Sturmregiment unter Oberleutnant Alfred Genz den Auftrag, mit der Kampfgruppe von 90 Mann in 9 Lastenseglern eine hart südlich der kretischen Hauptstadt in Stellung gegangene Flakbatterie auszuschalten. Oberleutnant Genz sollte sich nach Erfüllung dieses Auftrages entweder so lange halten, bis das auf Chania angesetzte Fallschirmjäger-Regiment 3 eingetroffen war, oder versuchen, sich zur 2. Kompanie des Sturmregimentes durchzuschlagen, die im Raume Akrotiri eingesetzt war.

Am Abend des 19. Mai versammelte Oberleutnant Genz abends noch einmal seine Zugführer um sich:

»Toschka«, wandte er sich an den jungen Leutnant, der schon in Holland dabei gewesen war und sich vom Feldwebel zum Offizier emporgearbeitet hatte, »Sie landen unmittelbar in der Feuerstellung der Flakbatterie und kämpfen diese nieder.«

Der Leutnant machte sich eine Notiz auf der Karte. Doch schon wandte sich Genz dem Zugführer des II. Zuges zu.

»Mahrenbach, Ihre Aufgabe wird es sein, an der Kreuzung der von der Hauptstraße nach Süden führenden Straße zu landen und die dort durch die Luftaufklärung erkannten Infanterie-Stellungen niederzukämpfen. Anschließend die Sicherung nach Norden gegen Feindkräfte, welche aus der kretischen Hauptstadt zu erwarten sind.«

»Und wir, Herr Oberleutnant?« meldete sich Kempke vom Kompaniezug.

»Der Kompaniezug wird mit dem Kompanietrupp, einem schweren Granatwerfer und einem sMG, in drei Lastenseglern unter meiner Führung am Rande des Olivenhaines niedergehen, der hart südlich der Batterie liegt. Er kämpft die in dem Hain beobachtete Feind-Stellung nieder und verhindert, daß die dort zeltenden Soldaten den in der Feuerstellung stehenden Engländern zur Hilfe kommen können. – Das ist alles!«

Rotglühend stieg der Sonnenball aus der See. Der Morgen des 20. Mai 1941 zog herauf. Auf dem Flugplatz Tanagra, dem Startplatz der 1./Luftlande-Sturmregiment, liefen die Motoren der 9 Ju 52 warm, die durch Schleppseile schon mit den Lastenseglern DFS 230 verbunden waren.
Aus ihren Zelten kamen die Fallschirmjäger und gingen in Reihe zu den Lastenseglern hinüber. Befehle schallten durch den Morgen. Alles ging mit der Exaktheit des Vielgeübten vor sich. Zwei Minuten später dröhnten die Motoren der Maschinen lauter. Sie donnerten mit Vollgas. Die ersten Ju 52 hoben ab und zogen die Lastensegler mit empor in die klare Bläue der weiten Himmelskuppel.
Die Vorausabteilung befand sich in der Luft. Sie würde eine Stunde vor allen anderen Einheiten des XI. Fliegerkorps den Fuß auf kretischen Boden setzen; unmittelbar nach dem massierten Stukaangriff, der soeben geflogen wurde.
Hart am Peloponnes vorbei, westlich an Kithera vorüber, flogen die Maschinen gen Süden, der Insel entgegen, die vieler Fallschirmjäger Schicksal werden sollte.
Noch waren die Schleppzüge nicht an die Küste Kretas herangekommen, als die Feindflak bereits zu feuern begann. Es war geplant, nach dem Anflug über den Westteil der Insel das Ziel aus Südosten, überraschend aus der Sonne niederstoßend, anzufliegen. Statt dessen flogen die Schleppmaschinen das hart westlich von Chania gelegene Kap Spatha an.

Oberleutnant Genz bemerkte, daß die Schleppmaschinen nun unruhiger flogen. Einmal krachte eine Granate nahe bei seinem Segler auseinander. Alfred Genz blickte zur Seite, sah, wie plötzlich die linke Nebenmaschine abriß. Dann riß sich auch der rechte Lastensegler von der schleppenden Ju 52 los.
Der Oberleutnant versuchte, den 1. und 2. Zug zu erspähen, aber auch diese beiden Gruppen waren plötzlich verschwunden und ihre Schlepp–Jus drehten bereits ab. Sie hatten also schon ausgeklinkt. Nun drehten auch die Ju 52 des Kompaniezuges und klinkten die Segler aus.
In 2 200 Meter Höhe segelte der Kompaniezug über die Insel. Jetzt begann auch die leichte Flak zu feuern. Dazwischen klakkerten die Feuerstöße von Maschinengewehren.
Oberleutnant Werner, der den Lastensegler steuerte, in dem sich Oberleutnant Genz befand, sah sich fragend zum Kompanieführer um.
»Da ist unser Ziel, Werner!«
Der Oberleutnant drückte den Segler, der, Olivenhaine und Weinfelder überspringend und, dicht über die Hindernisse hinwegfliegend, das Ziel ansteuerte. Hart setzte der Segler auf. Staub wirbelte empor. Oberleutnant Genz griff nach der MPi; er warf die Haube des Seglers ab und sprang ins Freie. Der erste deutsche Soldat hatte den Fuß auf kretischen Boden gesetzt. Schon sprangen die übrigen Männer ins Freie. Vor ihnen tauchten Gesichter unter flachen Stahlhelmen auf. Im Laufen schossen die gelandeten Fallschirmjäger, schleuderten ihre Handgranaten. Dann erklang auch hundert Meter seitlich dieser Gruppe MPi-Feuer.
»Das ist Doktor Stehfen mit der Werfergruppe, Herr Oberleutnant!« brüllte einer der Männer.
»Los, weiter! Angreifen!«
Sie stürmten vor. Nun waren sie schon zwei Gruppen.
Die Maschine mit Oberjäger Hahn als Gruppenführer erhielt in der Luft von der angegriffenen Flak einen Treffer. Im Steilflug

lenkte der Pilot sie auf die Batterie zu. Mitten durch den Feuervorhang stieß die Maschine herunter und krachte gegen das Rohr des nordwestlichen Geschützes.

»Raus, raus!« brüllte der Oberjäger Hahn, der kernige Westfale. Er sprang aus der Maschine. Gewehrschüsse krachten, zwei Pistolen bellten und mitten im Sprung wurde der Oberjäger tödlich getroffen.

Obergefreiter Holzmann, der seinen Gruppenführer fallen sah, rannte zu einer Deckung. Er tauchte hinter einer Sandsackumwallung unter und warf die ersten Handgranaten in die Geschützstellung hinein. Schrittweise arbeitete er sich bis in den englischen Graben vor und kämpfte die gesamte Bedienung dieses Geschützes nieder. Der Zug Toschka flog über das vorgesehene Ziel hinaus. Er landete in Chania, mitten in einer Feindansammlung. Der Gegner versuchte, den Zug aufzuhalten, aber Leutnant Toschka vernichtete die auf zwei Lkws herangeführten Engländer und schlug sich mit seinem Zug zur Batterie durch, um in den Kampf einzugreifen und die Batterie endgültig auszuschalten. An der Spitze seiner Männer erreichte er die Batterie, drang in das Grabensystem ein und rang den Gegner im Nahkampf nieder. Hier erhielt Leutnant Toschka seine schwere Verwundung.

Inzwischen war es auch Oberleutnant Genz mit seinen beiden zusammengerafften Gruppen gelungen, die Batteriestellung zu erreichen. Die wichtige Batterie bei Chania war kurz darauf in der Hand der Kompanie.

»Rundumverteidigung!« befahl Oberleutnant Genz.

In diesem Augenblick tauchten Teile des Zuges Mahrenbach auf. Aber es waren nur wenige Männer. Was war beim Absprungplatz des Zuges Mahrenbach geschehen?

»Dort vorn ist die Kreuzung! Landen, landen!« rief der Leutnant Mahrenbach, als er den Zielpunkt erkannte.

In diesem Augenblick schmetterten Granaten rings um den LS auseinander. Ein Splitterregen prasselte in den Segler hinein. Ei-

ner dieser Splitter tötete den Zugführer. Der stellvertretende Zugführer, Fahnenjunker-Feldwebel Bühl, wurde am Kopf schwer verwundet. Er erblindete, noch ehe der Segler aufgesetzt hatte. Dann krachte der Segler zu Boden. Fast alle verwundet, waren die Männer dennoch zu der befohlenen Kreuzung hinübergeeilt.
Ein einziger Mann, der unverwundet geblieben war, legte sich an der Kreuzung auf die Lauer, um den Auftrag des Zuges durchzuführen. Der Gefreite Adolf Pfriemberger. Er sah die vier mit Gegnern besetzten Lastwagen in schnellem Tempo aus der Stadt zum Entsatz der Batterie herauspreschen und auf die Kreuzung zuhalten. Mit seiner MPi schoß Pfriemberger in das Führerhaus des vorn fahrenden Wagens hinein und stoppte ihn. Die übrigen Wagen kamen nun nicht mehr an dem stehenden Lkw vorbei und hielten ebenfalls an. Beiderseits der Straße griffen die Engländer nun das Haus an, in dem sich die Verwundeten in Deckung gebracht hatten. Pfriemberger jagte Feuerstoß nach Feuerstoß hinaus. Er schob immer neue Magazine in die Halterung und feuerte wieder los. Er umrundete das Haus, tauchte auf der anderen Seite eben in dem Augenblick auf, als eine Gruppe Engländer hier erschien. Auch sie fiel im Feuer dieser einen Maschinenpistole.

Der Gegner, der in Kompaniestärke angegriffen und schwere Verluste erlitten hatte, zog sich zurück. Pfriemberger hatte den Auftrag seines Zuges erfüllt. Ein einziger Mann, allein auf sich gestellt, aber mit dem unbändigen Vertrauen in sich und seine Waffe, hatte das unmöglich erscheinende möglich gemacht.
»Da, Herr Oberleutnant!« rief einer der Fallschirmjäger Oberleutnant Genz zu und deutete empor.
Eine knappe Stunde war nach der Landung der ersten Kompanie vergangen, als abermals Lastensegler im Schlepp von Ju 52 einschwebten und auf der Halbinsel Akrotiri landeten.
»Das ist Hauptmann Altmann mit der 2. Kompanie. Männer, alles läuft planmäßig.«

Wenige Minuten vorher waren schon die im Sprungeinsatz niedergehenden Einheiten des Fallschirmjäger-Regimentes 3 zu sehen gewesen. Die Männer um Oberleutnant Genz waren trotz der hohen Verluste zuversichtlich. Sie hatten ihren Auftrag erfüllt. Nun besetzten die Fallschirmjäger der Kompanie Genz die britischen Geschütze und versuchten, sie zum Einsatz gegen den Feind klarzumachen. Oberleutnant Genz hatte noch 34 einsatzfähige Männer zur Verfügung. Ein Blick auf die Uhr zeigte ihm, daß es 09.00 Uhr war. Seine Überlegungen richteten sich nun auf die ihm gegebenen Möglichkeiten. Sollte er sich zur 2. Kompanie durchschlagen? Das würde bedeuten, daß sie durch offenes Berggelände gehen mußten. In diesem Augenblick meldete der Oberjäger hinter dem Funkgerät:

»Herr Oberleutnant, Funkspruch vom Regiment 3: ›Wir kommen nicht durch nach Chania. – Schlagt euch zu uns durch!‹«

Dies war der einzige Funkspruch, der aufgefangen werden konnte, denn Sekunden danach wurde das Gerät von einer Gewehrkugel zerschlagen. Noch immer feuerte der Gegner aus seinen Stellungen auf die Batterie.

»Panzer kommen direkt auf uns zu, Herr Oberleutnant!«

»Wir schlagen uns jetzt durch den Olivenhain in südwestlicher Richtung durch.«

Die Überlebenden bemühten sich um die Verwundeten. Und während das MG Feuerschutz gab, liefen die übrigen in die angegebene Richtung. Sie erreichten ein hohes Weinfeld und waren vorerst in Sicherheit.

Die Männer um Oberleutnant Genz schlichen sich, alle Hindernisse ausnutzend, weiter zurück. Als sie einen lichten Olivenhain erreichten, der knapp 150 Meter hinter der Straße lag, empfing sie Gewehr- und MG-Feuer.

»Stellung! Seitenabstand 40 Meter!«

Die Fallschirmjäger verschwanden in den Bewässerungsgräben, die die Pflanzung markierten. Sie gingen in Stellung, wiesen geg-

nerische Spähtrupps ab und versuchten, Wasser aus einem Gehöft zu holen. Aber sie wurden mit MG-Salven empfangen.
»Heute Nacht werden wir weitersehen«, sagte der Oberleutnant.

DAS FALLSCHIRMJÄGER-STURMREGIMENT

Das Fallschirmjäger-Sturmregiment unter Generalmajor Eugen Meindl erhielt den Auftrag, den Nordwestteil der Insel Kreta in Besitz zu nehmen. Insbesondere sollte der Flugplatz Malemes genommen und für die Landung nachfolgender Luftlandetruppen der 5. Gebirgs-Division offengehalten werden. Nach Erfüllung dieser Aufgabe sollte mit der Gruppe Mitte, im Raume Chania, Verbindung aufgenommen werden.
Zur Erfüllung dieses Auftrages wurde das Fallschirmjäger-Sturmregiment verstärkt durch:
3./Fla.MG.-Bataillon (5 Geschütze 2 cm; Führer Oberleutnant Theuerling).
1 Batterie Fsch.Art.Abt. 7 (Führer Hauptmann Schram).
1 Zug San.Abt. 7 (Oberarzt Dr. Dietzel).
Für den Nachmittag des ersten Tages sollten dem Regiment zwei Bataillone des Gebirgsjäger-Regimentes 100 durch Schiffstransport, und zur Sicherung des Flugplatzes 1 Flak-Abteilung – ebenfalls im Schiffstransport – zugeführt werden.
Die 1. und 2. Kompanie des Fallschirmjäger-Sturmregimentes wurden mit Sonderauftrag an die »Gruppe Mitte« abgegeben.
In seinem Einsatzbefehl legte Generalmajor Meindl den Einsatz der »Gruppe West« wie folgt fest:
I. Bataillon (Stab, 3. und 4. Kompanie mit jeweils 108 Mann): Einfall mit LS um Y-Uhr gegen Flakstellung hart südlich des Flugplatzes; Wegnahme der Stellungen und Lager; weiterer Angriff gegen den Flugplatz und Freikämpfen desselben.
III. Bataillon (verstärkt durch 1/3 14. Kp. und 1/2 3.

Fla.MG Btl.): Sprungeinsatz um Y-Uhr plus 15 Minuten mit einer Kompanie (9. Kp. Hauptmann Witzig) hart ostwärts des Flugplatzes zwischen Dorf Malemes und Kirchhof am Ostrand des Flugplatzes mit dem Auftrag: Unterstützung des I. Bataillons im Kampf um den Flugplatz von Osten her.
III. Bataillon mit Masse absetzen nördlich und ostwärts Malemes mit dem Auftrag: Säuberung von Malemes und Sicherung des Kampfes um den Flugplatz am Flußbett ostwärts Malemes nach Osten.
Späterer Auftrag: Auf Befehl des Regiments-Kommandeurs weiterer Vorstoß nach Osten zur Verbindungsaufnahme mit Gruppe Mitte.

Kampfgruppe des Regiments-Stabes mit Teilen III. Bataillon unter Führung von Major Braun, mit Oberleutnant Schächter und Oberleutnant Trebes: Einfallen mit 9 LS um Y-Uhr plus 15 Minuten an der großen Brücke hart westlich des Flugplatzes mit dem Auftrag:
Besitznahme der Brücke über den Tavronitis, Verhinderung der Sprengung und Unterstützung des I. Bataillons im Angriff gegen die Flakstellung hart westlich des Flugplatzes.
Regimentsstab und IV. Bataillon (ohne 2/3 14. und 16. Kompanie) verstärkt durch San.Zug und 1/2 3./Fla.MG Bataillon.
Sprung im Raum westlich der Brücke um Y-Uhr plus 15 Minuten. Regimentsgefechtsstand im Nordzipfel des Olivenhaines.
Angriff des IV. Bataillons zur Unterstützung des I. Bataillons und der Gruppe Braun gegen den Westrand des Flugplatzes.
16. Kp. (Oblt. Hoefeldt). Abspringen im Flußbett, 600 m südwestlich des Flugplatzes, mit Auftrag:
Unterstützung des I. Bataillons im Angriff gegen die Zeltlager; nach Erfüllung dieses Auftrages Sicherung an der Straße nach Süden, gegen Feind aus Richtung Kandanos.
II. Bataillon (verstärkt durch 1/3 Kp.)

Absprung um Y-Uhr plus 5 Minuten auf den Höhen ostwärts Spilia mit dem Auftrag:
Sicherung nach Westen und Sicherung der Straße nach Süden. Bereithalten als Regimentsreserve zur evtl. Unterstützung des Angriffes gegen den Flugplatz. Bei Inbesitznahme des Flugplatzes und Feindfreiheit der Gegend um Kastelli weiterer Vormarsch nach Osten gegen Chania.
Ein verstärkter Zug des II. Bataillons (Leutnant Mürbe):
Sprung ostwärts Kastelli. Bekämpfen dort gemeldeten schwächeren Feindes. Bei Feindfreiheit oder zu starkem Gegner zurückziehen durch die Berge zum Bataillon.
Wie war nun die Lage beim Fallschirmjäger-Sturmregiment nach der Landung?

Am frühen Morgen des 20. Mai 1941 starteten die Einheiten der Kampfgruppe West so, daß sie mit dem I. Bataillon um 07.15 Uhr bei Malemes einfielen. Die übrigen Einheiten sprangen zeitgerecht wie befohlen; nur beim Abflug des II. Bataillons kam es beim Start wegen des staubigen Platzes zu Verzögerungen, so daß das Bataillon erst gegen 08.00 Uhr abgesetzt werden konnte.
Das I. Bataillon landete mit der 3. Kompanie sehr gut an den befohlenen Flakstellungen westlich des Flugplatzes. Der Bataillonsstab jedoch mit der 4. Kp. landete unter großen Verlusten an den Hängen der Höhe 107, mitten in Stellungen, die auf den Luftbildern nicht erkannt worden waren.
Der Gegner auf dem Flugplatz Malemes war stärker, als aus den Feindnachrichten entnommen werden konnte. Er lag in außerordentlich gut getarnten und mit schweren Drahthindernissen ausgebauten Stellungen, die bei dem schwierigen Gelände nicht zu erkennen waren und eine tadellose Waffenwirkung auf den Flugplatz und so auch auf die gelandeten Teile des I. Bataillons hatten. Dadurch entstanden gleich nach der Landung des I. Bataillons so große Verluste, daß durch Ausfall – auch des Bataillons-

kommandeurs Major Koch – sowie eines großen Teiles des Batl.-Stabes und des Chefs der 4. Kompanie, sein Auftrag nicht erfüllt werden konnte. Nur Teile der 3. Kompanie konnten am Westrande des Platzes einige Stellungen und Zeltlager freikämpfen. Hier der Auszug aus dem KTB der Dritten:

»Die Einsatzstärke der 3./LL-Sturm-Rgt. betrug 107 Mann: 3 Offiziere, 27 Unteroffiziere und 77 Mannschaften. Der Rest der Kompanie wurde der FschJäg.Kompanie (Oberleutnant Osius) zur Verfügung gestellt.

Für den Einsatz standen 12 Lastensegler zur Verfügung. Für jeden Zug also drei LS. Der Auftrag lautete:

Mit 3 LS setzt der 2. Zug (Oberfeldwebel Arpke) die leichte Flak am Nordwest- und Nordrand des Flugplatzes Malemes außer Gefecht.

Mit 3 LS setzt der 1. Zug (Leutnant Musyal) die schwere Flak etwa 800 m westlich vom Westrande des Flugplatzes außer Gefecht.

Mit 3 LS kämpft der Kompaniezug (Oberleutnant von Plessen) den Feind am Westrand in dem dort befindlichen Wäldchen nieder.

Mit 3 LS setzte der 3. Zug (Oberfeldwebel Scheel) den Feind hart südlich der Südweststrecke des Flugplatzes außer Gefecht.

Es kommt darauf an, daß die Flak und Fla-MG schnellstens ausgeschaltet werden, damit die nachfolgenden F-Einheiten ungehindert absetzen können. Nach Durchführung des Auftrages richtet sich die 3. Kompanie auf dem Westufer des Flußtales mit Front nach Westen zur Verteidigung ein. Rechts Anschluß an das Meer, links einschließlich Ost-West-Straße, Aufklärung und Verbindungsaufnahme zum IV. Bataillon ist durchzuführen. Auf dem Westteil des Flugplatzes befindliche Hindernisse sind wegzuräumen‹.«

Am 20. 5. 1941 startete die 3. Kompanie um 05.30 Uhr in Eleusis. Innerhalb des Bataillonsverbandes flog die Kompanie als

Weg durch das kretische Gebirge

Major Schulz und Oberst Bräuer vor einem Bunker bei Heraklion

General der Flieger Student auf dem Gefechtsstand der 5. GJD, ganz links Generalmajor Ringel

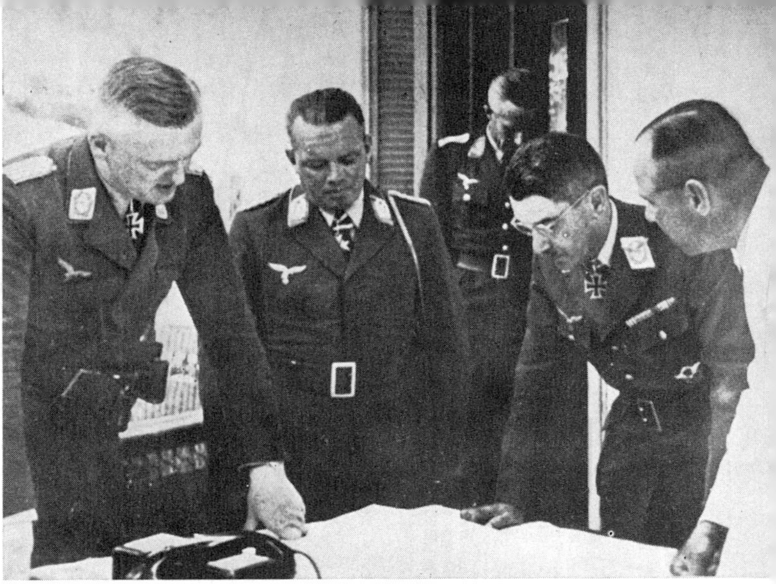

Generaloberst Löhr auf dem Gefechtsstand eines Fliegerverbandes, der nach Chania überführt wurde, um von hier aus Ägypten anzugreifen

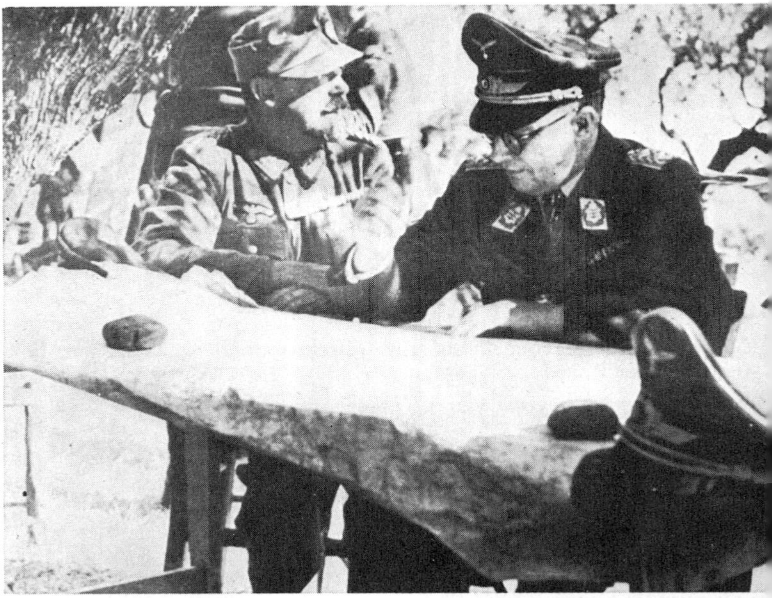

Noch einmal General Student bei Generalmajor Ringel

Auf dem Gefechtsstand von Feldmarschall Sperrle, ganz rechts Major Schulz, links daneben General Heidrich, und Generalleutnant Petersen

Sprit aus Fässern für Ju 52-Transporter

Ju 52 karren Sprit nach Kreta

Bei der Meldung im FHQ: 2. von links, Major Schulz

Eine Kompanie des Fallschirm-MG-Bataillons stand auch am Mius

Päckchen aus der Heimat sind beim FJR 1 angekommen

Viele Fallschirmjäger blieben für immer in Rußland

Heraklion – ein Jahr später

dritte bis siebente Kette. Während des Anfluges hatten die Maschinen keinen Feindbeschuß. Bei der Maschine von Oberfeldwebel Scheel riß um 06.55 Uhr das Schleppseil mitsamt der Kupplung heraus. Die Maschine verlor den Anschluß an die Kette, landete auf der Insel Antikreta und ging bei der Landung im bergigen Gelände zu Bruch. Die Besatzung schlug sich teils über Land, teils über See durch und erreichte geschlossen am 24. 5. die Kompanie. Die übrigen elf LS erreichten mit geringem Abstand den Kampfraum. Kurz vor und bei der Landung feuerten die Maschinenbesatzungen mit Bord-MG auf die befohlenen Erdziele.

Kompaniezug: 2 Maschinen Bruchlandung. Besatzung leichte Prellungen.

1. Zug: Alle Maschinen gut gelandet. Führermaschine landete 300 m westlich der befohlenen Flakstellung. Durch MG-Beschuß erhielt Lt. Musyal einen schweren Unterschenkelschuß und fiel aus. Die Führung der Gruppe übernahm Oberjäger Schulz.

2. Zug: Die Maschinen landeten geschlossen, fast gleichzeitig an den befohlenen Plätzen. Die Führermaschine ging zu Bruch. Oberfeldwebel Arpke erlitt eine schwere Prellung des rechten Knies, ferner eine Gehirnerschütterung. Er war einige Minuten bewußtlos. Oberjäger Schuster übernahm die Führung der Gruppe.

3. Zug: Die Maschine von Oberjäger Ehm landete 1 000 m westlich des befohlenen Objektes. Die Maschine von Oberjäger Dudda 400 m westlich des befohlenen Einsatzortes. Maschine Ehm machte Bruchlandung, die Besatzung blieb jedoch voll kampffähig. Während der Landung wurden die beiden Maschinen durch feindliches MG-Feuer von der Höhe südlich des Flugplatzes beschossen. Als erster erreichte der 2. Zug (Ofw. Arpke) den Flugplatzrand. Er griff die dort befindlichen Flakstellungen und Splittergräben an, die vom Gegner voll besetzt waren. Die Gruppen erhielten sehr starkes gezieltes Feuer aus süd- und ostwärtiger Richtung. Schon beim ersten Angriff fielen einige Fallschirmjäger und da der Feindbeschuß sich noch verstärkte, befahl Ofw. Arpke das

Zurückgehen bis zum Flußbett und dort das Bilden einer Verteidigungsstellung, mit Front in südlicher und ostwärtiger Richtung, zum Flugplatz. Unter Feuerschutz der MG und des leichten Granatwerfers nahmen Stoßtrupps des Zuges Flakstellungen und befestigte Feldstellungen des Gegners und warfen denselben aus der Mitte des Flugplatz-Westrandes. Oberjäger Schuster wurde zur Sicherung in nordostwärtiger Richtung eingesetzt.

Der zweite Zug erhielt von Oberleutnant von Plessen Befehl, sich zusammen mit dem ersten und dem Kompanie-Zug nach Süden auf die Brücke zurückzuziehen. Da jedoch dann die Kompanie keine Flankendeckung mehr hatte und vom Nordrande des Flugplatzes vom Gegner erfaßt werden konnte, blieb der 2. Zug in der befohlenen Stellung. Oberjäger Schuster erhielt Befehl, in südlicher Richtung mit dem 1. und dem Kompanie-Zug Verbindung aufzunehmen.

Der Kompanie-Zug war kurz hinter dem 2. Zug mit drei LS gelandet. Die Maschine von Oberleutnant von Plessen ging in Nähe der Küste zu Bruch. Von dort aus unternahm ein Stoßtrupp unter Führung von Fw. Galla einen Angriff auf eine Flakstellung am Westrande des Platzes. Dieser Stoßtrupp wurde völlig aufgerieben. Beim Vorstoß nach Süden und Angriff auf eine andere Flakstellung fiel Oberleutnant von Plessen.

Beim Angriff auf den Olivenhain nördlich der Straße und ostwärts der Brücke, zu dessen Unterstützung die schweren Waffen der Kompanie unter Feldwebel Gleitsmann eingesetzt waren, fielen die Bedienungen größtenteils durch das feindliche Abwehrfeuer aus. Dennoch gelang es, die am Westrand des Flugplatzes am weitesten nach Süden vorgeschobene Flakstellung zu nehmen. Die schweren Waffen der 4. Kompanie, die durch Bataillons-Befehl ebenfalls diesen Angriff unterstützen sollten, konnten nicht in den Kampf eingreifen. Der Olivenhain wurde unter Feuer genommen.

Der 1. Zug (Lt. Musyal) griff geschlossen die Flakstellung an. Feldwebel Ellersiek hatte nach dem Ausfall des Zugführers die

Führung übernommen. Oberjäger Schulz übernahm die 1. Gruppe. Die Flakstellung erwies sich als unbesetzte Scheinstellung. Der Zug säuberte daraufhin die feindbesetzten umliegenden Häuser. Dann zog er sich zur Kompanie zurück.
Der 3. Zug fiel mit 2 Maschinen beim Dorf Tavronitis ein und säuberte es vom Feind. Er machte 30 Gefangene, stieß anschließend zum Westrand des Flugplatzes vor und fand Anschluß an die Kompanie. Einigen Männern gelang es, ein Flakgeschütz wieder feuerbereit zu machen und damit die Flakstellungen auf dem Nordrand des Flugplatzes unter Feuer zu nehmen, vor denen Feldwebel Galla mit seinem Stoßtrupp gefallen war.
Während dieser Kampfhandlungen versorgte der Kompaniearzt, Oberarzt Dr. Weizel, die bei der Landung und im Gefecht verwundeten Fallschirmjäger. Zusammen mit dem Obergefreiten Müller holte er 3 Mann, die mit Bauch-, Brust- und Rückenschuß schwerverwundet auf der freien Fläche des Flugplatzes lagen, heraus und brachte sie an einem gedeckten Hang in einem erbeuteten Zelt unter.
Um 09.30 Uhr übernahm Oberarzt Dr. Weizel die Führung der 3. Kompanie, nachdem neben Lt. Musyal auch Oberleutnant von Plessen ausgefallen war. Er ließ die gesamte Kompanie am Westrande des Flugplatzes sammeln und dort Stellungen beziehen. Durch Stoßtrupps versuchte er dann, diese Stellungen nach Norden und Süden zu erweitern. Der befohlene Anschluß an die Ost-West-Straße wurde wenig später erreicht.
Gegen 10.00 Uhr hielt die 3. Kompanie den Streifen vom Südrand des Flugplatzes an der Brücke bis zum Westrand des Flugplatzes und nach Norden bis zur Küste besetzt.
Es war genau 11.00 Uhr, als Oberleutnant Trebes mit Teilen der 13. Kompanie und dem Rest des 1. Zuges der 3. Kompanie das Zeltlager südlich der Straße im Olivenhain angriff, um den dort eingeschlossenen Zug Kahleyß zu entsetzen. Das Lager wurde genommen. Abermals fielen 30 Gefangene in deutsche Hand.

Die Höhe 107 jedoch, das Ziel dieses Vorstoßes, konnte nicht erreicht werden. Der Zug wurde wieder zur Brücke zurückgezogen und übernahm in seinem alten Abschnitt die Sicherung.
Um 12.15 Uhr stieß schließlich Oberleutnant Dobke, vom IV. Bataillon, mit 15 Mann Verstärkung zur 3. Kompanie durch und übernahm den Nordabschnitt des westlichen Flugplatzrandes. Er beabsichtigte, zunächst den Nordrand des Flugplatzes aufzurollen, die dort befindliche Flakstellung zu nehmen und die Gräben zu säubern. Da jedoch nach Meldung von Hauptmann Gericke ein Stukaangriff auf den Nordrand des Flugplatzes angesetzt war, wurde dieser Angriff verboten.

Als dennoch gegen 13.00 Uhr Oberleutnant Dobke mit 8 Gefangenen und einem Teil seiner Männer am Nordrand des Flugplatzes vorging, wurde er durch die Gefangenen in einen Hinterhalt gelockt und fand dabei den Tod.
Bis 14.00 Uhr waren die letzten Verwundeten geborgen. Zwei Stunden später hatte sich die gesamte 3. Kompanie eingegraben.
Als Oberarzt Dr. Weizel sich um 15.00 Uhr bei Hauptmann Gericke meldete, erhielt er Weisung, die befohlene Stellung am Westrande des Flugplatzes zu halten und zu sichern. Da für die Nacht ein feindlicher Gegenstoß erwartet wurde, sollte die Kompanie durch 50 Mann der Kompanie Osius verstärkt werden.
Um 15.00 Uhr setzte starkes feindliches Artilleriefeuer auf die 3. Kompanie ein. Trotz zeitweise heftigen Feuers erlitt sie jedoch keine weiteren Verluste.
Um 16.45 Uhr erfolgte ein Angriff des Gegners von Osten her, durch einen mittleren Panzer mit nachfolgender Infanterie. Der im Flußbett vorgehende Panzer wurde durch eine 3,7-cm Flak zum Stehen gebracht und die ihn begleitenden Infanteristen durch Werferbeschuß vernichtet. Die Besatzung wurde gefangengenommen. Der Angriff war damit abgeschlagen. Von 20.00 bis 24.00 Uhr wurden 21 Verwundete, darunter 15 Schwerverwunde-

te, zum HVP nach Tavronitis zurückgebracht. Die Kompanie richtete sich zur Nachtverteidigung ein. Sie hatte am 20. Mai verloren:
17 Tote, darunter Oberleutnant von Plessen,
27 Verwundete, darunter 19 Schwerverwundete.
Während der Nacht erfolgte kein Feindangriff. Die 50 Mann versprochene Verstärkung waren *nicht* eingetroffen.
Das III. Bataillon wurde mit allen Teilen viel zu verzettelt und weit auseinandergezogen im Raume Malemes-Pyrgos, westlich Platanias bis herunter nach Marina (südlich Malemes), abgesetzt. Durch dieses falsche Absetzen fiel der Bataillonskommandeur mit seinem Stabe, Chef der 10. und 12. Kp. mit der Masse aller Kompanien sofort aus, da das Bataillon – wie das I. Bataillon – mitten in stark und gut ausgebaute Feindstellungen hineinsprang und sofort starken Beschuß erhielt.
Lediglich der 9. Kompanie gelang es, nach Verwundung ihres Chefs, Hauptmann Witzig, sich mit einigen Teilen im Laufe des Tages zum Regiment durchzuschlagen. Einzelne Gruppen des Bataillons wurden an späteren Tagen beim weiteren Vorgehen des Regimentes aufgenommen. Es konnte seinen Auftrag nicht erfüllen.
Die Kampfgruppe Braun erreichte zeitgerecht mit allen 9 LS die Brücke westlich des Flugplatzes, kämpfte sie von MG-Nestern frei, nahm mit Teilen der 3. Kompanie Verbindung auf und mußte dann wegen zu starken Beschusses von der Höhe 107 am Flußbett und dem dort befindlichen Olivenhain liegenbleiben. Durch dieses gutgezielte Infanterie- und vereinzelt auch Flakfeuer von der Höhe 107 entstanden schon bei der Landung Verluste, wobei Major Braun durch Kopfschuß sofort fiel und Oblt. Schächter durch Bruchlandung seines LS schwer verletzt wurde, so daß Oblt. Trebes die Führung der Reste dieser Kampfgruppe übernahm.
Regimentsstab und IV. Bataillon.
Diese Einheiten wurden richtig abgesetzt. Sie gingen sofort nach

Errichtung des Regiments-Gefechtsstandes am befohlenen Platz gegen die Brücke und den Westteil des Flugplatzes vor. Auch ihr Vorgehen litt stark unter dem Feuer von der Höhe 107.

Beim Vorgehen wurde der Regiments-Kommandeur, Generalmajor Meindl, schwer verwundet, als er mit schnell zusammengefaßten Teilen des Stabes und des IV. Bataillons rasch die Verbindung zur Kampfgruppe Braun und zum I. Bataillon herstellen wollte.

Hauptmann Gericke übernahm daraufhin auf Befehl des Regimentskommandeurs die Kampfführung in diesem Abschnitt.

16. Kompanie.

Diese Kompanie wurde richtig abgesetzt. Sie übernahm die Sicherung nach Süden, etwa 2 km südwestlich des Flugplatzes, und versuchte mit einzelnen Teilen Verbindung mit dem I. Bataillon an der vom Gegner stark besetzten Höhe 107 aufzunehmen.

II. Bataillon.

Es wurde ungefähr richtig abgesetzt, sammelte sich bei geringem Feindbeschuß auf den befohlenen Höhen. Die 6. Kompanie übernahm die Sicherung nach Westen und Süden am Paß nahe Spilia.

Zug Mürbe:

Der Zug wurde viel zu nah am Dorf Kastelli abgesetzt und erhielt schon beim Niederschweben starkes Feuer von Insurgententruppen und Zivilisten. Der Zug Mürbe wurde schon am ersten Tag völlig aufgerieben. Von den 73 Mann wurden später nur etwa 20 – zum Teil verwundet – aus der Gefangenschaft befreit. Die Bevölkerung hat sich in bestialischer Weise an den Gefallenen und Verwundeten dieses Zuges vergangen.

Die Lage beim Fallschirmjäger-Sturmregiment nach der Landung stellte sich folgendermaßen dar:

Hauptmann Gericke leitete den Angriff gegen den Nordteil des Flugplatzes mit Teilen seines stark durcheinandergewürfelten IV. Bataillons und der 3. Kompanie vom I. Bataillon.

Zur Inbesitznahme der Höhe 107 wurde vom Regimentskommandeur Major Stentzler mit Teilen seines II. Bataillons von Spilia herangezogen. In den Mittagsstunden wurden Major Stentzler und Hauptmann Gericke persönlich von Generalmajor Meindl eingewiesen:

»Bataillon Stentzler greift rechts vom Bataillon Gericke weit ausholend den Feind flankierend an.

IV. Bataillon greift weiterhin frontal beiderseits der Asphalt-Straße von Westen her den Flugplatz in Richtung Malemes an.«

Die schweren Waffen des II. Bataillons, die im Verlaufe des Nachmittags westlich des Flugplatzes eintrafen, wurden dem Bataillon Gericke zur Unterstützung des Angriffes gegen den Nordhang der Höhe 107 unterstellt.

Teilen des II. Bataillons gelang es in den Nachmittagsstunden durch eine großzügige Umfassung – von Süden mit der 7. Kompanie und von Westen mit der 5. Kompanie – gegen die Höhe 107 vorzustoßen und sich in den Abendstunden unter Gefangennahme von 4 Offizieren und 100 Mann in den Besitz des Südteils der Höhe 107 zu setzen.

Reste des I. Bataillons unter Führung von Oberstabsarzt Dr. Neumann (nach Verwundung von Major Koch) gelangten gegen Abend an den Nordhang der Höhe 107, wo die dort befindliche feindliche Flakbatterie durch zusammengefaßtes Feuer der schweren Waffen des Bataillons Gericke zum Schweigen gebracht war.

Doch die Höhe selbst konnte an diesem ersten Tage noch nicht voll in Besitz genommen werden. Hier verteidigte sich der Gegner erbittert.

Die 6. Kompanie wurde mit Masse von ihrem Sicherungsauftrag im Westen als Reserve für die 1. kritische Nacht herangezogen. Doch sie wurde nicht benötigt, da der Gegner nicht angriff. Im Frühlicht des 21. 5. ging sie wieder zum Paß bei Spilia zurück.

In den späten Abendstunden des 20. Mai übernahm Major Stentzler auf Befehl des Regimentskommandeurs die Regimentsführung in vorderster Linie. Die Leitung der Gesamtoperation blieb jedoch weiter in den Händen von Generalmajor Meindl.

Während dieses ersten heißumkämpften Tages flog die Luftwaffe im Westteil der Insel mit Zerstörer- und Stukaverbänden mehrere Einsätze gegen wichtige Feindziele und unterstützte das Fallschirmjäger-Sturmregiment erheblich.

DER EINSATZ DER LUFTWAFFE

Im Lande- und Absprungraum der Gruppen Malemes, Chania, Rethymnon und Heraklion griffen alle verfügbaren Einheiten des VIII. Fliegerkorps bereits im vorbereitenden Bombenwurf, sowie als Zerstörer- und Jagdschutz an.
Während die erste Welle des XI. Fliegerkorps planmäßig anflog, wurden zur unmittelbaren Unterstützung des Absetzens die an den Absetzstellen bekannten Flakstellungen und Truppenlager angegriffen, um die Abwehr während des Absetzens weitestgehend auszuschalten und die Widerstandskraft des Feindes gleich zu Beginn des Kampfes entscheidend zu schwächen. Im einzelnen wurden aufgrund der eingehenden Vereinbarungen zwischen VIII. und XI. Fliegerkorps folgende Einsätze durchgeführt:

a) Angriffe auf die Flakstellungen bei den Absetzstellen bei Malemes und Chania mit Stuka (Stukageschwader 2).
b) Angriffe auf die drei Zeltlager im Raume südlich Malemes-Chania durch Kampfverbände (Zerstörergeschwader 26 u. Jagdgeschwader 77).
c) Unterbrechung der Fernsprechleitungen, um die Führung auszuschalten, an den Ortsausgängen von Ierapetra, Heraklion, Rethymnon und Chania durch Kampfverbände.
d) Angriffe auf die Kasernen Heraklion und Rethymnon, um deren Besatzungen gleich zu Beginn des Kampfes zu schwächen, durch Kräfte des italienischen Luftwaffenkommandos Ägäis.

Das Absetzen selbst wurde durch Jagd- und Zerstörerverbände,

die unmittelbar an den Absetzstellen die Erdabwehr bekämpften, und durch Angriffe der Kampfverbände auf die von den Absetzstellen entfernter liegenden Flakstellungen, wirksam unterstützt. Wie gut diese Unterstützung war, geht daraus hervor, daß trotz sorgfältiger Vorbereitung der feindlichen Abwehr nur 7 Ju 52 von den 502 eingesetzten Ju 52 in Verlust gerieten.
Neben den Einheiten des VIII. Fliegerkorps waren dem XI. Fliegerkorps selbst folgende fliegenden Verbände zugeteilt worden:

Stab Kampfgeschwader z. b. V.
I./Kampfgeschwader z. b. V. 1
II./Kampfgeschwader z. b. V. 1
I./Luftlandegeschwader 1
Stab Kampfgruppe z. b. V. 2
Kampfgruppe z. b. V. 101
Kampfgruppe z. b. V. 102
Kampfgruppe z. b. V. 105
Stab Kampfgruppe z. b. V. 3
Kampfgruppe z. b. V. 40
Kampfgruppe z. b. V. 60
Kampfgruppe z. b. V. 106
I./Kampfgruppe z. b. V. 172.

EINSATZRAUM MITTE – VERLUSTE BEI GALATAS
EIN BATAILLON STIRBT

Als Vorhut des Fallschirmjäger-Regimentes 3 erhielt das III. Bataillon unter Major Heilmann Befehl, um 07.00 Uhr des 20. Mai 1941 zu springen, den vorgesehenen Absprungplatz freizukämpfen und daraufhin mit den übrigen Bataillonen des Regimentes den Angriff auf Galatas, Chania und die Suda-Bucht vorzutragen. Schon vor dem Morgengrauen startete das Bataillon. An der Spitze flog die 9. Kompanie mit dem Bataillonskommandeur über das Mittelmeer.

Im Näherkommen an die große Bucht von »Chanion« (die Suda-Bucht) waren die britischen Flotteneinheiten zu erkennen, von denen geballtes Flakfeuer den näherkommenden Maschinen entgegenschlug.

Aus dem Absprungraum quollen schon die dicken Qualmpilze der Bombentreffer in die Höhe. Dort hatten die Stukas bereits ihre Bomben geworfen. Vom Westen überflog die Kampfgruppe die Insel. Trotz des Motorengeräusches hörten die jeweils schon in der offenen Tür stehenden vordersten Springer MG- und Gewehrfeuer. Dieses Feuer verstärkte sich noch, als die Maschinen auf Absprunghöhe heruntergingen.

Mit den ersten Männern sprang Major Heilmann. Mit gutgezielten Schüssen feuerten die Neuseeländer auf den Absprungplatz. Eine griechische Kompanie ergab sich. Einzeln, nur mit Pistolen,

Handgranaten oder Maschinenpistolen bewaffnet, erstürmten die Fallschirmjäger die Höhen. Im Nahkampf schalteten sie die Widerstandsnester des Gegners aus.
Sprungweise arbeitete sich Major Heilmann an der Spitze der 9. Kompanie über das Gefechtsfeld vor. An einem Hohlweg erreichte er einen verwundeten Zugführer der 9. Kompanie und einen verwundeten Neuseeländer. Beide verbanden sich gegenseitig. Plötzlich erkannte Major Heilmann eine Gruppe Neuseeländer, die an einem sanft ansteigenden Hang hinter Bäumen in Deckung gegangen waren. Mit einem Oberjäger ging der Bataillonskommandeur aufrecht durch die neuseeländischen Linien hindurch. Es erschien ihm, als wollte sich der Gegner hier ergeben. Als die Neuseeländer aber sahen, daß die deutsche »Kampfgruppe« nur aus zwei Männern bestand, eröffneten sie das Feuer.
Mit Riesenschritten jagte Major Heilmann den Hang empor. Und in dem Augenblick, als er die Höhe erreichte, hörte er hinter sich einen Schrei. Getroffen stürzte der ihm nachfolgende Oberjäger zu Boden. Schüsse peitschten an dem Offizier vorbei, der in Dekkung ging. Von Galatas her aber sah Major Heilmann schon eine Gruppe von 20 Neuseeländern durch einen Hohlweg auf die Höhe zukommen. Rechterhand stürmte sein Adjutant eine Höhe und vernichtete eine feindliche MG-Stellung im Handgranatenduell. Linkerhand rannte der Chef der 9. Kompanie an der Spitze seiner Männer vor. Schwerverwundet blieb er unter einem Olivenbaum liegen. Ein Feldwebel sprang an ihm vorbei ohne ihn zu erkennen. Erst als er mit zerschossener Schulter zurückging, fand er seinen Kompaniechef.
In dem Augenblick, als die Gefahr am größten war, daß die von Galatas anrückenden Neuseeländer die Höhe gewinnen und die angreifenden Fallschirmjäger niederhalten konnten, erreichte ein MG die Höhe und die Stelle, an der der Kommandeur mit dem tödlich getroffenen Oberjäger lag.
Der erste Gurt wurde durch das MG gejagt. Die flachen Stahlhel-

me der Gegner verschwanden urplötzlich aus dem Hohlweg. Weitere Fallschirmjäger trafen ein.
Keine 200 Meter hinter dieser Stellung errichtete ein Oberarzt der Sanitätskompanie 7 das erste Verwundetennest.
Als die 9. Kompanie versuchte, sich weiter nach Norden auf Galatas vorzuschieben, erhielt sie plötzlich auch von rückwärts Feuer und erlitt schwere Verluste.
Nach zwei Stunden erbitterten Kampfes, während die Sonne höher und höher emporstieg und mit ihrer sengenden Glut die Erde und die Männer auszudörren begann, hatte das Bataillon Heilmann mit dem Bataillonsstab und der 9. Kompanie die Höhe südlich Galatas genommen. Wo aber steckten die übrigen Kompanien?
Major Heilmann nahm Verbindung mit dem Regiment auf. Oberst Heidrich befahl, die Höhe zu halten und alles zum Angriff auf Galatas vorzubereiten. Am Nachmittag begannen die Gegenstöße des Gegners. Das bei Karatsos liegende 19. neuseeländische Bataillon griff nun pausenlos an. Noch immer hatte Major Heilmann keine Verbindung zu den Kompanien 10, 11 und 12. Nur mit den Resten der 9. Kompanie verteidigte er. Die wenigen Fallschirmjäger gaben keinen Meter des buchstäblich mit Blut getränkten Bodens wieder auf.
Als die Sonne des ersten Angriffstages sank, wurden starke Motorengeräusche von der Feindseite gemeldet. Schon ging die Munition zur Neige. Der am Nachmittag mit Verpflegungsbomben abgeworfene Nachschub war in die feindlichen Stellungen gefallen. In vorderster Linie starb am Abend der schwerverwundete Chef der 9. Kompanie.

Oberst Heidrich, der mit seinen Männern das Zuchthaus Agya in Besitz genommen hatte, ließ für die Nacht die gewonnene Höhe räumen, um das Regiment geschlossen zusammenzuhalten und eventuellen Nachtangriffen begegnen zu können. Nur eine Grup-

pe Fallschirmjäger blieb zur Sicherung auf der Höhe. Sie war es auch, die die nächtlichen Vorstöße der Neuseeländer abwehrte.
Was war mit der 10., 11. und 12. Kompanie des Bataillons Heilmann geschehen? Wo waren die Männer geblieben, daß sie sich nicht zum Bataillon durchschlugen?
Während die 9. Kompanie mit dem Bataillonskommandeur am späten Abend des 20. Mai aus einem erbeuteten Feldgeschütz auf die Feindstellungen feuerte, trafen die ersten Nachrichten über diese Kompanien ein. Die 11. Kompanie war mitten im Gebirge abgesetzt worden und hatte sich durch einen Ring von Gegnern zum I. Bataillon durchgeschlagen. Nur der Chef der 11. Kompanie, der mit seinem Kompanietrupp als einziger richtig an der Straße nach Galatas abgesetzt worden war, kam nicht zum I. Bataillon. Er ging mit seinen wenigen Jägern befehlsgemäß auf der Straße nach Galatas vor.
Sie mußten wohl auf Feindkräfte gestoßen sein, die ihnen einen Hinterhalt gelegt hatten, denn später wurde er mit seinen Männern gefunden. Wie sie vorgegangen waren, in Schützenreihe, lagen sie hintereinander tot am Straßenrand.
Die 12. Kompanie erlitt ein schreckliches Schicksal. Sie wurde zum Großteil über einem Stausee abgesetzt. Eine Anzahl von Fallschirmjägern konnte sich nicht aus den Gurten befreien und ertrank.
Die 10. Kompanie wurde bei Daratsos mitten in die feindlichen Stellungen und in ein Truppenlager hinein abgesetzt. Sie kämpfte einen aussichtslosen Kampf gegen eine Übermacht. Einem Zug gelang es, in ein umzäuntes Lager einzudringen und dort 400 Gefangene zu machen. Als er aber diese Gefangenen in Richtung Straße abtransportieren wollte, erhielt der Zug starkes MG- und Granatfeuer von den feindbesetzten Höhen. Die dort liegenden Neuseeländer vernichteten fast die gesamte Kompanie. Die letzten überlebenden Fallschirmjäger wurden aufgefordert, sich zu ergeben. Sie marschierten, nun selbst Gefangene, in das Lager zurück.

Bei diesem Kampf wurde auch der Chef der 10. Kompanie schwerverwundet. Als er sich wieder erheben wollte, um die Kompanie in Deckung zu bringen, traf ihn ein zweiter, tödlicher Schuß. Das Schicksal dieser tapfer kämpfenden Kompanie war nun endgültig besiegelt.
Mit dem II. Bataillon unter Major Derpa sprang auch Oberst Heidrich bei Chania. Das Bataillon hatte Auftrag, Galatas zu nehmen. Sofort setzte Oberst Heidrich einen Angriff auf die Kastellhöhe von Galatas an. Beim Sturm auf die Höhe fiel neben ihm der Bataillonskommandeur Major Derpa.
Das Fallschirm-Pionier-Bataillon unter Major Liebach sprang, wie vorgesehen, bei Alikianou im Rücken des Regimentes 3 und löste seinen Auftrag – Rückendeckung für das Regiment 3 zu geben – erfolgreich.
Das I. Bataillon des Fallschirmjäger-Regimentes 3 unter Hauptmann Freiherr von der Heydte hatte Auftrag, als zweite Kampfgruppe hinter dem Bataillon Heilmann zu starten. Es sollte nahe dem Zuchthaus Agya springen. Die Straße Alikianou – Chania war von diesem Bataillon zu sperren und die Höhen südlich davon in Besitz zu nehmen. Nördlich des Zuchthauses würde das II. Bataillon stehen und nach der Sicherung des Absprungplatzes würden alle Kampfgruppen des Regiments direkt auf Chania vorgehen und die kretische Hauptstadt erstürmen.
Teile dieses Bataillons landeten nahe dem Zuchthaus. Sie sammelten sich. Melder der einzelnen Kompanien trafen ein. Die Funkverbindung untereinander war hergestellt.
Das I. Bataillon ging nun vor. Aber nach knapp hundert Metern wurde es durch MG-Feuer aufgehalten. Durch einen Olivenhain ging es gedeckt weiter. Den Cladiso kreuzend, stürmte das Bataillon, mit der 2. Kompanie an der Spitze, in Zickzacksprüngen durch das Cladiso-Tal. Oberleutnant Knoche kämpfte mit seiner Kompanie den Landeraum frei. Dicht daneben die 3. Kompanie unter Oberleutnant Straehler-Pohl. Ein Gebäude tauchte voraus

auf. Hauptmann von der Heydte ließ »ES« schießen, aber niemand antwortete.
»Angriff. – Sprung auf – Maarsch!«
Die Fallschirmjäger stürmten vor. Sie erreichten das Haus. Es war genau 10.30 Uhr, drei Stunden nach der Landung auf kretischem Boden. Die 2. Kompanie schaltete zwei britische MG aus. Die ersten Gefangenen wurden gebracht. Es waren Griechen.
Die 1. Kompanie hatte in der Zwischenzeit in schlechtem Gelände Feindfeuer erhalten und lag fest. Hauptmann von der Heydte übergab das Kommando seinem Adjutanten, um selbst zur 1. Kompanie zu gehen. Er fand sie eine Stunde später im offenen Gelände. Das Feuer von zwei Maschinengewehren hielt sie zwischen der linker Hand entlangführenden Straße und dem tiefen Einschnitt des Cladiso fest. Der Bataillonskommandeur sandte einen Funkspruch an die 4. Kompanie. Sie sollte mit der Werfergruppe diese beiden MG außer Gefecht setzen. Die Werfer ließen nicht lange auf sich warten. Wenige Minuten nach dem Befehl waren zwei vorgezogen und in Stellung gegangen. Hauptmann von der Heydte kroch nun mit dem Chef der 4. Kompanie vor, um die Ziele auszumachen. Doch sobald sie sich zeigten, erhielten sie Feuer aus dem vor ihnen liegenden Olivenhain, das sie wieder in die Deckung zurückzwang.
Die Verluste mehrten sich. Beide Werfer begannen zu feuern. Als Antwort schoß die englische Artillerie auf die Stellungen der Fallschirmjäger. Die Artilleriesperre war so dicht, daß das Bataillon keinen Schritt weiter vorankommen konnte.
Als Hauptmann von der Heydte in einer Feuerpause abermals nach vorn kroch, sah er den Gegner an einem Abhang halblinks vor dem Bataillon in der Nähe eines Hauses. Er wies die Werfergruppe persönlich ein. Beide Werfer eröffneten das Feuer. Die Werfergranaten schlugen dicht beim Haus, mitten in die Gruppe der Gegner ein. Nach der vierten Salve war niemand mehr zu sehen.

In dieser Phase des Kampfes wurde eine Meldung von Mann zu Mann weitergegeben. Sie erreichte auch den Bataillonskommandeur:
»Der Chef der 4. Kompanie ist schwer verwundet.«
Wenig später kam die Meldung durch, daß auch der Chef der 2. Kompanie verwundet sei. Unmittelbar darauf setzte auch das Artilleriefeuer des Gegners wieder ein.
»Volltreffer auf das Haus, Herr Hauptmann!« meldete der Oberjäger der Werfergruppe.
»Wir müssen Fühlung zum III. Bataillon aufnehmen, Herr Hauptmann« sagte der Ordonnanzoffizier.
Ein englischer Panzer tauchte plötzlich auf. Mit einer Panzerbüchse wurde er aus 50 Meter Distanz abgeschossen.
In der Zwischenzeit war Oberleutnant Hagl mit einem Zug der 2. Kompanie beim Bataillonskommandeur eingetroffen. Hagl hatte sich mit seinem Zuge mit unerhörter Bravour, selbst an der Spitze kämpfend, mitten durch die Engländer zum Bataillon durchgeschlagen. Der wuchtige Bayer, aus dem Mannschaftsstande hervorgegangen, übernahm diesen Verteidigungsabschnitt des Bataillons. Hauptmann von der Heydte wußte nun diesen Abschnitt bei Hagl in guten Händen. Er ging mit seinem Ordonnanzoffizier und einem Melder in Richtung zum Bataillons-Gefechtsstand zurück.
Nun trafen weitere Meldungen von allen Kompanien ein. Ein Stoßtrupp der Ersten war bis an das Dorf Peribolia vorgegangen und meldete starke Feindstellungen südwestlich des Ortes. Die 3. Kompanie hatte eine Höhe mit mittelalterlichen Ruinen genommen und sich dort festgesetzt.
Die flache Küste von Chania lag ostwärts des »Burghügels« in einem Seitental. Dahinter zog sich bis ins Gebirge eine dicht überwucherte Felsschlucht entlang. Griechische Truppen, die dieses Gebiet verteidigten, wurden von der 3. Kompanie gefangengenommen.

Hundert Meter hinter dem Bataillons-Gefechtsstand hatte Oberarzt Dr. Petritsch den Verbandsplatz eingerichtet. Der zweite Arzt war mit einer der Kompanien nach vorn gegangen, um auf dem Gefechtsfeld erste Hilfe zu leisten. Unter einem aus Zweigen errichteten schrägen Dach operierte der Oberarzt schon, als der Bataillonskommandeur gegen Mittag dort eintraf. 12 Schwerverwundete lagen oder saßen hier herum. Die leichten Fälle wurden sofort in das Feldlazarett zurückgebracht, das vom Regiment beim Zuchthaus Agya eingerichtet worden war.

Der Bataillonskommandeur ging von Mann zu Mann, um jedem ein paar tröstliche Worte zu sagen. Er kam auch zu einem englischen Schwerverwundeten, der ebenfalls geborgen worden war. Als der Engländer hörte, daß dies der Bataillonskommandeur der deutschen Fallschirmjäger sei, sagte er:

»Sir, der Krieg ist für mich zu Ende. – Ich hoffe, daß er es auch bald für Sie und Ihre Männer ist.«

Am Nachmittag, gegen 15.00 Uhr, lag der Gegner in tiefgestaffelter Front vor dem Bataillon und verwehrte ihm den Durchbruch in die Ebene von Chania. Plötzlich stiegen bei der 2. und 3. Kompanie Leuchtkugeln in die Höhe. Der Gegner griff dort an. Die Engländer versuchten, an der 1. Kompanie vorbei über den Hang vorzugehen, an dem die 2. und 3. Kompanie sich eingegraben hatten. Sie gelangten nahe heran. Immer wieder kam es zu Kämpfen Mann gegen Mann. Die Verluste des Bataillons wurden größer. Schon wurde die Munition knapp. Da stellte der Gegner den Angriff ein.

Am späten Nachmittag gelang es, Funkverbindung mit dem III. Bataillon aufzunehmen.

Der Regimentsbefehl für den weiteren Angriff sah vor, daß das III. Bataillon beide Seiten des Weges Chania-Alikianou decken sollte. Das II. Bataillon blieb als bewegliche Reserve beim Regiments-Gefechtsstand, der in der Nähe des Zuchthauses eingerichtet worden war. Die Pioniere sollten die nördlichen und westlichen Flanken im Bereich des Stausees schützen und dem I. Bataillon wurde befohlen, auf der Höhe, rechts des Cladiso, Verteidigungsstellen vorzubereiten. Mit diesem Befehl erhielt Hauptmann von der Heydte auch die Nachricht vom Tode des Divisionskommandeurs, Generalleutnant Süßmann. Sein Lastensegler war über der Felseninsel Ägina abgestürzt, als eine He 111 den Verband überholte. Der Luftwirbel dieser Maschine hatte den Absturz verursacht. Die Führung der Division übernahm Oberst Heidrich unter Beibehaltung der Führung seines Regimentes. Der Chef der 4. Kompanie seines Bataillons war schon am Nachmittag seiner schweren Verwundung erlegen.

Mit Einfall der Dunkelheit hörte im Abschnitt des I. Bataillons das Feindfeuer auf. Der Bataillons-Gefechtsstand wurde in eine andere, von Weingärten flankierte Seitenschlucht des Cladiso verlegt. Der erste Tag auf Kreta war auch für das I./Fsch.Jäg.Rgt. 3 zu Ende.

EIN KÖNIG AUF DER FLUCHT – TOD EINES DIVISIONSKOMMANDEURS – STUKAS GREIFEN EIN – START NACH RETHYMNON

Zur gleichen Zeit, da die Fallschirmjäger des Regimentes 3 am Morgen des 20. Mai 1941 bei Alikianou vom Himmel fielen, mit dem Regimentskommandeur Oberst Heidrich an der Spitze den mächtigen Bau des Zuchthauses Agya erstürmten und dadurch *den* Regiments-Gefechtsstand erhielten, beobachteten König Georg II. von Griechenland und sein Ministerpräsident aus den Fenstern des Landhauses an der Straße nach Alikianou dieses Schauspiel.

Von seinem Schlafzimmer aus sah König Georg II. die weißen Fallschirme niedergehen, die vordersten nur etwa 100 m vom Hause entfernt. Er sah, wie die Fallschirmjäger sich aus den Schirmen lösten, die Waffen aufnahmen und nach Osten durch die Weingärten vorstürmten, genau in die Richtung, aus der weiterer Gefechtslärm den Absprungplatz einer anderen Fallschirmjägergruppe kennzeichnete. Diese Schnelligkeit des deutschen Vorstoßes bot dem griechischen König die einzige Entkommenschance. Zehn Minuten später verließ er das Landhaus und flüchtete in Begleitung des Ministerpräsidenten und einiger Offiziere zu Fuß nach Alikianou. Niemand kümmerte sich um die Fliehenden. Noch immer war die Luft erfüllt vom Motorendonner der Ju 52, aus denen deutsche Fallschirmjäger heraussprangen und zur Erde

fielen. Der gesamte Raum bis nach Galatas und Chania war vom Getöse der Bomben-Detonationen durchtost.
Stundenlang liefen die Männer um den König der Griechen durch das Gebirge, der Südküste entgegen. Zum erstenmal mußte auch ein gekröntes Haupt vorn bei seinen Soldaten die ganze Wucht eines solchen Angriffes und die Strapazen einer Flucht zu Fuß mitmachen.
Zwei Tage und zwei Nächte schlug sich diese Gruppe quer durch die Insel, bis das kleine Fischerdorf Roumeli erreicht war. Hier ging König Georg II. von Griechenland in der Nacht zum 24. 5. 1941 an Bord eines britischen Zerstörers, der ihn und seine Begleitung nach Ägypten brachte.
Von Kairo aus erließ König Georg II. dann den Aufruf an das kretische Volk zum heimtückischen Heckenschützenkrieg, zu Massakern und Morden, obgleich auch Griechenland an die Haager Landkriegsordnung angeschlossen war und den Heckenschützenkrieg verdammt hatte.

DIE ZWEITE WELLE

Auf dem Korps-Gefechtsstand des XI. Fliegerkorps wartete alles gegen Mittag des 20. Mai auf die erlösenden Meldungen von der Insel. General der Flieger Student hatte Oberstleutnant Snowadzki noch am Vormittag mit einer Ju 52 nach Malemes geschickt. Der Oberstleutnant hatte Auftrag, auf dem Flugplatz von Malemes zu landen und dort das Flugplatzkommando zu bilden, das Start und Landung der Maschinen koordinieren sollte, mit denen die 5. Gebirgsdivision im Luftlande-Einsatz nach Kreta übergeführt werden würde.
Generalmajor Schlemm, der Chef des Stabes, war ebensowenig über die genaue Lage auf der Insel orientiert wie Oberstleutnant Trettner, der Ia des XI. Fliegerkorps. Hauptmann Mors, der Ic

des Korps, hatte keine entscheidenden Feindnachrichten erhalten können. Alles schwebte in peinvoller Ungewißheit. Bis endlich Oberstleutnant Snowadzki von Kreta zurückkehrte. Er brachte die erste Nachricht, und die war niederschmetternd. Der Flugplatz von Malemes war nach wie vor in der Hand des Gegners. Keine Maschine konnte dort niedergehen.

Zwar war es dem Oberstleutnant gelungen, seine Ju 52 auf dem Flugplatz zu landen, aber noch im Ausrollen hatte er bemerkt, daß der Platz noch feindbesetzt war. Im Feuer der Engländer konnte Snowadzki, mit beschädigter Maschine wieder starten. Auch seiner Begleitmaschine, mit dem ersten Flugplatz-Personal an Bord, gelang dieser Start und wohlbehalten landeten beide Maschinen wieder in Athen.

Obgleich von den 502 eingesetzten Ju 52 nur sieben Maschinen verlorengegangen waren und die übrigen mit Hochdruck auf den Startplätzen aufgetankt wurden, um die zweite Welle der Fallschirmjäger nach Kreta zu fliegen, stand die Sache schlecht. Weder mit der Westgruppe noch mit der Gruppe Mitte konnte Nachrichtenführer Oberstleutnant Dr. Weyland Verbindung erhalten. Immer wieder riefen die Funker in der Stabsfunkstelle. Immer wieder, ohne eine Antwort zu erhalten.

Dann trat noch ein Umstand ein, der zu schwersten Sorgen Anlaß gab. Die ersten zwischen 09.00 und 10.00 Uhr zurückgekehrten Ju 52 konnten auf den Feldflugplätzen nur notdürftig von Hand betankt werden. Aus Fässern mußte der Brennstoff gepumpt werden.

Die auf 13.00 Uhr festgesetzte Startzeit der zweiten Welle konnte unter keinen Umständen eingehalten werden. Die Fernsprechverbindungen innerhalb der Transportverbände und die von den Transportverbänden zum Korps-Gefechtsstand waren durch Sabotageakte unbrauchbar gemacht worden.

Die für die zweite Welle vorbereiteten Bombenangriffe des VIII. Fliegerkorps jedoch wurden planmäßig durchgeführt. Wie-

der heulten genau um 15.15 Uhr, diesmal über Rethymnon und im Großraum Heraklion, die Stukas mit eingeschalteten »Jericho-Sirenen« der Erde entgegen. Abermals sprangen gigantische Bombendetonationen gen Himmel. Aber die Fallschirmjäger, die nun hätten springen sollen, um die Schockwirkung auszunützen, waren nicht zur Stelle. Sie saßen zur gleichen Zeit noch auf den Feldflugplätzen in den Maschinen, um nach Rethymnon zu fliegen.
Wenig vorher war der erste Funkspruch von der Insel im Korps-HQ eingegangen. Er kam vom Regiment 3. Oberst Heidrich, der mit einer Handvoll Männer die Kastellhöhe erobert hatte, war aus eigener Kraft nicht mehr stark genug, den Sturm auf Chania durchzuführen. Er forderte das Regiment 2 (Oberst Sturm) als Verstärkung an, um so die Hauptstadt, die gleichzeitig Kommandozentrale des Gegners war, in Besitz nehmen zu können. Doch das FschJäg.Rgt. 2 konnte nicht mehr umdirigiert werden, da es keinerlei Unterlagen über den neuen Einsatzort hatte und die Flugzeugführer auch keine Unterlagen für ihre Navigation besaßen.
So startete das Regiment 2 um 15.15 Uhr zum Flug nach Rethymnon. Es hatte für diesen Einsatz nur 2 Bataillone zur Verfügung, da das II. Bataillon (Hauptmann Schirmer) der Gruppe Ost – Heraklion – unterstellt worden war.
Ziel des FschJäg.Rgt. 2 war es, Stadt und Flugplatz Rethymnon anzugreifen und zu nehmen. Das I. Bataillon unter Major Kroh, mit der 2./Fallschirm-MG-Bataillon 7, einem Zug der 2./FlaMG-Bataillon 7 nebst einem Zug der 13. und 14./FschJäg.Rgt 2 als Verstärkung, hatte Auftrag, beiderseits des Flugplatzes zu springen, den Platz zu nehmen, ihn instandzusetzen und für später erfolgende Truppenlandungen offen zu halten.
Als erste in der Reihenfolge startete die »Gruppe Kroh« ab 13.30 Uhr vom Flugplatz Megara. Fünfzehn Minuten nach dem ersten Bombenwurf der Stukas sprangen die vordersten Gruppen auf Kreta. Die letzten Gruppen aber erst eine Stunde später, da wäh-

rend des Starts abermals dicke Staubwolken die Startfolge verzögerte. Die 4. Kompanie mit dem Bataillonsstab erreichte als erste kretischen Boden. Sie wurde genau im Zielgebiet abgesetzt.
Schon beim Sprung erhielt sie starkes Feindfeuer. In den Schirmen hingen beim Niederschweben bereits die ersten Toten. Nur 800 Meter ostwärts des Flugplatzes landeten die Überlebenden. Hauptmann Morawetz, der Chef der 4., fiel mit sämtlichen Offizieren dieser Kompanie dem Feuer des Gegners zum Opfer.
Die folgende 3. Kompanie wurde ca. 7 km ostwärts ihres Zielgebietes abgesetzt. Sie ging westlich der Höhe 217 im Felsgebiet nieder und hatte viele Sprungverletzte.
Die 1. Kompanie sprang dicht bei der 4. in der Nähe des Flugplatzes. Als beide Kompanien zum Flugplatz durchzustoßen versuchten, erhielten sie heftiges Feindfeuer. Noch ehe die 1. Kompanie ihre abgeworfenen Waffenbehälter erreichte, war sie schon schwer angeschlagen. Dennoch griffen beide Kompanien in Richtung auf den Flugplatz an. Bei einem Weinberg, nur 600 Meter vor dem ersehnten Ziel, blieben sie endgültig liegen.
Mit der 3. Kompanie war der Stab und mit ihm auch Major Kroh weit ostwärts des Absprunggebietes niedergegangen. Sofort sammelte er die 3. Kompanie unter Oberleutnant von Roon und die im Raume der Ölfabrik gelandeten 2./Fsch-MG-Batl. 7 und ging damit auf den Flugplatz vor. Gegen 17.15 Uhr erreichten Stab und 3. Kompanie die Straße 400 Meter ostwärts des Weinbergs. Oberleutnant von Roon trieb die Jäger trotz der glühenden Hitze immer wieder zur Eile an. Er wollte das Tagesziel erreichen, und das war der Flugplatz. Es gelang ihm, mit Unterstützung eines schweren Granatwerfers, gegen 18.00 Uhr den Nordhang des Weinbergs zu erstürmen und sich dort festzusetzen. Major Kroh hatte eine halbe Stunde vorher dem Chef der 2./Fsch-MG-Batl. 7 den Befehl erteilt, im gemeinsamen Angriff mit den in einem Olivenhain südlich der Weinberghöhe festliegenden Teilen der 1. und 4. Kompanie diesen Weinberg zu nehmen.

Eineinhalb Stunden später griffen die Reste der 1. und 4. Kompanie mit der 2. MG-Kompanie die Weinberghöhe an. Oberleutnant von Roon erreichte als erster die Höhe. Der Gegner wurde nach einem kurzen, erbitterten Kampf niedergestreckt. Die Reste flüchteten. Um 19.30 Uhr war die Weinberghöhe in deutscher Hand.

Die Kampfgruppe unter Oberleutnant von Roon griff in der einbrechenden Dunkelheit, mit Unterstützung durch das Feuer einer erbeuteten leichten Flak noch einmal in Richtung Flugplatz an. Sie erreichte den Flugplatzrand und arbeitete sich im verbissenen Kampf bis zur Flugplatzmitte vor, bevor der am südlichen Platzrand in gut getarnten Höhenstellungen verteidigende Gegner sie zwang, in volle Deckung zu gehen und sich einzugraben.

Bis zu diesem Zeitpunkt, da Major Kroh seine Kampfgruppe sammelte, hatte sie 400 Männer an Toten, Verwundeten und Vermißten verloren. Aber sie hatte zum mindesten einen Teilerfolg errungen und der morgige Tag würde zeigen, ob die Kampfgruppe stark genug war, den Flugplatz in Besitz zu nehmen und ihn gegen die zu erwartenden Gegenstöße zu halten.

Die »Gruppe Wiedemann«, das III./FschJäg.Rgt. 2, mit der 1./Fsch-MG-Batl. 7, der 2./FschArtAbt. 7 und der 2./FschFlaBatl. 7 als Verstärkung startete erst ab 14.00 Uhr vom Flugplatz Megara. Bereits in der Luft über Kreta erhielt diese Gruppe starkes Abwehrfeuer.

Um 16.10 Uhr erklangen in den Ju 52 die Boschhörner. Bis 16.30 Uhr waren die letzten Fallschirmjäger beiderseits der Platanias-Brücke gesprungen. In dem unübersichtlichen Absprunggelände konnten jedoch nur ein Teil der abgeworfenen Waffenbehälter gefunden werden. Andere Waffenbehälter waren durch Feindbeschuß in der Luft explodiert. Drei durch Flakfeuer getroffene Ju 52 setzten zur Notlandung an und kamen mehr oder minder heil herunter.

Sofort nach dem Sammeln der Verbände stieß Hauptmann Wie-

demann an der Spitze der 9. Kompanie, die durch Teile der 11. Kompanie und der Pak und Flak, nebst einem 10,5 cm-Geschütz der 2./FschArtAbt. 7 verstärkt worden war, nach Rethymnon vor. Es gelang dieser Kampfgruppe, die griechischen Verteidigungsstellungen ostwärts Rethymnon zu durchstoßen und bis zum ostwärtigen Stadtrand vorzudringen. Dort blieb sie im starken Abwehrfeuer aus der Stadt liegen. Aus den flankierenden britischen Stellungen, von den südlichen Höhen, die den Raum bis zur Küste beherrschten, paukte Artilleriefeuer auf die Kampfgruppe Wiedemann nieder und hielt sie am Boden fest.
Es war genau 18.00 Uhr, als der Gegner zum Gegenstoß antrat, der die südliche Flanke des deutschen Angriffskeiles traf. Eine Stunde lang hielt die Kampfgruppe stand. Dann gab Hauptmann Wiedemann den Befehl zum Absetzen. Bis um 20.00 Uhr erreichte die Kampfgruppe mit allen Verwundeten die Ausgangsstellung und bildeten um das Dorf Peribolia herum einen starken Igel zur Abwehr des nachdrängenden Gegners.
Die »Gruppe Schulz«, die sich aus dem Stab des FschMGBatl. 7, dem Regiments-Nachrichtenzug, der 2./FschJägRgt. 2 nebst einem Zug der 13. und 14. Kompanie zusammensetzte, erhielt den Auftrag, den Raum westlich des Flugplatzes Rethymnon freizukämpfen und sich dann als Regimentsreserve bereitzustellen, um im Notfalle zur Verfügung zu stehen. Diese Gruppe startete um 13.30 Uhr vom Flugplatz Tanagra. Als die vordersten Maschinen den Raum Rethymnon erreichten, erhielten sie Flakfeuer. Eine Ju 52 mit Männern der 13. Kompanie stürzte brennend ab. Der Rest sprang um 15.50 Uhr an der richtigen Stelle, dicht westlich vom Flugplatz Rethymnon. Doch die 2. Kompanie war durch das zu starke Feindfeuer am Absprung gehindert worden. Major Schulz gelang es erst spät, den Großteil seines Stabes und die Männer seiner Gruppe zu sammeln. Gegen 22.30 Uhr erreichte er den vorgesehenen Regiments-Gefechtsstand. Er stieß hier auf den Regimentsadjutanten und den versprengten Kompanietrupp der

1. Kompanie. Der Regimentsadjutant meldete ihm, daß der Regimentsstab falsch und weit auseinandergezogen abgesetzt worden war. Der Regiments-Nachrichtenzug war – wie sich am anderen Tage herausstellte – acht Kilometer zu weit ostwärts niedergegangen und hatte sich zum I. Bataillon durchgeschlagen. Ein Teil des Regimentsstabes sprang zudem noch mitten in feindbesetztes Gebiet hinein. Auch er erlitt – noch am Schirm hängend – schwere Verluste. Oberst Sturm, der 52-jährige Senior der Fallschirmtruppe, der mit dem Stab gesprungen war, wurde vermißt. Es stellte sich später heraus (als er nach zehntägiger Gefangeschaft befreit wurde), daß er mit nur 10 Männern, völlig isoliert von den anderen, abgesetzt worden war. Aber erst am Abend des zweiten Tages mußte er sich nach einem mehrstündigen Feuergefecht, nachdem alle Munition verschossen war, dem Gegner gefangengeben.

Major Schulz übernahm die Regimentsführung. Er ging mit seiner schwachen Kampfgruppe in Richtung Westen vor und erreichte in der Nacht zum 21. 5. 1941 die an der Platanias-Brücke kämpfende Gruppe Wiedemann.

KAMPF UM HERAKLION – EINE LANGE NACHT

Das Fallschirmjäger-Regiment 1, Oberst Bruno Bräuer, mit unterstelltem II./FschJägRgt. 2, 1./FschFlaMGBtl. und 2./FschSanAbt. 7 hatte Auftrag, in der zweiten Welle um 15.15 Uhr absetzend, Stadt und Flugplatz Heraklion in Besitz zu nehmen und den Flugplatz für nachfolgende Landungen offen zu halten. Die beabsichtigte Kampfführung:

II./FschJägRgt. 1 sollte mit zugeteilten schweren Waffen überraschend und unter Zerstörerschutz den Flugplatz Heraklion fest in die Hand nehmen. Zur gleichen Zeit sollte von Westen und Südwesten das III./FschJägRgt. 1 die Stadt Heraklion einnehmen. I./FschJägRgt. 1 sollte die Funkstation bei Gournes (8 km ostwärts des Flugplatzes) in Besitz nehmen und nach Osten sichern. II./FschJägRgt. 2, westlich des III./FschJägRgt. 1 abgesetzt, sollte die Sicherung nach Westen übernehmen.

Der Erfolg des Angriffes hatte das geschlossene Absetzen *aller* Verbände über ihren Zielräumen um 15.15 Uhr nach vorhergegangenem Bombenangriff und unter Zerstörerschutz des VIII. Fliegerkorps zur Voraussetzung. Diese Voraussetzung wurde nicht erfüllt.

Der Start der einzelnen Ju-Gruppen verzögerte sich bis zu 3 ½ Stunden. Da die Fernsprechverbindungen zwischen den Plätzen unterbrochen waren, war eine Verständigung der Führer über die eintretende Verzögerung und die Festsetzung einer neuen gemeinsamen Startzeit nicht möglich. Infolgedessen starteten die Verbände in falscher taktischer Reihenfolge und trafen nicht geschlossen, sondern in Ketten- und höchstens Staffelverbänden, zwischen 15.00 und 18.00 Uhr über ihren Zielräumen ein. Da die Zerstörer aus Gründen der Reichweite nur bis 16.15 Uhr über den Zielräumen sein konnten, mußte die Masse der Kräfte ohne Zerstörerschutz absetzen. Die Bombenangriffe des VIII. Fliegerkorps kurz vor 15.00 Uhr hatten den Gegner nicht vernichtet, sondern nur vorübergehend in Deckung gehalten. Infolge des Ausfallens von Maschinen beim 1. Einsatz war die Gesamt-Einsatzstärke des verstärkten FschJägRgt. 1 um rund 600 Mann schwächer als vorgesehen.

Der Feind war auf die Abwehr eines Fallschirm-Einsatzes bei Heraklion vorbereitet. Unter Ausnutzung des tiefeingeschnittenen, verkarsteten und höhlenreichen Geländes hatte er die Umgebung des Flugplatzes und der Stadt Heraklion mit einem tiefgegliederten System von Stellungen versehen. Er beherrschte die Mulden, die allein für das Absetzen in Frage kamen, mit frontalem und flankierendem Feuer.

Das II./FschJägRgt. 1, das den Flugplatz im gleichzeitigen Angriff von zwei Seiten nehmen wollte, geriet beim Anflug und Absetzen in stärkstes Flak- und MG-Feuer. Mehrere Maschinen stürzten brennend ab. Bei der infolge der Geländegestaltung notwendigen großen Absetzhöhe von 200 m wurden bereits viele Fallschirmjäger in der Luft verwundet.

Die Ostgruppe dieses Bataillons, geführt von dem Bataillonskommandeur, Hauptmann Burckhardt, kam zu keinem einheitlichen Angriff. Die Kompanieführer der 5. und 8. Kompanie, Oberleutnant Herrmann und Oberleutnant Platow, und die übrigen Offiziere, rafften alle Leute zusammen und erreichten, nur mit Pistolen und Handgranaten bewaffnet, die zum Flugplatz hin ansteigende Höhe. Oberleutnant Platow und mehrere andere Offiziere wurden später auf der Höhe selbst tot aufgefunden.

Oberleutnant Herrmann hatte – noch im Schirm hängend einen

Kopfschuß erhalten, der ihn zeitweise erblinden ließ. Auf seinen Hauptfeldwebel gestützt, von einem Gefreiten auf der anderen Seite gehalten, führte er den Kampf weiter, bis er zusammenbrach.
Hauptmann Burckhardt gelang es bei Einbruch der Dunkelheit, 60 bis 70 Mann seiner Kampfgruppe am Fuße der Höhe 182 zu sammeln.
Die unter Führung von Hauptmann Dunz stehende westliche Kampfgruppe des II. Bataillons, bestehend aus 6. und 7. Kompanie und der 1./FlaMGBatl. 7 sprang am Westrande des Flugplatzes ab. Sie wurde binnen 20 Minuten aufgerieben. Soweit die Soldaten nicht bereits durch starkes Flak-, MG- und Gewehrfeuer in der Luft getötet oder verwundet wurden, erlagen sie dem folgenden Angriff mehrerer leichter und mittlerer Panzer, die in die landenden Fallschirmjäger hineinrollten. Nur 3 Mann der 6. Kompanie und 2 Mann der FschFlaMGKp. gelang es, an der Küste entlangschwimmend, sich zum Regiment durchzuschlagen und die Meldung vom Verlauf des Kampfes zu überbringen. Von diesem Bataillon sind 12 Offiziere und 300 Mann gefallen. 8 Offiziere und 100 Mann wurden verwundet.
Vom I./FschJägRgt. 1 wurde nur die 3. Kompanie im Raume Gournes zeitgerecht abgesetzt. Bataillonsstab, 1. und 2. Kompanie folgten mit dreistündiger Verspätung. Die 4. Kompanie erhielt auf dem Festland wegen der vorgeschrittenen Tageszeit keine Starterlaubnis mehr und wurde später an anderer Stelle eingesetzt. Das Absetzen erfolgte ohne Feindberührung. Die 2. Kompanie, die 2 km westlich von Gournes absetzen und die Funkstation in Besitz nehmen sollte, ging 5 km zu weit ostwärts nieder und traf verspätet beim Bataillon ein. Das Bataillon sicherte nach Süden und Osten und besetzte die Funkstelle.
Oberst Bräuer, der mit dem Regimentsstab um 18.40 Uhr im Raum ostwärts Gournes eintraf, entschloß sich sofort, mit einer Sicherung des I. Bataillons unter Oberleutnant Graf Blücher auf

den Flugplatz vorzugehen, den er schon im Besitz seines II. Bataillons glaubte. Er erreichte mit der Spitze gegen 23.40 Uhr den Osthang der Flugplatzhöhe und stieß hier zu seiner Überraschung auf starken Feind. Oberleutnant Graf Blücher erreichte in der Nacht mit einem Zug der 2. Kompanie kämpfend die Höhe am Ostrand des Flugplatzes.
Der Regimentsgefechtsstand wurde auf der Höhe nördlich der Straße, 2 km ostwärts des Flugplatzes eingerichtet.
Das II./FschJäRgt. 2, ohne seine 5. und 6. Kompanie, die wegen Ausfalls von Ju 52 zurückgelassen werden mußten, sollte erst nach dem III./FschJägRgt. 1 abspringen, kam aber bereits *vor* diesem Bataillon über dem Absprungplatz an, setzte ohne Feindberührung ab und übernahm die Sicherung nach Westen und Süden.
Oberst Bräuer versuchte, in der Nacht die weit versprengten Teile seiner Gruppe, soweit sie erreichbar waren, zusammenzufassen, um am nächsten Tage zum Angriff auf den Flugplatz anzutreten.
Das III./FschJägRgt. 1 mit zugeteilten schweren Waffen, erreichte seine Absetzräume 2 km westlich und südlich der Stadt Heraklion ebenfalls verspätet und weit auseinandergezogen. Bereits beim Absetzen wurde es unter Feuer genommen. Dieses Feuer peitschte von den Höhen, von der Stadtmauer und aus den Häusern zu den zur Erde niederschwebenden Fallschirmjägern empor. Bis 18.00 Uhr gelang es, die Absetzräume freizukämpfen. Hierbei erlitt die 9. Kompanie sehr schwere Verluste. Der Kompanieführer, Oberleutnant Singer, fiel.

Es war Nacht geworden nach einem blutigen und verzweifelten Ringen auf Kreta. Die Lage der Angreifer war mehr als kritisch. Die Schlacht stand auf des Messers Schneide. General der Flieger Student erwog ernstlich den Gedanken, die Operation aufzugeben. Doch das hätte den Verlust der schon auf Kreta im Einsatz stehenden 7 000 Fallschirmjäger bedeutet.

Seit dem Nachmittag gingen auf dem Korps-Gefechtsstand in Athen Funkmeldungen ein, die fast alle Hilferufe waren. Es war – entgegen den Vorausberechnungen – noch an keiner Stelle gelungen, einen der drei Flugplätze fest in die Hand zu bekommen.
»Wir müssen«, rang sich General Student zu einem Entschluß durch, »alle noch vorhandenen Reserven zum Angriff auf den Flugplatz Malemes zusammenfassen, um wenigstens einen Platz für die Landung der Gebirgsjäger in die Hand zu bekommen.«
Der Stab des XI. Fliegerkorps wußte, daß dies die letzte Möglichkeit war, sonst hätte der Kommandierende General sie nicht erwogen. Generaloberst Student sagte später selbst zu diesem Entschluß:
»Dieser Entschluß ist mir wahrhaftig nicht leicht geworden. Der wie ein Tennisplatz rotschimmernde Flugplatz von Malemes war klein und von den Engländern nur als Jäger-Flugplatz benutzt worden. Das war bekannt. Auf diesem Platz allein ein Luftlande-Unternehmen mit 500 schweren Transportmaschinen zu basieren, mit allen nicht voraussehbaren Zwischenfällen, bedeutete nun, alles auf eine Karte setzen. Aber es blieb kein anderer Ausweg. Der eindeutige Schwerpunkt wurde auf Malemes gelegt.«

Die erste Nacht auf kretischem Boden zerrte an den Nerven aller Beteiligten. Den 7 000 gelandeten Fallschirmjägern stand eine Übermacht von 43 000 Gegnern gegenüber. Wenn nun der Gegner seine Gegenangriffe startete? Wenn er mit *allen* verfügbaren, weit überlegenen Kräften zuschlug, dann waren die verstreuten Fallschirmjäger-Kampfgruppen verloren. Wie sah es nun mit diesen Gegenangriffen aus?
Obgleich General Freyberg noch am ersten Angriffstage der Angriffsbefehl des Fallschirmjäger-Regimentes 3 in die Hände fiel, in dem nicht nur die Aufgaben dieses Regimentes, sondern auch die Operationen der anderen Kampfgruppen in großen Zügen enthalten waren, zog er daraus nicht die nötigen Konsequenzen.

Dies hatte viele Gründe. Einer dieser Gründe war, daß die Drahtverbindungen vom Hauptquartier zu den einzelnen Kampfgruppen ausgefallen waren, und daß zu wenig Funkgeräte zur Verfügung standen. So war das Hauptquartier über die Lage an den entscheidenden Punkten des Kampfes nicht, oder nur unvollständig orientiert. Dies führte letztlich zum Verlust des für die späteren Landungen unendlich wichtigen Flugplatzes Malemes, weil General Freyberg nicht rechtzeitig zum Gegenangriff antreten ließ.
Sofortige Gegenangriffe jedoch – und darüber war sich die britische Führung im klaren – waren zwingend notwendig, wenn die Insel gehalten werden sollte.
Darum waren auch in den vorhergegangenen alliierten Übungen solche Gegenangriffe mehrfach geübt worden. Bei diesen Gegenangriffen sollten die auf Kreta stehenden Panzer eine entscheidende Rolle spielen und die deutschen Fallschirmjäger ins Meer werfen oder in den Grund einwalzen. Doch als die Fallschirmjäger gelandet waren, schien alles vergessen. Zwar kamen einige Gegenangriffe kleiner Einheiten schnell zum Tragen, aber im Großen blieben die Verteidiger dort stehen, wo sie standen.

Als zum Beispiel gegen 10.00 Uhr des 20. 5. der Chef der C/22-Kompanie, die am Flugplatzrand von Malemes in Stellung gegangen war, den Vorstoß der Bataillonsreserve zum sofortigen Gegenangriff beantragte, wurde dieser vom Bataillonskommandeur abgelehnt.
Erst um 17.00 Uhr – als sich die Lage der deutschen Fallschirmjäger an dieser Stelle gefestigt und die verstreuten Gruppen zusammengefunden hatten – wurde der Gegenangriff mit 2 Infanterie-Panzern und einem Zug Füsiliere durchgeführt. Der Vorstoß – der sieben Stunden vorher Erfolg gehabt hätte – wurde von den Fallschirmjägern abgewiesen. Die britische Kampfgruppe wurde vernichtet. Dieser Mißerfolg veranlaßte den Bataillonskomman-

Weihnachten 1942 bei den Jungs im vordersten Kampfstand

Winter 1942/43: Oberstleutnant Schulz zeichnet verdiente Fallschirmjäger aus

Besprechung der Bataillonskommandeure im Gefechtsstand von Karl-Lothar Schulz in Rußland. Von rechts: Schulz, Gröschke, Rolschewski und Graf von der Schulenburg

Der Führungsstab der 1. FJD, Januar 1945

Karl-Lothar Schulz trifft in Rußland den bekannten Fünfkämpfer Limpert

Unten rechts: Oberfeldwebel Schmidt – er holte den Calvarienberg zurück

Unten mitte: Karl-Lothar Schulz, als Oberst und Kommandeur der 1. FJD in Italien

Mit Colt und Kamera nach Tunesien. (Foto eines US-Soldaten)

Feldmarschall Kesselring nimmt die Meldung von Oberst Schulz in Italien entgegen

Albert Kesselring, ein Begriff für die Abwehrkämpfe in Nordafrika, auf Sizilien und in Italien

Unten links: So sahen die Männer des FJR 6 die Plakate der Alliierten, die von Maquis angepinnt wurden

Unten mitte: Im Brückenkopf Tunesien: Generaloberst von Arnim, vorn, OB der 5. Panzerarmee und General Gustav von Vaerst, Kommandierender General des DAK

Generalmajor Hans Kroh, Fallschirmjäger vom ersten bis zum letzten Tage, zuletzt Kommandeur der 2. FJD

Nach Tunis 44 Kilometer. Das Schild sahen viele Fallschirmjäger

Generalleutnant Heidrich an seinem Gefechtsstand in Cassino. Mitte Oberst Heilman der mit dem FJR 3 das Zentrum der Verteidigung bildete

Oberst K.L. Schulz startet zum Flug bei Vibo Valencia an der italienischen Südküste. Hier würde der Feind angreifen!

deur dazu, sich zurückzuziehen. Und dieser Entschluß führte in letzter Konsequenz zum Verlust des Flugplatzes Malemes am 21. Mai.
Auch in der Nacht wurden an allen Stellen auf Kreta nur wenige örtlich begrenzte Gegenangriffe mit schwachen Kräften geführt. Damit verschenkte die gegnerische Führung die einmalige Chance, die deutschen Fallschirmjäger von der Insel herunterzufegen.

DER ZWEITE TAG

DIE ENTSCHEIDUNG BEI MALEMES

In den späten Abendstunden des 20. 5. hatte das Generalkommando des XI. Fliegerkorps den Eindruck gewonnen, daß der Widerstand des Feindes erheblich stärker als erwartet war. Entscheidend für den Fortgang der Operation war das rasche Inbesitznehmen eines Flugplatzes, damit die Landungen durchgeführt werden konnten. Nach Lage der Dinge konnte dies nur der Flugplatz Malemes sein. Aus diesem Grunde wurde in Athen der Schwerpunkt aller Maßnahmen auf die Unterstützung des Sturmregimentes zur Freikämpfung des Flugplatzes Malemes gelegt.
Die Funkverbindungen der Gruppen Malemes, Chania und Heraklion nach Athen waren von Anfang bis zum Abschluß der Kämpfe auf Kreta gut. Nur zwischen Rethymnon und Athen bestand keine Funkverbindung, weil die Funkstation dieser Gruppe schon beim Abwurf schwer beschädigt worden war. Der Abwurf von Ersatzgeräten an diesem Punkt mißlang zweimal. Daraufhin war von General Student ein Fieseler Storch nach Rethymnon geschickt worden. Doch dessen Besatzung geriet in Gefangenschaft.
Allein diese gute Funkverbindung zu den anderen Gruppen gestattete General Student durch die ausreichende Lagebeurteilung, den Schwerpunkt ganz auf Malemes zu verlegen. Noch in der Nacht ließ er Hauptmann Kleye zu sich kommen, einen berühmten Draufgänger seines Stabes. Er beauftragte ihn, in der Morgendämmerung des 21. 5. bei Malemes zu landen, dort persönlich

zu erkunden und mit dem Fallschirmjäger-Sturmregiment Fühlung aufzunehmen. Hauptmann Kleye stimmte sofort zu. Er bereitete alles auf einen Alleinflug nach Kreta vor, während im Stabszimmer des XI. Fliegerkorps an den neuen Plänen gearbeitet wurde.

Im Morgengrauen des 21. Mai wagte es Hauptmann Kleye, vom Stab des XI. Fliegerkorps, am flachen Strand von Spilia auf Kreta zu landen. Drei Kilometer westlich Malemes ging die Maschine nieder. Die Lage war unverändert, und das war schon viel. Der Gegner hatte seine große Chance in der Nacht verstreichen lassen.

Wenig später starteten sechs weitere Ju 52, um die gleiche Landung und damit das Herüberschaffen der knapp gewordenen Munition zu schaffen. Auch ihnen gelang es, zu landen, zu entladen, wieder aufzusteigen und zum Festland zurückzukehren.

Wann aber würden die Gebirgsjäger landen können? Jene Männer, auf die jeder überlebende Fallschirmjäger seine letzte Hoffnung gründete.

In den frühen Morgenstunden des 21. Mai griff das I. Bataillon des Fallschirmjäger-Sturmregimentes unter Oberstabsarzt Dr. Neumann aus seiner Stellung am Nordhang die Höhe 107 am Flugplatz Malemes an. Das Bataillon stieß mitten in die Absetzbewegungen des Gegners hinein, säuberte die Höhe und besetzte sie. Nur am Rande der Höhe hielt sich der Gegner noch.

Etwa zur gleichen Zeit erhielt Hauptmann Gericke folgenden Korpsbefehl zum Angriff auf den Flugplatz:

»Am 21. Mai muß der Flugplatz Malemes unter allen Umständen genommen werden. Angriffsbeginn 13.00 Uhr. Zur Unterstützung dieses Angriffes werden erneut Fallschirmjäger im Rücken des Feindes bei Malemes und Pyrgos abspringen und in den Kampf um den Flugplatz eingreifen. Dem Sturmregiment werden außerdem noch zwei Kompanien Fallschirmjäger im Sprung zugeführt. Starke Kampfflieger-Verbände werden ab 14.00 Uhr den Angriff vorbereiten.«

Zwei der englischen Flakgeschütze auf der Höhe 107 waren noch intakt. Sie wurden nun von den Fallschirmjägern auf eine der umliegenden Höhen gerichtet, von denen herunter der Gegner noch immer auf den Flugplatz feuerte, an dessen Rand sich schon die Männer des IV. Bataillons festgesetzt und einen schmalen Streifen in ihre Hand gebracht hatten. Einzelne Bunker am Platzrand wurden im Nahkampf genommen. Und auf einmal hörten alle – es war gegen Mittag – das dumpfe Dröhnen eines Flugzeuges. Wenig später tauchte die Maschine aus dem Mittagsglast auf.

»Eine Ju 52, Herr Hauptmann!« brüllte einer der Männer.

»Dann kommen auch noch mehr«.

Aber es war nur eine einzige Maschine, die über die Kronen der Olivenbäume hinweg den Platz anflog. Erkennungssignale wurden geschossen. Noch war der Flugplatzrand nicht feindfrei. Schon begannen Feind-MG zu hämmern. Mit einer Kurskorrektur schwenkte die Ju 52 aus, setzte auf den kochendheißen Strand auf und rollte aus. Fallschirmjäger rannten auf die Maschine zu, deren Luken eben geöffnet wurden. Kisten mit Munition wurden ausgeladen.

»Holt die Schwerverwundeten!«

Der Flugzeugführer verließ die Kanzel und kam auf Hauptmann Gericke zu. Es war Leutnant von Koenitz, der es als einzelner versucht und – geschafft hatte.

Die Verwundeten wurden eingeladen. Unter ihnen auch Generalmajor Meindl. Die Maschine startete, kam hoch und verschwand nach Norden.

Granaten schlugen auf dem Rollfeld ein. Nur an der Westseite wurde der Platz nicht von den Einschlägen der Feind-Artillerie aufgewühlt. Hier landeten gegen 14.00 Uhr drei Me 110, die im Tiefstflug über den Platz kamen.

»Nehmt euch die englische Batterie vor. Die dort drüben! Sie beschießt ständig den Flugplatz!«

Die Me 110 stiegen wieder auf, flogen die feindbesetzten Höhen an und eröffneten aus MG und Bordkanonen das Feuer. Dreimal griffen sie die Feindstellungen an. Dreimal setzten sie sich dem Feindbeschuß aus, um ihrerseits schießen und treffen zu können. Dann verstummte das Feindfeuer. Die Me 110 drehten ab und flogen zum Festland zurück.

Am zweiten Morgen wurde die 3. Kompanie des Fallschirmjäger-Sturmregimentes um 05.30 Uhr bei Malemes bereitgestellt. Im Laufe des Vormittages blieb die Kompanie in der befohlenen Stellung. Gegen 09.00 Uhr setzte starker Artillerie-Beschuß ein. Doch noch immer erfolgte kein englischer Gegenangriff, der auch zu dieser Zeit noch Erfolg gehabt hätte.

In den frühen Nachmittagsstunden wurden zwei 4-cm-Flak des Gegners klargemacht und damit die Batterie beschossen, die den Flugplatz noch immer unter Feuer hielt. Die Batterie wurde zum Schweigen gebracht. Als gegen 16.00 Uhr die ersten Gebirgsjäger landeten, setzte deren Feuer jedoch wieder ein und richtete auf dem Westrand des Platzes Schaden an. Die 3. Kompanie wurde zur Einweisung der landenden Gebirgsjäger eingesetzt. Sie barg verwundete Gebirgsjäger und deren Gerät.

Um 20.00 Uhr meldete sich Oberarzt Dr. Weizel bei Hauptmann Gericke. Der Kommandeur des IV. Bataillons erteilte ihm Weisung, mit einem Zug Gebirgsjäger den Küstenschutz zu übernehmen und feindliche Landungsversuche zu verhindern.

Gegen 21.00 Uhr gingen Fallschirmjäger und Gebirgsjäger zum Küstenschutz vor. Die Leichten Schiffsstaffeln wurden erwartet. Doch keine Einheit unternahm einen Versuch zu landen. Nur ein heftiges Seegefecht wurde beobachtet.

Im Sprungbereich des Fallschirmjäger-Bataillons III des Fallschirmjäger-Sturmregimentes aber sah es im Licht des zweiten Tages auf Kreta trostlos aus. Dort, wo dieses Bataillon niedergegangen war, breitete sich die weiße Seide der Fallschirme über den Olivenbäumen aus. Die Fangleinen hingen wie Spinnennetze durcheinander verwoben. Tote Fallschirmjäger hingen noch im

Geäst und überall, wohin man auch blickte, lagen Tote. Hier hatten kretische Freischärler grausig gehaust, das sah man nicht nur an den umgedrehten Taschen der Toten. An dieser Stelle des Absprungplatzes waren die Fallschirmjäger zu Hunderten in den Tod gegangen.

Mit 580 Männern war das III./Fallschirmjäger-Sturm-Regiment hier abgesprungen. 250 waren sofort gefallen, 115 wurden verwundet, 135 blieben vermißt, nur 80 konnten sich zu den anderen Bataillonen durchschlagen.

Genau um 14.00 Uhr flogen die ersten Stukas Malemes an. Abermals heulten Bomben der kretischen Erde entgegen. Abermals wurde diese Erde umgewühlt, fielen Feindstellungen aus. Gelbe Richtungspfeile und Fliegertücher zeigten den Maschinen den Weg. Das Dorf Malemes, noch immer feindbesetzt, wurde zerschmettert.

Danach griffen die Fallschirmjäger an. Sie stürmten in das Dorf, erreichten die ersten Häuser von Malemes und kämpften sie frei. Doch der Gegner hielt sich auch hier. Die eine Hälfte der Häuser blieb in seiner Hand.

Um 15.00 Uhr kam ein ganzer Pulk von Ju 52, erreichte den Absprungplatz und entließ einen Schub Fallschirmjäger zum Sprung in die Hölle. Es war Hauptmann Schmitz mit fast zwei Kompanien der Fallschirm-Panzerjäger-Abteilung. Sie griffen sofort nach der Landung in den Kampf ein. Aber noch war höchste Gefahr. Wann endlich sprangen die zugesagten Reserven?

OBERST RAMCKE GREIFT EIN

Am 19. Mai war Oberst Bernhard-Hermann Ramcke mit seinem Adjutanten, Hauptmann Vogel, auf dem Flugplatz Topolia, vierzig Kilometer südlich Athen, eingetroffen, um den springenden Verbänden zu helfen, gut wegzukommen, und vor allem: um die

5. Gebirgs-Division zu unterstützen und ihr in den Vorbereitungen zu den Luftlandungen zu helfen.
In der Nacht zum 21. Mai überwachte Oberst Ramcke das Verlasten der Schweren Waffen für die Gebirgsjäger, die am kommenden Morgen zum Flug nach Kreta starten sollten. Von allen Seiten des riesigen Rollfeldes meldeten sich in den späten Abendstunden des 20. Mai Fallschirmjäger bei Oberst Ramcke, die zurückbleiben mußten, weil ihre Maschinen beim Start ausgefallen waren. Darunter die Kompanien der Oberleutnante Kiebitz und Voßhage. Insgesamt sammelte Ramcke auf diese Art 550 Fallschirmjäger, von denen jeder einzelne dringend auf Kreta gebraucht wurde. Bernhard Hermann Ramcke meldete dem Generalkommando die damit stehende Reserve.
Wenig später erhielt er Befehl, mit diesem Reservebataillon am Nachmittag des 21. Mai westlich Malemes zu springen, um den wichtigen Landeplatz freikämpfen zu helfen. Die schon eingestiegenen Gebirgsjäger mußten ihre Maschinen wieder verlassen. Ihre schweren Waffen wurden ebenfalls entladen.
Oberst Ramcke kam nicht mehr dazu, an sich selbst zu denken. Als er in die Führermaschine stieg, mußte ihm ein fremder Fallschirm gereicht werden.
Genau zwei Stunden nach dem Start der Kampfgruppe Hauptmann Schmitz startete nun auch die Kampfgruppe Ramcke zum Flug nach Kreta, zur Verstärkung der bei Malemes kämpfenden Fallschirmjäger.
Als die Führermaschine den letzten Berggrat überflog und der Flugzeugführer die Maschine zum Sprung drosselte, stand Oberst Ramcke sprungfertig in der offenen Tür. Dicht hinter ihm Oberleutnant Reil, der ihm für diesen Einsatz neu zugeteilte Adjutant. Der Absprung verlief programmgemäß. Aus einem Haus, nur 100 Meter vom Landeplatz von Oberst Ramcke entfernt, trat der Nachrichtenoffizier des Luftlande-Sturmregimentes, Oberleutnant Göttsche, ins Freie und eilte auf Ramcke zu.

»Wie gut, daß Sie da sind, Herr Oberst! Wir benötigen dringend der Führung! General Meindl ist schwerverwundet und mit der ersten gelandeten Maschine abtransportiert worden. Der Kommandeur des III. Bataillons ist gefallen. Major Koch vom I. Bataillon schwer verwundet. Major Braun vom Stab ist ebenfalls gefallen. Viele unserer Offiziere sind tot. Wir haben schwerste Verluste in diesem Kampf.»

»Wie sieht es mit Malemes aus?« fragte Ramcke.

»Der Flugplatz ist inzwischen in unserer Hand. Hauptmann Gericke steht mit allen zusammengerafften Männern der Bataillone ostwärts des Platzes beiderseits der Küstenstraße im harten Abwehrkampf. Major Stentzler, der das Regiment führt, steht mit seinem Bataillon am Südostrand der Höhe 107. Seit kurzem landen die ersten Gebirgsjäger. Aber der Flugplatz liegt noch immer unter starkem Feindbeschuß. Viele Maschinen werden getroffen und fallen aus.«

Das war eine erschütternde und zugleich klare Lagemeldung, die dieser junge schneidige Offizier Oberst Ramcke gab.

In einem Olivenhain wurde der Kampfgruppen-Gefechtsstand eingerichtet. Fünfzehn Minuten nach der Landung auf Kreta übernahm Oberst Ramcke die Führung des Fallschirmjäger-Sturmregimentes und der gesamten Kampfgruppe West. Die Lage um 18.15 Uhr des 21. 5. 1941 beim Fallschirmjäger-Sturmregiment sah folgendermaßen aus:

Das II. Bataillon lag mit vorderen Teilen auf der Kuppe und den Südhängen der Höhe 107. Das IV. Bataillon, mit zusammengerafften Teilen des I. und III. Bataillons, lag anschließend am Nordosthang der Höhe 107 und noch immer im Kampf um das Dorf Malemes. Die erste gelandete Gebirgsjäger-Kompanie war der Kampfgruppe Gericke zur Verstärkung zugeführt und lag mit vordersten Teilen zwischen Dorf Malemes und der Küste.

Die 16. Kompanie, verstärkt durch Teile des Gebirgsjäger-Regi-

mentes 100 (Oberst Utz), war im Vorgehen auf der Paßstraße nach Süden in Gegend Mulete.
Die 6. Kompanie, ebenfalls durch Gebirgsjäger verstärkt, war im Vorgehen nach Westen gegen Kastelli im Engpaß westlich Spilia, um die Verbindung mit dem bei Kastelli abgesprungenen verstärkten Zug Mürbe herzustellen. Die gegen 15.00 Uhr westlich von Malemes abgesprungene Panzerjäger-Abteilung, Hauptmann Schmitz, sammelte noch mit der Masse in der Nähe des Regiments-Gefechtsstandes und war mit ihren kampfbereiten Teilen zur Unterstützung des IV. Bataillons nach Malemes und gegen die Höhe 107 vorgestoßen.
Oberst Ramcke erließ die ersten Befehle:
»Kompanie Kiebitz mit unterstellter Pak nach vorn zu Hauptmann Gericke. Den Angriff rücksichtslos auch im Dunkeln beiderseits der Uferstraße so weit vortragen, daß die feindlichen schweren Infanteriewaffen den Flugplatz nicht mehr bestreichen können. – Kompanie Klein zur Kampfgruppe Stentzler. Hauptmann Schmitz bleibt ohne die bereits eingesetzten Geschütze zu meiner Verfügung.«

Als die Dunkelheit dieses 2. Kampftages einbrach, waren alle Abschnittskommandeure im Gefechtsstand von Oberst Ramcke versammelt. Oberst Ramcke gab Oberst Utz, Major Stentzler, Hauptmann Gericke und Hauptmann Schmitz den Befehl für den mit dem Morgengrauen des 22. Mai zu startenden Angriff mit dem Ziel: »Schneller Vorstoß nach Osten mit allen zur Verfügung stehenden Kräften, bis die Verbindung mit der Kampfgruppe Heidrich bei Chania hergestellt ist.«
Oberst Ramcke ließ Strandposten aufstellen, um das Eintreffen der für Malemes bestimmten Leichten Schiffsstaffel abzuwarten und sie einzuweisen. Bei diesem Posten befand sich Kapitänleutnant Bartels, der als einer der ersten mit einer Ju 52 gelandet war, um die Schiffsstaffel zu erwarten.

Seit dem Morgengrauen des 21. Mai saßen die Männer des Gebirgsjäger-Regimentes 100 unter Oberst Utz in drängender Ungewißheit auf dem Flugplatz Tanagra herum. Dann endlich, um 15.00 Uhr kam der Befehl:
»Bataillon fertigmachen!«
Die Gebirgsjäger des III./GJR 100 stiegen in die Ju 52, die im Innern wie Backöfen so heiß waren. Die Türen wurden zugeschoben. Motoren brüllten auf und schon starteten die Maschinen, schwebten der See entgegen, erreichten Milos und sahen wenig später unter sich die Einheiten der Leichten Schiffsstaffel.
Tief, sehr tief ging es über See und erst als die Gebirge Kretas voraus auftauchten, zogen sie wieder hoch. Eine Halbinsel erstreckte sich weit nach Norden. Kap Spatha. Plötzlich tauchte linkerhand unter ihnen eine rötliche Fläche Erde auf, wie ein Tennisplatz anzusehen: Malemes! Dort sollten sie also landen!
»Fertigmachen!«
In einer Steilkurve stieß die erste Ju 52 herunter. Der Boden kam näher, die Maschine setzte auf, machte ein paar lange Sprünge und dann – ein harter Ruck.
»Raus!« brüllte der Bataillonskommandeur.
Die Schiebetür wurde zurückgewuchtet. Plötzlich klackernde MG-Salven-Einschläge. Granaten krachten auf dem Platz auseinander. Eine der nächsten Ju 52 flog – eine rote Flammenschleppe hinter sich herziehend – den Platz an, setzte auf und schon kugelten die Gebirgsjäger ins Freie. Weitere Maschinen landeten. Pak wurde ausgeladen und Gebirgsgeschütze. Wieder eine Bruchlandung und dann ein Volltreffer, mitten in eine Ju 52 hinein. Trümmer übersäten bereits den Platz. In einem Seitenwagenkrad wurde der Bataillonskommandeur weggefahren. Er war schwer verwundet worden.
Mitten in diese Landung hinein stießen plötzlich Hurricane-Jäger

des Gegners. Eine dieser Maschinen setzte sich hinter eine Transport-Ju und schoß sie in Brand. Die Geleitschutz fliegende Me 109 stieß hinunter und vernichtete die Hurricane, die in einer Flammenrosette auseinanderbarst.

Malemes, das war der feurige, tödliche Auftakt des Kreta-Einsatzes für die Gebirgsjäger. Vom Himmel wurden sie hinuntergeworfen in die Hölle der Schlacht. Die nachlandenden Maschinen mußten sich einen Weg zwischen den Wracks und Trümmern entlang suchen. Malemes wurde ein einziger riesiger Flugzeugfriedhof. Als die Nacht des 21. Mai einfiel, lagen zwanzig zerschossene, ausgebrannte und zertrümmerte Maschinen am Flugfeldrand. Aus bisher versteckten Schweigegeschützen hatte der Gegner den Platz unter Feuer genommen.

»Die Gebirgsjäger sind da!« hallte der Ruf der Fallschirmjäger von Schützenloch zu Schützenloch und von MG-Nest zu MG-Nest. Eine der gelandeten Kompanien half dem IV./Fallschirmjäger-Sturmregiment des Hauptmanns Gericke, den Süd- und Ostrand des Flugplatzes Malemes zu halten. Die zweite Kompanie wurde von Oberst Utz sofort in Richtung Kap Spatha in Marsch gesetzt, denn dort sollte eine der beiden Leichten Schiffsstaffeln landen und dazu mußte das Gebiet feindfrei sein. Mit den beiden restlichen Kompanien ging Oberst Utz vor, um den auf der Straße von Paläochora heranrückenden Gegner aufzuhalten. Oberst Utz stieß mit je einer Kompanie auf den Straßen nach Anoskeli und Episkopi vor.

Am späten Nachmittag dieses zweiten Kampftages, der den ersten Einsatz der Gebirgsjäger gebracht hatte, bestand bei der Gruppe West – dem Fallschirmjäger-Sturmregiment – eine durchlaufende Frontlinie. Sie begann im Norden an der Küste und verlief am Ostrand des Dorfes Malemes vorbei nach Süden und von den Osthängen der Höhe 107 weiter nach Süden bis Mariana. In dieser Linie standen:

Im Norden: IV. Bataillon, jetzt Kampfgruppe Gericke genannt.

Daran anschließend die Reste des I. und III. Bataillons unter Führung von Oberstabsarzt Dr. Neumann, der nach der Verwundung von Major Koch, Kommandeur des I. Bataillons, und dem Tode von Major Scherber, Kommandeur des III. Bataillons, die Führung übernommen hatte. Daran weiter nach Süden anschließend das II. Bataillon, das von Major Stentzler geführt wurde. (Siehe Anlage: Stellenbesetzung des Fallschirmjäger-Sturmregimentes vom 20. 5. 1941)

Hinter dieser Sperrlinie standen die Gebirgsjäger des II./GJR 101 dessen Kommandeur, Major Friedmann, beim Verlassen der Ju 52 schwer verwundet wurde.

An diesem 21. Mai 1941, der den ersten Einsatz der Fallschirmjäger sah, sagte Winston Churchill, der britische Kriegspremier, vor dem Unterhaus:

»Die Insel wird bis zum letzten Mann verteidigt. Britische Truppen befinden sich seit November 1940 auf Kreta, wenigstens zwei volle griechische Divisonen entkamen vom Festland nach der Insel. Die wirkliche Gefahr liegt darin, daß von den Deutschen ein Platz genommen und damit der Weg für die Landung weiterer Truppen freigemacht wird.«

Während Winston Churchill *dies* vortrug, war schon der Platz für die Truppen-Nachlandungen gewonnen, landeten die Gebirgsjäger, um das Blatt endgültig zu wenden.

Im Daily Telegraph dieses 21. 5. 1941 wurde die deutsche Niederlage deutlich umrissen:

»Hitler spielt ein gewaltiges Spiel. Er spielt um viel mehr, als um Kreta an sich. Der Plan ist grandios, er könnte aber nur verwirklicht werden, wenn die deutsche Luftwaffe das Geheimnis gelöst hat, einen Feldzug über See ohne die Beherrschung der See zu gewinnen. Einige von Hitlers Ratgebern glauben, daß Seemacht durch Luftmacht gefesselt werden kann und nehmen die Überrennung Norwegens als Beweis dafür. Hitler mag in Kreta um einen ähnlichen Erfolg spielen. Aber hier wird er nicht den Vorteil eines

lange vorbereiteten Verrats, eines unbewaffneten Landes und einer schmalen, rasch zu überbrückenden Meeresstraße vorfinden. Hier wird er bekämpft werden durch die enge Zusammenarbeit überragender Flottenstärke und einer Luftwaffe, die technisch und personell der seinen überlegen ist; sowie durch alte Kämpfer, die sich bereits an der Nazielite erprobt haben.«
Die Times ging sogar noch weiter:
»Eine deutsche Niederlage würde für das deutsche Prestige ein zeitlich schwerer und furchtbarer Schlag sein.«
Am Schluß seiner Rede aber führte Winston Churchill aus:
»Die Schlacht um Kreta hat sich zur schwersten Kampfhandlung des Krieges entwickelt.«
Diese beiden ersten Tage auf Kreta hatten für die Fallschirm-Sanitätsabteilung 7 des XI. Fliegerkorps unter Oberstabsarzt Dr. von Berg einen Einsatz ohne Beispiel gebracht. Sanitätsoffiziere hatten sich gemeinsam mit den Sanitätern immer wieder voll eingesetzt und im Feindfeuer verwundete Kameraden zurückgeholt und operiert.
Es waren die Kompanien und Verbände unter Oberstabsarzt Dr. Neumann, Oberarzt Dr. Weizel und Oberarzt Dr. Malison. Als am Abend des 20. Mai vom Regimentsarzt des Fallschirmjäger-Sturmregimentes, Oberstabsarzt Dr. Neumann, über Funk beim Korps-Gefechtsstand in Athen Nachschub an Sanitätspersonal und an Material angefordert wurde, ließ General Student Teile einer Sanitätskompanie alarmieren und sich für den folgenden Tag zum Sprungeinsatz auf Kreta klarmachen. Diese Teile standen unter dem Befehl von Oberarzt Dr. Hartmann. Am 21. 5. um 13.00 Uhr startete diese Gruppe. Zwischen Malemes und Platanias sollte sie landen und zum Fallschirmjäger-Sturmregiment durchstoßen.
Um 14.35 Uhr erreichte die Gruppe den Absprungplatz der 5. und 6./FJStR. Sie wurde weit auseinandergezogen abgesetzt und erhielt, noch in den Schirmen hängend, starkes Feuer. Der Zug

wurde fast vollständig aufgerieben und verlor den Großteil des Gerätes. Mit den beiden Gruppen der Sanitäts-Unteroffiziere Sieber und Geisberger sprang Oberarzt Dr. Hartmann. Beide Gruppen wurden mitten in den englischen Feldbefestigungen bei Platanias abgesetzt. Auch von diesen beiden Gruppen wurde ein Großteil in den Schirmen hängend, getötet. Die gelandeten Männer versuchten an die Waffenbehälter heranzukommen. Sie wurden vom Gegner von drei Seiten angegriffen. Mit sieben Soldaten erreichte Dr. Hartmann einen Wassergraben. Hier verteidigten sie sich mit Pistolen und Handgranaten. Zweieinhalb Stunden lang kämpften sie um ihr Leben. Bis schließlich nur noch Oberarzt Dr. Hartmann und Unteroffizier Sieber übriggeblieben waren. Geben wir hier dem einzigen Überlebenden dieser Gruppe das Wort:

»Der Oberarzt hatte nur noch zwei Schuß in seiner Nullacht. Er sagte zu mir:

›Sieber, die letzten zwei Patronen, dann ist es aus mit uns!‹

Doktor Hartmann wandte sich wieder dem angreifenden Gegner zu und feuerte die letzten beiden Schüsse ab, bevor er selbst einen Kopfschuß erhielt und tot neben mir zusammenbrach.

Ich hatte noch zwei Handgranaten. Die Engländer erwiderten die Würfe und dann stürmten sie von drei Seiten auf mich los. Ich geriet in Gefangenschaft und wurde nach Chania geschafft. Meine Verwundungen wurden versorgt.«

Damit war das so dringend benötigte Sanitätspersonal und das Material nicht in den Besitz jener Männer gelangt, die ihrer so dringend bedurften.

Die Sanitätskompanie 2 unter Oberarzt Dr. Langemeyer, dem Oberarzt Dr. Kirsch zur Seite stand, landete in der Ostgruppe bei Heraklion mit dem Bataillon Schulz. Oberarzt Dr. Kirsch wurde beim Niedergehen durch einen Brustschuß verwundet. Trotz dieser schweren Verwundung operierte Dr. Kirsch, als einige Kieferverwundungen auftraten, die er, – als Kieferspezialist – am besten behandeln konnte.

Dieser Einsatz der Fallschirm-Sanitätsabteilung ist allen Angehörigen der 7. Flieger-Division in dankbarer Erinnerung. Viele dieser Männer verdanken den »Kerls mit den blauen Spiegeln« ihr Leben.

DAS SCHICKSAL DER LEICHTEN SCHIFFSSTAFFELN

Die Erste Leichte Schiffsstaffel, die in den frühen Morgenstunden des 20. Mai aus dem Hafen von Piräus ausgelaufen war, bestand aus dreißig Fahrzeugen, in der Mehrzahl Fischkutter und Motorsegler. Auf diesen Schiffen war das III./GJR 100 eingeschifft.

Die Zweite Leichte Schiffsstaffel lief von Euböa aus und hatte das II./GJR 85 an Bord. Ein dritter Schiffsverband lag übrigens im Hafen von Piräus einsatzbereit. In Milos, dem gleichnamigen Hafen der Insel Milos, trafen die beiden Schiffsstaffeln am Mittag des 21. 5. zusammen. Als die Zweite Schiffsstaffel einlief, ging die Erste Schiffsstaffel, die sechs Stunden vorher angekommen war, bereits wieder ankerauf. Kurs war Kreta. Als Geleitsicherung diente das italienische Torpedoboot »Lupo«.
Gegen 22.50 Uhr, Kreta und Kap Spatha, das Ziel auf der Insel, waren in greifbare Nähe gerückt, gab es plötzlich Alarm. Voraus flammten Scheinwerfer auf. Sekunden später wurde die Nacht vom Mündungsfeuer britischer Zerstörer und Kreuzer erhellt. Eine zweite Salve flammte und dann schmetterten Granaten aller Kaliber in die leichten deutschen Schiffe hinein. Ein Schlachtschiff griff mit seinen Riesengeschützen in das ungleiche Gefecht ein, das die »Lupo« annahm. Zwischen den Einschlägen einherjagend, erwiderte das Torpedoboot das Feindfeuer. Es kämpfte bis zum Letzten. Es erzielte Treffer, wurde selbst von Granaten überschüttet und erhielt 19 schwere Treffer. »Lupo« versuchte, die zu schützenden Einheiten einzunebeln, vergebens. Immer mehr dieser

kleinen Schiffe schnitten unter. Männer schwammen im Wasser und riefen um Hilfe. Die Hölle war los.

Zur gleichen Zeit stand Kapitänleutnant Bartels mit seinem Stabe auf Kap Spatha. Die Männer sahen dieses grelle Gewitter vor dem Kap. Sie sahen die Breitseiten aus Kreuzern und dem Schlachtschiff, sahen die auflodernden Brände und wußten Bescheid. Aus dieser Hölle konnte niemand entkommen.

Nur wenige Minuten später drehten die englischen Einheiten und nahmen nun die deutschen Stellungen im Großraum Malemes unter Feuer. Die Erste Leichte Schiffsstaffel war nicht mehr.

Auch die zweite Leichte Schiffsstaffel wurde - von einem Kriegsschiffsverband des Gegners aufgefaßt. Hier stand das italienische Torpedoboot »Sagittario« als Geleitsicherung in einem ebenso aussichtslosen Kampf. Es nebelte den Verband ein. Nur wenige Schiffe gingen verloren.

Der Gegner aber hielt sich mit dieser Einheit zu lange auf und als es hell wurde, erschienen Sturzkampfbomber und versenkten einen Zerstörer und einen Kreuzer im ersten Anflug, dann einen zweiten Kreuzer. Zwei Schlachtschiffe und zwei Kreuzer wurden beschädigt.

Als es Tag wurde, standen ganze 100 Gebirgsjäger dieser Schiffsstaffeln auf kretischem Boden, sie hatten das Kap schwimmend und in Schlauchbooten erreicht. 300 Soldaten des III./GJR 100, darunter auch den Bataillonskommandeur, Oberstleutnant Ehal, behielt die See. Damit hatte das Bataillon seine Gefechtsstärke verloren.

Noch am 23. Mai landeten drei Schlauchboote mit einem Leutnant und 51 Soldaten. Das unseligste Kapitel des Kampfes um Kreta war abgeschlossen.

DIE TAGE BIS ZUM ENDGÜLTIGEN SIEG

MIT DEM FALLSCHIRMJÄGER-STURMREGIMENT NACH CHANIA HINEIN

Unmittelbar nach Vernichtung der Leichten Schiffsstaffel vor Kap Spatha griff der Gegner im Raume Malemes an. Sein Ziel war es, die Stellungen der Kampfgruppe Gericke zu durchbrechen. Im Abschnitt der Kompanie Kiebitz, der mit seiner Pak-Kompanie am Abend des 21. 5. von Oberst Ramcke als Unterstützung zu Gericke geschickt worden war, griff der Gegner mit Panzern an. Zwei dieser Panzer wurden abgeschossen. Der Angriff wurde abgewiesen.

In den frühen Morgenstunden des 22. 5. erschien Oberst Ramcke, der die Gruppe West übernommen hatte, auf dem Gefechtsstand von Hauptmann Gericke. Major Stentzler und Hauptmann Schmitz wurden eingewiesen. Dem Bataillon Stentzler befahl Ramcke anzuhalten und die erreichten Stellungen zu sichern. Erst wenn die weit umholende Umfassung der Kräfte des GJR 100 wirksam werde, sollte weiter vorgegangen werden. Um die Stoßkraft zu verstärken, ließ der Oberst die Kampfgruppe Schmitz zwischen die Bataillone Gericke und Stentzler einschieben. Am Nachmittag dieses 22. 5. trafen die Reste der Kompanie Hagele, des FJR 2, bei der Kampfgruppe Gericke ein. Sie hatten sich - am Vortage im Raume Pyrgos eingesetzt – in erbitterten Durchbruchskämpfen durch die Feindstellungen bis hierher durchgeschlagen.

Am 22. 5. trafen dann auch Sanitätspersonal und Material beim

FJStR ein. An ihrer Spitze Flottenarzt Dr. Ruge. Oberarzt Dr. Gogolka leitete das Feldlazarett. Dr. Müller und Dr. Sachs standen ihm zur Seite.

Mit dem laufenden Abtransport der Verwundeten wurde gleich darauf begonnen.

Noch immer hatte der deutsche Wehrmachtsbericht mit keiner Zeile erwähnt, daß deutsche Soldaten auf Kreta im Einsatz standen. Die wenigen Schwarzhörer konnten am 22. 5. im britischen Rundfunk den Bericht des Kriegspremiers, Churchill, über Kreta hören, in dem dieser zugeben mußte, daß es den Deutschen gelungen war, einen Flugplatz zur Truppennachlandung zu gewinnen. Churchill beendete seine Rede mit einem Appell an die kämpfende Truppe:

»Es ist eine äußerst heftige Schlacht. Ich werde den Männern, die sie auskämpfen, ermutigende Botschaften zukommen lassen, und sie müssen wissen, daß es sich um eine der wichtigsten Schlachten handelt, die entscheidend für die Kämpfe im Mittelmeer sein kann.«

Am Vormittag des 22. 5. landeten weitere Einheiten Gebirgsjäger auf dem Flugfeld von Malemes. Noch immer schossen britische Geschütze auf den Platz, und am Abend dieses Tages lagen insgesamt 134 deutsche Flugzeuge und eine Reihe von Feindmaschinen zertrümmert am Flugfeldrand. In einer der an diesem Tage landenden Maschinen saß der Kommandeur der 5. Gebirgs-Division, Generalmajor Ringel. Ihn hielt nichts mehr auf dem Festland, nachdem seine Truppen auf Kreta standen. Er übernahm unmittelbar nach seiner Landung die Gesamtführung über die Gruppe West.

Am Nachmittag gelang es den Stukas in einem massierten Angriff, die noch bei Modion stehenden und auf den Platz schießenden Feind-Batterien zum Schweigen zu bringen. Nunmehr konnten Flugzeuge ungehindert in Malemes niedergehen.

In den frühen Morgenstunden des 23. 5. bemerkte Hauptmann

Gericke vor seinem Gefechtsstand Bewegungen des Gegners nach rückwärts.

»Der Feind wird weich. Wir stoßen direkt nach!« befahl er den Chefs. Die Kampfgruppen Stentzler und Schmitz schlossen sich dem Angriff, nach rechts an die Kampfgruppe Gericke angelehnt, sofort an. Von Schlucht zu Schlucht, von Höhe zu Höhe stießen die Fallschirmjäger hinter dem Gegner her, zerschlugen ihn, wo er sich festsetzte und blieben den zurückgehenden Teilen auf den Fersen. Das gesamte Höhengelände bis westlich Platanias fiel in ihre Hand.

Wieder einmal mehr war es Oberleutnant Horst Trebes, der mit seiner Kompanie an der Spitze der Kampfgruppe Gericke rücksichtslos angriff und jede Schwäche des Gegners sofort ausnutzte.

Die Batterien der Fallschirm-Artillerie-Abteilung unterstützten diesen Angriff.

Am Abend dieses Tages erließ Oberst Ramcke, der nun die zur Gruppe Ramcke zusammengeschlossenen ostwärts von Malemes stehenden Fallschirmjäger führte, den Befehl für den nächsten Tag:

»Einrichten in der erreichten Linie während der Nacht. Am Morgen des 24. 5. Angriff, sobald die Umfassungsbewegung der 5. GBD in Richtung Agya Marina zur Auswirkung kommt. Kampfkräftige Spähtrupps klären am frühen Morgen vor dem Abschnitt des IV. Bataillons auf. Einweisung der Bataillonskommandeure erfolgt durch Oberst Ramcke persönlich im Gelände.«

Wenig später war der kleine drahtige Oberst vorn bei seinen Soldaten. Er erkannte das Gelände voraus als Hauptverteidigungsstellungen des Gegners westlich von Chania. Erst wenn die Umfassung dieses Gegners durch die Gebirgsjäger über die Höhe 259 gegen Agya Marina wirksam wurde, konnte hier mit Erfolg angegriffen werden.

Am späten Nachmittag aber, als die Sonne im Rücken der Fallschirmjäger stand, wurde im direkten Beschuß mit eigener 3,7 cm

Pak und erbeuteter 4,7 cm Flak, sowie mit den eigenen 2 cm-Fla-MW, eines nach dem anderen die MG-Nester des Gegners zusammengeschossen.
Als am Morgen des 24. 5. die Gruppe Ramcke vorging, fand sie hier keinen Gegner mehr vor, außer Nachhuten. Die Kampfgruppe Gericke stieß dem Gegner nach, gewann Platanias, stieß über Agya Marina bis an die Höhen südostwärts Stahana-Chania vor. Hier konnte der rechte Flügel der Kampfgruppe Verbindung mit der Fallschirm-Pionier-Kompanie unter Oberleutnant Griesinger aufnehmen, die mit dem Bataillon Heilmann dem FJR 3 der Gruppe Chania angehörte. Diese hatte sich inzwischen bis zum Stausee sechs Kilometer südwestlich Chania vorgearbeitet. Damit war im Verein mit den Gebirgsjägern der Kampfgruppe Utz (GJR 100) die Verbindung mit der Kampfgruppe Mitte bei Chania hergestellt. Auf der erreichten Linie richtete sich die Kampfgruppe Gericke für die Nacht zur Verteidigung ein. Der Gefechtsstand befand sich nur 500 Meter ostwärts von Agya Marina.
Am 24. Mai traf dann auch General der Flieger Student auf Kreta ein. Er leitete von nun an die Kämpfe an Ort und Stelle. Im vorgeschobenen Regimentsgefechtsstand von Oberst Ramcke wurde er von diesem in die Lage eingewiesen und über die Angriffsplanung des kommenden Tages unterrichtet, die er guthieß. Rings um den Gefechtsstand schlugen die englischen Granaten ein, als Student seinem Waffengefährten Ramcke die Spange zum E. K. I. überreichte.
Am Mittag des 24. 5. wußte die deutsche Öffentlichkeit noch immer nicht über diesen Einsatz Bescheid. Der britische Heeresbericht aus Kairo meldete unter anderem, daß die deutschen Angreifer bei Rethymonon und Heraklion überwältigt worden seien. Am 25. Mai aber horchte die Bevölkerung in Deutschland auf, als am Mittag der offizielle Sprecher meldete:
»Das Oberkommando der Wehrmacht gibt bekannt:
Deutsche Fallschirmjäger- und Luftlandetruppen stehen seit den

frühen Morgenstunden des 20. Mai auf der Insel Kreta im Kampf gegen Teile des britischen Heeres.
In kühnem Angriff aus der Luft eroberten sie, unterstützt durch Jagd,- Zerstörer,- Kampf- und Sturzkampffliegerverbände, taktisch wichtige Punkte der Insel. Nach weiterer Verstärkung durch Verbände des Heeres sind die deutschen Truppen zum Angriff übergegangen. Der Westteil der Insel ist bereits fest in deutscher Hand.
Die deutsche Luftwaffe zerschlug den Versuch der britischen Flotte, in die Entscheidung um Kreta einzugreifen, vertrieb sie aus dem Seegebiet nördlich Kreta, versenkte und beschädigte eine große Anzahl feindlicher Kriegsschiffe und errang die Luftherrschaft über dem gesamten Kampfraum. Die Gesamtoperationen verlaufen weiter planmäßig.«
In den frühen Morgenstunden des 25. 5. wurde der Gefechtsstand des FJStR von Agya Marina nach Stalos vorgezogen. Oberst Ramcke stellte das II. Bataillon rechts und das IV. Bataillon links an der befohlenen Linie zum Angriff bereit, der dem Höhengelände nördlich von Galatas galt. Das I./FJStR, jetzt unter Oberleutnant Stolz, blieb als Reserve hinter dem rechten Flügel stehen. Zwischen den beiden vorderen Bataillonen stellte Ramcke noch die Kampfgruppe Schmitz bereit. Nach rechts hatte das II. Bataillon Anschluß an die Gebirgsjäger. Angriffsbeginn war 16.00 Uhr. Vorher sollten Stukas und Kampfmaschinen den Feind sturmreif bomben.
Den ganzen Vormittag über wurden nun die feindlichen Stellungen gebombt. Es war genau 16.35 Uhr, als die letzten Stukas niederheulten. Um 17.00 Uhr sprangen Fallschirmjäger und Gebirgsjäger gleichzeitig auf und stürmten los. Der Kampf um Galatas hatte begonnen.
Das Bataillon Stentzler ging sprungweise über die Höhenrücken vor, durchkämmte die mit Baumschützen besetzten Olivenhaine, erstürmte die MG-Nester des Gegners. Aus den Löchern tauch-

ten Neuseeländer und Maoris auf, um sich zu ergeben. Als Stentzler sah, daß die anschließenden Gebirgsjäger liegenblieben, schickte er seine rechte Flügelkompanie unter Oberleutnant Barmethler dorthin. Diese Maßnahme brachte den Gegner auch dort zum Weichen und ermöglichte das weitere Vorgehen der Gebirgsjäger.

Nachdem der Angriff dieser Gruppe soweit vorgeschritten war, trat auch die Kampfgruppe Gericke mit Teilen der Panzerjäger-Abteilung an. Sie nahm, zum Teil in hartem Handgranatenkampf, die hintereinanderliegenden Höhenzüge bei Koljenvithra. Hier fielen vier deutsche Fallschirmjäger durch Schüsse aus vier Meter Entfernung, die von Neuseeländern abgegeben worden waren, die vorher die Weiße Fahne gezeigt hatten.

Der Angriff gelang und mit dem Fall dieser beherrschenden Höhen von Galatas hatte der Gegner das letzte starke Bollwerk westlich Chania verloren.

Am 26. 5. stellte sich die Kampfgruppe Ramcke zum entscheidenden Angriff am 27. 5. auf Chania bereit. Die Halbinsel Apostoloi mit dem englischen Lazarett wurde von der Kampfgruppe Gerikke an diesem Tage in Besitz genommen. Viele deutsche Fallschirmjäger, die verwundet in Gefangenschaft geraten waren, konnten hier befreit werden.

Die Fallschirm-Artillerie-Abteilung wurde mit zwei Batterien vorgezogen. Aus der neuen Stellung, hart westlich von Mauroutrixas, – mit einer B-Stelle im vorgeschobenen Gefechtsstand von Oberst Ramcke an der Ruinenhöhe, hatte sie gute Wirkung vor den Abschnitten der Gruppen Ramcke und Utz.

Dieser letzte Angriff war wie folgt befohlen worden:

Gruppe Oberst Heidrich:	von Süden gegen Chania
Gruppe Oberst Utz:	von Südwesten gegen Chania
Gruppe Oberst Ramcke:	von Westen gegen Chania.

Angriffsbeginn: 10.00 Uhr

Die Gruppe Ramcke wurde wie folgt angesetzt:

»Gruppe Stentzler: Rechts außerhalb des zugewiesenen Abschnit-

tes aus dem Raum des rechts angehängten Gebirgsjäger-Bataillons, das im unmittelbaren Einvernehmen zwischen beiden Kommandeuren an das II./FJStR gekoppelt wurde. Angriffsrichtung gegen Charania-Parigoria (westlich Chania). Gruppe Gericke: Beiderseits der Straße gegen die letzten Höhen westlich von Chania. Gruppe Schmitz: Mit den noch vorhandenen Pak übernimmt sie den Panzerschutz im Angriffsstreifen der Gruppe Gericke und wird mit der zusammengestellten Jäger-Kompanie zur Verstärkung des rechten Flügels der Gruppe Gericke eingesetzt.
Fallschirm-Artillerie-Abteilung Schram: Hat so in Stellung zu gehen, daß sie Feuerwirkung auf die erkannten feindlichen Stützpunkte an den Kuppen westlich Chania hat.
I. Bataillon (Oberleutnant Stolz): Geht als Reserve der Kampfgruppe Ramcke hinter dem rechten Flügel des II. Bataillons vor.
Je ein kampfkräftiger Stoßtrupp fühlt am frühen Morgen des 27. 5. vor den Fronten des II. und IV. Bataillons vor.«
Die Gebirgsjäger hatten mit ihrem furiosen Einsatz bei Galatas am 25. Mai die Voraussetzungen zu diesem Angriff geleistet und in einem blutigen Ringen den Gegner niedergeworfen.

Sir Winston Churchill berichtete am 26. Mai im englischen Unterhaus über diese Schlacht und führte aus:
»Die Schlacht um Chania tobt mit unbeschreiblicher Wucht, ebenso heftig, wenn auch in kleinerem Maße, die um Rethymnon und Heraklion. General Freybergs Truppen haben Verstärkungen an Menschen und Material erhalten und erhalten sie weiter.« An dieser Stelle wurde der Kriegspremier vom Beifall der Mitglieder dieses Hauses unterbrochen. Er fuhr fort:
»In diesem Augenblick, da ich hier spreche, ist der Erfolg ihres heldenhaften Widerstandes noch ungewiß. Wie die Schlacht auch endgültig ausgehen mag, so wird doch die Verteidigung Kretas, als eines Vorpostens vor Ägypten, in den Annalen des britischen Heeres und der Flotte an *erster* Stelle stehen.«

NACH CHANIA HINEIN

In den frühen Morgenstunden des 27. 5. 1941 gingen die Stoßtrupps vor den beiden Bataillonen Gericke und Stentzler vor und stellten fest, daß die Feindstellungen noch dicht besetzt waren. Ein Spähtrupp des II. Bataillons unter Hauptfeldwebel Barnabas brach hierbei durch die feindlichen Linien und hob in überraschendem Ansprung mehrere Widerstandsnester- und MG-Stellungen aus.
Der Hauptfeldwebel zeigte um 06.34 Uhr und wenig später noch einmal auf einer den eigenen Linien zugewandten Kuppe die Hakenkreuzfahne, zum Zeichen, daß sie hier standen.

Gerade durch diesen kleinen Späh- und Stoßtrupp wurde der Gegner weich. Als schließlich nach starker Artillerieunterstützung um 10.00 Uhr der Angriff in Richtung Chania begann, brachen als erste die Gebirgsjäger durch. Dann gelang auch dem Bataillon Stentzler der Durchbruch auf die Höhen und nun ging auch die Gruppe Gericke, die sich bis an den Westhang der Höhe ostwärts Mauroutrixas vorgearbeitet hatte, zum Angriff vor und nahm, unterstützt durch das flankierende Feuer von der Halbinsel, die Höhen bis zum Westrand der Stadt in Besitz. Hauptmann Gerikke hatte nunmehr die richtige Vorstellung von der Weiterführung des Kampfes. Er sagte:
»Jetzt mit Schwung nachstoßen, dem Tommy keine Zeit gönnen, sich irgendwo wieder festzusetzen. Chania *muß* heute fallen!«
Der Angriff, der ursprünglich hier hatte anhalten sollen, wurde fortgesetzt. Fallschirmjäger und Gebirgsjäger stießen Schulter an Schulter nach Chania hinein. Die motorisierte Kampfgruppe Schmitz rollte nun in schneller Fahrt vor, erreichte die Spitze, rollte ins Zentrum von Chania hinein und hißte um 16.15 Uhr auf dem roten Kirchturm im Mittelpunkt der Stadt die Hakenkreuzfahne.

Von Süden stieß derweilen auch die Kampfgruppe unter Oberst Heidrich auf die Stadt vor. Das I. Bataillon vorn. Hauptmann von der Heydte schickte Leutnant Krüger mit einem Stoßtrupp vor. Dieser Stoßtrupp nahm eine Funkstelle in Besitz, drang bis zum Hafen vor und hißte auf der dort stehenden Moschee die Reichskriegsflagge.

Die Gruppe Gericke erreichte gegen 17.00 Uhr die Stadt an ihrem Nordwestrand. Der Feind hatte sich zurückgezogen und war auf Suda und die Halbinsel Akrotiri ausgewichen. Als die Kampfgruppe Gericke in die Stadt eindrang, läuteten eben die Panzerjäger von Hauptmann Schmitz die Glocken.

Wenig später rollten zwei deutsche Fallschirmjäger auf eine Straßensperre. Hier trat ihnen ein englischer Offizier entgegen und stellte sich als Major und Kommandant des hiesigen Gefangenenlagers vor. Mit ihnen ging er zu dem dick verbarrikadierten Tor und läutete. Der Posten öffnete und nun ging der Major in die Wachstube. Er sagte den Männern, die hier Wache schoben, daß Chania gefallen sei. Wenige Minuten später waren dreihundert deutsche Fallschirmjäger, die hier im Zuchthaus saßen, wieder frei.

Die Nacht zum 28. Mai verlief ruhig. Am Morgen des 28. 5. übernahm Oberst Ramcke auf Befehl des XI. Fliegerkorps die Führung über den gesamten Kampfabschnitt West. Die Gebirgsjäger wurden herausgezogen, um in Eilmärschen nach Rethymnon zu gehen. An diesem Tage gab Oberst Ramcke einen Lagebericht, der die Verluste des Sturmregimentes bis zum Abend des 27. 5. widergibt.

Insgesamt waren allein vom Fallschirmjäger-Sturmregiment auf Kreta 749 Soldaten gefallen oder vermißt.

General Ramcke führte in diesem Bericht aus:

»Das Fallschirmjäger-Sturmregiment mit seinen unterstellten Teilen hatte die ihm gestellte Aufgabe: Freikämpfen des Flugplatzes Malemes, nach harten verlustreichen Kämpfen am 21. 5. gelöst.

In weiteren Kämpfen wurde nach Osten bis zum Dorf Malemes Boden gewonnen.
Vom 21. 5. abends bis zum 23. 5. morgens, wurden mehrere starke feindliche Gegenangriffe aus ostwärtiger Richtung abgewiesen.
Dann hatte das Regiment – Schulter an Schulter mit den Gebirgsjägern – den Schwerpunkt des Angriffs beiderseits der Küstenstraße von Angriff zu Angriff bis zum 27. 5. abends 19.00 Uhr Chania, die Hauptstadt Kretas, in Besitz genommen.
Diese ungeheuer schwere Aufgabe, die trotz großer Verluste und besonders hohem Führerausfall mit unerschütterlichem Siegeswillen gemeistert wurde, ist einzig und allein dem hohen Ausbildungsstand und dem durch nichts zu übertreffenden Angriffsgeist vom ältesten Offizier bis zum jüngsten Sturmsoldaten zuzuschreiben. – Ramcke.«
Aber noch war der Sieg nicht errungen. Was war in Rethymnon geschehen, wo es am Abend des zweiten Tages auf des Messers Schneide stand, wer den Sieg erringen würde?

DER KAMPF BEI RETHYMNON

Am frühen Morgen des 21. 5. stellte sich die »Kampfgruppe Kroh« des FJR 2 zum Angriff und zur Wegnahme des Flugplatzes von Rethymnon bereit. Doch noch bevor dieser Angriff begonnen wurde, griff der Gegner um 04.00 Uhr die deutschen Stellungen am Flugplatzrand aus westlicher Richtung an. Der Angriff wurde zwar abgeschlagen. Er vereitelte jedoch den eigenen Angriff. Fünf Stunden darauf griff der Gegner abermals an. Der Südflügel der Gruppe Kroh wurde umgangen. Die am Vortage gewonnene Weinberghöhe mußte geräumt werden. Die dezimierte Kampfgruppe zog sich auf die Ölfabrik zurück, die ungefähr 1 800 Meter Ostwärts des Flugplatzes, hart ostwärts von Stavromenos, direkt am Meer lag.

In der Fabrik und den umliegenden Häusern richteten sich die Fallschirmjäger zur Verteidigung ein. Mit einer Pak und einer Flak wurden die Angriffe der nächsten Stunden – von der 19. australischen Brigade vorgetragen – abgewiesen.
Als die Meldung eintraf, daß der Gegner am Meer eine Gruppe von 56 eigenen Fallschirmjägern geschnappt habe, ließ Major Kroh einen kampfstarken Stoßtrupp vorgehen. Dieser drang in die feindlichen Stellungen ein und befreite die Fallschirmjäger, ehe er sich wieder auf die eigenen Stellungen absetzte.
Sieben Kilometer ostwärts der Ölfabrik wurde unter Führung von Oberleutnant von Roon ein Nachschubplatz eingerichtet. Da der Flugplatz von Rethymnon nicht mehr genommen werden konnte, zielte die Aufgabe der Fallschirmjäger an dieser Stelle nunmehr allein auf die Kräftebindung.
Am frühen Morgen um 05.00 Uhr stieß Major Schulz, der die Führung des FJR 2 nach der Vermißtenmeldung über Oberst Sturm übernommen hatte, zur Gruppe Wiedemann durch, die ostwärts von Peribolia liegengeblieben war und in diesem Abwehrriegel starke Feindangriffe abgeschlagen hatte. Hier übernahm Major Schulz die Führung der Gruppe Wiedemann, da eine einheitliche Regimentsführung unmöglich geworden war. Die beiden Kampfgruppen hatten nur auf dem Funkwege Verbindung zueinander.
Die neue Kampfgruppe Schulz richtete sich in den Felsenstellungen um Peribolia ein. Der Streifen vom Meer bis zur Straße zum Flugplatz Rethymnon wurde von der 9. Kompanie besetzt. Dazwischen lag, von der Straße bis zur Kapellenhöhe, die 11. Kompanie. Auf der Höhe selbst richtete sich ein Zug der Neunten ein. Südlich der Kapellenhöhe grub sich die 14. Kompanie ein und verteidigte nach Süden. Teile der Fallschirm-Artillerie-Abteilung hielten den Ostteil des Igels vom Meer bis zur Straße. Teile der 1./MGBatl. 7 und der 2./FschFlaBatl. 7 hielten den anderen Teil des Ostigels.

Diese Verteidigungsstellung lag den ganzen 21. 5. unter feindlichem Artilleriefeuer. Australische Scharfschützen und griechische Partisanen schossen auf jeden Fallschirmjäger, der auch nur einen Zentimeter Haut zeigte.
Deutsche Kampfflugzeuge des Typs Do 17 warfen Bomben, die zum Teil in die eigenen Stellungen dieser Kampfgruppe fielen. Am Nachmittag warfen 6 Ju 52 die Verpflegungsbomben ab.
Gegen 16.00 Uhr griffen die Australier im Süden und Südosten an. Sie wurden abgewiesen. Als sie kurz vor Mitternacht die Kapellenhöhe berannten, wurden sie abermals zurückgeworfen.

Bei der Gruppe Kroh griff am Morgen des 22. 5. das 1. australische Bataillon an, das von einem Bataillon der 4. griechischen Brigade unterstützt wurde. Bis auf Handgranaten-Wurfweite kamen sie heran. Die beiden Panzer wurden von der Flak abgeschossen. Der Angriff blieb liegen.
Das verstärkte III./FJR 2 unter Major Wiedemann wurde am 22. 5. ebenfalls mehrfach angegriffen. Leutnant Kühl auf der Friedhofshöhe wies den Angriff ab.
Der 23. 5. brachte der Gruppe Kroh im Raume Ölfabrik bereits um 06.00 Uhr feindliches Artilleriefeuer. Als die Australier eine halbe Stunde später angriffen, wurden sie abgewehrt. Am Nachmittag besetzte Oberleutnant von Roon mit Teilen versprengter Fallschirmjäger, die im Gebirge abgesetzt worden waren und sich durchgeschlagen hatten, die Häuser am Straßenknie 400 Meter südostwärts der Ölfabrik, um so ein Außenwerk zu haben. Von diesem Ausgangspunkt stieß er auf das Dorf Kimari vor und entriß es den britisch-griechischen Einheiten, die hier saßen.
Bei der Kampfgruppe Wiedemann griff der Gegner nach mehrstündigem Artilleriefeuer um 16.00 Uhr auf Peribolia und die Kapellenhöhe an. Hier griffen deutsche Zerstörer- Stuka- und Kampfflugzeuge in den Kampf ein. Nach Sicht- und Leuchtzeichen flogen sie ihre Angriffe, die den Gegner auf seine Ausgangs-

stellungen zurückwarfen. Die im Zuge dieser Angriffe abgeworfenen Nachschubbehälter konnten geborgen werden.
Am 24. 5. entwickelte sich hier jedoch die Lage kritisch. Die beiden Kampfgruppen Wiedemann und Kroh, die vom Gegner eingeschlossen waren, hatten schwere Verluste hinnehmen müssen und befanden sich am Rande der totalen Erschöpfung. Doch jetzt hier aufgeben, hieße, daß 6 700 alliierte Soldaten frei wurden, die der Gegner nach Westen oder nach Heraklion hätte verschieben können.
So wurde auch der 25. 5. für sie wieder ein Tag, an dem sie mit letztem Einsatz kämpfen mußten, um sich der Übermacht der Belagerer zu erwehren. Als der Gegner gar mit Panzerunterstützung angriff, wurde es bedrohlich. Auch dieser Angriff konnte abgewiesen werden und in diesem Augenblick befahl Major Kroh den Gegenangriff.
Der Gegner wurde überrascht. Die Ortschaft Kimari, am Vortage aufgegeben, befand sich bald wieder in Besitz der Fallschirmjäger.
An diesem Tage wurden im britischen Lazarett in Adhele 252 verwundet in Gefangenschaft geratene Fallschirmjäger eingeliefert.
Bei der Gruppe Wiedemann im Raume Peribolia kam der Gegner wieder bis hart an die Stellungen der Jäger heran. Im Gegenstoß konnte Leutnant Molsen hier Luft schaffen. Von diesem Zeitpunkt an griff der Gegner an dieser Stelle nicht mehr an. Er hatte zu schwere Verluste hinnehmen müssen.
Auch am 25. und 26. 5. konnte sich die Gruppe Wiedemann halten. Die Angriffe, die am 26. 5. aus Richtung Südosten, von der Straße und vom Plataniasfluß ausgeführt wurden, kamen mit Panzerunterstützung gut voran. Bis der erste Panzer brennend liegenblieb und der zweite ebenfalls getroffen abdrehte. Der Schützenangriff brach nun ebenfalls zusammen.
Gemeinsam mit Hauptmann Wiedemann waren es hier die Kompanieführer Oberleutnant Paul, Oberleutnant Pabst und Oberleut-

nant Begemann, die ihre Männer immer wieder durch das eigene Beispiel zu Höchstleistungen brachten. In Leutnant Molsen stand der Gruppe *der* Stoßtruppführer vom Dienst zur Verfügung.
In der Nacht zum 26. 5. ließ Major Kroh die Verteidigungsstellungen zur Sprengung vorbereiten und alles zum befohlenen Ausbruch und Durchbruch nach Heraklion vorbereiten.

Um 02.00 Uhr begann der Abmarsch. 17 Schwerverwundete mußten unter der Obhut eines Sanitäters zurückbleiben. Es ging zunächst nach Nordosten zum Abwurfplatz. Am Abwurfplatz angekommen, fanden die 250 Überlebenden der Gruppe Kroh mehrere Gruppen Fallschirmjäger der verschiedensten Einheiten vor, die sich bis hierher durchgeschlagen hatten. Aus allen Männern gliederte Major Kroh neue Kompanien. Und zwar:

1. Kompanie, Oberleutnant Schindler. Gebildet aus Resten der 1. und 4. Kompanie.
2. Kompanie, Oberleutnant Rosenberg. Gebildet aus dem Regiments-Nachrichtenzug und 2./MG-Bataillon 7.
3. Kompanie, Oberleutnant von Roon. Gebildet aus der 3. und 13. Kompanie.

Schwere Kompanie, Oberleutnant Marr. Gebildet aus der 2./Fla-MG-Bataillon 7 mit 1 l. Flak, 1 l. Pak, 1 sMG, 3 sGranatwerfer.

Dieser Durchbruch nach Heraklion war vom XI. Fliegerkorps befohlen worden. Am Abend des 26. 5. jedoch wurde der Befehl widerrufen. Der neue Korpsbefehl für das FJR 2 lautete nunmehr:
»Fallschirmjäger-Regiment 2 hält in den alten Stellungen aus und fesselt den Gegner.«

Durch rasche Vorstöße weitete die Kampfgruppe am 27. 5. ihren Brückenkopf aus und nahm einige beherrschende Höhen in Besitz. Die Ortschaft Prinos wurde dem Gegner entrissen und ebenfalls

besetzt. Hier standen den deutschen Fallschirmjägern überwiegend griechische Truppen *und* Partisanen gegenüber.
Bei der Kampfgruppe Wiedemann griff der Gegner am Morgen des 27. 5. mit starken Kräften den Ostteil des deutschen Verteidigungsigels an. Vier Feindpanzer unterstützten den Angriff, der nach starkem Artilleriefeuer begann. Die Batterie Thorbecke, 2./FschArt. Abt. 7, schoß zwei der Panzer ab. Einer davon brannte aus, der zweite wurde von Fallschirmjägern mit Sprengmitteln außer Gefecht gesetzt.
Erst nachdem die Batterie einige Treffer hatte hinnehmen müssen, wurde auch der dritte Panzer getroffen. Der vierte drehte ab und rollte, ebenfalls getroffen, zurück. Die Feind-Infanterie blieb im MG-Feuer liegen.
Die Friedhofshöhe war am Abend dieses Tages und am Morgen des 28. 5. Ziel australischer Angriffe. Doch die Kampfgruppe Wiedemann, seit dem Durchbruch des überlebenden Regimentsstabes von Major Schulz geführt, hielt diesen Angriffen stand. Sie kämpfte gegen eine an Zahl zehnfache Übermacht, die zudem noch schwere Waffen besaß. Als der Gegner in den ersten Morgenstunden des 28. 5. in einer Lücke zwischen der 9. und 14. Kompanie durchbrach, bis zum Lazarett vorstieß und auch die Ortschaft Peribolia erreichte, schien das Ende der Gruppe gekommen. Doch Major Schulz raffte alle Männer seines Stabes zusammen und warf die Australier im sofortigen Gegenstoß zurück. Die in Peribolia eingedrungenen Gegner hatten sich jedoch festgesetzt.
Im Verlauf der Vormittagskämpfe dieses 28. 5. wurde auch Hauptmann Wiedemann verwundet. Wenig später traf es Oberleutnant Paul schwer. Oberleutnant Pabst, Oberleutnant Begemann und Leutnant Molsen fanden den Tod. Die gesamte Kampfgruppe verfügte noch über drei Offiziere: Major Schulz, und die Leutnante Klitzing und Kühl.
Aber die Soldaten gaben nicht auf.

Am 28. 5. 1941 gab das Oberkommando der deutschen Wehrmacht bekannt:
»Auf der Insel Kreta gehen die Operationen im engen Zusammenwirken zwischen Gebirgsjägern, Fallschirmjägern und Luftlandetruppen gut vorwärts. Gestern brachen deutsche Gebirgstruppen trotz schwieriger Geländeverhältnisse den zähen Widerstand britischer Kräfte und Insurgentenbanden. Sie warfen in kühnem Angriff den Feind aus seinen Stellungen, nahmen die Hauptstadt Chania und verfolgten die geschlagenen feindlichen Kräfte südlich der Sudabucht. Unter den zahlreichen Gefangenen befindet sich auch der griechische Marinebefehlshaber von Kreta. – – –«
Das Oberkommando von General Wavell in Kairo meldete am selben Tage:
»Kreta: Die deutschen Streitkräfte erhielten auf dem Luftwege neue Verstärkungen und werden durch die ständig sich steigernden Bombardierungen unterstützt. Die Deutschen gingen wieder zu schweren Angriffen auf unsere Streitkräfte in Chania über. Diese schlagen sich zwar mit größter Entschlossenheit, mußten aber trotzdem einen neuen Rückzug auf günstigere Stellungen durchführen.«
Im Morgengrauen des 28. 5. faßte Major Kroh den Entschluß, mit seiner Kampfgruppe wieder nach Westen, in den am 26. 5. geräumten Einsatzraum und damit auf den Flugplatz Rethymnon vorzustoßen.
Der Vorstoß auf Prinos wurde von griechischen Truppen aufgehalten. Am Morgen des 29. 5. wurde erneut von Ju 52 Munition und Verpflegung abgeworfen. Mehrere Stoßtrupps gingen nach drei Seiten vor, um den Feind abzutasten und um 17.00 Uhr stieß die gesamte Kampfgruppe auf Kimari vor und bezog Bereitstellungen.
Um 19.30 Uhr begann der Angriff auf Kimari. In überraschen-

dem Ansturm wurde der Gegner geworfen. Die 2. Kompanie kämpfte den Weg nach Prinos hinein frei und säuberte die Häuser vom Gegner. Nun ließ Major Kroh alle Kräfte bei Prinos zusammenziehen um am 30. 5. um 06.30 zum Angriff auf die Ölfabrik anzutreten, in die sich der Gegner zurückgezogen hatte.
Als die Kampfgruppe am anderen Morgen zur vorherbestimmten Zeit vorging, stieß sie plötzlich am Straßenknie auf Kräder, Pak und Mannschaftswagen. Feldgraue Gestalten sprangen heraus. Sie winkten wild. Es waren Männer des GJR 85 und des Kradschützen-Bataillons 55 der Gebirgsjäger. Sie waren wenig vorher bis zur Ölfabrik vorgedrungen und hatten hier 1 200 Australier gefangen genommen. Die Stunde der Befreiung hatte geschlagen. Die Gruppe Kroh zählte noch neun Offiziere und 448 Mann. Hinzu kamen 34 Verwundete, von denen viele in den Lazaretten starben. Die Letzten aber waren nun in Sicherheit. Was war in der Zwischenzeit bei der Gruppe Wiedemann geschehen?

Im Morgengrauen des 29. 5. brachen die am Vortage bei der Gruppe Wiedemann in Peribolia eingedrungenen australischen Verbände aus. Sie durchstießen die dünne Front der Fallschirmjäger und gelangten unter geringen Verlusten zu den eigenen Linien zurück. Damit war Peribolia wieder feindfrei.
Am Morgen des 29. 5. versuchte der Gegner erneut die Kapellenhöhe zu erstürmen und in Peribolia einzudringen. Drei Stunden wogte der Kampf hin und her und Major Schulz fürchtete das Schlimmste, als plötzlich, es war bereits Mittag geworden, aus Westen Gewehr- und MG-Feuer erscholl.
»Das sind ja deutsche MG!« rief ein Waffen-Unteroffizier. Er sollte sich nicht getäuscht haben. Wenig später stiegen deutsche Leuchtkugeln strahlendweiß am Himmel empor, die zeigten: »Hier sind wir!«
Eine Stunde darauf stieß ein Zug Kradschützen bis Peribolia durch. Wenig später folgten Gebirgs- und Fallschirm-Artillerie.

Sofort wurde das Feuer auf die australischen Stellungen eröffnet. Zum ersten Male standen den Fallschirmjägern hier Geschütze zur Verfügung. Den ganzen Tag dauerte das Artillerieduell, dann waren die Australier zermürbt. Dennoch erwiderten sie bis in die Morgenstunden des 30. Mai das Feuer aus Geschützen und Werfern.

Um 07.00 Uhr traten diesmal die frischeren Kradschützen der 5. GBD zum Angriff an. Ihnen standen zwei Panzer zur Verfügung, die inzwischen auf Fähren nach Kreta überführt worden waren. Der Gegner wurde rasch geworfen. Er zog sich, schneller und schneller und schließlich in wilder Flucht, zurück.

Bis 11.00 Uhr ergaben sich 1 100 Australier den deutschen Truppen. Damit war der Kampf auch im Abschnitt Peribolia zu Ende. Die Entsatzkräfte waren in letzter Sekunde gekommen. Es war zweifelhaft, ob die Fallschirmjäger noch einen Tag länger gehalten hätten. Zehn Tage hatten sie in einem mörderischen Kampf einer mindestens sechsfachen Übermacht gegenübergestanden. Und dies *ohne* schwere Waffen.

Die schnellen Kampfgruppen rückten nun von hier aus in rascher Fahrt auf Heraklion vor, wo die Gruppe unter Oberst Bräuer im Einsatz stand.

Wie war es dem Verband des FJR 1 dort ergangen?

BEI HERAKLION BIS ZUM ENDE

Nach der gelungenen Landung bei Heraklion bereiteten sich die Fallschirmjäger des III./FJR 1 unter Major Karl-Lothar Schulz in den frühen Morgenstunden des 21. 5. zum Angriff auf die Stadt vor.

Um 02.30 Uhr, als eben die Strandgruppe, die am Strand entlang aus der Flanke in die Stadt einbrechen sollte, unter Oberleutnant von der Schulenburg und Oberleutnant Becker verschwunden waren, eröffneten die beiden Werfer des Bataillons das Feuer. Die Werfergranaten schmetterten in das Westtor von Heraklion hinein. Major Schulz hatte es unter Feuer nehmen lassen, weil er argwöhnte, daß man es vermint habe. Als sich herausstellte, daß es nicht vermint war, ließ er Zielwechsel machen und nun die Wachttürme unter Feuer nehmen, aus denen die Verteidiger mit MG schossen.

»Nebelgranaten schießen!« befahl der Major nach einem Blick auf die Uhr, der ihm gezeigt hatte, daß die Angriffszeit gekommen war. Als die Nebelschleier dicht waren: »Westtorgruppe vor!« Sie stürmten vorwärts, kämpften sich an das Tor heran, nahmen die Barrikaden im Handgranatenkampf, und stießen in die Stadt hinein. In den Kampfpausen hörten sie das Geklacker der Gewehre und das Schnattern von MPi aus dem Hafengebiet. Dort stand also der Teil der Kampfgruppe auch im Gefecht.

Schrittweise arbeiteten sie sich vor und als der Morgen graute, hatten sie den Marktplatz in der Mitte der Stadt erreicht.

Neun Stunden dauerte der Häuserkampf. Längst schon brannte die Sonne mit erstickender Glut auf sie herunter, aber sie saßen mitten in der Stadt. Sie hatten es im ersten Ansprung geschafft. Major Schulz richtete seinen vorgeschobenen Gefechtsstand in einem der Häuser ein. Es dauerte nicht lange, da trafen hier die Munitionsanforderungen ein, die der Major nicht erfüllen konnte.

Wenig später wurde der griechische Stadtkommandant zu ihm geführt. Er übergab Major Schulz die Stadt. Das Übergabe-Dokument wurde von beiden Seiten unterzeichnet. In vier Kampfgruppen schwärmten die Fallschirmjäger aus, um die letzten Widerstandsnester zu säubern.

Plötzlich flackerte erneut Feindfeuer auf. Mit dem Reservezug stürmte der Major in die Richtung des Feuers und erreichte die Kampfgruppe Becker, die sich vor dem starken englischen Gegner schrittweise zurückzog.

»Was ist los, Becker?« fragte der Bataillonskommandeur.

»Wir sind von starken Feindkräften angegriffen worden, Herr Major. Die Engländer erkennen die Verbindlichkeit der vollzogenen Übergabe für sich nicht an.«
»Zur Zitadelle!« befahl Schulz.
Sie rannten los und als sie dort anlangten, war das Getöse des Feuerkampfes zu einem wüsten Gebelfer angeschwollen. Der Gegner hatte die Gruppe Schulenburg eingekesselt. Kurz darauf schien auch der Gegner in der Klemme zu stecken. Doch in letzter Sekunde durchstießen die Engländer die Kampfgruppe von der Schulenburg und gingen in die Zitadelle zurück.
»Absetzen in Richtung Gefechtsstand. Melder zur Ost- und Südtorgruppe. Sie sollen zu uns aufschließen!«
Auf dem Bataillonsgefechtsstand angekommen, war Major Schulz bald genug klar, daß die Stunden hier in Heraklion gezählt waren. Es gab nur einen einzigen Ausweg aus dieser Situation: Rückzug und Preisgabe der Stadt, die unter schweren Opfern in Besitz genommen worden war.
Unter Zurücklassung von Nachhuten hinter den Barrikaden am Westtor räumte das Bataillon Heraklion. Bevor sie zurückgingen warnte Major Schulz noch einmal den Bürgermeister:
»Es werden Stukas kommen! Die Zitadelle wird angegriffen werden, ebenso die Stellen, an denen sich der Gegner verschanzt hat. Fordern Sie Ihre Mitbürger auf, diese Plätze sofort zu verlassen, damit ihnen Opfer erspart bleiben.«
Am späten Nachmittag des 23. 5. flogen Stukaverbände Heraklion an. Zehn Minuten lang war die Luft vom Geheul der stürzenden Maschinen erfüllt, zehn Minuten lang krachten Einschläge, fetzten die schweren Bomben die Feindstellungen auseinander. Zwei Maschinen wurden abgeschossen. Die Zitadelle war mehrfach getroffen. So endete der zweite Tag auf Kreta für das Bataillon Schulz.
Oberst Bräuer, der mit dem I./FJR 1 gesprungen war, gab bereits um 23.40 Uhr des 20. 5. Major Walther den Befehl, sein Bataillon

zusammenzuziehen und in Richtung Flugplatz Heraklion – dem zweiten Ziel dieser Gruppe – vorzugehen. Ein Zug der 1. Kompanie war nicht aufzufinden. Dieser Zug war unter Leutnant Lindenberg – unter Überschreitung der Sicherungsaufgaben – in das Gebirge südlich Gournes vorgedrungen, dort von griechischen Abteilungen überfallen und vollständig niedergemacht worden.
Das I./FJR 1 kam infolge der Verzögerungen beim Sammeln nicht geschlossen, sondern zug- und kompanieweise auf dem Gefechtsfeld an. Dennoch ließ Oberst Bräuer es sofort antreten, denn bei Tageslicht war es unmöglich über die vom Feindfeuer beherrschte Ebene an die Flugplatzhöhe heranzukommen. Und angreifen mußten sie so rasch wie möglich, denn am Ostrande des Flugplatzes war das Gros der 2. Kompanie unter Oberleutnant Graf Blücher in Bedrängnis und sie mußten die Verbindung zur Kompanie Blücher herstellen.
Es ging nur langsam vorwärts. Überall verteidigte der Gegner in geschickt getarnten schwer befestigten Feldstellungen. Bei Tagesanbruch setzte schwerstes Abwehrfeuer des Gegners ein. Aus neun Geschützen, schweren Granatwerfern und vielen MG schlug das Feuer in die vorgehenden Fallschirmjäger-Gruppen hinein.
Die Reste des II./FJR 1 unter Hauptmann Burckhardt schlossen sich dem Angriff an. Aber weder das I. noch das II. Bataillon hatten schwere Waffen.
Der Angriff blieb im schweren Abwehrfeuer liegen. Der Gegner hatte noch in der Nacht die 2. Kompanie mit Panzerunterstützung angegriffen. Die Fallschirmjäger unter Wolfgang Graf Blücher kämpften verzweifelt. Der Oberleutnant fiel. Bis Mittag schossen die letzten in den isolierten Löchern, dann trat Stille ein.
Am späten Nachmittag des 21. 5. wurde das I./FJR 1 auf den Westhang der Höhen, 2 Kilometer südlich des Flugplatzes, zurückgenommen. Es richtete sich zur Verteidigung ein.
Ein schwerer Tag ging für das Regiment zu Ende. Es band hier zwar den Gegner in voller Stärke von 8 024 Mann, aber der Flug-

platz für die notwendigen Truppennachlandungen konnte nicht in Besitz gebracht werden.
Der 22. Mai wurde für die Fallschirmjäger im Raume Heraklion ein Tag der bitteren Entschlüsse und des ebenso bitteren Einsatzes. Am Vormittag dieses Tages kam ein britischer Parlamentär zum III. Bataillon und überbrachte eine Botschaft des Kampfkommandanten von Heraklion. Karl-Lothar Schulz las sie seinen Männern vor:
»Deutsche Fallschirmjäger!
Sie haben tapfer gekämpft. Aber jetzt ist jeder weitere Kampf sinnlos geworden. Sie sind die einzige kleine Gruppe auf der ganzen Insel, die noch nicht vernichtet wurde. Ihr weiterer Widerstand ist sinnlos. So sehr ich Ihren Mut anerkenne, fordere ich Sie jetzt auf, sich ehrenvoll zu ergeben. Sie werden gut behandelt werden.«
Mit ein paar schnell auf einen Meldezettel geschriebenen Worten schickte Karl-Lothar Schulz den Mann zurück. Sie lauteten:
»Die deutsche Wehrmacht hat den Auftrag, Kreta in Besitz zu nehmen. Sie wird diesen Auftrag ausführen!«
Wenig später gelang es dem Nachrichtenoffizier des III. Bataillons mit dem Regiment Verbindung zu erhalten. Oberst Bräuer erteilte Major Schulz Weisungen, mit einem Teil seines Bataillons an der Stelle, wo es sich befand, die Straße nach Westen zu sperren. Die Eroberung von Heraklion wurde zurückgestellt. Wichtig sei, daß das Regiment sich vereinige, um dann mit geballter Kraft zuschlagen zu können. Zu diesem Zweck solle das Gros des Bataillons – die Stadt nach Südosten umgehend – zur Höhe 491 vorstoßen und die dort stehende Feindbatterie ausschalten, die in das Gros des Regiments hineinschieße.
Während die Leichtverwundeten zurückblieben, marschierte Major Schulz mit dem Bataillon nach Einfall der Dunkelheit los. Im Morgengrauen erreichten sie nach vielen Strapazen eine nicht vom Feind einzusehende Schlucht am Fuße der Höhe. Hier wurde ge-

rastet, denn der Angriff konnte erst am Abend dieses Tages erfolgen.

Inzwischen hatte der Regimentsarzt, Dr. Carl Langemeyer, in dem Bergdorf Tselikakä den Verbandsplatz eingerichtet. Hierher kamen die Verwundeten der Bataillone, darunter viele Männer des Bataillons Schirmer, das dem FJR 1 vom FJR 2 zugeteilt worden war. Diese hatten den ganzen 22. 5. hindurch im Geplänkel mit Heckenschützen und Partisanen gestanden. Die Sanitätskompanie 2 leistete hier wie alle anderen Sanitätsgruppen Außerordentliches. Das FJR 1 war im Raume Heraklion an allen Stellen in die Verteidigung gedrängt worden und kämpfte gegen weit überlegenen Gegner.

Das III. Bataillon arbeitete sich nach Einbruch der Dunkelheit in dreistündiger Kletterei auf die Höhe 491 hinauf. Dann eröffneten sie ein kurzes Schnellfeuer, ehe es im geschlossenen Sprung in die Batterie hineinging. Die englischen Geschützstellungen wurden im Handstreich genommen. Der Gegner wurde entwaffnet, Wachen aufgestellt und alle übrigen fielen in einen tiefen Schlaf der Erschöpfung. Als der deutsche Spähtrupp, den Oberst Bräuer auf die Höhe geschickt hatte, die Männer erreichte, war nur Oberleutnant von der Schulenburg wach, der mit einigen Männern die Wache ging. Er stieg mit dem Spähtrupp zur Ostgruppe hinab und meldete dem Regimentskommandeur:

»Kampfgruppe Schulz hat Höhe 491 befehlsgemäß genommen. Die Kampfgruppe schläft!«

Im Laufe des 24. 5. gelang es Oberst Bräuer, seine Soldaten an der südostwärtigen Peripherie von Heraklion zusammenzuziehen. Südwestlich von Heraklion hielten die zurückgebliebenen Teile des Bataillons Schulz mit den zu ihnen durchgestoßenen Teilen des II./FJR 2 unter Hauptmann Schirmer. Sie sperrten hier die Straße von Heraklion nach Pyrgos-Timbaktion.

Am Sonntag, dem 25. 5., als gerade eine englische Kampfgruppe in Stärke von zwei Bataillonen über die Straße von Süden her auf

Heraklion vorstieß, um die Kampfgruppe Bräuer anzugreifen und zu zerschlagen, erschien ein Geschwader Ju 52 über der Insel. Die englischen Marschkolonnen stürmten – in Erwartung eines Bombenangriffs in die Straßengräben und gingen in volle Deckung. Doch diesmal fielen keine Bomben. Aus den Ju 52 sprangen Fallschirmjäger ab. Es war das Bataillon Vogel, das als Verstärkung für die Gruppe Bräuer hier abgesetzt wurde.

Im Niedergehen wurden die Fallschirmjäger von den ersten Schüssen des Gegners empfangen. Doch dann erreichten sie den Boden, stürmten in die Olivenhaine und kämpften die englischen Gruppen nieder. Bevor der in Deckung gegangene Gegner sammeln konnte, war er vom Bataillon Vogel umstellt und wurde nun aufgerieben.

Mit dieser Verstärkung und nach diesem überraschenden Schlag gegen die Engländer hatte sich die Lage des FJR 1 endgültig gefestigt. Auch hier konnte der Gegner nicht mehr hoffen, die Lage noch wenden zu können.

Das II./FJR 2, das als Verstärkung der Kampfgruppe Bräuer bei Heraklion gesprungen war, hielt am 26. 5. die Höhe 296 besetzt, die den Flugplatz von Heraklion beherrschend überragte. Als die Engländer hier an diesem Tage angriffen, wurden sie von den Fallschirmjägern unter Hauptmann Schirmer geworfen. Alle Einheiten des Regimentes standen nun zum Angriff auf Heraklion bereit.

Einen Tag darauf bereitete Oberst Bräuer den Angriff auf Heraklion vor. Die Nachschubfrage war ebenfalls durch jenen Pulk Ju 52 gelöst worden, der das Bataillon Vogel abgesetzt hatte. An diesem Morgen flog eine einzelne Ju 52 den Flugplatz von Heraklion an. Sie hatte ein Fallschirmgeschütz und die dazugehörige Bedienung und Munition an Bord. Mit einer fliegerischen Meisterleistung landete der Pilot die Maschine auf einer durch Fliegersichttücher als Landeplatz gekennzeichneten flachen Kuppe hart südlich des noch feindbesetzten Platzes. Das Geschütz wurde sofort in Stellung gebracht. Es eröffnete das Feuer und bereitete den Sturm auf Heraklion vor. Doch zu diesem Angriff kam es nicht mehr, denn am nächsten Morgen hatten die Vorausgruppen der 5. Gebirgs-Division die Hochebene von Damasta erreicht und sahen unter sich in der nach Osten sich anschließenden Niederung die weißleuchtende Stadt Heraklion liegen, das alte griechische Herakleion, die sagenhafte Hafenstadt des ebenso sagenhaften Königs Minos.

Unter dem Eindruck dieser anrückenden Streitkräfte, *und* durch die von allen Seiten eingegangenen Meldungen über immer neue Niederlagen demoralisiert, gab der Gegner bei Heraklion auf und Oberst Bräuer konnte – nur von wenigen Gegnern bekämpft – den Weg in die Stadt hinein erzwingen.

Als die Soldaten der 5. GBD in Heraklion eintrafen, hatten sich die Fallschirmjäger des FJR 1 bereits darin festgesetzt und auf dem ebenfalls gefallenen Flugplatz von Heraklion machte Oberst Bruno Bräuer, der Soldat der ersten Stunde der Fallschirmtruppe, seinem Kommandierenden General, General der Flieger Kurt Student, Meldung.

Der Kampf war nun auch bei Heraklion zu Ende.

Die Gebirgsjäger aber stießen sofort weiter durch nach Neapolis. Von dort ging es zum Golf von Mirabella weiter und als die Nacht einfiel und die Vorausabteilung die Bergstraße in Richtung Ierapetra an der Südküste entlangrollte, tauchten plötzlich voraus Panzer auf.

Die abgesessenen Kradschützen stellten wenig später fest, daß es sich um italienische Panzer handelte, die am Vortage von Rhodos aus herübergeschafft worden waren.

Von Heraklion aus wurden Kampftrupps des FJR 1 hinter den nach Süden fliehenden englischen Bataillonen angesetzt.

Der Gegner setzte sich noch einmal auf dem Paß bei Imwros fest.

Hier wurde er vom GJR 100 unter Oberst Utz, nach Umgehung

und einem Bombardement durch Stukas, aufgerieben und gefangengenommen. Bei Sfakia Lutro streckten über 10 000 Briten und 3 000 Griechen die Waffen. Der Kampf um Kreta war zu Ende und am 30. Mai gab das Oberkommando der Wehrmacht bekannt:

»Die am 20. Mai durch eine gewaltige Luftlandung begonnenen Operationen zur Besitznahme des britischen Bollwerkes Kreta nähern sich ihrem Abschluß. Der feindliche Widerstand ist überall zusammengebrochen. Die im Westteil der Insel aus Gebirgs- und Fallschirmjägern gebildete Angriffsgruppe hat nach überaus harten Kämpfen, bei glühender Hitze und unter größten Bewegungsschwierigkeiten, den Feind geschlagen und zersprengt. Die Entsetzung der eingeschlossenen Fallschirmjäger bei Rethymnon, die sich über acht Tage lang einer starken feindlichen Übermacht gegenüber tapfer behauptet haben, ist vollzogen.

Die Reste der zersprengten britischen Einheiten flüchten, von unseren Truppen verfolgt, gegen die Südküste, um sich dem weiteren Kampf durch Einschiffung zu entziehen.«

Am selben Tage teilte das Oberkommando General Wavells mit:

»Kreta: Am Donnerstag sind neue deutsche Verstärkungen auf dem Luftwege nach Kreta transportiert worden. Die Operationen der Sturzkampfflieger hielten den ganzen Tag über an. Unsere Truppen besetzten wiederum neue Stellungen. Sie haben den deutschen Truppen schwere Verluste beigebracht.«

Der deutsche Wehrmachtsbericht des 31. Mai lautete:

»Auf der Insel Kreta setzten deutsche Gebirgstruppen die Verfolgung des geschlagenen Feindes nach Osten fort und nahmen Verbindung mit den bei Heraklion stehenden Fallschirmtruppen auf.«

Am 1. Juni wurde schließlich die Entscheidung bekanntgegeben:

»Auf Kreta schreitet die Säuberung des Südteils der Insel von den Resten britischer und griechischer Truppen gut vorwärts. Bei Ierapetra ist die Verbindung mit den am 29. Mai im Ostteil gelandeten italienischen Truppen hergestellt worden. Bei den Kämpfen

auf Kreta zeichnete sich eine Gebirgsjägerkompanie unter Führung von Oberleutnant Walter besonders aus.«
Das britische Kriegsministerium gab an diesem Tage bekannt:
»Nach zwölf Tagen einer Schlacht, die unzweifelhaft die erbittertste dieses Krieges war, ist beschlossen worden, unsere Streitkräfte aus Kreta zurückzuziehen. Obwohl dem Gegner an Mannschaften und Flugzeugen riesige Verluste beigebracht wurden, ergab sich deutlich, daß wir nicht hoffen konnten, mit unseren Land- und Seestreitkräften unbeschränkte Zeit in Kreta oder in dessen Gewässern ohne größere Unterstützung durch die Luftstreitkräfte zu operieren als jene, die von unseren afrikanischen Stützpunkten aus eingesetzt werden konnten. Bereits 15 000 Mann sind in Ägypten eingetroffen, doch muß zugegeben werden, daß wir schwere Verluste erlitten haben.«
Bereits am 27. Mai zog Winston Churchill das Fazit des Kreta-Unternehmens. Vor dem Unterhaus verlangte er die schnellstmögliche Aufstockung der britischen Fallschirmjäger-Kontingente von 500 auf 5 000 Mann. Er hatte erkannt, daß der Fallschirm- und Luftlandeeinsatz von Truppen in Zukunft von entscheidender Bedeutung sein müsse. Vor allem bei der geplanten Landung auf dem europäischen Festland.

Auch in den USA wurde die Ausbildung von Fallschirmjägern nach dem gelungenen Kreta-Unternehmen der Deutschen forciert. Bereits nach den deutschen Erfolgen im Mai 1940 im Westen hatte General Marshall, der US-Stabschef, den damaligen Major William C. Lee zum Fallschirmentwicklungs-Offizier ernannt.
Lee befehligte später als Generalmajor die 101. US-Luftlande-Division. Daß die erste amerikanische Versuchseinheit, die in Stärke von 48 Mann im September 1940 aufgestellt worden war, sehr schnell zu einer Division heranwuchs und sich ihr ebenso rasch eine zweite Division hinzufügte, war die natürliche alliierte Reaktion auf die deutschen Erfolge im Westen und auf Kreta.

General der Flieger Student aber sagte nach dem Kreta-Unternehmen:
»Über die Schlacht von Kreta zu schreiben, wird mir sehr schwer. Für mich, als Führer der deutschen Luftlandetruppen, die Kreta eroberten, ist dieser Name eine sehr bittere Erinnerung. Ich habe mich verrechnet, als ich diesen Angriff vorschlug, und dies bedeutete nicht nur den Verlust vieler Fallschirmjäger, die meine Söhne waren, sondern letztlich überhaupt den Tod der deutschen Luftlandewaffe, die ich selbst geschaffen hatte.«
Die deutschen Verluste auf Kreta betrugen insgesamt beim Heer an Toten, Verwundeten und Vermißten 51 Offiziere und 1 172 Mann. Bei der Luftwaffe 297 Offiziere und 4 464 Mann. (Siehe Anlage: Die Verluste auf Kreta).
Neuseeländische Historiker bezifferten die Verluste der britischen Landstreitkräfte an Toten, Verwundeten und Gefangenen auf 15 743 Mann. Die Verluste der britischen Marine wurden von ihnen mit 2 011 Mann exakt angegeben.

DIE ZEIT ZWISCHEN DEN FELDZÜGEN

KRETA WAR DAS ENDE

Kreta war zu einem großen Erfolg einer neuen Waffe geworden. Gleichzeitig aber wurde Kreta auch – was die deutschen Fallschirmjäger betrifft – ihr Schwanengesang.

Als am 19. Juli 1941, der Russlandfeldzug war beinahe einen Monat alt, die Ritterkreuzträger des Kreta-Unternehmens im Führerhauptquartier in Rastenburg vor Hitler standen, sagte Hitler zu General Student:

»Kreta hat bewiesen, daß die Tage der Fallschirmtruppe vorüber sind! Die Fallschirmwaffe ist eben eine reine Überraschungswaffe; der Überraschungsfaktor hat sich inzwischen abgenutzt.«

Generaloberst Student berichtete nach dem Kriege weiter über diesen denkwürdigen Tag:

»Für die Leistungen der Truppe fand Hitler Worte höchster Anerkennung. In den nächsten Monaten sollte ich die *tiefere* Wirkung dieser Worte spüren, als die Fallschirmtruppe zum Erdeinsatz herangezogen wurde.«

Was die Feindseite über diesen Angriff zu sagen wußte, das artikulierte der britische Kriegshistoriker, Generalmajor Fuller: »Von allen Operationen des Krieges steht der Luftangriff auf Kreta, was Kühnheit anbetrifft, an der Spitze. Weder vorher, noch jemals nachher wurde ähnliches versucht.

Es war eine Invasion aus der Luft, statt vom Boden oder vom

Meer her. Der Kampf wurde auch ohne Unterstützung einer Landarmee entschieden. Sein bemerkenswertester Zug war der Lufttransport, das Emporheben einer Armee in die Luft, wodurch die vollkommene Unabhängigkeit von Straßen, Eisenbahnen und Überlandmärschen erreicht wurde.
Gleich der Schlacht bei Cambrai 1917, der ersten Tankschlacht der Kriegsgeschichte, bedeutet der Angriff auf Kreta eine Revolution in der Taktik. Daß dieser Angriff glückte, war 1. der erstaunlichen Organisationsfähigkeit der Deutschen, 2. dem ebenso erstaunlichen Mangel an Vorstellungsgabe der Briten zuzuschreiben.«

Kreta hatte als Ausgangspunkt neuer größerer Einsätze im Südosten dienen sollen. Kreta hatte das Sprungbrett sein sollen zu neuen Operationen nach Kairo, nach dem Irak und in die Ölfelder von Baku. Doch mit dem Beginn des Rußlandfeldzuges war diese Insel zur Bedeutungslosigkeit, zu einem Nichts zusammengesunken.

Von nun an blieb der Sieg auf Kreta, blieben die hohen Opfer lediglich als Abschluß des Balkanfeldzuges bestehen. Der große kühne Traum war zu Ende geträumt.

Das Unternehmen »Merkur« – wie der Angriff auf Kreta genannt wurde – ging unter in den ungeheuerlichen Geschehnissen an der Ostfront; als Episode eines Kampfes, der nunmehr seinen letzten Sinn verfehlt hatte. Nur in der Kriegsgeschichte behält Kreta seinen Rang als *erste* Invasion aus der Luft.

IM RUSSLANDFELDZUG

In den ersten Tagen des Rußlandfeldzuges war ebenfalls ein Fallschirmjäger-Unternehmen durchgeführt worden. Doch hieran waren keine Fallschirmjäger der Luftwaffe beteiligt. Dieses Unternehmen wurde einem Zug des Regimentes »Brandenburg« übertragen. Der Zug sollte die Brücken über die Düna bei Bogdanow im Handstreich in Besitz nehmen und so lange halten, bis nachstoßende Panzer sie erreicht hatten. Durch Luftaufklärung war festgestellt worden, daß ein sowjetisches Wachkommando die Brücke besetzt hielt.

Am 25. Juni gegen 15.00 Uhr flog die eine der zwei eingesetzten Ju 52 mit einem Kommandotrupp an Bord die Brücken in nur 55 Meter Höhe an. Sie erhielt sofort starkes MG-Feuer. Der Flugzeugführer fiel schwer verwundet aus. Sekunden später sackte auch der Bordfunker schwer getroffen über seinem Gerät zusammen.

»Springen, Männer!« befahl der Leutnant seinen Soldaten.

Sie sprangen aus der Maschine, noch ehe diese ihr Ziel und den vorgesehenen Absprungraum erreicht hatte. Dies sollte sich als richtig erweisen, denn im vorgesehenen Landeraum standen 14 T 34.

Die zweite Maschine, die der ersten in einigem Abstand folgte, wurde am Absetzen der Soldaten gehindert. Sie drehte ab, flog ein zweitesmal an und nun sprangen auch hier die Brandenburger in das Abwehrfeuer des Gegners hinein.

Nach einem erbitterten Gefecht gegen sowjetische Panzer und Infanterie gelang es den Soldaten, die Brücke zu erreichen. Leutnant Lex, der Führer des Stoßtrupps, fiel. Vier Soldaten starben ebenfalls. Weitere 16 wurden verwundet und die 14 unverwundeten Männer verteidigten die Brücke 24 Stunden, bis endlich die deutschen Panzer, die in schwere Kämpfe verwickelt worden waren, durchgestoßen waren. Damit hatte der Zug Lex seinen Auftrag erfüllt.

Dennoch kam es im gesamten weiteren Verlauf des Ostfeldzuges zu keinem weiteren deutschen Sprungeinsatz mehr. Erst als im Frühjahr 1945 Breslau eingeschlossen war, gingen dort Fallschirmjäger nieder, um den eingeschlossenen Kameraden Hilfe zu bringen.

Daß die vorgesehenen Luftlandeunternehmen in Rußland unterblieben, war dem Schock zuzuschreiben, den Kreta hinterlassen hatte. Anfänglich war in der Führerweisung Nr. 21 »Barbarossa« der Einsatz von Luftlandetruppen in Rußland vorgesehen, denn in dieser Führerweisung heißt es in Teil III (Führung der Operationen) unter dem Abschnitt B, Luftwaffe, über diese Möglichkeiten:

»Die russischen Eisenbahnen werden je nach ihrer Bedeutung für die Operationen zu unterbrechen, bzw. in ihren wichtigsten nahegelegenen Objekten, wie Flußübergänge, durch kühnen Einsatz von Fallschirmjägern und Luftlandetruppen zu nehmen sein.«

Dies war am 18. Dezember 1940 geschrieben worden. Fünf Monate später war nicht mehr die Rede davon.

Braunschweig und Stendal sahen den triumphalen Einzug der Fallschirmjäger. Auf dem Truppenübungsplatz Wildflecken, 34 Kilometer ostwärts von Fulda, richtete sich das FJR 1 ein, ehe es nach Stendal zurückging, um aufgefüllt zu werden.

Aber bereits Ende September 1941 erhielten Teile der 7. Flieger-Division neue Einsatzbefehle und diese Befehle sahen ihren Erdeinsatz in Rußland vor.

Von Stendal aus fuhren die Fallschirmjäger des FJR 1 über Königsberg nach Tossno. Einsatzgebiet war der Raum um Leningrad, wo das IR 424, der 126. ID, am 8. 9. 1941 Schlüsselburg erobert hatte.

Bruno Bräuer, eben zum Generalmajor befördert, bewies, daß sein Regiment auch in der eisigen Kälte des Winters zu kämpfen verstand. Mehrfach stand das III./FJR 1 unter Major Schulz im Brennpunkt der Kämpfe. Es brach in russische Brückenköpfe ein und vernichtete diese. Nur ein einziger tiefer und schmaler russischer Brückenkopf konnte sich hier halten. Es war der Brückenkopf Petruschino. Da zum einen nur ein einziges Bataillon gegen diesen schmalen Brückenkopf angesetzt werden konnte und sich alle Bataillone meldeten, mußte das Los entscheiden. Es fiel auf das II./FJStR unter Major Stentzler. In der Nacht zum 19. Ok-

tober trat das Bataillon an. Nur mangelhaft durch schwere Waffen unterstützt kam es zu erbitterten Kämpfen mit der russischen Brückenkopfbesatzung. Im Kampf Mann gegen Mann wurde Meter um Meter an Boden gewonnen und als der Morgen graute, war dieser sowjetische Brückenkopf vernichtet. Aber um welchen Preis! Das Bataillon Stentzler wurde völlig aufgerieben. Sämtliche Offiziere waren gefallen. Major Stentzler war im Nahkampf ein Auge ausgeschossen worden. Er starb am folgenden Tage an der schweren Schädelverletzung. Doch die Ausgangsstellung der Sowjets für einen schnellen Vorstoß auf Tossno war vernichtet.
Das Zusammentreffen mit dem russischen Gegner zeigte Major Schulz, wie hart der Rotarmist war. Aber als Einzelkämpfer waren sie den Fallschirmjägern nicht gewachsen.
Mitte Januar wurde das III./FJR 1 als letztes Bataillon des Verbandes aus der Front an der Newa herausgelöst und in die Heimat verlegt. In Gardelegen, Großborn und Stendal erfolgte die Neuauffrischung. Von hier aus verlegte das Regiment in den Raum Avignon.

WEITERE RUSSLANDEINSÄTZE

Neben dem FJR 1 wurde auch das FJR 3 schließlich das Fallschirm-PiBatl., ferner die ArtAbt. 7 und die Masse der Panzerjäger-Abteilung sowie die Sanitätsabteilung 7 auf dem Luftwege nach Leningrad geschafft. Der Stab der 7. Flieger-Division, die nun von Generalmajor Petersen geführt wurde, war zur Untätigkeit verdammt, denn die einzelnen Fallschirmjäger-Verbände wurden den Heerestruppen unterstellt, die in den verschiedensten Abschnitten im Einsatz standen. Erst ab Ende Oktober hatte Generalmajor Petersen seine Verbände wieder unter seinem Kommando. Sie wurden nun geschlossen an der Newa eingesetzt.
Der Divisionsstab, der sich in einem Erdbunker eingerichtet hatte,

bestand in dem Ia, Oberstleutnant i. G. Graf von Üxküll, dem Ic, Oberleutnant Tappen und dem Adjutanten, Oberstleutnant von Carnap.

Der deutsche Brückenkopf Wyborgskaja wurde lange vom III./FJR 3 verteidigt. Der Gegner kam hier trotz vieler Angriffe nicht durch.

Bis zum 17. 11. 1941 wiesen die Fallschirmjäger an der Newa in wenigen Wochen, insgesamt waren es 46 Tage, 146 sowjetische Angriffe ab. 41 Panzer wurden abgeschossen oder im Nahkampf vernichtet, 3 400 Gefangene gemacht und fünf Flugzeuge durch Infanteriewaffen abgeschossen.

Dennoch: diese Wochen im Winter vor Leningrad waren für die Fallschirmjäger eine Hölle gewesen. Über 3 000 Soldaten der Fallschirmtruppe waren hier in wenigen Wochen verwundet worden oder gefallen.

Schlimmer noch, als den beiden Regimentern 1 und 3 erging es dem FJR 2, das Ende November 1941 Stalino erreichte und hier am Mius in schwere Winterkämpfe verwickelt wurde. Das Regiment war durch Panzerjäger und eine Kompanie des MG-Bataillons verstärkt worden. Die Ortschaften Woroschilowka, Iwanowka und Petropawlowka wurden zu Brennpunkten eines verbissenen Kampfes. Hier zeichneten sich die Bataillone Schirmer und Pietzonka besonders aus. Der sowjetische Großangriff des 23. Januar bei Woroschilowka, sah die Fallschirmjäger in einem erbitterten Ringen. Sie hielten den Gegner und konnten auch folgende Angriffe abweisen.

In Petropawlowka erfuhren die Jäger des Regimentes schließlich, daß es nach Hause gehen würde. Nach einem der strengsten Winter der russischen Geschichte fuhr am 18. März 1942 der erste Transport los. Es ging bei leichtem Schneetreiben per Lastwagen in Richtung Orlovo-Stalino. Am 23. 3. traf das I. Bataillon in Stalino ein. Aber erst am 28. 3. wurde verladen. Es ging endlich in Richtung Heimat. Über Dnjepropetrowsk und Fastow rollte der Transport zunächst nach Kiew. Als der Zug am 2. April hinter Gomel in nordwestlicher Richtung weiterfuhr, begann das große Rätselraten. Am 4. April wurde es beendet, denn an diesem Tage nahm er Kurs auf Krasnowardeisk. Es war Ostersonntag 1942. In Tossno wurde ausgeladen. Die Männer des FJR 2 wurden in die Sumpfhölle des Wolchow geschickt. Bis Mitte des Jahres kämpften hier die Bataillone in einem Klima, das mörderisch war. Das Bataillon Pietzonka stand im Brennpunkt dieses Einsatzes. Immer wieder mußten Späh- und Stoßtrupps in den Wald und in den Sumpf vorgehen. Immer wieder galt es, sich der überraschend angreifenden Gegner zu erwehren.

Endlich war der Wolchowkessel geschlossen und der Gegner geschlagen. Die Fallschirmjäger hofften auf Heimkehr.

Ende Juni wurden die Kompanien herausgezogen und in den ersten Julitagen verlegte das Regiment 2 in die Heimat.

Das Sturmregiment, das zwei seiner Bataillone an die Regimenter 1 und 2 hatte abgeben müssen, zog mit dem I. Bataillon unter Führung von Major Koch im Dezember 1941 in den Raum Schaikowka, wo es zur Sicherung des dortigen Flugplatzes eingesetzt wurde.

Der Regimentsstab traf am 15. Januar 1942 auf dem Luftwege in Juchnow ein und mußte sich als Kampfgruppenstab bewähren, denn Generalmajor Meindl, wiedergenesen und voll aktiv, wurde das SS-Regiment 4, ein Luftwaffen-Baubataillon, eine Flak-Abteilung und ein dezimiertes Infanterie-Bataillon unterstellt. Eine kurze Zeit gehörte auch das Jagdgeschwader Mölders zur Kampfgruppe und wurde einigemale auch zur Verteidigung des Flugplatzes eingesetzt. Mit der Stabskompanie und dem auf Kreta bewährten Kampfzug verfügte Generalmajor Meindl über eine zusätzliche Einsatzreserve.

Bis Mitte Februar griffen die sowjetischen Truppen hier nicht stark an, sondern banden durch ihre sporadischen Stoßtrupps und Feuerüberfälle die deutschen Fallschirmjäger am Ort.

Als aber Partisanen die Bahnanlagen bei Kossnaki in die Luft sprengten und wenig später auch starke Feindverbände bei Issnoski gemeldet wurden, als durch die Lücke zwischen der 4. deutschen Armee und der 4. Panzerarmee russische schnelle Truppen durchbrachen und Kunowka erreichten, erhielt Generalmajor Meindl den Auftrag, mit seinen Fallschirmjägern und sämtlichen Truppen, die ihm unterstellt werden würden, diesen russischen Stoßkeil abzuriegeln und den durchgebrochenen Gegner zu vernichten.
Es gelang dem agilen Generalmajor, den Gegner zu Dreivierteln einzuschließen. Lediglich nach Osten war der Ring offen, weil es an Truppen fehlte.
Dennoch gelang es dieser zusammengewürfelten Kampfgruppe Meindl den Gegner zu schlagen und diesen Durchbruchsversuch zu vereiteln. Einem Stoßtrupp der Kampfgruppe gelang es auf der Straße nach Gshatsk durchzubrechen und die Verbindung mit der 20. PD aufzunehmen.
Eine weitere Feindgruppe in Stärke von zwei Divisionen wurde abgeschnitten. Im Einsatz bei Juchnow stieß die Kampfgruppe Meindl auf das von drei Seiten eingeschlossene dortige deutsche Lazarett vor. Hier war es der Regimentsarzt, Dr. Neumann, der auf Kreta das Ritterkreuz erhalten hatte, der die Lage meisterte. Er fand 2 000 Verwundete vor, deren Versorgung nicht gewährleistet war. Da auch die Zurückführung über die Rollbahn nach Rosslawl unmöglich war – sie wurde von Panzern der Sowjets blokkiert – schien nur noch der Tod für diese 2 000 deutschen Soldaten übrigzubleiben. In dieser Minute erinnerte sich Dr. Neumann seines guten Verhältnisses zu Generaloberst von Richthofen, den er aus dem Spanienkrieg kannte. Er ließ sofort ein von ihm formuliertes Fernschreiben an das VIII. Fliegerkorps absetzen:
»Etwa 2 000 Soldaten sind in Juchnow zum Tode verurteilt, wenn sie nicht im Lufttransport so schnell wie möglich ausgeflogen werden. Sie haben mit letztem Einsatz gekämpft und mehr als

einmal ihr Leben eingesetzt. Uns, die wir ihnen helfen könnten, bleibt die einzige Möglichkeit, ihnen dadurch zu danken, daß wir sie aus diesem täglich sich dichter schließenden Umklammerungsring ausfliegen. Bleiben sie im Kessel, dann muß mit ihrem sicheren Tode gerechnet werden.«

Generaloberst von Richthofen ließ über 1 000 dieser Verwundeten ausfliegen. An zwei Tagen hintereinander ließ er mitten im Kessel bei Juchnow 60 bis 70 Ju 52 landen und die Verwundeten aufnehmen. Erst als der letzte Schwerverwundete geborgen war, atmete Stabsarzt Dr. Neumann auf. Die letzten Kranken brachte er persönlich in einem großen Transport durch, als es der Jagdgruppe III des Jagdgeschwaders Mölders unter Major Morhahn gelang, die Rückmarschstraße nach Rosslawl kurzfristig mit Me 109 freizuschlagen.

Dann gelang es den Fallschirmjägern unter Generalmajor Meindl, noch einmal eine Schneise freizuschlagen, durch die der letzte Transport mit Verwundeten durchkommen konnte. Noch in Juchnow wurde Oberstabsarzt Dr. Neumann für diese Leistung zum Oberfeldarzt befördert.

Das Fallschirmjäger-Sturmregiment bestand nun nur noch in einigen kleineren Gruppen. Das IV. Bataillon, das unter Führung von Major Gericke dem FJR 2 zugeteilt und an der Miusfront eingesetzt worden war, war zerschlagen. Das II. Bataillon unter Major Stentzler war völlig im Brückenkopf Petruschino aufgerieben worden. Das I. Bataillon unter Major Koch hatte im Mittelabschnitt bei Schaikowka und Juchnow schwere Verluste erlitten.

Der Rußlandeinsatz der Fallschirmjäger beraubte General der Flieger Student seiner Truppen und gerade zu der Zeit, da die Reste des Sturmregimentes und des FJR 2 aus Rußland heimkehrten, wurden die 7. Flieger-Division, diesmal unter dem Befehl von Generalmajor Heidrich, noch einmal nach Rußland geschafft, um im Raume Smolensk in den Einsatz zu gehen. Die Division war in der Normandie aufgefrischt worden und hatte eine Stärke von

21 000 Mann, von denen jeder einzelne Jäger ein ausgebildeter Springer war.
Das FJR 1 wurde in Witebsk ausgeladen. Es war in Avignon an Karl-Lothar Schulz übergeben worden, der inzwischen seine Beförderung zum Oberstleutnant erhalten hatte. Major von der Schulenburg übernahm das I. Bataillon. Das II. Bataillon wurde von Major Gröschke geführt, während Hauptmann Becker das III. Bataillon übernahm. Regimentsadjutant war Hauptmann Kerfin.
Beiderseits Wjasma und südostwärts von Smolensk hatte die Tätigkeit sowjetischer Banden unter General Below ein Ausmaß angenommen, das die deutsche Führung zu sofortigem Handeln zwang.
In kleine Einsatzgruppen aufgeteilt begann das FJR 1 den Kampf gegen diese sowjetischen Störtrupps. In vielen Kleinunternehmungen wurde dieser tückisch kämpfende Gegner vernichtet. Als der erste Schnee fiel, zogen sich die Sowjets in die Wälder zurück. Im Dezember 1942 war der Widerstand der Russen in diesem Gebiet zusammengebrochen und die Bandentätigkeit unterbunden. Im Januar 1943 wurde das Regiment in den Raum Orel vorgezogen.
Im Raume Duchowtschina hatte es mehrere feindliche Durchbruchsversuche aufzuhalten. Als die Sowjets einmal die Front der 12. PD durchbrochen hatten und das Panzerregiment der Division eingekesselt war, konnte Oberstleutnant Schulz, an der Spitze seines Verbandes vorgehend, den Kessel aufsprengen und die Eingeschlossenen befreien.
Ebenso gelang es den Soldaten dieses Regimentes, den in Alexejewka eingebrochenen Gegner, in einem der härtesten Nachtkämpfe der Division überhaupt, zu werfen.
Im Gegenstoß sickerten die Fallschirmjäger in der kommenden Nacht in die feindlichen Verteidigungslinien ein. Bunker und Kampfstände wurden durch Sprengmittel zerstört. Unter der Führung von Karl-Lothar Schulz erreichten die Fallschirmjäger

die Stellungen der russischen Stalinorgeln und vernichteten sie. Bei diesem Einsatz fiel am 22. Januar 1943 Horst Kerfin an der Seite seines Regimentskommandeurs.
Als das Regiment nach schweren Verlusten abgelöst wurde, ließ Generaloberst Rudolf Schmidt, der OB der 2. Panzerarmee, dem Regimentskommandeur ein Handschreiben überreichen, in dem er mit wenigen Worten ausdrückte, was das Regiment für diesen Frontabschnitt gewesen war:
»Lieber Schulz, für den Einsatz Ihrer Fallschirmjäger spreche ich Ihnen Dank und Anerkennung aus. Sie haben mehrere Einbrüche des Gegners abgeriegelt und die eingebrochenen Feindverbände vernichtet. Ihre Fallschirmjäger sind die Rettung Orels gewesen. Mit Ihren Männern haben Sie die 2. Panzerarmee vor hohen Verlusten bewahrt . – Ihr dankbarer Generaloberst Schmidt.«
Der Rußlandeinsatz der Fallschirmjäger war beendet. Hier hatten sie in härtesten Einsätzen unter schwierigsten klimatischen Bedingungen bewiesen, daß sie keine »Schönwettersoldaten« waren. Hier war aber auch ihre Aera zu Ende gegangen, denn von diesen Verlusten sollten sie sich nicht wieder voll erholen.
Was aber war inzwischen in Deutschland vor sich gegangen?

NEUE PLANUNGEN – FALLSCHIRMJÄGER IN AFRIKA

NEUAUFBAU UND VERGRÖSSERUNG DER FALLSCHIRMTRUPPE

Erst im Frühjahr 1942 konnte General der Flieger Student daran gehen, den Neuaufbau der Fallschirmtruppe in Angriff zu nehmen. Die dezimierten Verbände waren aus Rußland zurückgekommen. Das Bataillon von der Heydte war nach dem verlustreichen Winterkampf im Osten nach Döberitz-Elsgrund verlegt worden. Es wurde zum Lehr-Bataillon. Die Versuche im Nachtspringen und im Springen in einen Wald hinein, wurden durchgeführt. Die Versuche des Sprunges mit der Waffe am Mann waren Hauptbestandteil des Übungsprogramms und ab Mai wurden Versuche mit den neuen Sturzlastenseglern unternommen.
Diese Übungen hatten einen besonderen Hintergrund. Und zwar sollte das Bataillon von der Heydte in der Malta-Planung sechs Stunden *vor* dem Sprungeinsatz der Fallschirmjäger mit Sturzlastenseglern in den britischen Flakstellungen landen, um diese außer Gefecht zu setzen.
Was war nun mit diesem Unternehmen?

DIE PLANUNG MALTA

General der Flieger Student, dem nach dem verlustreichen Einsatz seiner Fallschirmjäger erst die Bedeutung der Worte Hitlers am

19. Juli in Rastenburg aufgegangen war, sah, daß der Erfolg der Schlacht um Kreta ungenutzt blieb. Dennoch arbeitete er an den weiteren Planungen.

Im April 1942 wurde General Student durch ein Fernschreiben von Feldmarschall Albert Kesselring nach Rom gerufen. Hier traf er Generalmajor Ramcke wieder, der als Berater der jungen italienischen Fallschirm-Division »Folgore« eingesetzt war. Es ging darum, einen Plan zur Eroberung von Malta auszuarbeiten. Gemeinsam mit seinem Kampfgefährten Ramcke machte General Student den Angriffsplan. Die Gesamtleitung dieser großangelegten Operation sollte jedoch in den Händen des italienischen Comando Supremo unter Generaloberst Graf Cavallero liegen.

Die Durchführung dieser Operation war in einem Vierstufenplan dargelegt, dessen Entwurf lautete:

1. Nach einem Lastensegler-Überfall des Bataillons von der Heydte auf die Flak-Batterien und Ausschalten derselben landet die Masse der Fallschirm- und Luftlandetruppen als Vorhut, unter persönlicher Führung von General Student, südlich La Valetta auf den dortigen Höhen, erkämpft einen breiten Landekopf auf der Insel und greift aus diesem heraus in blitzschnellem Zupacken Flugplätze und Stadt La Valetta an.
2. Die Seelandungstruppen, das Gros der Angriffsstreitmacht, landen südlich La Valetta und gehen im Zusammenwirken mit den Luftlandetruppen vor.
3. Zur Ablenkung und Täuschung des Gegners wird ein Scheinunternehmen gegen die Bucht von Marsa Scirocco geführt.
4. Die Sicherung der Seetransporte und die Abwicklung der Luftlandungen und Fallschirmjäger-Einsätze obliegt zur See den italienischen Flottenstreitkräften. In der Luft wird die Luftflotte 2 die Sicherung übernehmen. Die Verbände dieser Luftflotte werden kurz vor den Luftlandungen massierte Angriffe auf die Flugplätze und Flakstellungen durchführen und die feindlichen Luftstreitkräfte und Abwehrwaffen lähmen.«

Zum Transport schwerer Waffen und auch von Panzern standen 12 »Giganten« zur Verfügung. Eine – gemessen an Kreta – gewaltige Streitmacht sollte aufgeboten werden, Malta schnell und sicher in eigenen Besitz zu bringen. Das Unternehmen mit dem Codenamen »Herkules«, schien gesichert. Die Aussicht auf Erfolg war gut. Aufmarsch und Einschiffung der Truppen würde auf Sizilien erfolgen. Hier stand das II. Fliegerkorps unter General der Flieger Lörzer bereit und die italienische Luftwaffe würde es voll unterstützen. Mussolini sagte sogar den Einsatz der Schlachtschiffe zu.

Die Fallschirmjäger-Division »Folgore«, die in Viterbo und Tarquinia von Generalmajor Ramcke mit ausgebildet wurde, stand unter der Führung von General Frattini. Es war eine gutausgebildete Division, die auch den echten Fallschirmjäger-Geist besaß. Die 7. Flieger-Division, die bald wieder in voller Stärke stehen würde, und die Luftlande-Division »Superba« sowie vier gut ausgerüstete Infanterie-Divisionen, kamen hinzu.

Mitten in die schnell durchzuführenden Vorbereitungen Students hinein platzte ein Telegramm, das den General ins Führerhauptquartier rief. Bei seiner Ankunft sagte ihm General Jeschonnek, der inzwischen Chef des Generalstabes der Luftwaffe geworden war:

»Sie werden morgen beim Führer einen schweren Stand haben, Herr Student. General Crüwell vom Afrikakorps war heute vormittag hier. Dabei kam auch die Sprache auf die Kampfmoral der Italiener. Crüwell hat ein sehr negatives Urteil darüber abgegeben. Das Maltaunternehmen ist in Gefahr!«

Am nächsten Tage entwickelte General Student vor einer größeren Zuhörerschaft die in Rom von ihm endgültig erarbeiteten Pläne für Malta. Hitler stellte eine Reihe von Zwischenfragen. Anschließend nahm er dann selbst zu Students Plan Stellung, den er grundsätzlich für gut und durchführbar hielt. Dann aber – so be-

richtete Generaloberst Student später – »brach es aus ihm heraus«:
»Die Bildung des Brückenkopfes mit Ihren Luftlandetruppen ist sicher gewährleistet. Ich garantiere Ihnen aber dann folgendes: Wenn der Angriff beginnt, läuft natürlich sofort das ganze Alexandria-Geschwader aus, und auch aus Gibraltar kommt die britische Flotte heran. Sie sollen dann mal sehen, was die Italiener machen. Schon wenn die ersten Funksprüche kommen, läuft alles in die Häfen zurück; die Kriegsschiffe *und* die Transporter mit den nachzulandenden Sturmsoldaten. Und *dann* sitzen Sie mit Ihren Fallschirmern allein auf der Insel.«
General Student entgegnete:

»Für diesen Fall hat Feldmarschall Kesselring vorgesorgt. Dann wird es den Engländern so ergehen, wie vor einem Jahr bei Kreta, als Richthofen eingriff und einen Teil des Alexandria-Geschwaders versenkte: wahrscheinlich aber noch viel schlimmer, denn Malta liegt in unmittelbaren Wirkungsbereich der Luftwaffe. Die Flugwege von Sizilien nach Malta sind wesentlich kürzer, als die von Griechenland nach Kreta. Auf der anderen Seite sind die Entfernungen für die englischen Kriegsschiffsgruppen doppelt so groß, wie die nach Kreta. Malta kann damit *auch* zum Grab der britischen Mittelmeerflotte werden.«

Hitler war lange Zeit unentschlossen. Auch als General Student ausführte, daß im äußersten Falle die Luftlandetruppen allein in der Lage seien, die Insel zu nehmen, weil Malta bereits schwer durch die Luftangriffe angeschlagen sei, lehnte Hitler den Plan ab. Er entschied schließlich:
»Der Angriff gegen Malta wird im Jahre 1942 nicht durchgeführt.« Durch diese Entscheidung unterblieb eine Operation, die der Gesamtkriegsführung im Mittelmeer ein völlig anderes Gesicht hätte geben können.

Generalmajor Ramcke erhielt noch in Italien den Befehl, eine Fallschirmjäger-Brigade aufzustellen und mit ihr nach Afrika zu gehen. Kern dieser neuen Brigade waren das Bataillon von der Heydte, das ja nun nicht für Malta eingesetzt zu werden brauchte, und das Bataillon Kroh. Das Deutsche Afrika-Korps hatte nach seinem neuerlichen Losschlagen am 26. Mai 1942 aus seinen Stellungen vor der Gazalalinie bis zum 20. Juni Tobruk erreicht und die seit einem Jahr umkämpfte Festung binnen 24 Stunden in Besitz genommen. Im weiteren Vorstoß gelangte das DAK nach Ägypten hinein, eroberte Marsa Matruk und erreichte den Rand der Alameinstellung. Hier blieb die Panzerarmee Afrika liegen und mit jedem Tag, der heraufzog, wurde der Gegner stärker. Neue Divisionen aus Syrien und Indien, sowie aus dem Irak wurden herangeführt. Erwin Rommel, seit dem Sieg bei Tobruk Generalfeldmarschall, erbat eine neue Panzer-Division, erhielt aber nur eine Infanterie-Division: die 164. Leichte aus Kreta. Außerdem wurde ihm die Fallschirm-Brigade Ramcke zugesagt.

In einer He 111 flog Generalmajor Ramcke seinen Truppen voraus nach Afrika. Als er auf dem Flugfeld des Fliegerführers Afrika landete war es Ende Juli geworden. Der Ordonnanzoffizier empfing ihn mit den Worten:

»Der Herr Feldmarschall erwartet Sie morgen um Zehn zum Vortrag!«

Am anderen Morgen stand Generalmajor Ramcke vor Rommel und erstattete ihm Bericht über den Antransport seiner Brigade in Stärke von 2 000 Soldaten, mit einer Artillerie- und einer Panzerjäger-Abteilung. Der Feldmarschall sagte abschließend:

»Danke, Ramcke! – Ich freue mich, daß ich Sie hier habe. Lage und Auftrag in Afrika kennen Sie ja. Kommen Sie mit Ihren Männern so bald wie möglich. Im übrigen sehen Sie sich genau um. Dieser Kriegsschauplatz hat es in sich.«

Bernhard Hermann Ramcke unternahm anschließend eine Erkundungsfahrt zur Front und gewann einen ersten Einblick in die seltsamen und schwierigen Stellungskampf-Verhältnisse in der östlichen Wüste. Am anderen Morgen flog er nach Athen zurück.
Hier war inzwischen das I. Bataillon unter Major Kroh eingetroffen. Der Lufttransportführer Mittelmeer löste mit seinem Stabe alle Schwierigkeiten des Lufttransportes nach Afrika.

Das II. Bataillon unter Major Friedrich Freiherr von der Heydte folgte dichtauf. Nach und nach kamen auch die übrigen Brigadeteile herüber. So das III. Bataillon unter Major Hübner und das der Brigade zugeteilte FschJägLehr-Batl. unter Major Burckhardt. Die Fallschirm-Artillerie-Abteilung unter Major Fenski kam hinzu und schließlich stand die gesamte Brigade in folgender Aufstellung in Afrika:

Fallschirm-Brigade Ramcke:
Kommandeur: Generalmajor Ramcke
Ia Hauptmann Schacht, später Major Kroh
Adjutant Oblt. Wetter
Brigadearzt: Stabsarzt Dr. Cohrs
Dolmetscher: Sonderführer Wesselow
FschArtAbt.: Major Fenski
PzJägKpn: Oberleutnant Haseneder
FschJägPiKpn: Oberleutnant Tietjen
I. Bataillon: Major Kroh, Major Schwaiger
II. Bataillon: Major von der Heydte
III. Bataillon: Major Hübner
FschJägLehrBatl: Major Burckhardt

Die Bataillone Kroh und von der Heydte, die zuerst am Ziel gewesen waren, hatten Teile des DAK in den wichtigen Stellungen am Ruweisatrücken und bei Deir el Shein abgelöst. Am Rande der Wadis und Deirs gruben sich die Männer ein. In Steinlöchern,

über welche mit Sand bestreute Zeltplanen als Sonnenschutz gespannt wurden, lebten die Soldaten in einer fürchterlichen Hitze. Feindliches Artilleriefeuer und nächtliche Bombenangriffe gingen auf sie nieder. Die ihnen gegenüberliegenden Malaien und Inder griffen mit nächtlichen Stoßtrupps an. Wer schlief, dem wurde die Kehle durchschnitten.
In nächster Nachbarschaft zu den deutschen Fallschirmjägern lagen die Fallschirmjäger der Division »Folgore«, die ebenfalls nach Afrika verlegt worden war. Sie kämpfte vorbildlich.
So oft der Gegner hier angriff, wurde er abgewiesen. Am 30. August wurde auch bei den Fallschirmjägern Rommels Tagesbefehl ausgegeben:
»Soldaten! – Heute tritt die Armee, verstärkt durch neue Divisionen, zur endgültigen Vernichtung des Gegners erneut zum Angriff an. Ich erwarte, daß jeder Soldat meiner Armee in diesen entscheidenden Tagen das Letzte hergibt.

Der Oberbefehlshaber Rommel, Generalfeldmarschall.«

Um die Karte im Gefechtsstand von Generalmajor Ramcke drängten sich die Kommandeure und die Führer der selbständigen Gruppen der Brigade. General Ramcke erläuterte ihnen den Angriffsplan:
»Wir greifen folgendermaßen an: Sturmausgangsstellung und Brigadegefechtsstand sind hier, im Fort el Kattara. Bataillon von der Heydte führt auf dem Ruweisatrücken zur Bindung des Gegners einen Angriff mit begrenztem Ziel durch. Die Bataillone Hübner und Burckhardt führe ich selber. Sie werden mit den schweren Waffen der Brigade und zwei Bataillonen der Fallschirm-Division »Folgore« die von Oberstleutnant Camosso geführt werden, zur Kampfgruppe Ramcke zusammengefaßt. Diese Kampfgruppe wird aus Bab el Kattara am nördlichen Drehpunkt des Gesamtangriffes nach Osten vorstoßen, die feindlichen Stellungen überrennen, dann noch Norden eindrehen und eine vorgesehen Linie –

hier entlang – zwischen Deir el Ankar und dem Nordrand des Deir el Munassib erreichen, sich eingraben und diese Stellungen halten.
Major Boeckmann, Abteilungskommandeur des Artillerie-Regimentes 187 ist uns dazu unterstellt. Nördlich von uns greift die Division ›Trieste‹ unter meinem Freund, General Graf Ferrari Orsi an. Unmittelbar südlich von uns stößt die 164. Leichte Division vor. Unser Angriffsziel liegt 14 Kilometer vor den Sturmausgangsstellungen. Mit starker Verminung des Zwischengeländes muß nach Beobachtungen gerechnet werden.«
Die Bataillonskommandeure hatten sich die Stichworte notiert. Unmittelbar vorher hatte Major Kroh die Führung seines Bataillons abgeben müssen. Er war an die Stelle des an Amöbenruhr erkrankten Hauptmanns Schacht neuer Ia der Brigade geworden. Sein Bataillon hatte Hauptmann Schwaiger übernommen. Neuer Adjutant wurde Oberleutnant Wetter vom Flak-Regiment 135.
Im Kübelwagen, gefahren von Feldwebel Börner, rollte General Ramcke am Abend des 30. August 1942 in die Sturmausgangsstellung seiner Brigade vor. Pünktlich um 22.00 Uhr begann der Angriff. Die Sturmkompanie der Brigade unter Oberleutnant Wagner setzte sich in Bewegung. Sie wurde in die geräumte Minengasse eingeschleust. Die zweite Kompanie folgte dichtauf. Im halben Mondlicht gingen die Fallschirmjäger geduckt vor. Die Feind-Artillerie eröffnete das Feuer. Generalmajor Ramcke ließ die eigenen schweren Waffen nachziehen. Der Angriff begann, mit dem Feldmarschall Rommel die bei El Alamein haltende 8. Armee umfassen und vernichten wollte. War dies geschehen, dann sollte der zweite Teil des Angriffsplanes durchgeführt werden. Er sah vor, daß die 15. PD gemeinsam mit der 90. Leichten über Kairo bis nach Suez vorstoßen und daß die 21. PD Alexandria erobern sollte. Vorerst jedoch hatten die beiden Panzer-Divisionen die Aufgabe, die Umgehung durchzuführen, während die 90. Leichte gemeinsam mit dem XX. italienischen AK und einigen Korpstrup-

pen die Nordwestflanke des Angriffsschwerpunktes schützen sollten.
Zu diesem Angriff war das DAK im Schutze der Vollmondnächte des 29. und 30. August bereits nach Süden, in die Ausgangsstellungen umgruppiert worden, während im Norden nur noch Scheinstellungen stehengeblieben waren. Ramcke's Fallschirmjäger-Brigade war nunmehr im Norden die stärkste Streitmacht. Sie sollte hier angreifen, bis die Umklammerung durchgeführt war.

Die Kompanien Wagner und Knacke, die die Spitze der Kampfgruppe bildeten, gingen nun immer wieder in Deckung, sobald eine neue Serie Werfergranaten heranheulten. Die Fallschirmjäger sahen, daß dort, wo die Werfergranaten einhieben wuchtige Minendetonationen erfolgten, die ihnen zeigten, daß das gesamte Vorfeld vermint war.
»Feindliche Werfer- und Pakstellungen, sowie die MG-Nester ausschalten!« befahl Ramcke und setzte das lichtstarke Nachtfernglas ab. Die vorgezogenen Waffen eröffneten das Feuer. Der Kampf war zu voller Stärke entbrannt und binnen einer Minute hatte sich das Duell der schweren Waffen zu einem wüsten Getöse gesteigert. Die ersten englischen Kampfstände kamen in Sicht. Im geschlossenen Sprung gingen die Trupps die Bunker und gedeckten Unterstände an und knackten sie mit geballten Ladungen auf. Generalmajor Ramcke führte von der Spitze aus, wie dies Fallschirmjägermanier war.
Im Morgengrauen erreichten die Soldaten der Kampfgruppe Ramcke die Ausläufer des Wadi Deir el Ankar und standen damit nur noch kurz vor dem Angriffsziel. Doch hier gerieten die Spitzen-Kompanien in ein unbekanntes Minenfeld. Mit harten Detonationsschlägen gingen Minen hoch und schleuderten Fallschirmjäger in den Tod.
»Minensuchtrupps vor!« befahl Ramcke. – »Kroh, rufen Sie die 164. Leichte an. Sie sollen uns mehr Pioniere schicken, sonst sitzen

Me 110 über Kreta

Die Luftwaffe als Helferin der Fall-schirmjäger immer dabei

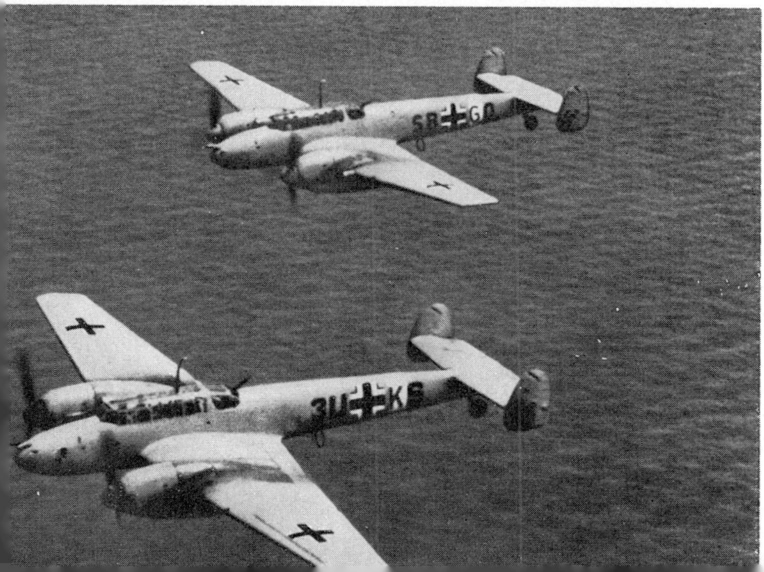

Auf dem Rückflug

Die Luftwaffe als Helferin der Fallschirmjäger bei Tag

und bei Nacht immer dabei

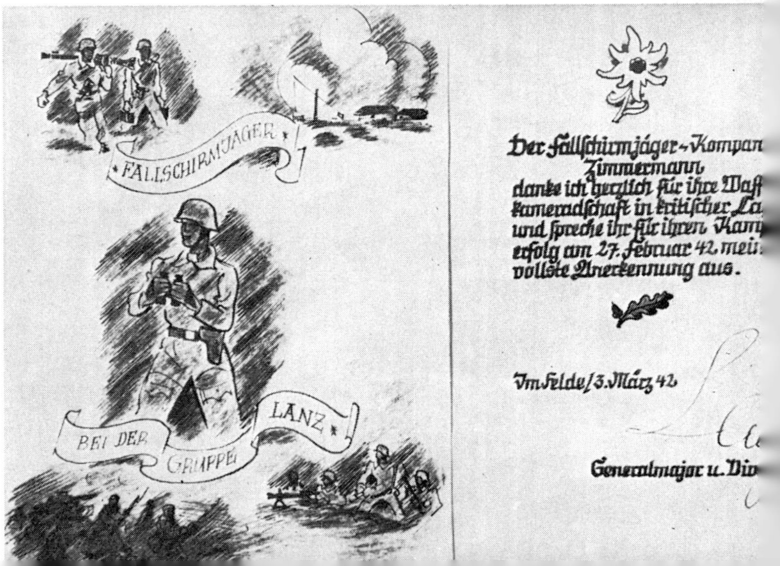

In Rußland stand die Kompanie Zimmermann beim Gebirgskorps Lanz im Einsatz

Unter Feldmarschall Model kämpften Fallschirmjäger im Westen

Unter General Niehoff im eingeschlossenen Breslau

Oberleutnant Walter Kiess von der Sturmabteilung Koch. Er erhielt als Führer der Lastenseglergruppe am Albert-Kanal das Ritterkreuz

General der Fallschirmtruppe Meindl, Kommandeur des Fallschirmjäger-Sturmregimentes auf Kreta und später Kommandierender General des II. FschKorps

Hauptmann Fritz Prager, Kommandeur II./FJR 1 (verstorben am 3. 12. 1940).

Leutnant Martin Schächter, Führer der Sturmgruppe „Eisen“ am Albertkanal

Oberleutnant Alfred Schwarzmann (Olympiasieger 1936 im Turnen, Seitpferd) Zugführer 8./FJR 1, Ritterkreuz in Holland

Major Hans Jungwirth Kdr. I./FJR 5

wir bei Tagesanbruch hier auf dem Präsentierteller und werden einzeln abgeschossen.«
Vom Alam Nayil, der vom Gegner stark bestückt war, heulten Granaten herüber. Die Fallschirmjäger mußten sich im trockenen Wadi eingraben.
»Hübner, stellen Sie Ihr Bataillon zum weiteren Vorstoß bereit!« befahl der Brigadekommandeur. Die Pioniere trafen ein. Im Feuerschutz der Fallschirmjäger hoben sie eine Minengasse auf. Genau im Morgengrauen wurde der Angriff weiter vorgetragen. Das Bataillon Hübner übernahm die Spitze. Der Gegner legte vom Alam Nayil Sperrfeuer auf die Minengasse, die er einsehen konnte. In langen Sprüngen hetzten die Fallschirmjäger durch dieses Gebiet. Sie erreichten den Deir el Munassib, kämpften sich auf den Kamm hinauf, und gruben sich hier ein. Sie hatten das gesteckte Angriffsziel erreicht.
Generalmajor Ramcke ließ sofort eine Reihe von Scheinstellungen zweihundert Meter vor den eigentlichen Stellungen anlegen.
Am Morgen des 2. September erschien Feldmarschall Rommel bei der Brigade. Er war befriedigt von diesen beiden Stellungen der Fallschirmjäger. Abschließend fragte er den Brigadekommandeur:
»Nun, Ramcke, was erwarten Sie jetzt von der Lage?«
»Nach der Gesamtlage wäre der Gegner schlecht beraten, wenn er *hier nicht* angreifen würde, Herr Feldmarschall. Dementsprechend richte ich mich auf einen Feindangriff ein. Seine Artillerie tastet bereits die weiter ausgebauten Scheinanlagen ab. Er schießt sich also ein!«
»Auch meine Meinung, Ramcke« meinte der Feldmarschall. »Passen Sie auf und schmieren Sie den Gegner tüchtig ab. Es ist ungeheuer wichtig, daß Sie hier halten, wenn das DAK nicht in große Bedrängnis geraten soll.« Der Feldmarschall fuhr in sein Hauptquartier zurück.
Eine Stunde vor Sonnenuntergang des 3. September 1942 trat der Gegner vor der Front der Fallschirmbrigade an. Bernhard Her-

mann Ramcke eilte zu seinen Männern in die Stellung. Hauptmann Wiechmann meldete ihm die unterstellte Artillerie-Abteilung einsatzbereit. Als der Gegner kam, befahl Ramcke: »Sperrfeuer!« Der Gegner revanchierte sich ebenfalls mit seiner Artillerie, die in die rückwärtigen deutschen Stellungen hineinschoß.
Wenig später tauchten die ersten flachen Tellerstahlhelme vor der Front der Fallschirmjäger auf. Der Gegner brach in Bataillonsstärke ein. Im Nahkampf warf ihn die Kompanie unter Oberleutnant Kiebitz, die als Sturm- und Eingreifgruppe bereitstand, wieder hinaus.
Das Feuer des Gegners und der allgemeine Kampflärm wurde größer. Es war nun ersichtlich, daß die Engländer hier in breiter Front antraten und daß sie auch bei der 164. Leichten und bei der »Trieste« durchzubrechen versuchten.
Wenig später traf ein Melder vom Brigadegefechtsstand Generalmajor Ramcke ein:
»Herr General, der Kommandeur der 164. Leichten fordert Unterstützung an. Sein Gefechtsstand ist vom Feind umzingelt!«
»Befehl für Sie, Hübner! Stellen Sie einen Stoßtrupp in Zugstärke zusammen. Gegenstoß auf den Gefechtsstand der 164. Leichten.
Leutnant Schäfer führte diesen Stoßtrupp. Es gelang ihm, den Gegner zu werfen und den Gefechtsstand von Generalmajor Kleemann zu entsetzen. Der Stoßtruppführer fiel.
Am Morgen des 4. September war der Angriff der 132. britischen Panzerbrigade abgewiesen. Die Pak und die Artillerie hatten insgesamt 16 Panzer abgeschossen. 80 Mannschafts- und Geschützwagen sowie einige Spähpanzer lagen zerschossen und – auf Minen gerollt – vor den Stellungen der Fallschirmjäger. Unter den 350 Gefangenen, die von den Fallschirmjägern gemacht wurden, befand sich auch der Brigadekommandeur, Generalmajor Clifton. Die Fallschirmjäger hatten in schwieriger Situation für das gesamte DAK dem Gegner eine gründliche Abfuhr erteilt.
Wieder erschien Feldmarschall Rommel auf dem Brigadegefechts-

stand, um seinen Dank auszusprechen. Auch die italienischen Fallschirmjäger hatten sich – auf der rechten Flanke des Abwehrriegels hervorragend geschlagen. Die beiden Bataillonskommandeure Major Rossi und Hauptmann Carugno waren in vorderster Linie gefallen.

Als Generalfeldmarschall Rommel seinem Kameraden vorschlug, in ein Heimatlazarett überführt zu werden, weil er unter der Ruhr litt, lehnte Bernhard Hermann Ramcke dies ab. Er wußte, daß den Fallschirmjägern schwere Tage bevorstanden. Von seinem Leibjäger Seeberger wurde er aufopfernd gepflegt, so daß er immer dann wieder einsatzbereit war, wenn dies notwendig wurde.

In den nächsten Wochen stand die Brigade in immerwährenden kleinen Scharmützeln gegen einen Gegner, der sich ständig erneuern konnte. Als Generalmajor Kleemann, der Kommandeur der 164. Leichten Division durch Verwundung ausfiel, beauftragte Feldmarschall Rommel Ramcke mit der Führung auch dieser Division. Damit war Generalmajor Ramcke die Verantwortung für den gesamten Nordabschnitt der Front übertragen worden. Der Brigadegefechtsstand wurde wenig später ins Fort Kattara verlegt.

Nacht für Nacht wurde in dieser Phase des Kampfes der volle Einsatz der Fallschirmpioniere verlangt. Oberleutnant Tietjen bewältigte sämtliche ihm übertragenen Aufgaben. Dann aber wurde die Brigade zusammen mit der Fallschirm-Division »Folgore« in den Südabschnitt der Alameinfront umgruppiert.

DIE FALLSCHIRMBRIGADE SCHLÄGT SICH DURCH

Als der Gegner in der Nacht zum 23. Oktober 1942 seinen Großangriff mit einem Bomberangriff und einem mehrstündigen Artillerie-Feuerschlag eröffnete, schien sein Schwerpunkt nahe der

Kattarasenke zu liegen. Allein das Werk Kattara, der Gefechtsstand von Ramcke, wurde mit 250 schweren Bomben eingedeckt. Die beiden Fallschirmjäger-Verbände lagen verteidigungsbereit. Doch der Gegner hatte hier nur ein Scheinmanöver ausgeführt. Er trat in Wirklichkeit im Norden der Front an.
Der englische General Bernard Montgomery, der im August den Oberbefehl über die Britische Achte Armee übernommen hatte, verfügte zu Beginn der Offensive über mehr als 1 000 Panzer und dazu über die absolute Luftüberlegenheit. Er setzte alles ein. Der Kampf tobte hin und her, mehrfach konnten Einbrüche bereinigt und Angriffe abgeschlagen werden. Eingangs November trafen auf dem Brigadegefechtsstand die ersten Durchbruchsmeldungen ein und Major Kroh gab der Befürchtung Ausdruck, daß die Brigade hier abgeschnitten werden könne und daß sie dann festsitze, weil ja nur die Pak und die Artillerie motorisiert waren.
Am Nachmittag des 2. November erhielt die Brigade den Befehl, sich in der kommenden Nacht vom Gegner zu lösen und zwischen Duweir el Tarfa und dem Deir el Quatani-Minenriegel neue Stellungen zu beziehen. Das bedeutete für die Brigade einen nächtlichen Fußmarsch von 30 Kilometern; in der Wüste beinahe eine Unmöglichkeit. Zur Verschleierung der Absetzbewegungen ließ Ramcke einige Späh- und Stoßtrupps einsetzen, die den Gegner so lange wie möglich binden und dann in bereitstehenden Wagen zurückfahren sollten. In einem Nachtmarsch, den niemand vergessen würde, der dabei war, schaffte es die Brigade Ramcke. Sie erreichte die Stellungen und grub sich ein. Nachzügler, die unterwegs liegengeblieben waren, wurden im Pendelverkehr der wenigen Mannschaftswagen zurückgeholt.

Am Abend des 3. November aber erhielt die Brigade den zweiten Verlegungsbefehl. Und zwar sollte ein Bataillon nach Norden heraufgezogen werden. Hauptmann Straehler-Pohl trat mit vierzig Lastwagen den Marsch nach Norden an. Der Befehl war ver-

spätet eingetroffen, deshalb mußten ihm die Fahrzeuge der Brigade zur Verfügung gestellt werden.
Als dieses Bataillon eine Stunde unterwegs war, traf auch der Befehl für die Brigade ein, sich vom Gegner abzusetzen und westlich von Fuka neue Stellungen zu beziehen. Dies bedeutete eine Entfernung von 100 Kilometern Luftlinie und für die Fallschirmjäger – bei günstigstem Verlauf – vier Marschtage durch eine Wüste, die vom Gegner aus der Luft beherrscht wurde. Damit schien die Brigade dem Untergang und – günstigstenfalls – der Gefangenschaft geweiht. Doch Bernhard Hermann Ramcke gab nicht auf.
Die Panzerarmee Afrika hatte an diesem 4. November den endgültigen Befehl zum Rückzug erhalten. Feldmarschall Rommel hatte ihn entgegen dem Führerbefehl, »Bis zur letzten Patrone« zu halten, gegeben. Und während sich die Divisionen motorisiert zurückzogen, stand die Brigade Ramcke allein in der südlichen Wüste.
Gerade als das I. und II. Bataillon losmarschieren wollte, griff der Gegner an dieser Stelle an. Die als Nachhut zurückgebliebenen Panzerjäger eröffneten erst aus kürzester Entfernung das Feuer. Die vor den Sturmgruppen vorgehenden Feindpanzer blieben qualmend auf der Piste liegen. Der Angriff brach im Feuer der Nachhuten zusammen. Dann rollten auch die Panzerjäger nach Westen.
Eine Stunde nach Mitternacht mußte eine Rast eingelegt werden. Mit Major Kroh, Major Fenski und Oberleutnant Wetter fuhr Generalmajor Ramcke zur Erkundung weiter. Auf einem Plateau stießen sie auf ein englisches Panzer-Regiment mit vielen Panzern. In tollkühner Fahrt rollte der Kübel zurück. Die Brigade wurde nach Süden in die Wüste eingewiesen. Doch dies sollte nur eine Galgenfrist für die Fallschirmbrigade sein. Am nächsten Tag wurde sie von britischen Aufklärern gesichtet. Es dauerte genau eine Stunde, dann tauchten die ersten verfolgenden Panzer am Horizont auf. Die inzwischen aufgeschlossene Pak blieb abermals als

Nachhut zurück. Sie schoß alle Verfolgerpanzer – bis auf einen – ab.
Dennoch griff der Gegner weiter an. Auf der gesamten Länge des Marschweges blieben angreifende Feindpanzer als rauchende Trümmerhaufen zurück. Doch bei Einbruch der Nacht mußten die Pak gesprengt werden. Es gab keine Munition mehr für sie. Die Panzerjäger gliederten sich in die Brigade ein, die sich am späten Nachmittag eingeigelt hatte.
In der Nacht des 5. November stießen die Brigade-Einheiten auf eine englische Fahrzeugkolonne, daneben eine Reihe von Panzern. Hier sah Generalmajor Ramcke *seine* und seiner Brigade große und wahrscheinlich letzte Chance.
»Die holen wir uns!« sagte er.
In kleine Kampftrupps aufgeteilt schlichen sich die Fallschirmjäger an den Gegner heran. Sie sprangen fast gleichzeitig an die Wagen heran, enterten sie und als die britischen Besatzungen erwachten, starrten sie in die Mündungen der Maschinenpistolen der Deutschen. Sie wurden entwaffnet, hinausgetrieben und schon rollten die Fahrzeuge, von den Fallschirmjägern besetzt, unter deutscher Führung los und nahmen die übrigen Jäger auf, die inzwischen den Verband umgangen hatten um in Fahrtrichtung zu stehen, wenn der Überfall ausgeführt war.
Erst nach vierzig Kilometern ließ Generalmajor Ramcke halten. Die Fallschirmjäger fanden in den Versorgungsfahrzeugen eines britischen Panzer-Regimentes alles, was sie brauchten: Verpflegung, Wasser und Waffen.

Als die Brigade am Morgen des 7. November 1942 auf eine deutsche Aufklärungsabteilung stieß, die vor Fuka an der Küste stand, waren die Männer gerettet. Der Brigadekommandeur platzte in eine Besprechung Rommels hinein und dies gerade in dem Augenblick, als der Feldmarschall sagte, daß die Fallschirmbrigade wahrscheinlich in Gefangenschaft geraten sei.

»He leevet noch!« meldet sich Bernhard Hermann Ramcke zurück.
Am 16. November wurde der kleine drahtige Mann, der noch mit 51 Jahren Fallschirmjäger geworden war, mit dem Eichenlaub zum Ritterkreuz des Eisernen Kreuzes ausgezeichnet.
Teile der Brigade wurden wenig später abgezogen und nach Deutschland verlegt. Das Bataillon von der Heydte aber, das durch einige andere Gruppen zur Kampfgruppe von der Heydte aufgestockt worden war, kämpfte im Verbande der 90. Leichten Division als Nachhut und machte den gesamten Rückzug mit. In erbitterten Kämpfen hielt sie den nachdrängenden Gegner immer auf Distanz. Die Gefangennahme großer Teile des DAK wurde durch sie vereitelt. Immer bedrängt von den Panzerspitzen der britischen Achten Armee, hielt die Kampfgruppe auch in der Marsa el Brega-Stellung aus. Bei En Nofilia stieß sie am 18. Dezember 1942 auf neuseeländische Truppen. Wieder stand sie *dem* Gegner gegenüber, der auch auf Kreta ihr ärgster Widersacher war. Für diesen Einsatz, über den Feldmarschall Bernard Montgomery schrieb: »Es war ein scharfes Gefecht, das der Feind den Neuseeländern lieferte« wurde Major von der Heydte mit der Silbernen Italienischen Tapferkeitsmedaille ausgezeichnet. Bis zum Mai 1943 standen Teile der Brigade Ramcke noch im Raume Tunesien im Einsatz.

PLANUNGEN DER ZWISCHENZEIT

Während dieses Einsatzes der Fallschirmbrigade Ramcke in Afrika und des Fallschirmjäger-Regimentes 1 sowie der Division Meindl in Rußland, hatte General der Flieger Student den Plan ausgearbeitet, bei Batum, dem russischen Schwarzmeerhafen, im Sprungeinsatz zu landen und einen Luftlande-Brückenkopf zu bilden. Nach seinem Plan war der Brückenkopf, wenn er stark ge-

nug war, in der Lage, sich bis zum Frühjahr 1943 dort zu halten. Bis dahin müßte es möglich sein, daß die Angriffstruppen, die auf den Kaukasus angetreten waren, den Brückenkopf erreichten und entsetzten. Wenn dies geschehen war, würden die Fallschirmjäger im Sprungeinsatz mitten in Baku niedergehen, um die sowjetischen Erdölfelder vor der Zerstörung zu bewahren.
Falls es dem Gegner gelingen würde, diesen Brückenkopf vor Eintreffen der Entsatztruppen zu gefährden, bestand immer noch die Möglichkeit, auf neutrales Gebiet – in diesem Falle in die Türkei – auszuweichen. Dann würden die Fallschirmjäger lediglich interniert werden. Die Versorgung der Fallschirmjäger, die in Brigadestärke springen sollten, wäre durch täglich 90 He 111 gesichert. Diese Maschinen waren imstande, den feindlichen Gegnern in der Bewaffnung und auch in etwa in der Geschwindigkeit Paroli zu bieten. Deshalb hatte General Student sie anstelle von Ju 52 vorgesehen. Doch auch dieser Plan erschien dem OKH und dem OKW zu utopisch.

Ein weitere Plan von General Student sah die Inbesitznahme der Fischerhalbinsel an der Murmanfront vor. Aber auch dieser Plan war zu kühn angelegt und fand keine Gegenliebe. General Students Plan einer Luftlande-Panzer-Division mit 126 Panzern und zwei Fallschirmjäger-Regimentern, ferner die Aufstellung einer Luftlande-Panzergrenadier-Division zum Einsatz gegen die Rüstungsfabriken der Sowjet-Union weit hinter dem Rücken der Front, wo der Gegner gar keine, oder nur wenige Truppen besaß konnte ebenfalls nicht verwirklicht werden. Dazu hätte es 150 Großlastensegler und 300 Normallastensegler bedurft. Mit einer solchen Division, so argumentierte General der Flieger Student, konnte – abgeschirmt durch Jagd- und Zerstörergeschwader – zum Beispiel das sowjetische Nachschubs-Verkehrsnetz binnen kürzester Zeit zerschlagen werden. Man konnte Industriegebiete lahmlegen und vor allem hätte der Gegner dann auch im Hinter-

land starke Truppenkonzentrierungen bilden müssen. Diese Truppen wären somit aus der Front herausgelöst worden.
Auch für das Nildelta und den britischen Nachschubweg der Achten Armee war eine solche Luftlande-Panzer-Division vorgesehen. Aber Afrika wurde ohnehin von Hitler nur als »Nebenkriegsschauplatz« angesehen. Im Oberkommando der Wehrmacht glaubte man eine solche Materialvergeudung nicht zulassen zu dürfen.
Der Luftlandegedanke war nach Kreta von der Obersten deutschen Führung auf das sträflichste vernachlässigt worden. Hier hätten die weiterführenden Pläne von General der Flieger Student auch in die Tat umgesetzt werden müssen.
Wie auch immer: die deutsche Fallschirmtruppe wurde in kleinen Einsätzen, und meistenteils immer vom Boden, verzettelt eingesetzt. Man kleckerte auch hier, wo man hätte klotzen müssen.

VON TUNIS IN DIE FESTUNG EUROPA

DAS FALLSCHIRMJÄGER-REGIMENT 5 IN AFRIKA

Noch während des Rückzuges der Panzerarmee Afrika nach Westen waren die Alliierten Truppen in Casablanca, Oran und Algier gelandet. Die Operation »Torch« (= Fackel) begann am 8. November 1942, um 04.00 Uhr, als von der südlichen Angriffsgruppe der Western Task Force das Signal »Play ball!« gegeben wurde. Die alliierte Expeditions-Streitmacht betrug 107 000 Mann. Sie sollte nach der Meinung der Planer im Stande sein, den westlichen Arm jener großen Zange zu bilden, in der Rommels Panzerarmee Afrika zerquetscht werden sollte.

Die Alliierten waren nach vielen gemeinsamen Besprechungen zu dem Ergebnis gekommen, daß die Russen nicht durchhalten würden, wenn sie nicht die von ihnen beharrlich geforderte zweite Front erhielten. Man stellte also eine Expeditionsstreitmacht auf, die – aus optischen Gründen – von einem Amerikaner geführt werden sollte: General Dwight D. Eisenhower. Man hatte sich nach langem Tauziehen und Hin und Her dazu entschieden, die Räume Casablanca, Oran und Algier als Ziele zu wählen. Der Plan, direkt im Raume Bizerta-Tunis zu landen, war den Planern als zu schwierig erschienen. Dies obgleich man genau wußte, daß im gesamten Landungsraum kein einziger deutscher Soldat stehen würde. Damit hatten die Alliierten den Sieg im Großraum Tunesien noch im Jahre 1942 verschenkt.

Von Tunis aus hätte der gesamte Nachschubweg für die Panzer-

armee Afrika unter dauernder Kontrolle gehalten werden können und mit dem Erliegen des Nachschubes wäre die Niederlage für die Achsenstreitmächte besiegelt gewesen. Doch dieser Plan wurde nicht durchgeführt.
Die Tatsache, daß Frankreich neutral war, hinderte die Alliierten nicht daran, in diese französischen Überseegebiete einzufallen. Marschall Pétain, als französischer Staatspräsident, und Premierminister Laval hatten den Weg der Kollaboration mit Deutschland beschritten, *weil* sie die nordafrikanischen Kolonialgebiete behalten und sichern wollten. Diese waren Marokko, Algerien und Tunesien. In Nordafrika standen einsatzbereite französische Divisionen, in den Häfen lagen Kriegsschiffe unter Dampf.
Wenn man gehofft hatte, diese Landungen unangefochten von diesen französischen Streitkräften – deutsche Truppen standen ja nicht als Gegner dort – durchführen zu können, so sah man sich getäuscht. Bei Casablanca leisteten die französische Marine und die Artillerie erbitterten Widerstand und erst am Morgen des 11. 11. konnte Admiral Davidson melden, daß der französische Widerstand in Casablanca erloschen sei.
Auch die Landungen bei Mehadia wurden von französischen Hafenbatterien bekämpft. Bei Sebou konnten die US-Rangers erst in den frühen Morgenstunden des 10. 11. an Land gehen. Auch bei Fedhala kämpften die Franzosen erbittert. Hier liefen sieben französische Zerstörer zur Bekämpfung der Landungsstreitkräfte aus. Dennoch gelang es General Patton, dem Chef der Landstreitkräfte der Western Task Force, 37 000 Soldaten und 250 Panzer an Land zu bringen.
Die Landung bei Algier war beinahe reibungslos vonstatten gegangen. Bei Oran gab es wiederum Schwierigkeiten. Hier mußten Teile der 1. US-PD – und zwar das Kampfkommando B unter Oberst, später Brigadegeneral Robinett – bis zum 10. 11. kämpfen, ehe sie den Raid in Richtung Tunis antreten konnten.
Was war auf deutscher Seite inzwischen geschehen?

Das OKW hatte am 7. 11. bereits vorsorglich erhöhte Alarmbereitschaft angeordnet, obgleich man der festen Überzeugung war, daß Französisch-Nordafrika nicht gefährdet sein würde. Hitler erreichte die Meldung vom unmittelbar bevorstehenden Einfall der Alliierten in Nordafrika in der Nacht zum 8. November auf einem Bahnhof in Thüringen. Er befand sich mit seiner engsten Begleitung auf der Fahrt von der Wolfsschanze nach München, wo er im Bürgerbräukeller seine traditionelle Rede zum 9. November halten wollte.

In einer kurzen Besprechung schob Hitler den Vorschlag, Nordafrika einfach aufzugeben – die Panzerarmee Afrika befand sich ja auf dem Rückzug nach Westen und stand bereits bei Fuka – beiseite.

»Afrika aufgeben, heißt, das Mittelmeer aufgeben, meine Herren!« dozierte er, der bis dahin Afrika als Nebenkriegsschauplatz abqualifiziert und Rommel eine einzige Panzer-Division mehr verweigert und so den Sieg im Herbst 1942 verschenkt hatte.

Wenig später erhielt Hitler sein Ferngespräch mit Generalfeldmarschall Kesselring in Rom. Er stellte dem Feldmarschall – inzwischen waren die Landungen erfolgt – die entscheidende Frage:

»Was, Kesselring, können Sie an Truppen nach Afrika werfen?«

»Zwei Bataillone des Fallschirmjäger-Regimentes 5 und meine Stabskompanie!« lautete Kesselrings Antwort.

»Gut, werfen Sie hinüber, was Sie zur Verfügung haben«, war Hitlers beschwörender Befehl an den Feldmarschall, von dem es nunmehr abhängen würde, ob der Gegner von Algerien aus bis nach Tunis durchmarschieren konnte.

Das eingangs November 1942 mit ersten Teilen nach Italien überführte, neuaufgestellte Fallschirmjäger-Regiment 5 stand unter dem Befehl von Oberstleutnant Walther Koch. Es war aus dem I. Bataillon des Fallschirmjäger-Sturmregimentes gebildet worden. Das I. Bataillon führte Hauptmann Jungwirth, während das III. Bataillon von Hauptmann Wilhelm Knoche geführt wurde.

Doch dies waren nicht die ersten Fallschirmjäger, die nach Tunesien gingen. Am 8. 11. war nämlich in Athen aus den zurückgebliebenen Resten der insgesamt 27 Kompanien und Batterien der Fallschirmjäger-Brigade Ramcke die Fallschirmjäger-Kompanie Sauer provisorisch zusammengestellt worden. Noch am selben Tage wurde Hauptmann Paul Sauer mit seiner Kompanie von Athen nach Brindisi übergeführt. Von Brindisi aus ging es im Lufttransport am Morgen des 9. 11. nach Catania, Sizilien. Hier wurde die Kompanie endgültig für Tunesien aufgestellt.
Einen Tag später wurde sie als eine der ersten deutschen Einheiten nach Tunesien geflogen und Oberst Harlinghausen – dem neuernannten Fliegerführer Tunesien – direkt unterstellt. Hauptmann Sauer erhielt den Befehl, die beiden Flugplätze der Stadt, La Marsa und El Aouina, für die Landungen der nachfolgenden Fallschirmjäger-Einheiten freizuhalten.
Bis zum 13. 11. entledigte sich Hauptmann Sauer dieser Aufgabe hervorragend. Man darf nicht vergessen, daß hier ebenfalls französische Streitkräfte in Divisionsstärke standen. Weiter eintreffende Verbände – darunter auch die Wachkompanie von Feldmarschall Kesselring – erste Flak-Einheiten und Heerestruppen, wurden ihm unterstellt. Mit dieser »Kampfgruppe Sauer« übernahm der agile Hauptmann in der Nacht zum 14. 11. den Sicherungsabschnitt Tunis-Süd und besetzte in den frühen Morgenstunden die ganze Stadt Tunis. *Das* waren bis zu diesem Zeitpunkt die einzigen Truppen, die den 107 000 Soldaten der Alliierten gegenübergestanden hätten, *wenn* sie direkt im Raum Tunis-Kap Bône gelandet wären.
In den folgenden Tagen wurde diese Kampfgruppe laufend durch herangeführte Einheiten der italienischen Luftlande-Division »Superga« verstärkt.
Es gab jedoch einen kleinen Verband Fallschirmjäger, der ebenfalls schon am 11. 11. auf dem Flugplatz Bizerta landete: Der Fallschirm-Pionierzug unter Feldwebel Peter Arent, der am

11. 11. direkt nach Tunesien geflogen und dort dem eben eintreffenden »Feld-Bataillon Tunis« – es handelte sich hier um das Marsch-Bataillon 16 unterstellt wurde, dessen 1. Kompanie unter Führung von Oberleutnant Wolff als erste am Ziel war.

Als Oberleutnant Wolff dort landete und sich schon als erster Deutscher auf tunesischem Boden sah, wurde er von einer Ju 52-Besatzung und von zwei Pionieren des Zuges Arent begrüßt, die allein hierher geflogen waren und den Flugplatz in Besitz genommen hatten. Dies konnte nur geschehen, weil Admiral Dériens Truppen sich loyal verhielten.

Seit Mai 1942 war dieses nun in Tunesien eintreffende Fallschirmjäger-Regiment 5 auf dem Truppenübungsplatz in Groß-Born aufgestellt worden. Bald darauf wurde ihm das II. Bataillon unter Hauptmann Hübner weggenommen und der Fallschirmbrigade Ramcke zugeführt. Damit stand es als erstes Bataillon dieses Regimentes, im Einsatz der Brigade Ramcke, auf afrikanischem Boden.

Die beiden übriggebliebenen Bataillone Jungwirth und Knoche waren in der Normandie ebenfalls für den Malta-Einsatz vorbereitet worden. Aus den Unterkunftsräumen Avranches, St. Lô, Genets, St. Jean de Thoma gingen sie immer wieder einzeln und gemeinsam zum Truppenübungsplatz Mourmelon, wo Planspiele und Sondereinsätze geübt wurden. So wurde aus einem bunt zusammengewürfelten Haufen Fallschirmjäger unter dem alten Haudegen Walther Koch ein schlagkräftiger Kampfverband.

Unmittelbar nach Bekanntwerden der alliierten Landungen in Nordafrika wurde das Regiment (Siehe Anlage: Stellenbesetzung Fallschirmjäger-Regiment 5) alarmiert und im Bahntransport nach Caserta bei Neapel in Marsch gesetzt. Das III./FJR 5 traf als erstes am Abend des 10. 11. in Caserta ein. Noch während des Ausladens auf dem Bahnhof wurde unter Leutnant Baitinger das Vorkommando der 10. Kompanie gebildet. Mit einem Seitenwagenkrad, einem Sanitätsgefreiten und einem MG ging es sofort zum Flugplatz Neapel. Eine Zündpanne verhinderte das sofortige Überfliegen nach Tunesien. Erst in der Frühe des 11. 11. flog dieses Kommando über Trapani nach Tunesien, wo diese kleine Gruppe auf dem Flugplatz El Aouina landete. Leutnant Baitinger erhielt Befehl, mit seiner Gruppe die Stadt Tunis zu durchstoßen und die Ausfallstraße nach Westen zu sichern. Er führte seinen Befehl durch und schickte mit der Vollzugsmeldung den Sanitätsgefreiten Viktor Fink zum Flugplatz zurück. Dieser gebürtige Österreicher war der *erste* Deutsche der in einer tunesischen Straßenbahn fuhr, denn dieses Verkehrsmittel benutzte der mit einer MPi bewaffnete Gefreite zur Rückfahrt. Er meldete dem Fliegerführer Tunesien:

»Befehl ausgeführt! – Ausfallstraße besetzt!«

Inzwischen waren auf dem Flugplatz die ersten Giganten niedergegangen, aus denen die ersten schweren Waffen entladen wurden.

Zur gleichen Zeit wurde in Caserta den Männern des FJR 5 bekanntgegeben, daß die Alliierten in Nordafrika gelandet waren. Teile der 3. Kompanie unter Hauptmann Langbein – als Vorausabteilung des I. Bataillons – und der 9. Kompanie unter Hauptmann Becker wurden zusammengestellt, und als Vorausabteilung des Regimentes unter Führung von Hauptmann Gerhard Schirmer (Hauptmann im Regimentsstab) am Abend des 11. 11. nach Tunis überflogen. Von Catania aus startete dieser Verband am Morgen des 12. 11. und landete sicher in El Aouina. Diesen starken Verband setzte Oberst Harlinghausen zur Sicherung des Flugplatzes von El Marsa ein, denn Flugplätze zur Nachlandung weiterer Truppen waren lebenswichtig.

Am 13. 11. wurde die »Gruppe Schirmer« gebildet, nachdem Einheiten des Heeres und der Flak, die grüppchenweise eintrafen, Hauptmann Schirmer unterstellt worden waren.

Am 12. 11. wurde auch der Bataillonsstab mit dem Nachrichtenzug, die 10. Kompanie, Oberleutnant Jahn, ein Drittel der

12. Kompanie des III. Bataillons unter Hauptmann Knoche nach Trapani übergeflogen, wo übernachtet wurde. Am Morgen des 13. 11. erfolgte der Weiterflug nach Afrika und die Landung auf La Marsa. Das Bataillon sammelte und marschierte durch die Stadt zur Marschall-Foch-Kaserne. Diese war von den Franzosen bereits geräumt worden.

Mit den Hauptleuten Knoche, Sauer und Schirmer besprach Oberst Harlinghausen die Situation. Die Sicherungsabschnitte wurden festgelegt:

Sicherungsabschnitt West: Gruppe Schirmer

Sicherungsabschnitt Süd: Gruppe Sauer

Damit waren am 13. 11. 1942 sämtliche wichtigen Anlagen, wie der Hafen, die Flugplätze und die Ausfallstraßen, von den Fallschirmjägern besetzt. Spähtrupps erkundeten bereits das Gelände bis hinter die von den Franzosen besetzte Linie, mit welcher diese die Stadt, Hafen und Flugplatz im weiten Bogen umschlossen hielten. Der erste Versuch, die Franzosen durch eigenes Vordringen einfach zurückzudrücken, scheiterte. Die Franzosen fuhren Panzer auf.

Die Restteile des III./FJR 5 wurden am 14. und 15. 11. nach Tunis übergeflogen, während das I. Bataillon am 15. 11. landete.

Eine Lagebesprechung am Abend dieses Tages ließ die Fallschirmjäger-Offiziere zu der Überzeugung kommen, daß die Franzosen versuchten, Zeit zu gewinnen und man beschloß, selbst auch diese Karte zu spielen, denn ein Eröffnen der Feindseligkeiten in diesem Zeitpunkt konnte nur die Niederlage herbeiführen.

Noch saßen die Fallschirmjäger und die wenigen Heerestruppen auf einem einzigen Pulverfaß und jeder Funke konnte sie in die Luft jagen.

Am frühen Morgen des 16. 11. fuhren Hauptmann Knoche, sein Adjutant Oberleutnant Quednow und Leutnant Klein, Führer der unterstellten 14./IR 104, im Seitenwagenkrad zur Erkundung los. Als sie eine französische Postenkette umfahren wollten, gerieten

sie plötzlich mitten in die französischen Stellungen. Oberleutnant Quednow, der ein fabelhaftes Französisch sprach, konnte den Abschnittskommandeur dazu bewegen, sie zum Gefechtsstand von Oberst Le Couteux nach Tebourba – etwa 25 Kilometer nordwestlich von Tunis – zu geleiten.
Unter Berufung auf ein inzwischen ergangenes Manifest von Marschall Pétain forderte Hauptmann Knoche den französischen Regimentskommandeur auf, unverzüglich den gesamten Medjerdaabschnitt bis einschließlich Medjez el Bab zu räumen. Er müsse zulassen, daß die deutschen Fallschirmjäger zum Schutz vor den angreifenden Alliierten drei Brückenköpfe jenseits des Medjerda einrichteten. Und zwar jeweils einen bei Djedeida, Tebourba und Medjez el Bab.
Oberst Couteux lehnte dieses Ansinnen unter Berufung auf den Befehl des französischen Oberkommandos in Béja ab.
Nun schlug Hauptmann Knoche – in echter Fallschirmjägermanier – vor, selbst nach Béja zu fahren und als Unterhändler – der er überhaupt nicht war, zu dem er sich aber in Ausnutzung der Lage selbst ernannte – direkt mit General Barré zu verhandeln. Dies wurde zugelassen und wenig später verhandelte Hauptmann Knoche im Hauptquartier der Franzosen in Tunesien mit den Stabsoffizieren des Befehlshabers. Die Franzosen waren bereit, Tebourba und Djedeida aufzugeben und sich auf Medjez el Bab zurückzuziehen. Diese Bastion aber, direkt am Medjerdafluß gelegen, wollten sie unter keinen Umständen preisgeben.
Bereits Hannibal hatte den bemerkenswerten Satz geprägt:
»Wer Medjez el Bab – was soviel wie Schlüssel zum Tor nach Tunis hieß – hat, der ist Herr von ganz Tunis.«
Die Hartnäckigkeit der Verhandlungen erklärte sich später durch die Tatsache, daß britische Fallschirmjäger soeben bei Souk el Arba abgesprungen waren und sich an diesem 16. 11. in den Besitz von Béja gesetzt hatten. Diese Fallschirmjäger gehörten zur Kampfgruppe Algier. Bereits am 9. 11. hatten die britischen

Fallschirmjäger den wichtigen Hafen von Bougie besetzt. Von hier aus bis zum Hafen von Bône hatten sie zwei Tage gebraucht. Von Bône aber bis Bizerta waren es nur noch 190 Kilometer.
Während Hauptmann Knoche den Unterhändler auf eigene Faust machte, schwebten auf dem Flugplatz von Aouina jene Ju 52 ein, die den Regimentsstab des FJR 5 nach Afrika brachten. In der Spitzen-Ju saßen neben Oberstleutnant Walther Koch der Regimentsarzt Dr. Weizel und der Nachrichtenoffizier Hauptmann Graubartz. Eine Ju 52 nach der anderen setzte auf und rollte aus. Die Soldaten kletterten aus den Maschinen und luden Waffen und Geräte aus, denn nach einer Motoren- und Instrumentenkontrolle sollten diese Maschinen sofort zurückfliegen, um neue Waffen und Soldaten über das Mittelmeer nach Tunesien zu karren.
Noch am selben Tag setzte Oberstleutnant Koch die 10. Kompanie unter Hauptmann Becker nach Djedeida in Marsch. Sie sollte die dortige Brücke über den Medjerda sichern.
Noch immer war es zu keiner Gefechtsberührung mit den Gegnern gekommen. Aber es war vorauszusehen, daß am nächsten Tage die Spitzen der Feindverbände auf die vorgeschobenen Posten des FJR 5 treffen würden.
Wie sah es in diesem »Armeleutekrieg« eigentlich mit der Führung dieser zusammengesuchten Verbände aus?

DAS XC. ARMEEKORPS ENTSTEHT

Am 14. 11. 1942 war General der Panzertruppe Walther K. Nehring (am 9. 11. war er noch im Lazarett Wünsdorf aus Berlin angerufen worden und von Generalmajor Gause, dem Chef des Generalstabs der deutsch-italienischen Panzerarmee Afrika, darauf vorbereitet worden, daß Hitler ihm den Auftrag erteilt habe, den Brückenkopf Tunesien aufzubauen) in Begleitung seines Ia, Major i. G. Moll, Major Hinkelbein und seines Begleitoffiziers, Leutnant

Sell in La Marsa eingetroffen. Die Maschine machte eine Bruchlandung, doch niemand wurde verletzt. Oberst Harlinghausen meldete General Nehring, daß die Besetzung von Tunis auf dem Wege der Luftlandungen ohne französische Gegenwehr erfolgt sei und daß die notwendigen Maßnahmen zur Sicherung der Stadt, des Hafens und der Flugplätze getroffen worden seien. Oberst Harlinghausen meldete auch, daß die französische Division unter General Barré, der übrigens gleichzeitig auch Kriegsminister des Bey von Tunis war, sich nach Béja zurückgezogen habe.

Anschließend flog General Nehring nach Bizerta weiter, um dort mit dem Führer der Heerestruppen, einem Oberst, Fühlung aufzunehmen. Nehring befahl diesem, seine Truppen vorzuwerfen; und zwar so weit, wie dies möglich war.

Weil die zugesagte He 111 nicht eingetroffen war, benutzte der General zum Rückflug nach Sizilien eine Transport-Ju 52.

In Frascati schilderte General Nehring dem Oberbefehlshaber Süd, Feldmarschall Kesselring, die Lage, die er vorgefunden hatte. Zum Schluß nannte er seine Forderungen, die erfüllt werden mußten, wenn er seine Aufgaben lösen sollte.

Feldmarschall Kesselring sagte ihm dies zu. Damit war das XC. AK aus der Taufe gehoben. Nun kam es darauf an, schnellstmöglich die Führungsmittel und die kampfkräftigen Truppen herüberzubekommen.

Der Wettlauf nach Tunis konnte beginnen.

FALLSCHIRMJÄGER IM RAUME TUNIS IM EINSATZ

Nach dem FJR 5 war inzwischen auch das Fallschirm-Korps-Pionier-Bataillon 21 unter Major Witzig in Tunesien eingetroffen. Es wurde im Nordabschnitt eingesetzt. Als hier das Vorauskommando der britischen 78. ID eintraf – es war das Regiment Royal West Kent, stieß es auf Witzigs Fallschirmpioniere. Ostwärts von

Abiod, am Djebel Abiod, kam es zu den ersten Gefechten. Zwei italienische Sturmgeschütze, von Fallschirmpionieren bemannt, eröffneten das Feuer auf die vorgehenden Engländer. Ein Panzerspähwagen wurde abgeschossen, der Pulk verhielt und fühlte vorsichtig zu beiden Seiten der Straße nach. Doch inzwischen hatten sich die Fallschirmpioniere auf den Hügeln an der Straße und ostwärts der Straße festgesetzt. Die Fallschirmjäger hielten die gesamte anrückende britische 78. ID auf. Achtundvierzig Stunden lang kämpften sie in dem Geiste, in dem sie gegen Eben Emael angetreten waren. Es waren zumeist Soldaten, die diesen ersten Paukenschlag der Fallschirmtruppe miterlebt hatten. Eine deutsche Panzerkompanie und das IR 92 der italienischen Division »Superga« kamen hinzu. Der Vorstoß des Gegners war gestoppt.

Um Major Witzig zu entlasten, griff auch die deutsche Luftwaffe erstmalig in den Kampf ein. Sie ermöglichte es dem Bataillon, günstige Abwehrstellungen bei Djebel Abiod, in der Gegend der großen Straßenkreuzung, zu beziehen.

Zur gleichen Zeit griff das I./Fallschirmjäger-Brigade Hill, das zum Fallschirmjäger-Commando 6, Brigadegeneral Derek Mills-Roberts gehörte, Oued Zarga an und nahm diese Ortschaft mit Unterstützung der »Blade Force«. Diese »Blade Force« war eine nach der Landung in Algier zusammengestellte Kampfgruppe unter Führung von Oberst Hull.

Während sich nun eine Brigade der 78. ID nach Süden wandte, um am Angriff auf Medjez el Bab teilzunehmen, griff die 11. Infanterie-Brigade dieser Division die Gruppe Witzig an, mit dem Versuch, diese zu überrennen und direkt nach Tunis hineinzustoßen. Als Teile dieser Brigade, unterstützt von der R-Kompanie des Fallschirmjäger-Bataillons I, durch das Djouminetal vorstoßen wollten, wurden sie bei Sidi Nsir von Witzigs Fallschirmjägern gestoppt. Dieser Angriff kam zum Erliegen. Abermals waren italienische Sturmgeschütze – diesmal mit italienischen Kommandanten – am Sieg beteiligt.

Als am anderen Tage General Anderson starke Panzerkräfte gegen den Djebel Abiod ansetzte, mußte sich die Gruppe Witzig weiter zurückziehen. Im Jefna-Tunnel fand sie günstige Verteidigungsmöglichkeiten und hier zeigten die Fallschirmpioniere, daß sie jeden Trick der Kampfführung kannten und beherrschten. Die Engländer blieben trotz mehrfacher Überlegenheit vor diesen Stellungen des FschPiBatl. 21 liegen.

Nun wurde die gesamte 78. ID der Engländer nach Süden auf Medjez el Bab zurückgebogen. Sie erreichten die Nähe der Stadt am Medjerda am 18. 11. Fast zur gleichen Zeit waren dort auf dem Ostufer des Flußes deutsche Fallschirmjäger – die 12. Kompanie unter Oberleutnant Hoge – eingetroffen. Sie wurden von den auf dem Westufer liegenden Franzosen beschossen und bald darauf konnte Oberleutnant Hoge feststellen, daß die Franzosen auch auf dem Ostufer einen Brückenkopf errichtet hatten.
Für den 19. 11. erhielt Hauptmann Knoche den Auftrag, unter Ausnutzung eines Stukaangriffes, Medjez el Bab anzugreifen und in Besitz zu nehmen. Falls dieser Angriff nicht gelinge, müßten die Höhenzüge ostwärts Medjez el Bab besetzt und gehalten werden, um das Vorgehen des Feindes auf Tunis zu verhindern.
An diesem 19. 11. hatte Hauptmann Becker mit seiner 9. Kompanie auch den Feldflugplatz von Djedeida in seinen Verteidigungsbereich einbezogen und richtete mit seinen Fallschirmjägern den Platz für die Landung deutscher Jäger her.
Ein weiterer zwar kleiner, aber doch bemerkenswerter und für Fallschirmjäger typischer Einsatz fand bereits am 17. 11. statt. Leutnant Kempa, Zugführer der 10./FJR 5, versammelte sich mit seinem Radfahrzug auf dem Flugplatz La Marsa. In Sprungausrüstung und mit Fahrrädern standen die Männer auf dem schlammigen vom Regen der vergangenen Nacht nassen Boden. Keiner wußte, wohin es ging, bis der Zugführer von der Besprechung zurückkam.

»Kameraden, wir fliegen nach Süden, nehmen den Flugplatz von Gabes am gleichnamigen Golf in Besitz, das ist alles!«
»Wir paar Männeken?« fragte ein Obergefreiter aus Mannheim.
»Die 3. Kompanie des Wachbataillons Kesselring fliegt mit als Verstärkung«, erklärte der Leutnant und grinste belustigt, denn der bewußte Obergefreite meinte, daß sie dann ja schon so eine richtige kleine Armee seien.
12 Ju 52 mit 50 Fallschirmjägern und rund 100 Soldaten des Wachbataillons starteten in Richtung Gabes.
Als die Maschinen nach glattem Flug zur Landung auf den Platz ansetzten, blitzte ihnen das grelle Abschußfeuer der Flak und die rauchenden Feuerschnüre der MG-Leuchtspursalven entgegen. Treffer knatterten in das Blech der Maschine hinein.
»Dauerton! – Mensch, geben Sie Dauerton!« befahl Oberleutnant Salg, der Führer der Wachkompanie. Der Flugzeugführer der Führermaschine gab Dauerton und verabredungsgemäß zogen daraufhin die Ju 52 wieder hoch und flogen einzeln nach Norden zurück. Lediglich die sechs Maschinen mit den Fallschirmjägern an Bord sammelten wieder. Hauptmann Grund, der als Platzkommandant für Gabes vorgesehen war, wandte sich an Kempa:
»Was schlagen Sie vor?« Der Leutnant überlegte nicht lange.
»Wir sollten in der Nähe niedergehen und dann versuchen, die Franzosen vom Flugplatz zu jagen, Herr Hauptmann!«
»Gute Idee! Sofort an alle Flugzeugführer: Befehl, nach neuem Landeplatz umsehen!«
Über Sprechfunk ließ Leutnant Kempa die fünf anderen Maschinen verständigen. Der Flugzeugführer der Führermaschine fand wenig später einen Landeplatz, 40 Kilometer von Gabes entfernt. Die Maschinen schwebten zur Landung ein und setzten bis auf eine wohlbehalten auf. Diese eine hatte einen Fahrwerksbruch.
Die Fallschirmjäger kletterten aus ihren Kisten. Leutnant Kempa übernahm das Kommando.
»Spähtrupp auf Gabes!« befahl er.

Der Spähtrupp radelte drei Minuten danach los. Kurz vor Gabes wurde er von einer französischen Panzerwagen-Streife gestellt. Die Panzer-MG schossen wild hinter den umkehrenden Fallschirmjägern her und nur dem Umstand, daß sie sich in eine Kamelkarawane mischen konnten, verdankten die Männer ihr Entkommen. Sie gelangten in einen versteckten Talkessel.

Leutnant Kempa, der lange Zeit auf die sechs Soldaten gewartet hatte, schickte einen zweiten Spähtrupp los. Es waren sieben Jäger, die von dem Gefreiten Kuntze geführt wurden. Diese Sieben gerieten ebenfalls an die Panzerwagen-Streife. Sie wurden gefangen genommen und nach Gabes geschafft. Der Spähtruppführer sagte dem verhörenden Major, daß er den Flugplatz an sie zu übergeben hätte. Wenn verteidigt würde, kämen Stukas, die alles zur Sau machen würden. Der Major ließ die sieben Jäger einbuchten.

Als die sieben Fallschirmjäger am anderen Morgen – es war der 19. 11. – zum Verhör geholt wurden, brausten Ju-52-Kolonnen mit den am Vortage abgedrehten Luftlande-Einheiten heran. Ein paar Jäger flogen Jagdschutz. Der französische Flugplatzkommandant ließ sofort aufsitzen und in wilder Jagd brausten die Franzosen los. Die sieben Soldaten des zweiten Stoßtrupps konnten ihren Gefangenenraum verlassen. Sie wiesen die einschwebenden Ju 52 ein. Dem Führer des Spähtrupps war es sogar gelungen, die ihm abgenommene Leuchtpistole wiederzufinden. Er schoß das verabredete Leuchtzeichen, das den Flugplatz feindfrei zeigte.

Als hier zwei Tage später die ersten US-Panzer auftauchten, erhielten sie Feuer aus den Fallschirmjäger-Leichtgeschützen. Die Feindgruppen hielten an, und dieser Zeitgewinn ließ zwei Bataillone der Brigade »L« unter General Imperiali nach Gabes gelangen und die Fallschirmjäger des Regimentes 5 verstärken.

Handstreiche der Fallschirmjäger dieser Art gab es im Raume Tunesien viele.

Bei Medjez el Bab hatten sich die französischen Streitkräfte am 18. 11. bereitgestellt. Den Sicherungen des III./FJR 5 gegenüber lagen französische Posten. Die Feindstärke war: ein Regiment französischer Infanterie, verstärkt durch leichte Kampfwagen und Straßenpanzer. Hinzu kam eine Flak-Batterie. Durch eigene Beobachtung stellte Hauptmann Knoche fest, daß auch vier amerikanische Panzer im französischen Versammlungsraum eingebrochen waren. Seiner Kampfgruppe, die 1 Kilometer ostwärts der Stadt lag, gehörten nicht einmal seine vollen Kompanien an. Er hatte 5 Pak und zwei Flak-Kampftrupps an Unterstützung erhalten. Der Hauptmann gab den Befehl zur Bereitstellung zum Angriff in der kommenden Nacht.

Um 04.00 Uhr am 19. 11. meldeten die einzelnen Kompaniechefs die vollzogene Bereitstellung. Die versprochenen Stukas erschienen um 11.30 Uhr und bombten die französischen Truppenbereitstellungen. Alle verfügbaren Waffen der Fallschirmjäger eröffneten nun das Feuer. Dann befahl Hauptmann Knoche den Angriff.

Unter dem Feuerschutz der eigenen MG sprangen die Fallschirmjäger im geschlossenen Sprung in die Stadt. Sie nahmen die Häuser in Besitz, schossen den verbarrikadierten Gegner hinaus und nahmen fast den gesamten Stadtteil ostwärts des Medjerda in Besitz. Lediglich der Bahnhof wurde von den Franzosen mit starken Kräften gehalten.

»Oberleutnant Bundt führt einen Stoßtrupp über den Fluß!« befahl der Kampfgruppenführer. Der Oberleutnant, Kompanietruppführer der Zehnten, suchte sich die Männer des Stoßtrupps aus. Dann gingen sie – die feindlichen MG-Nester umgehend, die das ostwärtige Medjerdaufer bestreichen konnten, – zum Wasser hinunter und durchwateten den Fluß. Das Wasser ging ihnen oft bis zum Hals. Aus einem Erdbunker vom jenseitigen Ufer erhielten sie Feuer. Zwei Männer des Stoßtrupps, die Gefreiten Seidel und Heine wurden verwundet.

Mit den übrigen erstürmte Oberleutnant Bundt den Bunker. Er

schickte die Verwundeten mit den hier gefangen genommenen Franzosen zurück. Aus mehreren nicht einzusehenden Stellungen schossen die Franzosen auf den Spähtrupp. Sie gingen in Richtung Brücke, schwenkten dort nach oben ein und – erhielten Feuer. Erst dort, wo der Fluß nach links abknickte, kamen sie den flacher werdenden Hügel hinan und erreichten einige Häuser. Auch hier erhielten sie Feuer. Sie gingen in Deckung, schossen sich mit dem Gegner herum, der überall auftauchte. Oberleutnant Bundt erhielt einen tödlichen Kopfschuß. Vier Überlebenden gelang es, den Medjerda zu durchschwimmen, der hier tiefer war, und das Ostufer wieder zu erreichen. Sie machten Meldung. Stukas kamen noch einmal gegen 18.00 Uhr. Italienische Verstärkungen tauchten auf, unter ihnen ein Panzerjäger-Zug.

Oberstleutnant Koch erschien wenig später. Er hatte von Tunis Sprengmittel mitgebracht und entwickelte seine Idee, in der Nacht mit kleinen Späh- und Stoßtrupps nach Medjez el Bab einzudringen und die feindlichen Widerstandsnester nach der Art von Eben Emael in die Luft zu sprengen. Zehn Stoßtrupps wurden gebildet und mit Hafthohl-Ladungen, Geballten Ladungen und Sprengbüchsen ausgestattet. Jede Gruppe erhielt ein besonderes Ziel zugewiesen und um 00.00 Uhr starteten sie. Eines der kühnsten Fallschirmunternehmen in Afrika begann. Um 01.00 Uhr würde hier, – wenn die Rechnung von Oberstleutnant Koch aufging – die Hölle los sein.

Es war genau 01.00 Uhr, als allenthalben an den Zielen die Sprengladungen krachten. An zehn Stellen stiegen Detonationsflammen empor. Brände flackerten aus den französischen Depots. Die Kampftrupps schossen mit MG und MPi auf alles, was sich bewegte. Diese Sprengungen und das überfallartige Feuer hatte eine verheerende Wirkung auf die Franzosen. Es erschien ihnen so, als sei der Medjerda von starken deutschen Truppen überschritten worden.

So dröhnten plötzlich im Morgengrauen die Motoren schwerer

Wagen und Panzer. Die Franzosen verließen die Stadt. Einem Trupp Fallschirmjäger gelang es, zwei dieser Panzer durch Hafthohl-Ladungen zu sprengen. Lkw-Kolonnen und Panzer entfernten sich in schneller Fahrt auf der Straße nach Oued Zarga-Béja.
Als die Sonne des 20. 11. 1943 aufging, war Medjez el Bab – der »Schlüssel zum Tor Tunis« – in der Hand der Fallschirmjäger.
Die Stadt wurde gesichert. Hauptmann Knoche – der seit vier Tagen und Nächten ohne Schlaf war – erhielt eine Ruhepause. Hauptmann Schirmer löste ihn ab. Er leitete die Verfolgung des Feindes auf Oued Zarga. Entschlossen führte der Hauptmann seine Verfolgergruppe bis in diese Ortschaft. Aber noch während in der kommenden Nacht der weitere Angriff anlief, traf ein Regimentsbefehl ein, der die Verfolgergruppe nach Medjez el Bab zurückrief. Lediglich die Leichtgeschütze der 12. (schweren) Kompanie wurden von Hauptmann Schirmer zusammengefaßt und bis zur Paßstraße nach Béja zurückgeführt. Von hier aus wurden die herankommenden amerikanischen Truppen unter Feuer genommen. Der Feind hielt an und erlitt einige Verluste.
In der kommenden Nacht griff eine berittene Spahi-Schwadron den deutschen Vorposten der 10. Kompanie auf der Ferme bei Smidia im Nordteil der Weststadt an. Sie wurden an den Schimmeln erkannt, die sie ritten. Der erste Granatwerfer nahm vom Hof der Ferme aus die anreitenden Spahis unter Feuer. MG fielen mit langen Feuerstößen ein. Der Angriff wurde abgewiesen.
In den Morgenstunden »fand« Oberinspektor Hans Hahn vom FJR 5 in einem Verpflegungslager, in einem Eisenbahnschuppen zwei Kilometer vom Bahnhof von Medjez el Bab entfernt, 47 Engländer. Er war zwar bis auf den Spieß der 10. Kompanie allein, aber sofort befahl er:
»Kompanie Halle umzingeln. Zwanzig Mann zu mir!«
Dann ging er zu den Engländern hinein und sagte ihnen, daß jeder Widerstand zwecklos sei. Hauptfeldwebel Lippold, der als einziger bei Hahn war, hielt die MPi schußbereit, als die Engländer

mit erhobenen Armen herauskamen. Einer der Tommys mußte den Beute-Lastwagen fahren, auf dem Hahn seine Gefangenen nach Tunis brachte.
Nach mehrstündigem Schlaf ging Hauptmann Knoche in den Raum Tebourba-Djedeida, um die dortigen Brückenköpfe zu übernehmen. Dort stand bereits seine 9. Kompanie, Hauptmann Bekker's. Teile der Zehnten und Zwölften kamen hinzu. Flak- und Heereseinheiten und ein italienischer Verband verstärkten diese Streitmacht. So war seine Kampfgruppe bald auf 2 000 Mann angewachsen. Ein Regimentsbefehl machte nun hieraus ein II. und III. Bataillon. Das neue II. Bataillon übernahm Hauptmann Knoche, während Hauptmann Schirmer das neue III. Bataillon führte. In der Folgezeit operierte jedes dieser Bataillone als selbständige Kampfgruppe. Ihnen wurden dann auch die ersten Teile des nach und nach eintreffenden I. Bataillons unter Hauptmann Jungwirth zugeführt.
Die ersten Teile der 10. PD waren, aus Südfrankreich kommend, auf dem neuen Kriegsschauplatz eingetroffen und lösten die Kampfgruppe Knoche ab. Diese wiederum wurde in den Raum El Aroussa geworfen, wo der Gegner am 21. 11. angriff. Der feindliche Panzervorstoß wurde aufgehalten, der Gegner geworfen. Noch am 21. 11. mußte die Gruppe Schirmer Medjez el Bab räumen und über die Brücke in den ostwärtigen Teil ausweichen. Da ihnen aber immer noch eine Umfassung durch schnelle feindliche Panzerverbände drohte, ließ General Nehring die gesamte Front auf den Raum bis 30 Kilometer südwestlich Tunis zurücknehmen.

Am 21. 11. war die 1./FJR 5 unter Oberleutnant Schuster, in Tunis gelandet. Sie wurde kreuz und quer durch die Stadt gefahren, um die Ankunft mindestens eines Regimentes vorzutäuschen.
Die Kompanie stieß am nächsten Tag über Ain el Asker-Bin Mcherba-Teli el Kaid-El Kasbate-Depienne auf Pont du Fahs vor

und richtete sich hier – völlig auf sich allein gestellt – ein. Hier sollten sie bald eine große Überraschung erleben.

Inzwischen waren weitere Verstärkungen eingetroffen. Unter anderem auch das »Luftwaffen-Regiment« Barenthin unter Oberst Walther Barenthin, der bereits auf Kreta als Stabsoffizier der Pioniere des XI. Fliegerkorps eingesetzt war. Nun war er Korps-Pionierführer des XI. Fallschirmkorps. Das Pionier-Bataillon 21 unter Major Witzig war seine stärkste Waffe; aber auch seine übrigen Bataillone bestanden zum größten Teil aus Fallschirmjägern. Als »Kampfgruppenführer Mateur« übernahm Oberst Barenthin die Führung im Nordabschnitt. Das Bataillon Witzig stand auf dem rechten vorgeschobenen Flügel im Raume Sedjenane. Die Kradschützen und Pioniere verteidigten im Süden, südlich des Djebel el Arkmas, und hielten Verbindung zum FJR 5. Damit war eine dünne Verteidigungslinie um Tunis entstanden, die überwiegend aus Fallschirmjägern bestand, denn die Kampfgruppe Sauer kam ja noch hinzu. Motorisierte Spähtrupps der Fallschirmjäger stießen bis zu 240 Kilometer tief ins Land hinein vor.

»Alle diese getroffenen Maßnahmen aber«, führte General Nehring aus, »waren nur ein Tropfen auf dem heißen Stein.«

Es kam dem Kommandierenden General in Tunis darauf an, vor allen Dingen die Verbindung zur zurückgehenden Panzerarmee Afrika unter Feldmarschall Rommel nicht abreißen zu lassen. Würde diese Verbindung vom Gegner unterbrochen werden, dann war ja der Hauptzweck des Brückenkopfes Tunesien hinfällig geworden. Dieser Brückenkopf war gebildet worden, um eine Umfassung des deutschen Afrika-Korps zu verhindern und um den Nachschub für diese Truppe sicherzustellen. Die Lage im Raume Tunesien in diesen kritischen Tagen war nach den Unterlagen von General der Panzertruppe Nehring folgendermaßen:

a) Offensive Abwehr im Raume Medjez el Bab durch das FJR 5, um den Feind weitab zu binden und am Vorgehen über Medjez el Bab auf Tebourba, Protville oder Tunis zu hindern.

b) Offensive Abwehr an den auf Bizerta und Mateur führenden Straßen durch das FschPiBatl. Witzig.
c) Verteidigung der Stadt Tunis nach Süden durch die italienische Division ›Superga‹.
d) Organisierung der unmittelbaren Verteidigung der Stadt Tunis, um Überraschungen vorzubeugen, in Gestalt aktiver und passiver Panzerabwehr an den nach Tunis heranführenden Straßen.

Die nächsten Tage im Wettlauf um Tunis gestalteten sich dramatisch. Das FJR 5 war bis nach Massicault zurückgegangen und hatte vorgeschobene Stellungen bei Ksar Tyr, und am Straßenkreuz 15 km nordostwärts von Medjez el Bab bezogen. Oberstleutnant Koch kümmerte sich um jedes Schützenloch persönlich, und so stieß er auch auf den Oberjäger Karlinger, der infolge der Beanspruchung der letzten Tage nicht zum Rasieren gekommen war. Der Regimentskommandeur sagte zu dem Oberjäger:
»So wollen Sie vor Ihren Herrgott treten, wenn Sie hier fallen?«
Worauf der Oberjäger überstürzt eine Rasur begann, die auch nachher danach aussah.
Inzwischen hatten sich starke Feindkräfte im Raume Tebourba zusammengeballt. Bei Cap Serrat landete der Gegner laut arabischen Meldungen 2 000 Mann. Dies geschah sicher nur in der Absicht, die Pioniere Witzigs zu vernichten. Dann ging eine Meldung ein, die General Nehring elektrisierte:
»Feindliche Fallschirmjäger sind in Stärke von 1 000 Mann im Raume nördlich Zaghouan gelandet.«
Damit hatte sich der Gegner die weichste Stelle im Abwehrring um Tunis ausgesucht. Nun hieß es, unverzüglich zu handeln.
Bei den gelandeten Fallschirmjägern handelte es sich um das 2nd Parachute Battalion (II. Bataillon des Fallschirmjäger-Commandos 6), deren I. und III. Bataillon ja bereits im Einsatz gestanden hatten. Nun sollte auch Major Frost im Raume Pont du Fahs springen, den nördlich der Stadt gelegenen Flugplatz nehmen und dann – nach Norden vorstoßend – auch den Flugplatz von De-

pienne zerstören, um als drittes und abschließendes Ziel Bahnhof und Feldflugplatz von Oudna in Besitz zu nehmen. Von dort aus sollte das Bataillon nach Nordwesten eindrehen, um bei St. Cyprien auf die Panzerspitzen der 1. britischen Armee zu stoßen, die inzwischen dort eingetroffen sein würde.

Das 2nd Parachute Battalion (II./Fallschirmjäger-Commando 6) startete in den Dakotas um 12.30 Uhr am 29. 11. Der Sprungeinsatz bei Depienne glückte, weil kein deutscher Soldat dort stand. Depienne wurde genommen und in den ersten Morgenstunden des 30. 11. marschierte der Verband auf Oudna zu. Der Flugplatz war verlassen. Unterwegs hatte die Kampfgruppe am 30. 11. Feuer durch niedrigfliegende Me 109 erhalten.

Als diese Feindgruppe erkannt wurde, setzte man deutscherseits Teile der 1./FJR 5 und den Panzerspähzug unter Feldwebel Fred Hämmerlein darauf an. Oberleutnant Jahn, der diese Teile führte, stieß mit seinen Kräften links umfassend an Depienne vorbei. Zur gleichen Zeit griff auch Hauptmann Jungwirth mit Teilen des I. Bataillons frontal an. Auf Einbruchsentfernung herangekommen, griffen die Männer um Oberleutnant Jahn – dieser an der Spitze – an. Bereits mit dem ersten Feuerstoß aus einem englischen MG fiel der Oberleutnant durch Kopfschuß getroffen zu Boden. Er starb drei Minuten darauf.

Dies war der erste wirkliche Kampf deutscher gegen englische Fallschirmjäger. Der Kampf der Roten Teufel gegen die Grünen Teufel konnte beginnen.

Bis zum 1. 12. kämpften die Engländer mit dem Mute der Verzweiflung. Die 1. Armee, die sie hätte entsetzen sollen, kam nicht. Damit wurden die Männer um Major Frost einfach aufgegeben. Eine kleine Gruppe von 70 englischen Fallschirmjägern ging bis zu einer großen Ferme 5 Kilometer südlich El Bathan zurück. Sie wurden von Leutnant Ismer, dem Adjutanten von Hauptmann Knoche, angegriffen. Leutnant Ismer fiel bei diesem Angriff.

Sämtliche Engländer gingen – soweit sie nicht gefallen waren – hier in die Gefangenschaft.
Am Abend des 2. 12. stieß Major Frost gegen Abend nahe Medjez el Bab mit dem Rest seines Bataillons auf französische Vorposten. Sein Bataillon hatte 250 Mann und 16 Offiziere verloren. Einer der zurückgekommenen Offiziere, Captain Richard Spender, kennzeichnete die Stimmung dieses sinnlos geopferten Verbandes: »Schweigen senkte sich über das Tal des Medjerda.«

FALLSCHIRMJÄGER IN DER SCHLACHT UM TEBOURBA

Die Schlacht um Tebourba – eine der vorweggenommenen Entscheidungen im Kampf um den Brückenkopf Tunesien – begann am 1. 12. 1942. Alles, »was Beine hatte«, war von General Nehring in die Schlacht geworfen worden. In Tunis waren ganze 30 deutsche Soldaten zurückgeblieben und zwei Achtacht-Flak standen allein auf sich gestellt am südwestlichen Stadteingang.
In Tebourba selbst lag noch immer eine Kompanie des Fallschirmjäger-Regimentes Barenthin. Sie war vom Gegner völlig eingekesselt. Dabei war auch der Regiments-Pionierzug. Seit dem 25. 11. bildeten diese schwachen Kräfte einen Brückenkopf mitten im Gegner. An diesem 1. 12. stieß Hauptmann Nolde mit seiner Tiger-Kompanie (1./s. PzAbt 501) aus Djedeida herausrollend als erste auf den Feind. Die Tiger schossen die sich zeigenden US-Panzer zusammen. Neun Feindpanzer blieben vernichtet liegen.
Der Kampf wurde am 2. 12. fortgesetzt. Wieder kam es zu Panzer-Duellen, bei denen der Gegner Verluste erlitt. Die 10. PD der Deutschen kämpfte mit nie erlahmendem Angriffsgeist. Die gesamte 11. britische Panzer-Brigade wurde zersprengt. An diesem zweiten Tag der Schlacht um Tebourba wurden 34 Panzer und 6 Spähwagen abgeschossen.
Das Fallschirmjäger-Regiment 5 hatte am 30. 11. Befehl zum Be-

ziehen der Bereitstellungen erhalten. Ein Spähtrupp, geführt von Oberstleutnant Koch, brachte ein Dutzend Gefangene mit. Aus der Bewegung in Richtung Medjez el Bab – die aus Täuschungsgründen begonnen wurde – drehten die Fallschirmjäger bei Fourna auf El Bathan ein. Die Gefangenenaussage hatte ergeben, daß ihnen die 78. englische ID gegenüberlag.

Bereits am Abend des Vortages hatte Oberstleutnant Koch dem Feldwebel Peter Arent Befehl gegeben, sich durch die feindliche Front zu schleichen und eine Brücke, 4 km westlich von El Bathan, zu besetzen. Doch als sich das Gros des Regimentes am Morgen des 1. 12. an El Bathan heranarbeitete, wurde es von dichtem Feindfeuer überschüttet. Die Bataillone Jungwirth, Knoche und Schirmer gingen hier das erstemal geschlossen zum Angriff vor.

Mit seinem Zuge gelang es Leutnant Kautz auf Umwegen von rückwärts nach El Bathan einzudringen. Sie sprangen – nunmehr abgesessen – von Ferme zu Ferme weiter und erreichten die Ortschaft. Dann standen sie vor dem Hauptquartier der Amerikaner. Aus einer Gasse hinter ihnen schob sich plötzlich ein Shermanpanzer heraus. Ein zweiter, dritter und vierter folgten. Ihre Kanonen spuckten die Flammenlanzen der Abschüsse aus.

»Angriff!« rief Leutnant Kautz. Doch beim nächsten Einschlag einer Panzergranate fielen der Leutnant und die Jäger Bohley und Vogel. Die anderen rannten weiter, stürmten ein Haus nach dem anderen. Eine am Westrand von El Bathan noch schießende Feindbatterie wurde von deutschen Panzern zusammengeschossen, die inzwischen auch herangekommen waren. In wilder Flucht stoben englische und amerikanische Verbände in Richtung auf die Torwächterhügel davon. In der Spitzengruppe der Verfolger rollte die 12. Kompanie unter Oberleutnant Wöhler. Sie kamen bis zum Djebel Lanserine. Hier und vom gegenüberliegenden Djebel Bou Aoukaz peitschte ihnen Abwehrfeuer entgegen.

Zu dieser Zeit hatte der Pionierzug Arent schon lange die Stellungen der Engländer durchbrochen und die Brücke bei El Bathan er-

Oberleutnant Rudolf Witzig, Führer Sturmgruppe „Granit" Eben-Emael

Leutnant Wolfgang Graf von Blücher, Ritterkreuz für Holland, Zugführer I./FJR 1; gefallen am 20. 5. 1941 auf Kreta

Major Erich Walther (gest. in sow. Gefangenschaft 1947!)

Leutnant Gerhard Schacht (Gemälde)

Gruppenbild der Kämpfer der Sturmabteilung Koch bei Hitler
von links: Leutnant Delica, Oblt. Witzig, Hptm. Koch, Oblt. Zierach, Lt. Ringler, Lt. Meißner, Oblt. Kiess, Oblt. Altmann, Oberarzt Dr. Jäger (letzterer erhielt ebenfalls, als Arzt der Sturmabteilung Koch am 15. 5. 1940 das Ritterkreuz)

Am 15. März standen auch die Fallschirm-Pioniere in Cassino-Stadt im Einsatz. Hier der Stützpunkt Schmitz. Verwundete werden geborgen

Das letzte deutsche Sturmgeschütz vor der Höhle

noch einsatzbereit

Sturmgeschütz vor
den Trümmern

Nach der Bombar-
dierung sah es in
Cassino-Stadt so aus

Fallschirmpioniere der 1. und 3. Kompanie bergen verwundete Briten am Morgen des 18. 7. 1943 am Panzergraben vor Catania

Schwerverletzte Engländer werden sofort versorgt

Einmarsch der ersten Fallschirmjäger in Tunis

Granatwerfer eröffnet das Feuer auf die angreifenden Neuseeländer, die um 15.00 Uhr zum Angriff auf Cassino angetreten waren

Oberfeldwebel Schmitz, Zugführer im Pionier-Bataillon 1 verteidigte den Fischmarkt

reicht. Der Feldwebel ließ seine beiden MG links und rechts der Brücke in Stellung gehen. Mit den mitgeführten Sprengmitteln wurde die Brücke vermint.

Als die englischen Lastwagenkolonnen aus Medjez el Bab angerollt kamen, peitschte ihnen das MG-Feuer dieses Zuges entgegen. Dann rollte der erste der Wagen auf die Minensperre der Straße. Er ging in Flammen auf. Ein Wagen, der um den stehengebliebenen Laster herumrollte, lief auf die nächste Mine und explodierte. Er hatte Munition für die kämpfende Truppe bei Tebourba geladen. Damit war die Brücke gesperrt und nun eröffneten die MG, die zuerst nur kurze Feuerstöße abgegeben hatten, das Dauerfeuer auf den sich zeigenden Gegner. Der Feind wurde abgeschlagen. Er versuchte es in der Nacht noch einmal, denn die von der 11. britischen Panzer-Brigade benötigte Munition lag hier fest. Auch diesmal wurden sie abgewiesen. Eine Handvoll Fallschirmjäger hielten hier einen strategisch wichtigen Punkt.

In der Nacht zum 2. 12. – über 24 Stunden lag Arent mit seinen Männern weit hinter den feindlichen Linien – versuchte eine Feindkompanie, den kleinen Brückenkopf auszuräuchern. Sie setzte über den Medjerda. Aber Arent war auf der Hut. Mit zehn Pionieren warf er den Gegner im Handgranatenkampf über den Fluß zurück. Oberjäger Kraczewski erwies sich als Panzerbüchsenwerfer von Rang. Er schleuderte die ein Kilo schweren Büchsen mindestens 30 Meter weit. Die Pioniere blieben in dem Besitz der Brükke, bis Männer der 10. PD zu ihnen durchstießen. Die Freude auf beiden Seiten war groß.

Der Kampf um Tebourba war zu Ende und am Nachmittag des 4. 12. wurden alle verfügbaren deutschen Kräfte auf die Torwächterhügel angesetzt. Die Fallschirmjäger des FJR 5 und Witzigs Pioniere, sowie die Jäger des Regimentes Barenthin, stürmten hier Schulter an Schulter und kämpften die Stellungen nieder.

Auf dem Rückmarsch zum Regiment wurde der Zug Arent auf der Höhe 154 – dem Khoumet el Diab – von Feindgeschützen beschossen. Karabinerschüsse knallten dazwischen. Von einer Kugel in den Kopf getroffen stürzte Feldwebel Peter Arent tot zu Boden. Auf dem Soldatenfriedhof von La Mornaghia wurde er bestattet. Er erhielt am selben Tage für seinen Einsatz bei El Bathan das Ritterkreuz. Oberstleutnant Koch legte es seinem gefallenen Feldwebel, der ihm auch nach Eben Emael gefolgt war, auf den Sarg.

Die Schlacht um Tebourba war zu Ende. Hier hatte neben den Fallschirmjäger-Einheiten die Tigerkompanie des Baron Nolde mit großem Einsatz neben den Männern der 10. PD gekämpft. Der Gegner mußte 134 abgeschossene Panzer auf dem Gefechtsfeld zurücklassen. 1 100 Gefangene wurden gemacht. Die »Blade Force« und die »Kampfgruppe B« waren schwer angeschlagen. Die 11. englische Brigade und das Panzer-Infanterie-Regiment 18 der 1. US-PD dezimiert. 40 Geschütze und Munition wurden erbeutet und auf deutscher Seite eingesetzt. Über dem Brückenkopf Tunesien hatte der Gegner in diesen drei Tagen 47 Flugzeuge verloren.

In dem amtlichen alliierten Generalstabswerk über den Krieg in Nordafrika heißt es dazu:

»The Germans won the race for Tunis – Die Deutschen gewannen den Wettlauf nach Tunis.«

Die Fallschirmjäger-Einheiten hatten ihren besonderen Anteil an diesem Abwehrerfolg, der gegen eine vielfache zahlenmäßige Übermacht errungen worden war.

Im weiteren Verlaufe dieses sechsmonatigen Ringens um den Brükkenkopf Tunesien, bis zu seinem Ende am 12. Mai 1943, standen Fallschirmjäger an allen Brennpunkten immer wieder im Einsatz. So im Nordabschnitt beim Regiment Barenthin und beim Bataillon Witzig, als auch bei Fourna, beim FJR 5. Auf der Höhe 107, an der Hauptstraße Tunis-Medjez el Bab, kurz hinter Ksar Tyr, kämpften nacheinander alle Bataillone des FJR 5. Auf den vielen Fermen mit den kennzeichnenden Namen »Weihnachtsferme«, »Blechbudenferme« und »Kochferme« nisteten sich die Fallschirmjäger ein. Und in den Blauen Bergen von Bou Arada erlebten sie einen dramatischen Einsatz, bei dem Leutnant Erich Schuster den Tod fand. Oberleutnant Kleinfeld übernahm die verwaiste Kompanie.

Inzwischen war die Panzerarmee Afrika bis in die Gabes-Stellung gelangt. Von hier aus unternahm Feldmarschall Rommel seinen letzten großen Raid über Gafsa, durch den Faidpaß auf Tebessa. Er wollte mit diesem kühnen Plan die Gegner im Kampfraum Tunis von ihrem Nachschub abschneiden und das Blatt in Nordafrika noch einmal wenden. Der Kasserinepaß wurde nach mehreren vergeblichen Angriffsversuchen von der Abteilung Stotten des PR 8 durchstoßen. Der Weg ins feindliche Hinterland schien frei. Dann war auf dem Wege nach Tebessa, dem Zentrum des feindlichen Nachschubs, nur noch der Paß über den Djebel el Hamra zu überwinden. Es sah so aus, als sollte das Halten des Brückenkopfes Tunesien nun auch noch den endgültigen Sieg in Afrika bringen; nicht nur die Aufnahme der Panzerarmee Afrika.

Am 22. Februar 1943 fiel dann die Entscheidung. Der Gegner warf alles in die Bresche, was er besaß. Und das Kampfkommando B unter Brigadegeneral Robinett brachte schließlich die Entscheidung. Da in dieser Situation außerdem Meldungen aus der Mareth-Stellung im Süden kamen, wo Rommels Reste verteidigten, daß die Achte Armee sich zum Angriff bereitstellte, befahl Feldmarschall Rommel in einem Gespräch mit Feldmarschall Kesselring, der von Frascati aus herübergeflogen war, die Einstellung des Angriffs und den raschen Rückzug zur Mareth-Stellung, die es so lange wie möglich zu halten galt.

Am 23. 2. setzte Feldmarschall Kesselring in Frascati eine neue Befehlsgliederung in Kraft, mit welcher die Heeresgruppe Afrika geboren wurde. Feldmarschall Rommel wurde zunächst der Oberbefehl übertragen. Sein Nachfolger sollte Generaloberst von Arnim werden, der die 5. Panzerarmee führte, die in Tunesien aus dem XC. AK entstanden war.

Der Endkampf um Tunis begann. Wieder standen Fallschirmjäger an allen Fronten im Einsatz. So beim Djebel Abiod das Bataillon Witzig, das der Division von Manteuffel zeitweise unterstellt wurde.

Beim Unternehmen »Ochsenkopf« bildeten das FJR 5 und die 10. PD den südlichen Angriffskeil. Nahe dem Djebel Rihane kam es zum zweitenmal zu einem Zusammentreffen deutscher und englischer Fallschirmjäger. Es war das I./FJR 5 unter Hauptmann Jungwirth und das 1st Parachute Battalion (I./Fallschirmjäger-Commando 6) unter Brigadier Mills-Roberts, das der 11. Brigade der englischen 78. ID unterstellt worden war. Nach schwerem Kampf zogen sich die Engländer zurück. Durch Panzer der 78. ID unterstützt, die General Evelegh nach vorn schickte, hielten sie dann aber dem deutschen Nachstoß stand.

Das III./FJR 5 unter Hauptmann Schirmer kam bis zu einem englischen Verpflegungslager bei Kir el Briouigue. Der Gegner wurde vollständig überrascht. Weiter ging es – die 12. Kompanie unter Oberleutnant Gasteyer voraus – zur Paßhöhe nach Bir el Krima empor. Hier erhielten sie starkes Feuer. 12 Panzer der 10. PD unter Hauptmann Hofbauer fuhren den Angriff mit. Sie schossen sich mit dem Gegner herum und Oberleutnant Gasteyer drängte auf den Weiterstoß, denn El Aroussa lag nur noch 12 km weit entfernt. Aber es dauerte vier Stunden, bis sich alles oben auf dem Paß gesammelt hatte. Teile des I. Bataillons hatten schon mit dem III. Bataillon Verbindung aufgenommen. Am Nachmittag ging es weiter. Kurz vor El Aroussa gerieten diese Gruppen in einen Feuerschlag englischer Pak, die neun der zwölf Panzer abschossen. Die Fallschirmjäger waren in einen gutausgebauten Hinterhalt gefahren. Sie mußten sich auf den Paß zurückziehen. Dort richteten sie sich zur Rundumverteidigung ein. Der wenig später hier angreifende Gegner wurde zurückgeworfen.

Als Stunden später englische Infanterie mit Panzern angriffen, hatte Hauptmann Schirmer rechtzeitig Stukaunterstützung angefordert. Mit gutgezielten Bombenwürfen wurden die Panzerspitzen vernichtet.

Bis zum 28. 2. wurde der Paß verteidigt. Am 1. 3. kam es zum Feindeinbruch. Der Gegner hatte abermals mit Panzern angegriffen. Kämpfend zog sich das Bataillon bis zum 3. 3. nach Goubellat zurück. Das Unternehmen »Ochsenkopf« war gescheitert.

Am 14. März wurde das FJR 5 in die Jäger-Division »Hermann Göring« eingegliedert und erhielt die neue Bezeichnung: »Jäger-Regiment 5 »HG«.«

Bis zum bitteren Ende in Nordafrika kämpften die Fallschirmjäger auf diesem Kriegsschauplatz. Zwischen Sidi Salah und Goubellat standen sie gegen eine zehnfache Übermacht fest. Der Angriff am Djebel Jaffa brach unter schweren Verlusten für die Fallschirmjäger zusammen. Der Endkampf um Tunis begann.

Auf dem Djebel Achkel, nahe der Küste im Norden, krallten sich die Pioniere Witzigs in den Boden ein. Starke Feindangriffe blieben hier liegen. Weiter im Süden, auf der alten Höhe 107, stand ein Zug unter Oberfeldwebel Heinrich Schäfer. Sein Code-Rufname war »Kaktusfarm«. Mit 48 Fallschirmjägern hielt Schäfer hier vier Tage und Nächte Angriffe einer ganzen Division auf. Er hatte das gesamte Gelände verminen lassen. 37 Feindpanzer wurden vernichtet. Erst am 1. 5. zog sich Schäfer mit dem Rest seiner Männer in den Raum südlich Massicault zurück. (Am 8. August 1944 erhielt der Oberfeldwebel im POW-Camp Harne in Texas durch einen amerikanischen Oberst das Ritterkreuz überreicht, das ihm über das Rote Kreuz nachgeschickt worden war).

Nachdem bereits Oberstleutnant Koch zu anderer Verwendung nach Deutschland zurückbeordert worden war, fiel am 30. April auch Hauptmann Schirmer, der Regimentsführer aus. Er hatte einen schweren Malariaanfall erlitten. Hauptmann Zimmermann, im April nach Afrika gekommen, übernahm die Regimentsführung und Hauptmann Hoefeld führte von nun an das III. Bataillon.

Am 12. Mai 1943 ließ General der Panzertruppe Cramer, der letzte

Kommandierende General des DAK, folgenden Funkspruch an das OKW tasten:
»An OKW: Munition verschossen. Waffen und Kriegsgerät zerstört. Das Afrikakorps hat sich befehlsgemäß bis zur Kampfunfähigkeit geschlagen.«
Der Kampf in Afrika war zu Ende. Unter den 130 000 deutschen Soldaten, die hier in die jahrelange Gefangenschaft gingen, befanden sich auch die Fallschirmjäger-Verbände, die hier in den Monaten eines Armeleutekrieges immer wieder im vordersten Treffen gestanden hatten. Bis auf die vielen Fallschirmjäger, die irgendwo ihr Ende fanden und jene 322 Gefallene, die auf dem Friedhof von La Mornaghia zur letzten Ruhe gebettet wurden. Viele Offiziere des Regimentes starben hier an der Spitze ihrer Einheiten (Siehe Anlage: Das Fallschirmjäger-Regiment 5 in Afrika).

DER KAMPF UM SIZILIEN

DIE MONATE DER ZWISCHENZEIT

Während das FJR 5 nach Afrika übergeführt wurde und im Winter 1942/43 in einem erbitterten Ringen stand, hatte Ende November 1942 die 7. Flieger-Division ihre endgültige Bezeichnung Fallschirmjäger-Division 1 erhalten. Ende Januar 1943 wurde aus Resten, die in Deutschland standen – unter ihnen auch Teile des FJR 5, die noch nicht nach Afrika übergeführt worden waren – die Fallschirmjäger-Division 2 aufgestellt. Divisionskommandeur dieser neuen Division wurde Generalleutnant Ramcke. Auf dem Truppenübungsplatz Queoquidan und bei Auray erfolgte die Aufstellung. Von hier aus sollten noch Ende April Soldaten nach Afrika übergeflogen werden. Und zwar die Reste des Bataillons Pietzonka, das im Oktober 1942 aus Rußland nach Mourmelon verlegt worden war und hier aufgefrischt wurde.
Nach vollendeter Aufstellung dieser Division standen dem XI. Fliegerkorps erstmalig *zwei* Fallschirmjäger-Divisionen zur Verfügung. Ende Juni wurde das Korps dem OKW als operative Reserve unterstellt. Der Korpsstab lag in Nimes, Südfrankreich.
In den zwei Jahren, die inzwischen nach Kreta vergangen waren, war das Problem des Fallschirmabsprungs mit der »Waffe am Mann« gelöst worden. Selbst schwere Granatwerfer konnten von den Fallschirmjägern getragen werden. Das XI. Fliegerkorps war mit 30 000 ausgezeichnet ausgebildeten und wohlbewaffneten Soldaten die stärkste bewegliche Reserve, über die das OKW verfügte.

Im September 1942 war parallel dazu General Eugen Meindl nach Deutschland befohlen worden, um mit seinem Stab als Korpsstab des XIII. Fliegerkorps eine völlig neue Aufgabe zu übernehmen. Bis dahin hatte der Verband Meindl, inzwischen längst zur »Division Meindl« aufgestockt, im Mittelabschnitt der Ostfront im schweren Einsatz gestanden. Der Kern dieser Division – das Fallschirmjäger-Sturmregiment – hatte sich auch hier als standfest erwiesen. Nun aber verlegte der Stab diese Division nach Großborn. Hier wurden nun die ersten zehn Luftwaffen-Felddivisionen aufgestellt. Der Truppenübungsplatz Bergen kam hinzu. Im Laufe der nächsten Monate wurden durch den Stab Meindl nicht weniger als 22 solcher Luftwaffen-Felddivisionen aufgestellt. Doch General Meindl wollte zur Fallschirmtruppe zurück. Sein Wunsch sollte sich bald erfüllen.

FEIND IST AUF SIZILIEN GELANDET

Am 12. Mai 1943, dem Tage des Endes in Afrika begann die Verlegung des Stabes der Achten Armee nach Kairo, dem Planungshauptquartier der »Kampfgruppe Ost« jener Streitkräfte, die im Juli 1943 das Tor zur Festung Europa aufstoßen sollten, indem sie auf Sizilien landeten.

Dieser Feldzug, der den Operationsnamen »Husky« trug, sollte in fünf Phasen durchgeführt werden.

1. See- und Luftstreitkräfte neutralisieren die feindlichen Luft- und Seebasen und verhindern die Neubildung solcher Basen.
2. Vorangriff von Fallschirm- Luftlande- und Kommandotruppen, Luft- und Seelandungen zur Sicherstellung von Flugplätzen und der Häfen Syrakus und Licata.
3. Errichtung einer festen Basis zur Sicherung der Operationen für die Eroberung der Häfen Augusta, Catania und des Flugplatz-Komplexes von Gerbini.

4. Inbesitznahme und Sicherung der Objekte aus Phase 3.
5. Die Eroberung der Insel.

Die beiden Gruppen erhielten folgende Angriffsplätze zugewiesen:
7. US-Armee, General Patton, landet im Golf von Gela, zwischen Licata und Scoglitti. (Siehe Anlage: Landungsstreitkräfte Sizilien)
8. Britische Armee, General Montgomery, geht rittlings der Halbinsel Pachino im Golf von Noto an Land.

Die tragende Idee dieser Invasion war die Unterteilung der Insel in zwei Hälften: der westlichen, deren Eroberung der 7. US-Armee zufallen sollte und der östlichen, die von der 8. Britischen Armee genommen werden sollte.

Auf Seiten der Achse führte auf Sizilien das italienische Armeeoberkommando 6, General Guzzoni. Zwei Armeekorps mit fünf Küsten-Divisionen, zwei Küsten-Brigaden und einem autonomen Küsten-Regiment standen ihm zur Verteidigung zur Verfügung. An deutschen Kräften standen rund 30000 Mann auf der Insel: Flak, Luftwaffe und deren Bodenpersonal sowie die noch nicht aufgelösten Nachschubverbände für den afrikanischen Kriegsschauplatz. Oberst Ernst-Günther Baade wurde bereits am 6. 5. vom OB-Süd beauftragt, alle deutschen Soldaten auf der Insel zur Bildung einer Rückhalttruppe zusammenzufassen. Aus diesem »Kommando Sizilien« sollte eine Panzergrenadier-Division aufgestellt werden. Dann wurde die Panzer-Division »HG« nach Sizilien verlegt. Generalmajor Rodt hatte inzwischen die Führung der nun in 15. PGD umbenannten Truppe des »Kommandos Sizilien« als Kommandeur übernommen.

Das waren die Kräfte, die auf Seiten der Achse am 9. Juli 1943 auf Sizilien standen.

In der Nacht zum 10. 7. 1943 begann die Invasion Siziliens. Unmittelbar nach Bekanntwerden der alliierten Landungen wurde, noch in der Nacht, das XI. Fliegerkorps alarmiert. General der Flieger Student schlug sofort einen Luftlandegegenangriff vor. Er hatte dazu 30 000 ausgesuchte Fallschirmjäger zu Verfügung. Mit diesen wollte er mitten in die feindlichen Landungszonen hineinspringen und den Gegner noch im Zeitpunkt seiner Schwäche von innen heraus zerschlagen. Dieser Vorschlag wurde abermals als zu kühn abgelehnt.

Den ganzen 10. Juli über blieben die Truppen des XI. Fliegerkorps in Alarmbereitschaft. Die Jäger warteten auf ihren Einsatz, der – das wußten sie nur zu genau – je früher desto durchschlagenderen Erfolg haben würde. Ihre Geduld wurde auf eine harte Probe gestellt. Erst in den Mittagstunden des 11. 7. erhielt General der Flieger Student Befehl, die 1. Fallschirmjäger-Division noch am Nachmittag gruppenweise nach Italien zu überführen.
Generalleutnant Heidrich, der Kommandeur der 1. FJD, flog mit seinem kleinen Führungsstab direkt ins Hauptquartier des OB-Süd nach Frascati bei Rom voraus.
Das FJR 3 unter Oberst Heilmann startete wenig später von Avignon und Tarascon aus zum Flug nach Italien. Diesem Regiment sollten das FschMG-Batl., das FschPiBatl. 1 und schließlich auch das FJR 4 unter Oberstleutnant Walther, sowie Teile der Artillerie- und der Panzerjäger-Abteilung 1 folgen.

Bei der Zwischenlandung in Rom wurde das Regiment Heilmann von Generalleutnant Heidrich empfangen, der Heilmann den Befehl gab, am anderen Morgen in die bereitstehenden He 111 zu verladen und als erste Welle am Nachmittag des 12. 7. in der Weizenebene von Catania im Sprungeinsatz zu landen.
»Ihnen werden drei weitere Gruppen Fallschirmjäger folgen«, erklärte der Divisionskommandeur. »Und zwar:

2. Gruppe: Fallschirm-MG-Bataillon und Funkkompanie der Divisions-Nachrichtenabteilung

3. Gruppe: Pioniere, Panzerjäger, FJR 4

4. Gruppe: Fallschirmjäger-Regiment 1, FschArtAbt. 1.

Auch Generalleutnant Heidrich war im Gespräch mit Oberst

Heilmann der Überzeugung, daß es möglich sein müsse, den Gegner wieder ins Meer zu werfen.
Der Auftrag an die ebenfalls gelandete Funkkompanie lautete: »Aufbau eines Führungsapparates in möglichst kurzer Zeit.«
Inzwischen hatte Hauptmann Stangenberg, ein Offizier aus dem Stabe der 1. FJD, der zusammen mit dem Ia von Feldmarschall Kesselring und mit Hauptmann Specht, der als Generalquartiermeister der 1. FJD alles zur Aufnahme dieser Division nötige veranlassen sollte, die He 111 bestiegen, die sie drei nach Sizilien vorausbringen sollte.
Hauptmann Stangenberg hatte Auftrag, den Absprungraum für das FJR 3 – das bei seiner Ankunft auf der Insel gerade auf dem Flugplatz Fiumicino in einen Fliegerangriff geriet – zu finden.
Als Stangenberg eben den Absprungraum südlich Catania erreichte, geriet er in einen alliierten Luftangriff. Er mußte in einer schmalen Schlucht am Rande eines Olivenhaines Schutz suchen. Danach fuhr er nach Catania zurück, ließ sich mit Generalleutnant Heidrich verbinden und sagte diesem, daß er den Absprungraum gefunden habe. Die Position wurde Oberst Heilmann, der startbereit war, mitgeteilt.
In der Zwischenzeit hatte Hauptmann Specht sich um Fahrzeuge zu bemühen, sie in den Raum Catania zu schaffen, damit sie dort von den springenden Fallschirmjägern erreicht werden konnten. Mit diesen Fahrzeugen würden die Jäger sodann gegen den Feind fahren.
Alles dies lief mit der Reibungslosigkeit eines gut funktionierenden Uhrwerkes ab. Die Sprungstelle gab Generalleutnant Heidrich folgendermaßen zu General Student durch:
»Landeplatz auf der Linie Stazione di Passo – Martino. Verstärkung der Kampfgruppe Schmalz der Division ›Hermann Göring‹.«
Die Fallschirmjäger gingen am Morgen viereinhalb Stunden nach Hauptmann Stangenberg zu ihren Maschinen. Erstes Zwischenziel war der Flughafen Pompigliano südlich Neapel. Hier mußte noch

einmal aufgetankt werden. Das Auftanken verzögerte sich, weil der Flugplatz am Vortage von einem alliierten Bombenangriff völlig verwüstet worden war. Erst am Nachmittag konnte der Weiterflug angetreten werden. Dadurch verzögerte sich der Termin zum Sprung um mehrere Stunden und deshalb erschien der Verband auch erst spät über der Straße von Messina, wo ihnen in unmittelbarer Nähe 20 Lightnings begegneten, die allerdings in diesen Sekunden den Rückflug antreten mußten, weil sie sonst ihre afrikanischen Einsatzhäfen nicht mehr erreicht hätten. Dies war eine der Unwägbarkeiten, die man mit »Kriegsglück« zu bezeichnen pflegt.

Genau um 18.15 Uhr des 12. 7. ertönte in den Maschinen der Fallschirmjäger das Boschhorn mit dem Zeichen zum Sprung. Als erster verließ Oberst Heilmann die Führermaschine. Ihm folgten 1 400 Fallschirmjäger nach. Das gesamte Regiment sprang schulmäßig und dicht geschlossen. 1 400 Fallschirmjäger wurden unmittelbar danach von dem scharfen von See her wehenden Wind erfaßt. Beim Aufsetzen gab es infolgedessen mehrere Sprungverletzte.

Dennoch war alles überraschend glatt gegangen. Kein einziger Fallschirmjäger wurde beschossen. 45 Minuten nach dem Sprungsignal hatte Heilmann seine Fallschirmjäger gesammelt. Er befahl das entfaltete Vorgehen nach Süden.

Als sie auf die inzwischen bereitgestellten Wagen stießen, saßen sie auf und fuhren in den Raum Lentini. Hier trafen sie gegen 20.00 Uhr ein und fanden die ersten Teile der Kampfgruppe Schmalz, die vor dem mit großer Kraft nachdrückenden Gegner bis hierher hatte zurückweichen müssen. Noch in der Nacht ließ Heilmann eine Stellung zwischen Carlentini und der See beziehen. Das II./FJR 3 wurde auf Befehl von Oberst Schmalz, der hier führte, nach Francofonte in Marsch gesetzt. Hier klaffte zwischen Lentini und Vizzini eine breite Lücke zwischen der Kampfgruppe Schmalz und der PD «HG«.

Am Abend des 11. 7. stiegen auch die 2 000 Fallschirmjäger der 82. US Airborne-Division in 144 C-47-Maschinen auf, um von ihren tunesischen Standorten in den Bereich der 1. US-ID auf dem Flugplatz Farello im Sprungeinsatz niederzugehen.
Um Pannen zu vermeiden und vor allen Dingen um auszuschließen, daß wieder – wie dies in der ersten Nacht geschehen war – alliierte Maschinen von alliierten Schiffen beschossen wurden, ließ das II. US-Korps über Funk an alle Schiffe Warnungen durchgeben und der Luftabwehr wurde befohlen, sich in diesem geplanten Landeraum zurückzuhalten. Das Feuer dürfe nur auf deutlich erkannte Ziele eröffnet werden.
Die C-47-Maschinen flogen kurz vor Mitternacht in nur 600 Meter Höhe über die ankernde Flotte hinweg. Es war wolkenlos und windstill. Alles wäre glatt gegangen, wenn nicht deutsche Bomberverbände nach Einbruch der Dunkelheit die Invasionsflotte im Abschnitt vor Gela gebombt hätten.
Von seinem Hauptquartier, im ehemaligen Standort der Carabinieri in Scoglitti, sah General Bradley das Abwehrfeuer der Flotte, die zwei deutsche Bomber abschoß, während diese eben ihre Bomben abluden.
Eben hatte die Luftabwehr der Schiffe das Feuer eingestellt, weil der letzte deutsche Bomber aus dem Wirkungsbereich ihrer Waffen verschwunden war, als auch schon die Führungskette des US-Lufttransportgeschwaders über den Golf von Gela hinwegzog und in Richtung Absprungzone weiterflog. Alles schien gut zu gehen. Die Flotte lag nach der Bombardierung in Ruhe. Da begann plötzlich eine Flakbedienung zu feuern. Seine Leuchtspur gab den Auftakt. General Bradley mußte von Scoglitti aus zusehen, wie die eigenen Maschinen abgeschossen wurden. Hier sein Bericht darüber:
»Während ich in meiner Hilflosigkeit von Scoglitti zum Strand hinüberblickte, schien der ganze Himmel im losbrüllenden Luftab-

wehr-Feuer zu explodieren. Granatsplitter klickerten auf die Ziegel unseres Daches herunter.
Wie ein Flug Wachteln rasten die Maschinen auseinander, als die Piloten kurvten, um diesem mörderischen Feuer zu entkommen. Die ersten Maschinen wurden getroffen. Schnelle huschende Lichter flackerten durch die Kabinenfenster, und die Fallschirmjäger sprangen aus den kurvenden Transportern heraus.
Einige landeten an der Divisionsfront, wo sie für geheimnisvolle deutsche Angreifer gehalten wurden. Viele starben, noch in den Schirmen hängend. Von den 144 Maschinen stürzten 23 ab. Die Hälfte der übrigen kamen kampfunfähig geschossen mit letzter Kraft nach Tunesien zurück. Am Morgen des 12. 7. enthüllte sich das ganze schaurige Bild der abgestürzten und in der Brandung treibenden Maschinen.
Die Verluste der Fallschirmjäger in dieser Nacht überschritten zwanzig Prozent. *Ohne* Gegnerwirkung. Ich gebe die ganze Schuld an dieser Tragödie der Navy mit ihrer laxen Feuerdisziplin.«

WEITERE FALLSCHIRMLANDUNGEN

Am Morgen dieses 12. 7. war Feldmarschall Albert Kesselring im Hauptquartier der 6. ital. Armee in Enna erschienen, um mit General Guzzoni und General von Senger – letzterer fungierte als sein Beauftragter im italienischen Hauptquartier – die Lage zu besprechen und die notwendigen Führungsmaßnahmen aufeinander abzustimmen. Anschließend fuhr er mit General von Senger an die Front. Das Ergebnis dieses ersten Besuches nach der alliierten Landung faßte er zusammen in den Worten:
»Das Ergebnis des Sizilienfluges war trübe. Ich stellte das vollkommene Versagen der italienischen Divisionen sowie Führungsmängel durch Nichtbeachtung des vereinbarten Verteidigungspla-

nes fest. Dadurch wurden die wenigen deutschen Truppen, die ohnehin kaum lösbare Aufgaben erhalten hatten, noch weiter strapaziert.«
Während der Abwehrkampf tobte, landete am Nachmittag des 13. 7. auf dem Flugplatz von Catania das Fallschirm-MG-Bataillon 1. Major Schmidt, der Kommandeur des Bataillons, fuhr sofort zum Gefechtsstand von Oberst Schmalz, um ihm das Eintreffen seines Verbandes zu melden. In der Zwischenzeit führte Hauptmann Laun das Bataillon in Richtung Primasole und ließ es westlich dieser Ortschaft in einem Orangenhain unterziehen, damit es vor Fliegersicht geschützt war. Diese Verlegung sollte sich – wenn auch ohne diese Absicht, deshalb jedoch umso wirkungsvoller – als genau richtig herausstellen.
Kurz vor Mittag dieses 13. 7. wurde der Flugplatz von Catania abermals von fliegenden Festungen angegriffen (er war auch während der Landung des FschMG-Batl. angegriffen worden. Zwei der soeben gelandeten Maschinen waren diesem Angriff zum Opfer gefallen). Diesmal wurden in dem dichten Bombenteppich zwei »Giganten« vernichtet, die mit Fallschirm-Pak vollgestopft waren. Dadurch wurde das Panzerjäger-Bataillon der 1. FJD entscheidend geschwächt.
Als die Funkkompanie wenig später in Catania landete und ihr Chef, Oberleutnant Fassel seine Aufgabe angehen wollte, wurde sie von Generalleutnant Heidrich in den Hafen von Catania dirigiert, um den Schutz dieses wichtigen Objektes zu übernehmen. Hauptmann Stangenberg hatte diesen Hafen am frühen Nachmittag aufgesucht und herausgefunden, daß die italienische Besatzung einfach davongelaufen war.

Der Kampf der 15. PGD und der PD-»HG« sowie der Kampfgruppe Schmalz mit den eingeschobenen drei Fallschirmjäger-Bataillonen spitzte sich mehr und mehr an diesem 13. 7. zu. Die im Augenblick bezogene Stellung Südrand Lentini – Ninella – Castel-

luzzo mußte noch bis zum Abend des 14. 7. gehalten werden, weil es die letzte Stellungsmöglichkeit vor Catania war.
Als sich Major Schmidt kurz nach seiner Vorstellung bei Oberst Schmalz auch bei Oberst Heilmann meldete, sagte ihm dieser:
»In der kommenden Nacht wird sich bestimmt etwas ereignen. Der Gegner wird versuchen, hier in der Catania-Ebene durchzustoßen. Er wird dazu entweder von See her oder aus der Luft landen, um sich so schneller in den Besitz der Ebene zu setzen. Gelingt es ihm, in unserem Rücken an Land zu kommen und sich festzusetzen, dann sind wir hier abgeschnitten. Sie bleiben also mit Ihrem Bataillon südlich Catania an der Brücke über den Simeto verteidigungsbereit. Sichern Sie mit einer Kompanie zum Meer.«
Oberst Heilmann wartete an diesem Abend vergeblich auf die 14. (Pak)-Kompanie seines Regimentes, die er an dem Sperr-Riegel dringend benötigte.
Der Vormarsch der im Osten angreifenden 8. Britischen Armee verlangsamte sich am 13. 7. Die Hitze auf der Insel führte zu starken Ermüdungserscheinungen bei der Truppe. Dennoch erzielte das XXX. AK, General Leese, Bodengewinn in Richtung Vizzino. Montgomery hatte hier die Absicht, noch am 13. 7. mit dem XIII. AK bei Lentini einen Durchbruch zu erzwingen und in die Ebene von Catania zu gelangen. Um dieses Ziel zu erreichen, setzte er eine Fallschirmjäger-Brigade und eine Commando-Abteilung ein. Diese sollten jene beiden Brücken handstreichartig in Besitz nehmen, die Voraussetzung für ein rasches Gelingen dieses Durchstoßes waren. Die erste Brücke war der Ponte dei Malati nördlich der Höhen von Lentini, die zweite die Brücke über den Simetofluß bei Primasole.
Die 1. britische Fallschirmjäger-Brigade, Brigadier Lathbury, erhielt den Auftrag, die Primasolebrücke zu nehmen und auf deren Nordseite einen Brückenkopf zu bilden.
Die Commando-Abteilung sollte nach der Landung im Raume westlich Agnone zum Ponte dei Malati stürmen und diese Brücke

in Besitz nehmen. Dieses Luftlandeunternehmen war folgendermaßen geplant: *)

»Handstreichartige Inbesitznahme der Primasolebrücke durch Teile des I. Bataillons, verstärkt durch die 1. Feldschwadron der Pioniere. Genaue X-Zeit plus 5: Absetzen zweier Züge des III. Bataillons mit Auftrag: Ausschalten der Flakbatterie im Nordwesten des Brückenkomplexes.

Rest I. Bataillon bezieht Verteidigungsstellungen an und auf der Brücke.

Rest III. Bataillon verteidigt nördlich Primasole.

Aufgabe des II. Bataillons: Besetzung einer Anhöhe südlich der Brücke und Brückendeckung für die übrigen Teile auf und vorwärts der Brücke.«

Sechs Flugplätze zwischen Kairouan und Sousse sahen gegen Sonnenuntergang des 13. 7. die Starts der Dakotas mit den Fallschirmjägern. Von 19 Halifax- und Stirling-Bombern, sowie von 11 Ablemarle geschleppt, nahmen wieder 30 Horsa-Segler an dem Unternehmen teil. In ihnen wurden vorwiegend schwere Waffen und Jeeps ans Ziel gebracht, um die Feuerkraft und Beweglichkeit der Fallschirmjäger zu verbessern.

Bereits beim Start fielen drei Maschinen mit Fallschirmjägern und ebenfalls drei Maschinen mit angehängten Seglern aus. Dies war nicht der einzige Zwischenfall. Wieder einmal erging es den Flugzeugen schlecht, als sie die alliierte Flotte überflogen. Die Flotte – seit dem 10. 7. immer wieder von deutschen Maschinen angegriffen – hielt sie für deutsche Bomber. Sie eröffnete das Feuer – wenige Minuten vorher hatten Ju 88 den feindbesetzten Hafen von Augusta angegriffen – und die bis dahin dicht geschlossen fliegenden zwei Verbände lösten sich auf. Mehrere Maschinen stürzten brennend in die See. Dennoch gelang es der Mehrzahl der Maschinen, auf die Ebene von Catania einzudrehen. Als sie die Küste er-

*) Siehe Chatterton: »The wings of Pegasus«

reichten, eröffnete die deutsche Flak das Feuer. Mit Munition vollgepackte »Horsas« platzten auseinander. Die Piloten setzten ihre Fallschirmjäger dort ab, wo sie sich eben befanden, um wegzukurven und zurückzufliegen.
Die Maschinen aber, die unmittelbar auf Primasole zuflogen, hatten ganz besonderes Pech. Hier hatte Hauptmann Laun das Fsch-MG-Batl. in dem Orangenhain unterziehen lassen. Die deutschen Fallschirmjäger sahen die einschwebenden Maschinen und als diese nahe genug herangekommen waren, schoß ein einziger MG-Zug, der im Einflugbereich der Maschinen lag, drei Lastensegler ab, die mit Pak und einem Jeep beladen waren. Die übrigen wurden durch den dichten MG-Feuervorhang zum Abdrehen gezwungen. Einem anderen MG-Zug gelang es, drei Fallschirmjäger-Maschinen abzuschießen.
Damit hatte dieses britische Fallschirm- und Luftlandeunternehmen mit einem Verlust von insgesamt 20 Maschinen begonnen. Viele weitere Maschinen waren ebenfalls getroffen worden. Sie hatten rasch abgedreht und ihre Fallschirmjäger dort abgesetzt, wo sie sich gerade befanden. Einige setzten über See ab. Der Großteil dieser Jäger ertrank.
Das FschMGBatl., machte bis Mitternacht in und um Primasole 82 Gefangene. Die 1. FschJägBrig. der Briten hatte 300 Mann Verluste erlitten.
Dennoch gelang es rund 22 Prozent der britischen Fallschirmjäger in der Nähe des Zieles zu landen. Überall ertönten in dieser Nacht die Parolen:
»Wüstenratten!« hallte es herüber und
»Tötet die Italiener!« schallte es zurück.
Während die vorausgeflogenen britischen Fallschirmjäger bereits in Richtung Primasolebrücke marschierten, trafen auch die letzten Schleppflugzeuge mit den Horsas ein. Als die Fallschirmjäger sammelten, verfügte Brigadier Lathbury noch über ein Fünftel seiner Soldaten. Ohne Feindberührung erreichte die Spitzengruppe das

Südende der Brücke. Im selben Augenblick flammten am Nordende Abschüsse auf. Das I. Bataillon, hatte den Simeto an einer Furtstelle überschritten und griff nun im Norden an. Die deutsche Brückenbesatzung wurde niedergekämpft. Vier deutsche Nachschubwagen für die Kampfgruppe Schmalz, die eben in diesem Augenblick über die Brücke nach Süden wollten, wurden zusammengeschossen. Englische Pioniere entfernten die Zündleitungen und die Sprengladungen. Die kleinen Sprengladungen wurden in den Fluß geworfen. Die Minen aber ließ Lathbury mitnehmen, um damit den eigenen Brückenkopf auf dem Nordufer im Halbkreis zu sichern. Die Brücke war in der Hand der englischen Fallschirmjäger.

Am anderen Morgen gegen 10.30 Uhr fuhr ein deutscher Kradmelder aus Catania der Brücke entgegen. Er war von Hauptmann Stangenberg zum FJR 3 entsandt worden, um Oberst Heilmann eine Meldung zu überbringen. Er erhielt an der Brücke Feuer, drehte im Kugelhagel und fuhr nach Catania zurück und machte Hauptmann Stangenberg davon Meldung, daß der Feind im Rükken der Kampfgruppe Schmalz an der Prismasolebrücke liege und diese sperre.

Sofort fuhr Hauptmann Stangenberg zur Brücke. Unterwegs raffte er 20 Fallschirmjäger zusammen. Auch sie erhielten zweihundert Meter vor der Brücke MG-Feuer. Der Hauptmann handelte sofort.

Er zog eine schwere Flakbatterie aus Catania heran und riegelte damit und mit den wenigen Fallschirmjägern nördlich der Brücke ab.

Offiziere und Unteroffiziere wurden zu den Stäben und Kommandostellen geschickt, um jeden verfügbaren Mann herzuholen. Dann erst fuhr Stangenberg nach Catania zurück und ließ sich über »Ausnahme« mit Generalleutnant Heidrich in Rom verbinden. Er meldete die Inbesitznahme der Brücke über den Simeto und berichtete weiter, daß er mit nunmehr achtzig Mann abgeriegelt habe. Er bat um Freigabe der Funkkompanie, die ja noch in Catania lag. Generalleutnant Heidrich erteilte die Genehmigung und um 15.00 Uhr standen die Soldaten von Oberleutnant Fassel an der Brücke.

Zur gleichen Zeit, da diese Kämpfe abrollten und die 1. englische Fallschirmjäger-Brigade landete, sprang die 3. Commando-Abteilung unter Oberstleutnant Slater bei Agnone aus den Sturmbooten an Land. Die zweite Brücke, der Ponte dei Malati, war ihr Ziel. Bereits auf See waren diese Sturmboote von der 2./FJR 3, die direkt an der Küste lag, unter Feuer genommen worden, ohne daß man die Landung hätte verhindern können. Bei Station Agnone stießen die Commando-Soldaten auf den Gefechtsstand der 3./FJR 3. Hauptmann Veth, der Chef der Kompanie, drängte den Gegner mit seinen Fallschirmjägern nach Norden ab.

Major Young erreichte mit seiner kleinen Gruppe – durch das Lentinital vorstoßend – dennoch den Ponte dei Malati gegen 03.00 Uhr. Es gelang seinen Männern, die Sprengladungen zu entfernen und in den Fluß zu werfen. Daraufhin bildete Oberst Slater nach Norden einen Brückenkopf. Als diese Kampfgruppe, die ja nördlich der Brücke gelandet war, an das südwestliche Ufer wollte, wurde sie vom Feuer eines einzigen Tigerpanzers empfangen, der von der Kampfgruppe Schmalz aus hierher dirigiert worden war. Dieser Panzer ließ keinen Soldaten des Commandos über die Brücke. Es war ein Tiger der sPzAbt. 504.

Hier sollte die 50. brit. ID eintreffen. Doch als am Vormittag der deutsche Druck zu stark wurde und die 50. ID noch immer nicht bis hierher vorgedrungen war, teilte Slater sein Commando in kleine Gruppen und befahl ihnen, ostwärts der Brücke einen Übergang zu suchen und sich zu den eigenen Truppen durchzuschlagen. Aber auch dieser Einsatz war erfolgreich, denn die Männer hatten die Sprengkammern der Brücke über den Lentini geleert. Es gelang den deutschen Kräften nicht mehr, sie in die Luft zu jagen. Die 50. ID stieß nun mit vollem Druck vor.

Die britischen Streitkräfte waren bei Carlentini aufgehalten worden. Erst am Morgen des 15. 7. erreichten sie die Primasolebrücke. Aber diese war wenige Stunden vorher von den Männern der 1. Fallschirmjäger-Brigade verlassen worden, weil deren Munition zur Neige gegangen war.

DIE ODYSSEE DES FALLSCHIRMJÄGER-REGIMENTS 3

Inzwischen waren das FschPiBatl. 1 und die leichte FschArtAbt. unter Hauptmann von Bültzingslöwen bei Catania luftgelandet. Sie erhielten von der Kampfgruppe Schmalz Weisung, dort zu bleiben und die vorbereiteten Stellungen am Nordrand der Ebene zu besetzen und zugleich mit dem FschMGBatl. 1 bei Primasole Verbindung aufzunehmen.
Unmittelbar nach dem FschMGBatl. 1 war an der Küste nördlich von Acireale das FJR 4 unter Oberstleutnant Walther gesprungen. Dies war übrigens für das Halten des Nordteiles der Primasolebrücke zur Rettung in letzter Sekunde geworden. Das FJR 4 besetzte das Nordufer des Flusses von der Küste aus landeinwärts, Walthers I. Bataillon legte sich hart beiderseits der Brücke bereit. In der Nacht zum 15. 7. traf hier auch das FschMGBatl. ein, das sich von Primasole-S. Giorgio, nach Westen ausholend, auf den Simeto abgesetzt hatte. In der neuen Simetostellung schloß es nach Westen an das FJR 4 an und fand mit seinem rechten Flügel Anschluß an die Kampfgruppe Schmalz, die sich hierher zurückzog.
Der Rückzug ging in der Nacht zum 15. 7. glatt vonstatten. Oberst Schmalz erreichte am Morgen des 15. 7. die neuen Stellungen. Allerdings fehlte ein Teil seiner Kampfgruppe und zwar das FJR 3. Was war dort inzwischen vor sich gegangen?
Als sich Teile der 3. Commando-Abteilung unter Oberst Slater vom Ponte dei Malati zurückzogen, stießen sie auf den Regimentsgefechtsstand des FJR 3. Oberst Heilmann kämpfte mit seinem

Stab den Gegner nieder; er nahm den Hauptmann, der diese 60 Mann starke Gruppe geführt hatte, gefangen. Als dann die 5. und 50. brit. ID Carlentini erreichten, erhielt auch Heilmann den Befehl zum Rückzug. Aber er zögerte deshalb, diesen Befehl auszuführen, weil er noch keine Meldung von seinem im Raume Francofonte stehenden II. Bataillon hatte. Am Nachmittag mußte er sich doch zum Rückzug entschließen und mußte wenig später erfahren, daß der Gegner bereits hinter ihm auf der Hauptstraße nach Catania rolle.

Als auch von See her das Feuer leichter englischer Seestreitkräfte zu hören war, versuchte Heilmann, mit seinem Regiment durch das Sumpfgebiet zwischen Strand und Straße durchzuschlüpfen. Dieses Vorhaben mußte bald aufgegeben werden. Nunmehr befahl Heilmann den Nachtmarsch nach – Westen.

Sich immer in der Deckung des Lentinigrundes haltend, erreichte das Regiment am Morgen des 15. 7. die Straße Lentini-Catania, südwestlich vom Ponte dei Malati, bei Principe. Wieder gingen Spähtrupps vor. Sie meldeten die Straße von englischen Fahrzeugen und Panzern völlig verstopft. Oberst Heilmann entschloß sich, hier in einem Orangenhain zu warten, um im Schutze der kommenden Nacht einen Durchschlupf zu finden.

Ein feindlicher Stoßtrupp, der durch diesen Hain strich, bemerkte die deutschen Fallschirmjäger nicht. Ein englischer Stab nistete sich ganz in der Nähe ein. Durch sein Fernglas konnte Heilmann jeden einzelnen Tommy genau erkennen.

Lastwagenkolonnen und Panzer zogen stundenlang auf der Straße vorüber. Der Regimentskommandeur ließ seine Bataillonskommandeure und Kompaniechefs rufen und unterbreitete ihnen den Plan: »Wir werden heute Nacht nicht über die Straße gehen, sondern den Lentini überqueren und uns am jenseitigen Ufer unter der Brücke hindurchpirschen. Sie, Kratzert, übernehmen mit Ihrem III. Bataillon die Führung. Es folgen die Granatwerfer- und die Panzerjäger-Kompanie. Den Schluß macht das I. Bataillon.«

Die bis hierher mitgeführten insgesamt 70 Gefangenen wurden unter der Obhut einiger Leichtverwundeter zurückgelassen, als die Fallschirmjäger den Lentini überquerten, um auf der anderen Seite unter der viaduktartigen Brücke durchzuschleichen.

Das III. Bataillon kam unangefochten unter der Brücke durch. Der Regimentsstab ebenfalls. Dann aber knallten die ersten Schüsse. Im geschlossenen Sprung stürmte das I. Bataillon noch in letzter Sekunde über die Straße. Alles schwenkte dann nach rechts in eine Schlucht hinein ab und tauchte dort im Schilf unter, während ihnen das Feuer des Gegners folgte. Wenig später ging es an einer Eisenbahnlinie entlang. Auf einem verlassenen Bahnhof wurde gesammelt. Kurz darauf marschierten die Fallschirmjäger in einen 2 Kilometer langen Tunnel hinein, durchliefen ihn unangefochten und rannten über ein kleines Stück freier Plaine in den dichten Schilfgürtel dahinter und krochen am Rande eines Feldflughafens in den als Strohhaufen getarnten, bereits verlassenen Zelten des Bodenpersonals unter.

Am Tage zogen gepanzerte Kolonnen des Gegners an ihnen vorbei. In der folgenden Nacht marschierte das Regiment im Schweigemarsch durch die Küstenebene. Gegen 04.00 Uhr morgens rollten Panzer an den Fallschirmjägern vorüber. Die Männer waren an einem Eisenbahndamm in Deckung gegangen. Und wieder wurde es Nacht. Die entscheidende Nacht, denn nun gelang der endgültige Durchbruch in die Stellungen der Kampfgruppe Schmalz. Wenig später erschienen dort Generalleutnant Heidrich und Feldmarschall Kesselring. Sie begrüßten die 800 Fallschirmjäger zur geglückten Rückkehr und Heidrich, der kleine rundliche und dennoch so bewegliche Divisionskommandeur, der jeden einzelnen Mann seiner Division kannte, war glücklich.

Inzwischen war auch die 29. Panzergrenadier-Division vom italienischen Festland auf die Insel übergesetzt worden, wenn auch erst in Teilen, denen das Gros dieser kampfstarken Division am 22. 7. folgte.

Als in der Nacht zum 17. 7. Piazza Armerina in die Hand der 1. kan. ID fiel, mußte der Gegner versuchen, nun auch die Primasolebrücke zu überwinden, wenn er in die Ebene von Catania einbrechen und nach Messina durchstoßen wollte. Um den Besitz der Primasole-Brücke aber kämpften die Roten Teufel gegen die Grünen Teufel.

Oberstleutnant Walther, der Kommandeur des FJR 4, hatte bis zuletzt versucht, die Brücke doch noch zu sprengen. Bei diesen Versuchen fiel am 17. 7. Major Paul Adolff, Kommandeur des FschPiBatl. 1, der persönlich in mehreren Anläufen einen mit Bomben beladenen Lastwagen auf die Brücke zu fahren versucht hatte. Schließlich gelang es der 23. brit. PzBrig. über die Brücke zu stürmen und auf dem Nordufer einen Brückenkopf zu bilden. Gleichzeitig damit durchquerte eine britische Fallschirmjäger-Kampfgruppe 500 Meter westlich der Brücke den Fluß und stieß am Nordufer entlang zum eigenen Brückenkopf durch. Vor der aus diesem Brückenkopf angreifenden Panzerbrigade ging die Kampfgruppe Walther elastisch zurück. Sie erreichte am Nachmittag des 17. 7. ein Bachbett, ungefähr 2 000 Meter weiter nördlich und richtete sich hier zur Verteidigung ein. Das XIII. brit. AK brachte mehr und mehr Panzer hinüber und weitete den Brückenkopf schließlich auf 2,6 Kilometer aus. Diesem Armeekorps lagen ganze fünf Fallschirmjäger-Bataillone gegenüber. Am Abend dieses 17. 7. versuchte General Dempsey mit der 50. ID und der 23. PzBrig. nach zweidreiviertelstündigem Trommelfeuer durchzubrechen. Mit den letzten Reserven gelang es Oberstleutnant Walther, den Stoß aufzufangen und den Gegner schrittweise wieder auf seinen Brückenkopf zurückzudrücken. Damit kam an dieser Stelle der Front der Angriff zum Erliegen. Bis zum 3. 8. gelang es dem vielfach überlegenen Gegner an dieser Stelle nicht, weiteren Bodengewinn zu erzielen.
General Montgomery stellte nun alles auf einen Stoß der 5. ID ab,

die westlich der Brücke über den Fluß setzen und auf Misterbianco angreifen sollte.

Am 23. 7. erging eine Weisung von General Alexander an die US-Generale Patton und Bradley (Siehe: Die Alliierten Streitkräfte auf Sizilien) den Endkampf auf der Insel einzuleiten. Sie lautete:

> »Um den Zusammenbruch der auf Sizilien verbliebenen deutschen Truppen rasch herbeizuführen, ist es notwendig, daß Sie auf deren nördlichem Flügel einen starken Druck ausüben und diesen Druck ununterbrochen aufrechterhalten.
>
> Damit die Operationen der 7. und 8. Armee koordiniert werden können, sollte dieses Vorhaben sobald wie möglich erfolgen. Spätestens jedoch am 1. August.«

Der britische Angriff richtete sich auf die in 733 Meter Höhe gelegene Ortschaft Centuripe. Davor liegend, bei Catenanuova, verteidigte ein Festungs-Bataillon. Nach Westen schloß sich das I./FJR 3 an, das am 20. 7. dorthin verlegt worden war, um die Stellung zu halten. Beide Bataillone waren unter Oberstleutnant von Carnap, dem Adjutanten der 1. FJD, zu einer Kampfgruppe zusammengefaßt worden. Seine Aufgabe war es, das Dittainotal zu sperren.

In Centuripe selbst stand das II./FJR 3 unter Hauptmann Liebscher. Das III./FJR 3 setzte sich bei Regalbuto fest.

Als in der Nacht zum 31. 7. der Großangriff begann und die 78. ID der Engländer und die 3. kan. InfBrig. ins Dittainotal eindrangen, standen sie eine Stunde später bereits im Rücken der 1./FJR 3. Oberstleutnant von Carnap war bei dem vorbereitenden Trommelfeuer des Gegners gefallen. Doch nach Centuripe trauten sich die Engländer nicht hinein. Sie zögerten so lange, daß es Generalmajor Conrath, dem Kommandeur der PD-HG, gelang, das gesamte FJR 3 dorthin zu dirigieren. Zur 1. Kompanie, seit dem frühen Morgen in Regalbuto verteidigend, stieß das III./FJR 3.

Als die Engländer am Abend des 31. 7. den Angriff wagten, wurden sie blutig abgewiesen. Gegen Mittag des 1. 8. ließ General Lee-

se Bomber angreifen. Doch Hauptmann Liebscher hatte sein Bataillon auf den Südhang zurückgezogen und dort Stellungen anlegen lassen. Der Bombenangriff, der das Dorf in Schutt und Asche legte, traf ihn nicht. Als sich die 36. Brigade (der 78. brit. ID) an Centuripe heranschob und die Höhe 698, dicht unterhalb des Ortsrandes, erreichte, begann die zweite Bombardierung. Dann erst stürmten die englischen Soldaten vor. Auf dem Friedhof von Centuripe stießen Fallschirmjäger und Infanterie aufeinander. Der Kampf dauerte die ganze Nacht hindurch an. Erst am Morgen des 2. August drangen die Engländer in das Dorf selbst ein. Unmittelbar darauf griffen alliierte Bomberverbände Centuripe erneut an. Die Engländer flohen – soweit sie nicht fielen oder verwundet wurden – aus den Trümmern und zogen sich zurück. Die Fallschirmjäger rückten sofort nach und besetzten ihre alten Stellungen. Die Kampfkraft der 36. Brigade war gebrochen.
Nun griff die 38. Brigade dieser Division an. Am 2. 8. um 20.00 Uhr stürmten sie auf Centuripe vor. Stunden später gelangten sie in den Besitz der Stadt, denn Oberst Heilmann hatte seinem II. Bataillon befohlen, die Ortschaft zu räumen und auf Regalbuto zurückzugehen. Dort stand im Raum zwischen Centuripe und Regalbuto das I./FJR 3 – nurmehr 120 Soldaten stark – gegen die 3. kanadische Infanterie-Brigade und wies deren Angriffe ab. Lediglich einige Randstellungen mußten aufgegeben werden.
Das II./FJR 3, das bei Regalbuto stand, mußte sich der Angriffe der berühmten 231. (Malta)-Brigade erwehren. Auch hier wurden zahlreiche Bombenangriffe geflogen. Auch die kanadische Artillerie schoß nach Regalbuto hinein, wo Hauptmann Kratzert mit dem III./FJR 3 verteidigte. Erst als nacheinander noch die 1. und 2. kanadische Brigade angesetzt wurden, mußten die Fallschirmjäger auch hier weichen. Das Bataillon setzte sich nach Osten ab und hielt auf der Höhe stand, bis es – wie die beiden übrigen Bataillone dieses Regimentes – auf die Ätnastellung zurückgenommen wurde.

In der Nacht zum 4. 8. trat die brit. 50. ID im Raume der Kampfgruppe Walther an der Simetobrücke und nordwärts davon aus ihrem erweiterten Brückenkopf zum Angriff an. Hinhaltend kämpfend, überließ die Kampfgruppe Walther dieser Division bis zum Nachmittag des 5. 8. einen Geländestreifen von 7 Kilometer Länge. Südlich Catania lieferten die Fallschirmjäger dieser Division noch einmal ein erbittertes Gefecht. In der Nacht zum 6. 8. mußte dann aber Catania aufgegeben werden. Am nächsten Morgen erreichten die Engländer Paterno. Misterbianco fiel ebenfalls.
Auf dem linken Flügel der 8. brit. Armee griff am Nachmittag des 3. 8. die 78. ID auf den Salso zu an. Hier standen die Gefechtsvorposten des FJR 3. Sie wurden auf den Fluß zurückgedrängt und überschritten ihn. Dieser englische Vorstoß bedrohte unmittelbar die deutschen Hauptstellungen am Ätna.
Das britische XXX. AK stieß nunmehr konzentrisch weiter auf Adrano vor. Bomberverbände griffen hier in das Kampfgeschehen mit rollenden Einsätzen ein. In der Nacht zum 5. 8. wurde vom Gros dieses Armeekorps der Salso beiderseits der Straße Centuripe-Adrano überschritten. Die deutschen Kräfte wichen in hinhaltendem Widerstand langsam zurück. Am 6. 8. erreichten die Feindspitzen Adranos Vororte. Vorausabteilungen umgingen die Stadt und erreichten die Straße nach Bronte. In der Nacht zum 7. 8. erhielt das FJR 3 den Befehl, sich weiter zurückzuziehen. Die 78. ID der Engländer folgte den Fallschirmjägern auf den Fersen. Am 8. 8. mußte die Stellung, die das obere Simetotal verriegelte, ebenfalls aufgegeben werden.
Mit der Eroberung von Adrano war die deutsche Hauptverteidigungslinie quer durch Nordostsizilien zusammengebrochen. Der Rückzugskampf auf die Straße von Messina wurde weitergeführt.
Die 15. PGD unter Generalmajor Rodt kämpfte um diese Zeit in der Troinastellung. Von hier aus mußte sie sich der von der Straße Ragalbuto-Adrano heraufkommenden Engländer erwehren. Die amerikanischen Truppen, die am 4. 8. den Angriff auf diese Troi-

nastellung begannen, wurden von Artillerieverbänden und Bombergeschwadern unterstützt. Die 15. PGD verlor hier 1 600 Mann, das waren 40 Prozent der kämpfenden Truppe.

Direkt an der Küste, im Raume San Stefano, waren inzwischen Teile der 29. PGD eingesetzt worden. Generalmajor Fries zog sich hier – gegen einen starken Feind kämpfend – schrittweise nach Osten zurück, bis die verkürzte Ätnastellung erreicht war.

Zwei amerikanische Landungen im Rücken dieser Division wurden abgewehrt. Dies war die Situation, die General Hube, den Kommandierenden General des XIV. AK – das nun auf der Insel führte – dazu veranlaßte, mit seinem Stab einen Rückführungsbefehl auszuarbeiten der es ermöglichte, wenigstens die deutschen Teile von der Insel ans italienische Festland zu retten.

Da sich auf Sizilien inzwischen rund 50 000 deutsche Soldaten befanden, war dies ein schwieriges Unterfangen, zumal die feindlichen Luftstreitkräfte den Raum über der Übersetzstelle ständig mit Bomben belegen konnten.

Fünf sich immer weiter verjüngende Widerstandslinien wurden in Richtung Messina angelegt. Beim Ausweichen von der fünften auf die vierte Widerstandslinie sollten 8 000 Soldaten freigemacht und ans Festland geschafft werden. So sollte dies fortgehen, bis von der letzten Widerstandslinie aus der Rest ans Festland gekarrt worden war. Oberst von Bonin, der Chef des Stabes des XIV. AK, trug diesen Plan Feldmarschall Kesselring vor. Kesselring gab dem Armeekorps Handlungsfreiheit, im Sinne des Planes zu handeln. Diese Genehmigung wurde zwei Tage später auch vom Oberkommando der Wehrmacht erteilt. X-Tag wurde der 10. August, das hieß, daß ab dem 11. 8. des nachts die Rückführungen durchgeführt werden sollten. Bis dahin mußten die drei deutschen Divisionen auf der Insel und die Fallschirmjäger hinhaltend kämpfen.

Nachdem Bronte im Befehlsbereich des FJR 3 gefallen war, zog sich das Regiment auf Maletto zurück. Hier setzte sich Oberst Heilmann mit seinem zusammengeschmolzenen Regiment fest. Vor allem das I./FJR 3, das mit 120 Mann die Ortschaft selbst verteidigte, kämpfte opfervoll und hielt den Gegner bis zum 12. 8. auf. Die Kampfgruppe Walther und die Brigade Schmalz ließen den Gegner nach dem Fall von Catania ebenfalls nicht zur Entfaltung kommen. Am Abend des 8. 8. standen beide Kampfgruppen noch immer 8 Kilometer nördlich Catania.

Maletto wurde aufgegeben, Randazzo von den Amerikanern am 13. 8. erreicht. Doch so sehr sich die Alliierten auch mühten, es gelang ihnen nicht, *vor* den Deutschen Messina zu erreichen, den Sack zuzubinden und die deutschen Streitkräfte einzukesseln und zu vernichten.

Erst am 14. 8., als sich die Kampfgruppen Walther und Schmalz befehlsgemäß weiter nach Norden absetzten, erreichte die 50. ID der Engländer Taormina. Zur gleichen Zeit besetzte die 51. brit. ID Linguaglossa, während die 78. ID jene von Randazzo zur Küste verlaufende Querstraße säuberte.

In der Nacht zum 16. 8. ging auch im Osten eine britische Commandogruppe im Rücken der Kampfgruppe Walther an Land. Doch dieser Versuch, die Kampfgruppe Walther abzuschneiden, ging fehl, weil sich diese befehlsgemäß fünf Stunden vorher weiter nach Norden abgesetzt hatte und nun eine Linie nördlich der Stelle hielt, an der die 2. Commando-Abteilung gelandet war.

Die Absetzbewegungen klappten so vorzüglich, daß das Absetzen sogar am Tage weiter durchgeführt werden konnte. Die beiderseits der Messinastraße eingesetzten deutschen Flak-Batterien hielten den Gegner nieder. Sie standen hier in dichter Massierung und wenn sie »Vorhang« schossen, war es beinahe unmöglich für den Gegner, diesen Vorhang zu durchstoßen. In diesem Schutz kamen die einzelnen Übersetzwellen *ohne* Verluste an das italienische Festland.

Die Fallschirmjäger und die letzten Truppen der PD »HG« hielten in den beiden letzten Tagen den Druck aus Westen und Süden auf Messina aus. In einem der letzten Sturmboote, die am frühen

Morgen des 17. 8. 1943 ans italienische Festland schnurrten, befanden sich Oberst Schmalz und sein Stab. Im allerletzten Boot – das hatte sich dieser eiserne Russland-Soldat, General der Panzertruppe Hube geschworen – setzte auch der Kommandierende General ans Festland über, *nachdem* der letzte seiner Soldaten in Sicherheit war.

Die Verluste auf Sizilien waren auf beiden Seiten hoch. Die Alliierten verloren auf der Insel:

19 739 Tote, Verwundete und Vermißte.

Die italienischen Verluste waren:

160 000 Mann Gefangene, Tote, Verwundete und Vermißte (Die Mehrzahl waren Gefangene).

Deutsche Verluste:

32 000 Mann Gefangene, Tote, Verwundete und Vermißte.

Hier auf Sizilien hatten die Fallschirmjäger noch einmal gezeigt, daß sie gegen einen vielfach überlegenen Gegner kämpfen und durchzuhalten verstanden.

Daß es der deutschen Führung möglich war, Truppen *und* Material auf das Festland hinüberzuretten, war mit den Fallschirmjägern zu verdanken, die Schulter an Schulter mit den Truppen des Heeres gekämpft hatten.

Wie auch immer: Die alliierten Truppen hatten zum ersten Male auf europäischem Boden eine Angriffsoperation geführt und diese erfolgreich abgeschlossen. Damit hatten sie das Tor zur Festung Europa aufgestoßen. Sie werteten nunmehr ihre Erfahrungen aus, um danach zum Sprung ins Herz von Europa hinein anzutreten.

DER KAMPF UM ITALIEN

EIN SELTSAMER AUFTRAG FÜR GENERAL STUDENT

Während Teile der 1. FJD auf Sizilien kämpften und das FJR 1 unter Oberstleutnant Schulz auf dem Festland, im Großraum Neapel in Reserve lag, blieb die 2. FJD unter Generalleutnant Ramcke in Südfrankreich, weil das OKH mit weiteren Truppenlandungen, diesmal im südfranzösischen Raum rechnete.
Am 25. Juli wurde General der Flieger Student am späten Nachmittag aus dem Führerhauptquartier angerufen. Eine Stunde darauf saß er in seiner schnellen Reisemaschine, um nach fünfstündigem Flug, noch vor Mitternacht auf dem Rastenburger Flugplatz zu landen. Hitler empfing ihn sofort allein im Vortragszimmer. Es war derselbe Raum, in dem ein Jahr später das Attentat auf Hitler ausgeführt wurde. General Student berichtet:
»›Ich habe Sie,‹ so erklärte Hitler, ›und Ihre Fallschirmjäger für eine sehr wichtige Aufgabe ausersehen. Der Duce ist heute Mittag vom italienischen König abgesetzt und in Haft genommen worden. Das bedeutet den dicht bevorstehenden Abfall Italiens und seinen Übergang ins feindliche Lager.
Gehen Sie so schnell wie möglich mit allen verfügbaren Fallschirmtruppen nach Rom. Sie sind mir dafür verantwortlich, daß Rom gehalten wird; sonst sind unsere Truppen in Süditalien und auf Sizilien abgeschnitten. Sie sind mit Ihrem Korps dem Oberbefehlshaber Süd, Feldmarschall Kesselring, unterstellt; dieser ist bereits orientiert.‹

Dann erfolgte meine Einweisung im einzelnen und schließlich rückte Hitler mit dem Auftrag heraus, den ich eigentlich erwartet hatte:
›Eine ihrer besonderen Aufgaben ist es, meinen Freund Mussolini aufzufinden und zu befreien. Er soll natürlich von den Italienern (an die Amerikaner) ausgeliefert werden‹, schloß Hitler etwas pathetisch und mit erhobener Stimme.
Am frühen Morgen startete ich nach Rom. Mit mir flog der mir bis dahin unbekannte SS-Obersturmführer Skorzeny. In der Nacht war er mir mit einem SS-Kommando von 40 Mann für die Durchführung etwaiger polizeilicher Aufgaben zugeteilt worden.
Ich meldete mich bei Feldmarschall Kesselring in Frascati, der mich über die Lage in Italien näher orientierte und mich dann aufforderte, bei ihm zu wohnen. Ich nahm dies gern an und habe seine große Gastfreundschaft bis Mitte September, dem Abschluß der Kämpfe um Rom, genossen.«
Währenddessen wurden die Fallschirmjäger der 2. FJD schnell in den Raum Rom geflogen. Im Verlaufe zweier Tage landeten 20 000 Fallschirmjäger auf dem Flugfeld Pratica di Mare südwestlich von Rom. In den Pontinischen Sümpfen wurden Biwaks bezogen.
In Rom ging General Student sofort daran, den Aufenthaltsort Mussolinis zu erkunden. König Viktor Emanuel hatte Feldmarschall Kesselring – auf dessen Anfrage – wissen lassen, daß Mussolini sich in seiner – des Königs – persönlicher Obhut befände *und*, daß es ihm gut gehe.
Sonst war nichts in Erfahrung zu bringen. Mussolini war wie vom Erdboden verschwunden. Bis den Suchern ein Zufall zur Hilfe kam. Eines Tages erzählte der Nachrichtenführer, Oberst Rübke, General Student, daß einer seiner Unteroffiziere Mussolini gesehen habe. Dieser Unteroffizier war auf einer der Pontinischen Inseln stationiert. Als er in Gaeta an Land gegangen war, so berichtete der Unteroffizier, habe es Fliegeralarm gegeben. Doch es seien kei-

Fallschirmpioniere am 30. 7. bei Centuripe

Auf dem Rückzug entlang der Adria gelang es Oberfeldwebel Schmitz einen Sherman-Panzer bei Tomba, Höhe 203, (vor Cattolica) mit der Panzerfaust zu knacken

Gefangene Amerikaner und Engländer in Tunesien

Flugblatt, das Ende April 1943 in Tunesien abgeworfen wurde

Gefangene Amerikaner und Engländer in Tunesien

DIE HEIMAT RUFT!

EURE LIEBEN, EURE HEIMAT, EUER VOLK - SIE RUFEN EUCH ZU: GENUG DEUTSCHES BLUT IST SCHON GEFLOSSEN!

Wollt Ihr doch sterben, deutsche Landser? Sterben fuer einen Fuehrer, der Euch nach Afrika schickte, und dabei ganz genau wusste, Ihr kaemet nie zurueck? Fuer einen Fuehrer, der Euch jetzt hier im Stiche laesst, und nur, wie bei Stalingrad, den Befehl gibt, auch der letzte Man soll fallen?

Nur fuer den Fuehrer koennt Ihr fallen! Nicht fuer das Vaterland! Denn das Gebot des Vaterlandes an jeden jungen Deutschen lautet:

LEBT FUER DEUTSCHLANDS ZUKUNFT!

Lebt also! Wir wollen Euch nicht das Leben nehmen!

Streckt die Waffen und kommt zu uns! Der einzige Weg in die Heimat fuehrt ueber die Gefangenschaft! Nach Kriegsende kehren die Gefangenen nach Deutschland zurueck, und sehen die Lieben in der Heimat wieder.

Kommt also zu uns! Ihr braucht keinen Passierschein mitzubringen. Bringt diesen Zettel, wenn es geht! Notwendig ist es aber nicht.

LANDSER, IHR SEID STUR! IHR HABT EUCH TAPFER GESCHLAGEN. IHR HABT EURE PFLICHT GETAN. JETZT ABER MUESST IHR WAEHLEN: DER TOD, ODER DIE GEFANGENSCHAFT! FUER EINE SCHON VERLORENE SACHE FALLEN: ODER FUER EINE BESSERE ZUKUNFT LEBEN!

Einmarsch der ersten Fallschirmjäger in Tunis

Gefangene Amerikaner und Engländer in Tunesien

Oberleutnant Spieler in Tunesien

Erich Schuster als Feldwebel auf
Kreta mit dem RK ausgezeichnet,
fiel am 11. 1. 1943 in Tunesien

Major Walther Koch, nach seiner
Verwundung auf Kreta

Fallschirmschützen-Abzeichen

Heer- und Fallschirmschützen-
Abzeichen Luftwaffe

Oberst Alfred Sturm, Kdr. FJR 2, Ritterkreuz für Kreta

Major Wilhelm Knoche; er führte die ersten Verhandlungen mit den Franzosen

Hauptmann Gerhard Schirmer, zuletzt Oberst und Kdr. des FJR 16, Ost

Feldwebel Peter Arent, der Held von El Bathan

ne Flieger gekommen. Stattdessen seien mehrere Kraftwagen, darunter ein Sanitätswagen, im Hafen vorgefahren. Dem Sanitätswagen sei Mussolini entstiegen und an Bord eines dort festgemachten Kreuzers geführt worden. Das Ganze habe, so berichtete der Unteroffizier, nur wenige Minuten gedauert und niemand habe es gesehen, weil alle die Luftschutzbunker aufgesucht hätten.

Hitler ließ diesen Unteroffizier sofort nach Rastenburg kommen. Man glaubte ihm und wenig später konnte General Student eruieren, daß Mussolini tatsächlich zur Insel Ponza gebracht worden war.

Der damalige Polizei-Attaché in Rom, SS-Sturmbannführer Kappler bestätigte bald darauf die Anwesenheit Mussolinis auf dieser Insel.

General Student bat um Handlungsfreiheit; Hitler sicherte sie ihm zu. Für die Befreiungsaktion wurden Student noch drei Schnell-Boote und ein U-Boot unter Führung von Kapitän z. See Kamptz, zur Verfügung gestellt. In Eboli wurde das III./FJR 1 bereitgestellt. Oberst Karl Lothar Schulz wollte dieses Bataillon seines Regimentes persönlich führen. Doch mitten in die Vorbereitungen zum raschen Handstreich hinein platzte die Nachricht, daß Mussolini nach Maddalena geschafft worden war.

Unmittelbar darauf wurde General Student abermals nach Rastenburg ins FHQ befohlen. Im Verlaufe dieser Unterredung bat Student Hitler darum, daß dieser den Standartenführer Skorzeny in die Suchaktion einschalten solle. Hitler stimmte zu.

In der nächsten Zeit gelang es Skorzeny, die Anwesenheit Mussolinis auf Maddalena nachzuweisen. Wieder liefen die Vorbereitungen zur Befreiung des Duce auf vollen Touren. Doch schon wieder mußte Skorzeny Student melden, daß Mussolini auch aus Maddalena verschwunden sei. Es war die Nachrichtenstelle des Polizei-Attachés Kappler, die wenig später den Hinweis gab, daß Mussolini höchstwahrscheinlich auf dem Gran Sasso, im Berghotel Campo Imperatore festgehalten werde.

Nunmehr handelte General der Flieger Student, ohne erst Hitlers Genehmigung einzuholen. Er schickte am 8. September 1943 seinen behandelnden Arzt, Stabsarzt Dr. Krutoff, zum Gran Sasso. Dr. Krutoff kam mit der Nachricht zurück, daß das Hotel seit einigen Tagen geschlossen sei.
Die ernste Lage um Rom ließ in diesen entscheidenden Tagen die Befreiung Mussolinis zweitrangig werden, denn während die deutschen Soldaten sich in Süditalien mit den gelandeten Alliierten herumschlugen, kapitulieren am 8. September die italienischen Streitkräfte und zur selben Zeit wurden die deutschen Führungsstellen in Frascati und Grottaferrata von alliierten Bombergeschwadern heimgesucht. Die Gefechtsstände der Feldmarschälle Kesselring und von Richthofen wurden zerstört, während der Gefechtsstand des XI. Fallschirmkorps verschont blieb.
Mehr als 1 000 italienische Zivilisten wurden bei diesem Angriff getötet.
Der Kampf um Rom begann.

DER KAMPF UM ROM

Die 2. FJD, die wochenlang in ihren Biwaks kampiert hatte, erhielt am 8. September 1943 die Alarmmeldung. Es war 20.00 Uhr, als sich wie ein Lauffeuer diese Meldung vom Verrat der italienischen Waffenbrüder herumsprach. Es war Major Mors, der Kommandeur des neuen FschJägLehr-Bataillons, der am Nachmittag den amerikanischen Sender Palermo abgehört hatte und die Kapitulation als erster erfuhr. Mit dieser Meldung eilte General Student sofort zu Feldmarschall Kesselring. Dieser gab dem XI. Fallschirmkorps Handlungsfreiheit. Das italienische Oberkommando hatte nicht weniger als sieben Infanterie-Divisionen um die 2. FJD gelegt. Die Fallschirmjäger durchbrachen diesen Ring im ersten Ansturm und rollten von Süden auf Rom zu. Zur gleichen Zeit näherte sich von Norden die 3. Panzergrenadier-Division unter General Gräser. Die Einheiten im Gebiet der Pontinischen Sümpfe wurden entwaffnet und am frühen Morgen des 10. September übernahm Major von der Heydte eine Kampfgruppe der 2. FJD, die zu der Zeit von Oberstleutnant Meder-Eggebrecht geführt wurde, weil General Ramcke erkrankt war.

Mit dieser Kampfgruppe stürmte der Major vorwärts. Sechs Bataillone standen ihm zur Verfügung. Sein Auftrag war klar:

»Einrücken nach Rom vom Meer aus. Widerstand des Corpo d'Armata di Roma ist zu brechen.«

Als diese Kampfgruppe die südwestlichen Vorstädte erreichte, wurde sie vom Feuer der sardinischen Grenadier-Division empfangen. Der Angriff kam zum Erliegen und das Fallschirm-Artillerie-Regiment 2 wurde zum Niederkämpfen dieses starken Gegners vorgezogen.

Auch das III./FJR 6 unter Major Pelz blieb vor einem kastellartigen Gebäude liegen. Major Pelz bat Hauptmann Milch, den Chef der 4./FschArtRgt. 2, zu sich, um mit ihm die Artillerieunterstützung zu besprechen. In diesem Augenblick kam Major von der Heydte im Spähwagen dazu.

»Wie sieht es bei Ihnen aus, Pelz?« fragte er.

»Mein Bataillon wird von dem Kastell aufgehalten. Dieses beherrscht die Straße nach Rom.«

»Wir sollten auf die Leeseite des Feuers gehen und nicht hier auf der Luvseite stehenbleiben.« schlug Hauptmann Milch vor. Major von der Heydte unterstützte diese Anregung:

»Gut, Milch! Und weshalb stehen Sie noch immer hier herum und greifen nicht an?«

In direktem Beschuß aus 200 Meter Distanz schossen zwei 10,5 cm-Leichtgeschütze das Gebäude systematisch zusammen. An der Spitze der nun zügig voranrollenden Fallschirmjäger rollte der Spähwagen mit, auf dessen Dach der Kampfgruppenkommandeur saß. Von einer Anngriffsgruppe zur anderen rollte Major von der

Heydte. Überall, wo er auftauchte, ging es vorwärts. Als sich Hauptmann Milch am Sender von Rom zur Verteidigung einrichtete, war Major von der Heydte schon wieder zur Stelle.
»Milch, Sie rücken weiter nach Rom hinein!« entschied er.
»Wäre es nicht besser, auf weitere Truppen zu warten, Herr Major?« fragte Milch. »Die Eigenheiten des Straßenkampfes könnte uns in eine schwierige Situation bringen.«
»Es muß sein, Milch! Ich fahre an der Spitze. Folgen Sie mir mit Ihrer Batterie langsam nach und bleiben Sie in ständiger Feuerbereitschaft.«
Wieder rollte der Spähwagen vorwärts. Hinter ihm fuhr ein Hauptmann des Heeres in einem Pkw. Hauptmann Milch schloß sich ihnen auf einem geliehenen Kettenkrad an. Lassen wir an dieser Stelle Hauptmann Milch berichten:
»Die Spitze fuhr nun friedlich nach Rom hinein. Auf einem Markt hielt Major von der Heydte und kaufte Weintrauben. Wir aßen sie sofort auf. Als wir weiterfuhren, sahen wir vor uns ständig Kradmelder in italienischen Uniformen, die einander abwechselten, aber zu uns einen respektablen Abstand hielten. Dann kamen wir an eine Panzersperre. Da mein Kettenkrad am wendigsten war, kehrte ich nun die Reihenfolge um: ich fuhr vorn, dann kam der Pkw des Hauptmannes und ihm folgte der Spähwagen mit dem Kampfgruppenkommandeur. Als wir uns kurz vor dem berühmten Obelisken in der Via Ostiense – nicht allzu weit vom Kolosseum entfernt, befanden, sah ich in den Nebenstraßen Panzer, deren Geschützrohre unseren Bewegungen folgten. Wir waren in eine Falle geraten.

Um die folgenden beiden Fahrzeuge zu warnen, schoß ich aus meinem Gewehr auf den nächsten Panzer. Eine Salve aus Panzerkanonen war die Antwort. Die Panzer fuhren an, verfolgten den Spähwagen, der jedoch entkommen konnte und – liefen auf meine Batterie auf. Diese war befehlsgemäß langsam gefolgt und wehrte

– durch meinen Schuß gewarnt – bis zum Nachmittag alle Angriffe der Feindpanzer ab.«
Major von der Heydte führte die Kampfgruppe weiter, bis am 11. September sämtliche italienischen Truppen in Rom die Waffen gestreckt hatten. Beim Abschluß dieser Operationen stürzte er in der Nähe von Rom bei einem Erkundungsflug mit dem Fieseler Storch ab und mußte schwerverletzt in ein Lazarett geschafft werden. Was war inzwischen bei den übrigen Einheiten geschehen?

SPRUNG INS ITALIENISCHE HAUPTQUARTIER MONTE ROTONDO

Unter den 20 000 Fallschirmjägern, die binnen zweier Tage im Raume um Rom landeten, befand sich auch das II./FJR 6 unter Major Walter Gericke, der mit seinem Bataillon zum Schutze der Flugplätze bei Foggia eingesetzt wurde. Am Nachmittag des 5. September, drei Tage vor dem Abfall Italiens, ließ General Student den Major zu sich rufen.
»Gericke«, begann er das Gespräch, »ich habe für Sie und Ihr Bataillon eine besondere Aufgabe. Sie ist geheime Reichssache! Wir müssen damit rechnen, daß Italien über kurz oder lang aus dem Krieg ausscheidet und an die Seite der Alliierten tritt. Es gilt, die Gefahren, die daraus für die deutsche Wehrmacht in Italien entstehen können, abzuwehren. Sie erhalten deshalb von mir folgenden Auftrag:
Im Falle einer Kapitulation Italiens heben Sie mit Ihrem Bataillon im Sprungeinsatz das italienische Hauptquartier in Monte Rotondo aus und legen damit den gesamten Führungsapparat der italienischen Wehrmacht lahm. Bei diesem Auftrag sind Sie ganz auf sich allein gestellt. Unterstützung vor dem Sprung oder während des Kampfes kann Ihnen aus Geheimhaltungsgründen nicht gegeben werden.«
Es war Walter Gericke nicht besonders wohl zu Mute, als er die-

sen Auftrag bekam. Er fuhr nach Foggia zurück und befahl für sein Bataillon sofortige Einsatzbereitschaft. Er selbst studierte die Karte, auf der die Lage des italienischen Hauptquartiers nordostwärts von Rom verzeichnet war. Es war ein 160 Meter hoher Hügel, gespickt mit Betonbunkern, Deckungsgräben, Straßensperren und Panzerhindernissen. Darüber hinaus waren rundum Feldgeschütze und Flak-Batterien eingebaut.

Doch eine so allgemeine Orientierung genügte dem Major nicht. Er wollte genauer wissen, welche Möglichkeiten in Monte Rotondo für ihn und seine Männer gegeben waren. So flog er auf eigene Faust nach Frascati und von dort aus mit einem Fieseler Storch in das italienische Sperrgebiet bei Monte Rotondo. Er war kaum über dem Zielgebiet, als auch schon zwei Flakgranaten als Warnung neben der Maschine detonierten.

»Wackeln Sie, zum Zeichen, daß wir verstanden haben!« befahl Gericke dem Piloten. Dieser befolgte die Weisung und im weiten Bogen, um alle Einzelheiten genau studieren zu können, verließ der Storch das Zielgebiet. Aber auch das genügte Gericke noch nicht. Er zerbrach sich den Kopf darüber, ob er als Fahrer des deutschen Kommandierenden Generals mit zu einer Besprechung ins italienische Hauptquartier fahren könne. Aber wenn er sich als Fahrer umsah, würde es zuviel Aufsehen erregen. So verfiel er auf eine neue Kriegslist. Er gab sich selbst den Befehl, ein Regiment, das über Monte Rotondo nach Rom marschieren sollte – das aber nur in seiner Phantasie existierte – vor Monte Rotondo abzufangen und ihm eine andere Marschroute zuzuweisen, um Ärger mit den italienischen »Waffenbrüdern« zu vermeiden. Er zeichnete den vorgeblichen Marschweg dieses »Regimentes« in eine Karte ein und fuhr damit einfach nach Monte Rotondo hinauf.

Dort angekommen betrachtete er in aller Ruhe die Stellungen und Panzersperren. Erst als er auf die Hauptsperre stieß, wurde er aufgehalten. Aber mit einem italienischen Offizier und einer Eskorte von vier Mann durfte er durch Monte Rotondo fahren. Die

Rückfahrt machte Major Gericke allein. Jetzt wußte er, was er wissen wollte.

Der Einsatzbefehl erreichte das Bataillon am 8. September. Am nächsten Morgen um 06.30 Uhr starteten 52 Ju 52 zum Flug nach Monte Rotondo. Als sich der Pulk dem Sperrgebiet näherte, traten die ersten Ausfälle durch Flakfeuer ein. Zu allem Pech wurde noch ein Teil des Bataillons falsch abgesetzt und einzelne Gruppen landeten bis 4 Kilometer vom Ziel entfernt.

Dennoch stürmten die richtig abgesetzten Kompanien den Monte Rotondo hinauf. In erbitterten Kämpfen von Bunker zu Bunker konnten die Fallschirmjäger tief in das italienische Verteidigungssystem eindringen.

Mit der ersten Kampfgruppe seines Bataillons griff der Major ein Kastell an, in dem er die Führungsabteilung der Italiener vermutete. Im selben Angriff wurde auch von der zweiten Einsatzgruppe die Großfunkstelle angegriffen.

Aus dem Kastell schlug den Fallschirmjägern wütendes Abwehrfeuer entgegen. In einzelnen Sprüngen mußte sich das Bataillon vorarbeiten. Es erstürmte das Kastell und nahm hier 15 hohe Offiziere und 200 Soldaten gefangen.

Doch General Roatta, der Generalstabschef des italienischen Heeres, war nicht unter den Gefangenen. Er hatte rechtzeitig das Weite gesucht und wartete zur selben Zeit bereits in Pescara auf den Flug zu den Alliierten. Insgesamt ergaben sich im Laufe des Tages der Kampfgruppe Gericke 2 500 Italiener, darunter 100 Offiziere. Der italienische Generalstab war damit lahmgelegt.

Als am Nachmittag Verstärkungen nach Monte Rotondo hinaufkamen, wurde die Lage für die Gruppe Gericke gefährlich. Eine italienische Panzer-Division rollte aus Rom nach Monte Rotondo hinauf. Damit war sie aus Rom abgezogen und die übrigen Fallschirmjäger hatten hier leichteres Spiel.

Nun mußte Major Gericke verhandeln. Doch wenig später erfuhr er, daß General Student bereits Verhandlungen mit den Italienern

aufgenommen hatte und daß es ihm gelungen war, für den 10. 9. den freien Abzug des Bataillons Gericke zu erreichen. Der Bataillonsadjutant brachte Major Gericke den Inhalt der Abmachungen: »Zum Abschluß der Kämpfe in und um Monte Rotondo ist im Einvernehmen mit dem italienischen Heereskommando und dem deutschen Oberbefehlshaber Süd, Generalfeldmarschall Kesselring, folgendes vereinbart worden:
Nach gegenseitiger Auslieferung der Gefangenen, Verwundeten, sämtlicher Waffen und Geräte, Sicherstellung der Fallschirme und Bergung der Gefallenen ist der Kampfgruppe Gericke freier Abzug nach Norden zu gewähren. Alle italienischen Behörden und Militärdienststellen haben die Kampfgruppe Gericke ungehindert passieren zu lassen und bürgen für deren Schutz und Sicherheit.«
Währenddessen aber wurden die Italiener rebellisch. Einige brachen aus der unzulänglichen Bewachung aus. Die Masse folgte. Gericke ließ MG aufstellen. Der Angriff der Italiener wurde abgewehrt. Erst als ein italienischer Hauptmann – ein Bettuch schwenkend – auf seine Landsleute zulief und sie über den abgeschlossenen Waffenstillstand informierte, trat Ruhe ein.
Am Nachmittag verließ das Bataillon den Monte Rotondo. Es fand rasch Anschluß an die deutschen Verbände um Rom. Noch am selben Tage kapitulierten die italienischen Truppen in ihrer Hauptstadt. Dieser Einsatz hatte mit dazu beigetragen, die Kampfmoral der Italiener zu untergraben und ließ sie, rascher als vermutet, kapitulieren.

MUSSOLINI WIRD BEFREIT

Nun erst konnte General der Flieger Student die Befreiung des Duce vom Gran Sasso weiter vorantreiben. Der Einsatz begann am 12. September, einen Tag nach Unterzeichnung des Waffenstillstandes. Mit der Durchführung war das Fallschirm-Lehr-Bataillon unter Major Mors beauftragt. Skorzeny sollte als Polizeibevollmächtigter mitfliegen. Am Morgen dieses Einsatztages gab General Student auf dem Flugplatz Pratica die Mare die letzten Anweisungen für die Durchführung des Handstreichs. Es schärfte der Fallschirmjäger-Kompanie unter Oberleutnant Freiherr von Berlepsch ein:

»Während des Niedergehens und Landens mit den Lastenseglern auf der Kuppe wird nicht ein einziger Schuß fallen. Daher kein Auswerfen der Bremsfallschirme und keine Sturzflüge, sondern eine abgezirkelte, saubere Landung im Gleitflug und mit unerschütterlicher Ruhe.«

Die Schleppmaschinen starteten und zogen die zehn Lastensegler in die Höhe. Und während an der Talstation die Männer von Major Mors den Gegner völlig überraschten, landeten neun der zehn Segler direkt auf der kleinen Felskuppe. Der zehnte Segler setzte am steilen Gegenhang auf und machte eine Bruchlandung, mit nur wenigen Verletzten. Die italienischen Wachen leisteten keinen Widerstand. Wenig später landete Hauptmann Gerlach mit einem Fieseler Storch vor dem Hotel. Mit dem Storch flogen Mussolini und Skorzeny, der mit den Lastenseglern gelandet war, nach Rom. In einer He 111 flog Standartenführer Skorzeny sofort mit Mussolini ins FHQ nach Rastenburg, wo er die Befreiung Hitler meldete und sich selber als Befreier Mussolinis feiern ließ.

LUFTLANDE- UND FALLSCHIRMEINSATZ AUF ELBA

In der Nacht zum 17. September 1943 erhielt das III./FJR 7 Befehl, den Hafen von Portoferraio auf Elba in Besitz zu nehmen und den ganzen Nordwestteil der Insel vom Feind zu säubern. Danach wurde von See her ein Heeres-Bataillon in Portoferraio an Land gebracht. Beide Einheiten sollten anschließend die italienische Inselbesatzung zur Kapitulation zwingen.

Dieser Einsatz schien dem OKH notwendig, weil feindliche Landungen auf Korsika und Sardinien vermutet wurden, nachdem der Gegner bereits an mehreren Stellen des italienischen Festlandes gelandet war.
In den frühen Morgenstunden startete das Bataillon, das von Major Friedrich Hübner geführt wurde, vom Flugplatz Campino bei Rom und sprang über dem Südwestteil der Bucht von Portoferraio planmäßig ab. Diesem Sprungeinsatz war ein starker Stukaangriff vorausgegangen, der die italienische Inselbesatzung erschüttert hatte. Nach kurzem Kampf bot der Befehlshaber der Insel die Kapitulation an. Das Heeres-Bataillon das auf Siebelfähren herangekarrt worden war, brauchte nicht mehr einzugreifen, die Fallschirmjäger hatten Portoferraio bereits in Besitz genommen.
Hier gingen 10 000 italienische Soldaten in Gefangenschaft.
Die bedingungslose Kapitulation Italiens bot dem Gegner nicht nur in Italien Möglichkeiten des Einsatzes. Auch auf dem Balkan und auf den griechischen und italienischen Inseln vermochte er nun Stützpunkte zu gewinnen. Daß ihm Korsika entging, war dem sofortigen Einsatz der Fallschirmjäger des Regimentes 7, Oberstleutnant Pietzonka zu verdanken.
In schnellem Zupacken nutzte der Gegner jedoch die Gunst der Stunde und landete auf den Inseln Kos, Leros und Samos im Ägäischen Meer.
Der Gegenangriff deutscher Truppen richtete sich zuerst auf Kos. Die Insel wurde am 3. 10. 1943 von deutschen Truppen zurückgewonnen.
Am 12. 11. erfolgte der Angriff auf die Insel Leros. In einer kombinierten See-Luftoperation griffen deutsche TA-Boote und Transportschiffe die Insel an und wenig später – als der Feindwiderstand sich versteifte, sprang das I./FJR 2 über der Insel ab. Unter Führung von Major Kühne waren die Jäger mitten in den Gegner hineingesprungen. Sie kämpften ihn in einem schweren Gefecht nieder und hatten entscheidenden Anteil an der Rückgewinnung

von Leros. Samos wurde vom Gegner fluchtartig verlassen. Damit waren auch die ägäischen Inseln wieder feindfrei.
Damit waren die Kämpfe im Großraum Rom beendet. Was aber war bei den Regimentern der 1. FJD im Süden Italiens geschehen?

DIE 1. FALLSCHIRMJÄGER-DIVISION IN SÜDITALIEN

Die Alliierten hatten mit der 8. Armee Montgomery's am 3. September 1943 den Fuß auf die südlichste Stelle Italiens in der Stiefelspitze gesetzt. Zwei Tage später landeten sie mit der 1. britischen Luftlande-Division zu Schiff im Hafen von Tarent und am selben Tage gingen auch amerikanische Divisionen in Salerno an Land.

Am Morgen des 7. September war das FJR 1 unter Oberstleutnant Schulz aus dem Raume Neapel nach Francaville, an der Straße Brindisi-Tarent in Marsch gesetzt worden. Als gegen Mittag des 7. 9. Oberstleutnant Schulz drei Kilometer nördlich von Tarent auf eine Straßensperre stieß, ließ er das Regiment anhalten. Er selbst fuhr vor und – wurde von einer italienischen Postenkette aufgehalten. Am nächsten Tage erfuhren sie die bittere Wahrheit: Italien hatte kapituliert. Marschall Badoglio hatte in aller Heimlichkeit auch die italienische Flotte an England verkauft.
Die deutschen Fallschirmjäger blieben vor Tarent liegen. So konnte es den Engländern gelingen, kampflos in die Stadt einzudringen, als sie am frühen Morgen des 9. 9. dort landeten.
Nun aber marschierte das Regiment Schulz. Es warf sich dem Gegner entgegen, fing dessen Stoß auf und ließ sich nur schrittweise zurückdrücken. Bis zum 20. September erzielten die Engländer nur kleine Geländegewinne. Als er am Morgen des 20. 9. 400 Meter tief durchstieß, fuhr Karl-Lothar Schulz sofort in den gefährdeten Abschnitt, um dort persönlich die Abriegelung und die Ver-

nichtung des eingebrochenen Gegners, sowie den von ihm geplanten Gegenstoß einzuleiten.

Ein Jaboangriff erfaßte den Befehlswagen des Regimentskommandeurs. Der Wagen wurde von Bordkanonen- und MG-Treffer buchstäblich durchsiebt. Der Fahrer war sofort tot. Der Ordonnanzoffizier schwer verwundet. Oberstleutnant Schulz blieb unverletzt.

Er raffte zusammen, was er an Soldaten fand und führte sie zum Gegenstoß. Zwei Stunden später war der Gegner geworfen und die alte Frontlinie wieder hergestellt. Zwei Gefangene wurden dem Regimentskommandeur vorgeführt. Einer von ihnen, ein Hauptmann, stellte sich als Lord Brickleton vor. In seiner typisch-englischen Art bat er Schulz:

»Würden Sie bitte die Freundlichkeit haben und meiner Einheit die Nachricht zukommen lassen, daß ich hier stecke? Meine Familie würde sich sonst Sorgen um mich machen.«

Schmunzelnd war Karl-Lothar Schulz so freundlich und einige Tage später erhielt er – gewissermaßen als Gegengabe – von der britischen Luftlande-Division einen Funkspruch, daß ein Spähtrupp seines Regimentes, der in die Hände italienischer Partisanen gefallen war, von den Engländern befreit worden sei.

Schrittweise mußte das Regiment weichen. Die Kämpfe bei Foggia und um die Flugfelder dieser Stadt dauerten bis zum 27. September an. In Carignola lieferte das Regiment Schulz dem Gegner eine mehrstündige harte Straßenschlacht.

Am 18. September hatte Generalleutnant Richard Heidrich zum erstenmal seit dem Aufbruch aus Frankreich am 11. und 12. Juli seine gesamte 1. Fallschirmjäger-Division wieder zur Verfügung. Er hatte den Auftrag erhalten:

»Fallschirmjäger-Division 1 verteidigt den Großraum Apulien.«

Hier zeigte Richard Heidrich, daß er eine Division zu führen verstand. Er führte die Rückzugskämpfe in Apulien in zähem, hinhaltendem Widerstand. Drei Wochen lang kämpfte seine Division

im Ofantoabschnitt und südlich Foggia. Über diesen Zeitabschnitt des Fallschirmjäger-Einsatzes schrieb Feldmarschall Kesselring: »Man muß Führung und Truppe der in Apulien eingesetzten schwachen Teile der 1. FJD bewundern.«
Die schwersten Belastungen standen dieser Division jedoch noch bevor. Immer noch stand die 1. FJD, allein auf sich gestellt, in Apulien und der Gegner schickte sich an Pescara, auf der Höhe von Rom auf dem östlichen Küstenstreifen gelegen, zu erreichen. Allein gegen das XXII. britische AK auf einer Breite von 50 Kilometern kämpfend, leisteten die Fallschirmjäger Hervorragendes. Richard Heidrich war überall. Als das FJR 4 bei Motta geschlagen wurde, zog sich die Division hinter den Biferno zurück.

WEITERER RÜCKZUG NACH NORDEN

Im Dezember 1943 gelang es den Kräften Montgomerys, über den Moro vorzuprellen. Ihr Ziel war Ortona. Am 14. 12. gelang der Durchbruch. Das FJR 3 unter Oberst Heilmann war als erstes zur Stelle. Es wurde auf dem Gefechtsstand von General Herrs LXXVI. Panzerkorps eingewiesen.
Am 15. 12. fuhr Oberst Heilmann mitten in den Gegner nach Ortona hinein. Er sah, daß die Kanadier bereits in der Stadt saßen. Sofort setzte er das II./FJR 3 unter Hauptmann Liebscher ein und im gleichen Zuge ließ Generalleutnant Heidrich alle Truppen seiner Division auf Ortona eindrehen. Nur größte Schnelligkeit konnte das Geschick wenden.
Da zur gleichen Zeit die Neuseeländer Orsogna angriffen, galt es hier starke Kräfte stehenzulassen. Diesen wiederum gelang es, die Neuseeländer zu werfen.
Weihnachten 1943 erlebten die Fallschirmjäger der 1. FJD ein dichtes Trommelfeuer. Bei Ortona griffen die Kanadier abermals an und drangen in die Stadt ein. Sieben Tage und Nächte kämpfte

die 1. FJD um die Stadt. Dann ließ Heidrich sie räumen und zog sich mit seiner Division auf eine vorbereitete Stellung zwei Kilometer weiter rückwärts zurück.

Die britische Achte Armee erlitt hier eine schwere Niederlage. Ihr Durchstoß wurde vereitelt. Montgomery gab das Kommando der Achten Armee an Sir Oliver Leese ab, er flog nach England, um die Führung der 21. Heeresgruppe während der geplanten Invasion zu übernehmen. Sir Oliver aber wollte nun nicht mehr nach Pescara. Er wollte nicht mehr gegen die Fallschirmjäger Heidrichs kämpfen. Er faßte den Plan, nunmehr bei Monte Cassino durchzubrechen.

Für die Abwehrkämpfe bei Ortona erhielt Richard Heidrich am 5. 2. 1944 das Eichenlaub zum Ritterkreuz.

»Jeder Mann meiner Division hat diese Auszeichnung mitverdient!« sagte der kleine rundliche General.

Während dieser Zeit hatte die 2. FJD einen Marsch angetreten, der für viele Soldaten dieser Division zu einem Marsch ohne Wiederkehr wurde. Die Division verlegte abermals nach – Rußland.

DIE ZWEITE FALLSCHIRMJÄGER-DIVISION IN RUSSLAND

Nach dem Zusammenbruch Italiens verblieb die 2. FJD in quälender Ungewißheit einige Wochen in ihren alten Einsatzräumen verteilt. Immer wieder stellten die Fallschirmjäger sich die Frage, wo denn ihr nächster Einsatz stattfinden mochte. In Süditalien? Oder gar in Rußland?, wie einige »Eingeweihte« wissen wollten.

Als schließlich eingangs November 1943 die sowjetische Führung eine neue Offensive startete, deren Ziel der Raum Kiew war, und die 1. Ukrainische Front mit 30 Infanterie-Divisionen, 24 Panzer-Brigaden und 10 motorisierte Brigaden die schwache Front der 3. deutschen Panzerarmee durchbrach, wurde die 2. FJD vorsorglich alarmiert. Als am 5. 11. Kiew fiel und die Sowjets auf Schitomir und Korosten vorstürmten und am 11. 11. schon Radomyschl, 85 Kilometer westlich Kiew, erreichten, wurde die 2. FJD erneut alarmiert. Sie wurde nach Schitomir in Marsch gesetzt.

Die Division, geführt von Generalleutnant Ramcke, erreichte in schneller Fahrt den Versammlungsraum. Anstelle von Oberstleutnant Hans Kroh, der krankheitshalber in die Heimat verlegt worden war, führte Major Pietzonka das FJR 2, das als erstes Regiment der Division am 26. November westlich von Marjanowka eintraf und sofort in die HKL eingegliedert wurde, wo es die Stellungen eines Regimentes der Waffen-SS zu übernehmen hatte.

Zwölf Tage lang wurde hier verteidigt und der Gegner mehrfach abgeschmiert. Dann wurde am 12. 12. das Regiment und alle inzwischen eingetroffenen weiteren Einheiten herausgezogen und

nach Schitomir gefahren, das am 19. 11. von der 7. PD, General von Manteuffel, zurückerobert worden war.
Von Schitomir aus ging es im Flugzeugtransport nach Kirowograd, wo eine Krisen-Situation entstanden war, die von den Fallschirmjägern – als Feuerwehr – bereinigt werden sollte. Am 13. 12. stellten sich die Fallschirmjäger bei Perwomaisk zum Sturm auf diese Stadt bereit. Die nächsten Tage vergingen mit dem Abtasten des Gegners durch Späh- und Stoßtrupps. Am 18. 12. wurde dann der Gegner im rasanten Angriff von den Höhen geworfen, auf denen er sich eingenistet hatte. Drei Tage später erstürmten die Fallschirmjäger Nowgorodka. Die gegenüberliegende Höhe 167 wurde in Besitz genommen und – mußte wieder aufgegeben werden.
Hier traf Oberstleutnant Kroh wieder bei der Truppe ein und übernahm sein Regiment, das einen blutigen Dezember erlebte.
Am 22. 12. wurde die Höhe 167 zurückerobert. Hier im Kampfraum Kirowograd waren es wieder einmal Sanitätsoffiziere, die von sich reden machten. Einer von ihnen, Stabsarzt Dr. Schmieden war es, der als stellvertretender Chef der 1. Sanitätskompanie mit seinen wenigen Helfern buchstäblich *jeden* Verwundeten aus dem Feuer holte und sofort versorgte.
Der Kampf um die Höhe 159,9, einem Wellenbrecher mitten im russischen Angriffsstreifen bei Kirowograd, fand unmittelbar nach Weihnachten seinen Höhepunkt, als die 5./FJR 2, geführt von Leutnant Erich Lepkowski, die auf der Höhe bis dahin haltende 6./FJR 2 ablöste.
In den nächsten Tagen erlebte diese Kompanie, und das gesamte Regiment ebenso, eine Hölle. Ununterbrochen ging starkes Feindfeuer auf die deutschen Stellungen herunter. Der Gegner rüstete sich zum Sturmlauf auf Perwomaisk am Bug. Durch diesen russischen Großangriff sollten alle deutschen Verbände, die sich zwischen Kanew am Dnjepr, Kirowograd am Ingul und Perwomaisk am Bug befanden, abgeschnitten und vernichtet werden.

Am 5. 1. 1944 trat die 2. Ukrainische Front unter Marschall Konjew im Zusammenwirken mit der 1. Ukrainischen Front, die von Generaloberst Watutin geführt wurde, zum Großangriff an.
Der Angriff auf die vorgeschobene Höhe 159,9 wurde mit einem Bombardement schwerer und schwerster Geschütze und Werfer eröffnet. Dann griffen Rotarmisten von drei Seiten gleichzeitig an. Das II./FJR 2 wurde links und rechts von der Höhe zurückgedrängt. Nur die Höhe mit der Fünften hielt noch stand. Oberstleutnant Kroh gewann das verlorengegangene Gebiet im Gegenstoß zurück. Das war am 6. 1. 1944 geschehen.
In der kommenden Nacht versuchte die Rote Armee, die Höhe im Handstreich zu nehmen. Die HKL auf der Höhe wurde im Sturm genommen und – von den Fallschirmjägern zurückerobert.
Bis zum 8. 1. wurden im Raume Kirowograd drei deutsche Divisionen des XXXXVII. AK eingeschlossen und die 2. FJD würde auch bald eingekesselt sein.
Als der Gegner in Divisionsstärke beiderseits der Höhe 159,9 durchbrach, mußte Major Ewald, Kommandeur des II./FJR 2, seine Kompanien zurücknehmen. Aber die Fünfte steckte auf der Höhe und war vom Gegner eingeschlossen.
Als Oberjäger Müschenborn in der kommenden Nacht von Leutnant Lepkowski hinuntergeschickt wurde, fand er nur noch einige Versprengte, die sich verborgen hatten und – eine kleine Lücke, durch welche die Kompanie noch durchschlüpfen und der Gefangenschaft entgehen konnte.
In der Nacht des 8. 1. 1944 brach diese Kompanie durch. Die Rollbahn war bereits mit dichtem sowjetischen Verkehr verstopft und als Lepkowskis Männer die Brücke über den Fluß erreichten, war diese bereits von den Soldaten des Regiments-Pionierzuges in die Luft gejagt worden.
Die Männer der Fünften hangelten sich im Feindfeuer über die Brückenstreben ans andere Ufer. Dort hatte Major Ewald ein sMG zur Unterstützung eingesetzt.

Leutnant Lepkowski meldete sich bei seinem Bataillonskommandeur zurück. Wenig später stand er mit Major Ewald vor Oberstleutnant Kroh. Dieser erklärte dem Leutnant, daß durch sein Aushalten auf der Höhe 159,9 das Regiment vor der Vernichtung bewahrt worden sei.
Stabsarzt Dr. Marquard, der auf der Höhe gewesen war, mußte einen Bericht erstellen. Oberstleutnant Kroh reichte ihn dem Divisionskommandeur ein und General Ramcke schlug Lepkowski für das Ritterkreuz des Eisernen Kreuzes vor, das diesem Monate später in der Festung Brest übergeben wurde.
Kämpfend zog sich die Division nach Westen zurück. Immer wieder hielt sie in schweren Krisenlagen dem Gegner stand. Als eingangs März General Ramcke erkrankte, übergab er Oberstleutnant Kroh die Divisionsführung.
In diesen Tagen erhielt Kroh seine Beförderung zum Oberst.
Ende März 1944 erreichte die 2. FJD die Dnjestrschleife. Hier hielt sie einen russischen Großangriff auf und als der Gegner sich im Zeitpunkt der Schwäche befand, schlugen die Fallschirmjäger zurück. Im Gegenangriff stürmten sie das letztemal in Russland vorwärts. Die vordersten sowjetischen Stellungen wurden einfach überrannt. Es gelang den Fallschirmjägern, den Gegner ins Laufen zu bringen. Hunderte Rotarmisten wurden überkarrt. Dann schwenkten die Fallschirmjäger ein. Sie hatten nun mehrere Feind-Brigaden im Sack und den sowjetischen Großangriff wirkungsvoll gestoppt.
Weit über 10 000 Gefangene fielen in ihre Hand. Der sowjetische Angriffsschwung erlahmte für 48 Stunden. In dieser Zeit gelang es den höchstgefährdeten deutschen Nachbar-Divisionen, sich ebenfalls aus der Umklammerung zu lösen und eine fortlaufende HKL zu errichten. Hans Kroh erhielt das Eichenlaub zum Ritterkreuz des Eisernen Kreuzes.
Die 2. FJD wurde anschließend aus der Ostfront herausgezogen. Sie verlegte zur Neuaufstellung nach dem Westen. Zu ihrer Auf-

füllung war bereits seit Januar 1944 auf dem Truppenübungsplatz Wahn das FJR 6 unter Major Friedrich-Wilhelm von der Heydte neu aufgestellt worden.
Als Generalleutnant Ramcke, eben wieder von seiner Krankheit genesen, am 6. Mai 1944 dieses Regiment besuchte, wurde er von den 3 000 Fallschirmjägern begeistert begrüßt.

DAS II. FALLSCHIRMKORPS

Der Stab des XIII. Fliegerkorps unter Generalleutnant Meindl, der jene 22 Luftwaffen-Felddivisionen aufgestellt hatte, wurde zu Ende des Jahres 1943 in II. Fallschirmkorps umbenannt. Nun führte General Meindl wieder echte Fallschirmjäger. Chef des Stabes wurde Oberstleutnant i. G. Blausteiner.

Bis eingangs Mai unterstand dieses neue Fallschirmkorps truppendienstlich und auch aufstellungsmäßig dem Fallschirmarmee-Oberkommando 1, das um diese Zeit in Berlin und Nancy aufgestellt wurde und an dessen Spitze General der Flieger Student getreten war. Taktisch unterstand dieses Korps dem Oberbefehlshaber West. Zwei neuaufgestellte Divisionen, die 3. und 5. FJD wurden dem Korps in der Bretagne am 12. 5. 1944 zugeführt. Damit hatte Eugen Meindl wieder einen kampfstarken Verband unter seiner Führung. Taktisch unterstand das Korps der 7. Armee. Sein Gefechtsstand war 120 Kilometer ostwärts Brest.

General Meindl erhielt Weisung, die beiden neuaufgestellten Divisionen zu einem eng zusammenarbeitenden Truppenverband zu machen *und* sämtliche Korpstruppen, die noch fehlten, aufzustellen und auszubilden. Bei den Korpstruppen handelte es sich um:

1 Korpsaufklärungs-Abteilung 12,
2 Korpsnachrichten-Abteilung 12,
3 Sturmgeschütz-Brigade 12,
4 Korpsnachschubführer 12,
5 Chirurgengruppe,
6 Fallschirmjäger-Ausbildungs- und Ersatzregiment 12.

Die 3. FJD wurde von Generalleutnant Schimpf geführt. Sie war personell voll aufgefüllt.
Die 5. FJD unter Generalleutnant Wilcke war zu 80 Prozent personell aufgefüllt.
Die 2. FJD kam ab Ende Mai 1944 hinzu. Ihre Neuaufstellung fand in der Bretagne statt.
Das Korpsflak-Regiment 12 und das Korpsartillerie-Regiment 12 das dem Generalkommando des II. Fallschirmkorps noch organisationsgemäß zustand, wurden in der Heimat aufgestellt. Beide Regimenter konnten dem II. Fsch-Korps nicht mehr zugeführt werden.
General Meindl bildete seine Fallschirmjäger in der jägermäßigen Geländeausbildung im Gelände aus. Feindliche Luftlandungen wurden von ihm simuliert und bekämpft.

Am 6. 6. 1944 – dem Tage der Invasion – wurde das Generalkommando des II. Fallschirmkorps durch das Armeeoberkommando in den Raum St. Lô befohlen. Zunächst wurden nur die Korpstruppen und die 3. FJD dorthin verlegt, während die 5. FJD in den alten Standorten verblieb. Die Zuführung der 2. FJD begann.

DIE ZUFÜHRUNG DER 2. FALLSCHIRMJÄGER-DIVISION

Es war am 11. 6. 1944, die Invasion in der Normandie ging in den sechsten Tag, als General Ramcke auf dem Truppenübungsplatz Wahn einen Telefonanruf aus Nancy erhielt. Es war General der Flieger Student, der Oberbefehlshaber der neu aufgestellten 1. Fallschirmjäger-Armee, der Ramcke sprechen wollte. Ramcke sollte sich am nächsten Morgen in Nancy beim Armeeoberkommando melden. Die Benutzung eines Flugzeuges wurde Ramcke verboten. Er mußte mit dem Kraftwagen dorthin fahren.
In den frühen Morgenstunden des 12. 6. fuhr Ramcke nach Nancy

und meldete sich bei General Student. Dieser gab ihm die neue Verwendung der Division bekannt:
»Also, Ramcke, die 2. Fallschirmjäger-Division verlegt sofort zur weiteren Aufstellung und Ausbildung in die Bretagne. Sie hat gleichzeitig die Aufgabe, die Festung Brest, die für die Anlandungen des Gegners von größter Wichtigkeit ist, gegen feindliche Luftlandungen zu schützen. Alles Nähere erfahren Sie beim bodenständigen Generalkommando XXV in Pontivy. Ich habe vorhin bereits das Vorkommando Ihrer Division unter Major i. G. Schmidt, Ihrem Ia, in Marsch gesetzt. Major Schmidt hat Weisung, Sie in Vannes zu treffen. Die ersten Transporte der Division rollen morgen vormittag in Wahn ab. Ich lege Wert darauf, daß Sie bis spätestens morgen früh in die Bretagne fahren. Unser Generalqartiermeister steht Ihnen zur Klärung der Unterbringungsfragen zur Verfügung.«
In seiner vorausschauenden Art hatte General der Flieger Student bereits alles geordnet.
Am 16. Juni traf General Ramcke den Befehlshaber des XXV. AK, Generalleutnant von Choltitz und besprach mit ihm alle Fragen des Einsatzes seiner Division im Großraum Brest.
Am Abend dieses Tages bezog Ramcke Quartier in Landivisiau, einer kleinen Stadt an der Elorne, die in die Reede von Brest mündet. Drei Tage später siedelte er nach Lampaul über. Damit lag der Divisionsstab 25 Kilometer ostwärts Brest.
In diesen Monaten des Einsatzes der 2. FJD im Osten und ihrer Überführung nach dem Westen hatte sich auf dem italienischen Kriegsschauplatz die 1. und die neuaufgestellte 4. FJD, des neuernannten I. Fallschirm-Korps, in immerwährenden Kämpfen gegen einen starken Gegner zu behaupten. Wie sah es dort aus?

DER KAMPF UM MONTE CASSINO

DIE ERSTE CASSINOSCHLACHT

Die Schlacht im Raume Salerno zeigte Feldmarschall Kesselring, daß es nicht möglich sein würde, den Gegner hier ins Meer zurückzuwerfen. Was er nun zu tun hatte war: den Feind so weit wie möglich im Süden zu binden, um dessen strategische Luftwaffenbasen von der deutschen Reichsgrenze fernzuhalten. Er befahl deshalb den Ausbau der Gustavstellung an der schmalsten Stelle der Apenninen-Halbinsel. Dort boten der Garigliano und der Sangro, sowie die Abruzzen, einen guten Rückhalt.
Da man im Lirital mit massierten feindlichen Panzerkräften rechnete, konnte man aus dem südlichen Teil der Gustav-Stellung, von den beiden hohen Felskegeln des Monte Maio im Süden und des Monte Cassino im Norden, das Lirital sperren.
Um die Benediktinerabtei Monte Cassino zu schützen, ließ Feldmarschall Kesselring die Stellungen am Fuße dieses Berges anlegen und eine Sperrzone um das Kloster ziehen. Bevor hier der Kampf losbrach, wurden von Oberstleutnant Schlegel, dem Kommandeur der Instandsetzungs-Abteilung der Fallschirm-Panzer-Division »HG« – beginnend mit dem 14. Oktober 1943 – die Kunstschätze des Klosters geborgen. Der Erzabt von Monte Cassino, Don Gregorio Diamare und das Konvent stimmten der Auslagerung zu. Am 8. 12. übergab Schlegel dem Vertreter des Heiligen Stuhles in Rom den gesamten Kulturschatz, der in insgesamt 120 Lastwagen-

fuhren nach Rom gebracht worden war. Darunter befand sich auch die von Neapel nach Monte Cassino ausgelagerte Gemäldegalerie mit Werken der großen europäischen Meister. Diese Voraussicht sollte die Rettung für alle diese Kunstschätze bedeuten.
Der Gegner versuchte nun, den Monte Cassino durch eine weiträumige Angriffsoperation zu Fall zu bringen. Dieser Angriff sollte so gelegt werden, daß wenige Tage nach diesem im Süden geführten Stoß bei Anzio-Nettuno eine weitere Invasion gestartet werden sollte, um die deutschen Truppen zwischen zwei Feuern zu haben. Mit dieser Zangenbewegung wollte der Gegner die gesamte deutsche 10. Armee in Süditalien vernichten.
Am 17. 1. 1944 begann der Angriff bei Cassino durch das britische X. AK. Bereits am ersten Tage durchbrachen die 5. und 56. ID die Abwehrlinien der 96. deutschen ID und überschritten den Garigliano. Die deutschen Truppen wurden in die Acrunischen Berge hineingedrückt. Der Monte Maio war in höchster Gefahr.
Feldmarschall Kesselring gab seine Reserven – die 29. PGD und die 90. PGD – zum Gegenangriff frei. Diese beiden Divisionen stoppten den Angriff des X. britischen AK. Doch die Brückenköpfe am Garigliano blieben in ihrer Hand.
Dann begann am 20. 1. 1944 der Angriff der 5. US-Armee, General Clark, gegen den unteren Rapidofluß. Hier verteidigte die 15. PGD. Die 36. US-ID – mit den »Texasboys« – wurde abgeschmiert. Sie verlor 1 700 Mann.
Die algerische 3. ID, General Juin, trat am 24. 1. nördlich von Cassino-Stadt an. Sie sollte den Monte Caira nehmen und von dort aus ins Liri-Tal hinunterstoßen. Endziel war Sperrung der Via Casilina, über welche die 10. deutsche Armee versorgt wurde.
Dieser Stoß traf die 44. ID »Hoch- und Deutschmeister«. Es gelang den Tunesiern, die in der »Algerischen« Division dienten, den Belvedere zu erstürmen. Dann aber wurden auch sie gestoppt.
Die 90. PGD unter Generalleutnant Ernst-Günther Baade übernahm am 28. 1. den Kampfabschnitt der 44. ID. Als es den Solda-

ten der 34. US-ID gelang, am 30. 1. 1944 Cairo-Dorf nördlich Cassino zu erstürmen und als sie am 1. 2. gar zum Angriff auf Monte Cassino antraten und nach 48 Stunden nördlich der Via Casilina standen, die direkt nach Rom führte, wurde die »Feuerwehr« in diesen bedrohten Raum geworfen. Diese bestand aus der »Kampfgruppe Schulz«, dem FJR 1 mit unterstellten Fallschirm-MG-Bataillon 1, Major Schmidt, und dem III./FJR 3 unter Hauptmann Kratzert. Zum ersten Male schalteten sich die Fallschirmjäger im Kampf um Monte Cassino ein.

Oberst Schulz brachte das FschMGBatl. an den Hängen des Monte Cassino in Stellung. Der Calvarienberg wurde von Hauptmann Kratzert genommen. Ein blutiges Ringen begann. Auf den Hängen und Kämmen über und vor der Via Casilina gab Oberst Karl-Lothar Schulz, der Kämpfer von Rotterdam und Heraklion, keinen Fußbreit Boden auf. Er verteidigte den »Monte« mit seiner Kampfgruppe auf Biegen und Brechen.

Als der Gegner Flugblätter abwarf, mit der Behauptung, deutsche Fallschirmjäger hätten den Boden des Klosters betreten und ihn zu kriegerischen Handlungen mißbraucht, ließ Oberst Schulz im Klartext einen Funkspruch zum Gegner tasten, in dem er erklärte, daß dies unwahr sei. Gleichzeitig damit verständigte er General Heidrich. Noch einmal bekräftigte auch der Divisionskommandeur, daß keiner seiner Soldaten seinen Fuß ins Klosterrevier setzen dürfe.

In der Stadt Cassino verteidigte nun das GR 211, der 71. ID, die in Eilmärschen hierher verlegt hatte. Am 11. 2. griffen die Amerikaner zum letzten Male an, um den Monte Cassino in ihre Hand zu bekommen. Wieder stürmten die 34. und 36. US-ID vor. Die Stellungen der Fallschirmjäger auf dem Calvarienberg und am Monte Cassino waren ihr Ziel. Der Gegner wurde abermals mit blutigen Köpfen abgewiesen. Das II. US-Korps hatte hier die Masse seiner Soldaten verloren.

Die erste Cassinoschlacht ging allmählich zu Ende. Zum grandio-

sen und grausamen Abschluß dieser ersten Schlacht um den »Monte« starteten am Morgen des 15. 2. 1944 142 »Fliegende Festungen« B-17 von den Flugplätzen Foggias. Sie erreichten das Kloster gegen 10.00 Uhr und warfen 353 Tonnen Bomben. Ihnen folgten 47 B-25 und 40 B-26, die weitere 100 Tonnen Bomben abwarfen. Das Kloster Monte Cassino wurde vollständig zerstört.
Mit seinen Soldaten erlebte Karl-Lothar Schulz diese grausige Bombardierung, die den Fallschirmjägern keine Verluste brachte. Verluste erlitt die Zivilbevölkerung. Dieser Bombenabwurf hatte *keinen* militärischen Sinn. Am 17. 2. brachte Oberst Schulz den Abt und die Mönche des Klosters in Sicherheit. Dann erst setzten sich die Fallschirmjäger in den Klosterruinen fest.
Nacheinander traten am 18. 2. sämtliche Bataillone der 7. indischen Brigade gegen den »Monte« an. Oberst Schulz organisierte die Verteidigung und schickte den Gegner mit blutigen Köpfen zurück.
Am 18. 2. wurde die Erste Cassinoschlacht abgebrochen. Die Kampfgruppe Schulz hatte den Durchbruch durch die Gustavstellung vereitelt. Oberst Karl-Lothar Schulz wurde dafür mit dem Eichenlaub zum Ritterkreuz ausgezeichnet. Seine Kampfgruppe wurde aus der Cassinofront herausgenommen, um sich aufzufrischen.

DIE ALLIIERTEN LANDUNGEN BEI ANZIO-NETTUNO

Im Januar 1944 wurde im Rahmen der Aufstockung der beiden gegründeten Fallschirmjäger-Korps im Raume Perugia aus Teilen des ehemaligen FschJägStRgt. und solchen der Regimenter 2 und 6 die 4. Fallschirmjäger-Division unter Führung von Oberst Trettner aufgestellt. Trettner, der aus dem Stabe Students kam, erhielt für die Aufstockung und den Ausbau seiner Division Soldaten der teilweise in der Auflösung begriffenen Luftwaffen-Felddivisionen.

Außerdem wurde ihm überflüssiges Bodenpersonal der Luftwaffe zugeführt. Aus diesen Soldaten sollte er binnen kürzester Zeit eine schlagkräftige Division machen.

Am 18. 1. 1944 erhielt Oberst Trettner Weisung, aus den bereits stehenden Regimentern 10, 11 und 12 je ein einsatzfähiges Alarm-Bataillon aufzustellen. Dieser Befehl erging im Rahmen des Planes »Richard«. In diesem Plan waren Abwehrmaßnahmen für den Fall einer feindlichen Truppenlandung im Rücken der Cassinofront ausgearbeitet worden. Am Morgen des 19. 1. traf Oberst Trettner beim Regiment 11 ein. Er beauftragte Major Gericke, den Regimentskommandeur, mit der Führung dieser Einsatzgruppe innerhalb der 4. FJD.

Als am 22. 1. 1944 bei Anzio-Nettuno das VI. US-Korps landete, war der Plan »Richard« in Kraft gesetzt. Die drei Alarmbataillone wurden unter Führung von Major Gericke als »Kampfgruppe Gericke« im Eilmarsch an die Front dieses alliierten Landekopfes geworfen. Damit begann der Kampf der 4. FJD gegen die Alliierten in Italien. Schon wenige Wochen nach ihrer Aufstellung wurde diese Division der härtesten Belastungsprobe unterworfen.

Die Kampfgruppe Gericke, die »im Zusammenwirken mit anderen deutschen Einheiten den Landekopf einengen und den schnellen Vorstoß des gelandeten Gegners über die Albaner Berge auf die Via Casilina und auf Rom verhindern« sollte, marschierte nach Aprilia.

Der Weg von Anzio-Nettuno nach Rom lag offen vor General Lucas, dem Kommandierenden General des VI. US-Korps. Dieser aber verschenkte den Sieg. Anstatt zu marschieren, ließ er im Landekopf sammeln und erst alle Fahrzeuge und Waffen an Land bringen. Er brachte binnen 14 Tagen 18 000 Fahrzeuge in den Brückenkopf, dazu 380 Panzer. Dies für ganze 70 000 Mann. Dies veranlaßte Churchill zu der von ihm bekannten sarkastischen Bemerkung:

»Wir müssen eine große Überlegenheit an Chauffeuren haben. Ich bin schockiert, daß der Feind aber mehr Infanterie hat, als wir.«
Als sich Major Gericke drei Tage vor der Landung beim Korpsstab von General Schlemm meldete, der in Grottaferata saß, erhielt er für seine Einsatzgruppe folgenden Auftrag:
»Kampfgruppe verbleibt im Raume Isola Farnese und betreibt weiterhin Ausbildung. An eine Auffüllung der Munitions- und Betriebsstoff-Vorräte ist erst am 22. 1. zu denken, da alles bis dahin für die 10. Armee benötigt wird.«
Major Gericke fuhr nach Isola Farnese zurück. Hier erreichte ihn am 22. 1. um 05.30 Uhr, der Einsatzbefehl des Korpsstabes:
»Alarm! Feind ist beiderseits Nettuno gelandet. Ein Bataillon sofort im Kfz-Marsch nach Albano. Kampfgruppenkommandeur voraus!«
Das Bataillon Hauptmann Hauber (vom Sturmregiment) wurde ausgerüstet und um 09.00 Uhr nach Albano in Marsch gesetzt. Major Gericke fuhr sofort zum Korpsstab, wo er um 07.30 Uhr eintraf. Hier wurde ihm die Lage mitgeteilt:
»Feind ist in den frühen Morgenstunden beiderseits Nettuno gelandet. Das zum Küstenschutz eingesetzte II./GR 71 konnte dem Feind nur mit schwachen Kräften entgegentreten und wurde zurückgeworfen. Angaben über die Ausdehnung dieser Landungen liegen nicht vor.«
Im Verlaufe des 22. 1. wurden alle Truppen im Raume Rom alarmiert und, um eine einheitliche Kampfführung zu erreichen, der Kampfgruppe Gericke unterstellt. Bis dahin hatte der Gegner, der auf dem Küstenstreifen zwischen Cäsare S. Lorenza und Torre Astura gelandet war, mit seinen Voraustruppen die Bahnstation Campo di Carne erreicht und die Ortschaft Borgomontello in Besitz genommen.
Major Gericke wartete nicht erst das Eintreffen seiner Kampfgruppe ab, sondern ließ alle größeren Straßen durch die nacheinander eintreffenden Einheiten sperren, um dem Gegner die Mög-

lichkeit eines schnellen und motorisierten Vormarsches sowie von Panzervorstößen zu nehmen. Am meisten gefährdet erschienen die Straßen Nettuno-Aprilia und la Fossa-Ardea. Bis zum Mittag trafen fast alle Einheiten der Kampfgruppe Gericke im Einsatzraum ein. Als letztes um 17.30 Uhr das Bataillon Major Kleye, vom Regiment 11.

Unmittelbar darauf erschien auch General Gräser, der Kommandeur der 3. PGD, auf dem Kampfgruppengefechtsstand, einem massiven Steinhaus in Albano. Hier ging um 19.05 Uhr der Korpsbefehl ein:

»Schwacher Feind wurde beim Vorgehen auf Ardea durch Troßeinheiten des II./GR 71 abgewehrt. Stadt Ardea befindet sich noch in unserer Hand. Kampfgruppe Gericke besetzt Ardea und la Fossa mit einem Bataillon und hält diese Ortschaften.«

Bis zum 26. 1. wurde die gesamte 4. FJD in den Küstenabschnitt eingeschoben. Der gelandete Feind hatte noch keine Anstalten zum Ausbruch aus dem Landekopf getroffen und mit dem Eintreffen der gesamten 4. FJD und der 3. PGD war der Landekopf entschärft.

Generaloberst von Mackensen, OB der Heeresgruppe C, ließ nun zum Gegenangriff antreten. In der Nacht zum 8. 2. stürmte die Kampfgruppe Gericke gemeinsam mit zwei Regimentern der 65. ID gegen die Stellungen bei Carroceto. Die Kampfgruppe konnte sich von Westen aus bis an die Höhe 80 und den Bahnhof von Carroceto heranschieben.

General Schlemm, Kommandierender General des I. Fallschirmkorps, erschien am 9. 2. auf Gerickes Gefechtsstand und befahl den Angriff auf die Höhe 80.

Dieser Angriff begann am 20. 2. Gericke hatte das Bataillon Kleye dazu nach Norden ausholen lassen, um den Gegner in der Flanke zu fassen. Der Angriff gelang. Die Höhe 80 wurde in einem schweren Angriff, bei dem Major Kleye fiel, genommen.

Um die Verbindung mit der 3. PGD herzustellen, die zur gleichen

Zeit in Carroceto eindrang, stürmte Oberleutnant Weiß, Chef der 2. Kompanie des Bataillons Kleye mit 60 Jägern gegen die feindbesetzte Häusergruppe nordwestlich des Bahnhofes. Der Gegner wurde geworfen, und im Sprung auf den Bahnhof wurde auch dieser erreicht. Insgesamt 180 Schotten wurden gefangen genommen.

Jetzt versuchte der Gegner es mit einem Panzerangriff. Die Stoßgruppe Weiß wurde auseinandergerissen. Mit 12 Soldaten verteidigte Oberleutnant Weiß sich erfolgreich im Bahnhofsgelände. Damit waren Bahnhof Carroceto und Höhe 80 in der Hand der Fallschirmjäger. Doch das Bataillon Kleye hatte 4 Offiziere und 287 Mann verloren.

In den folgenden Tagen stand die Kampfgruppe Gericke immer wieder im Schwerpunkt der Angriffe. Der am 16. 2. begonnene Angriff zur Beseitigung des Brückenkopfes mußte am 18. 2. abgebrochen werden. Ein nochmaliger Angriff am 29. 2. – von Hitler selbst befohlen – blieb am Nachmittag des 1. 3. liegen.

Der Gegner, nunmehr von General Truscott geführt, rüstete sich zu einem Ausbruch aus dem Landekopf. Als bekannt wurde, daß der Gegner einen Großangriff auf Aprilia und damit auf die 4. FJD, vortragen wollte, erließ Oberst Trettner am 27. März einen Tagesbefehl, in dem er unter anderem sagte:

»Die derzeitige HKL ist zu halten und bei feindlichen Einbrüchen mit Gegenstoß wieder zu nehmen. Durch Beobachtung, Späh- und Stoßtrupp-Unternehmen müssen feindliche Bereitstellungen rechtzeitig erkannt und durch zusammengefaßtes Feuer der Artillerie und Schweren Waffen zerschlagen werden. Reserven sind nahe heranzuhalten. Alle Stellungen der Schweren Waffen sind zur Rundumverteidigung einzurichten.

Die gesamte Truppe ist seelisch auf diesen Angriff vorzubereiten und muß von dem besten Willen durchdrungen sein, dem Feind die gleiche Niederlage zu bereiten, wie er sie durch die 1. FJD bei Cassino erlitten hat.«

Im Bereich des Landekopfes lagen nunmehr 5 deutsche Divisionen neun alliierten Divisionen gegenüber. Der feindliche Großangriff ließ weiter auf sich warten. General Truscott hatte Befehl, erst am 23. Mai anzugreifen. Er sollte bei Valmonte die Via Casilina, die wichtigste Rückzugstraße der 10. deutschen Armee durchschneiden.

Als die Alliierten am 23. Mai losschlugen, hielt das FJR 12, Major Timm, den Abschnitt beiderseits Velletri. Es gelang Timm, die Angriffe der 34. US-ID abzuwehren. Die Kämpfe gingen hin und her und erst in der Nacht zum 31. Mai erzwangen die Alliierten den Durchbruch durch die Front des deutschen LXXVI. PzK. über den Monte Artemisio. Damit stand der Gegner im Rücken des FJR 12. Die Front der deutschen 14. Armee brach zusammen. Die Alliierten konnten nun mit geballter Kraft über die Albaner Berge vorstoßen. Ihr Ziel war – Rom.

Kämpfend zog sich die 4. FJD als Nachhut der Armee zurück. Immer wieder wurde der Gegner aufgehalten und als am 4. Juni 1944 um 19.15 Uhr die 88. US-ID, als Kampfspitze, Rom erreicht hatte und in die Piazza Venezia einbog, war es der 4. FJD gelungen, wenigstens den Rückzug der 14. Armee zu ermöglichen.

Als letzte deutsche Truppe verließ die 4. FJD die Ewige Stadt. Kämpfend zog sie sich nach Norden zurück. Über diese Kämpfe im Landekopf Anzio-Nettuno berichtete Linklater:

»Nun zeigten die Deutschen im Landekopf Anzio-Nettuno noch überzeugender als bei Monte Cassino ihr gründliches und vollendetes militärisches Können.«

Was war in der Zwischenzeit bei Monte Cassino passiert?

DIE ZWEITE CASSINOSCHLACHT

In der Zeit zwischen der ersten und der zweiten Schlacht um Monte Cassino gelang es Generalleutnant Heidrich, seine gesamte

Division zur eigenen Verfügung zurückzubekommen. Er erhielt von Feldmarschall Kesselring den Auftrag, die Verteidigung des Cassino-Abschnittes mit seinen Fallschirmjägern zu übernehmen.
Die Alliierten stellten um diese Zeit ihr Neuseeländisches Korps bereit, während das II. US-Korps in die Reservestellungen zurückging.
Diesmal sollte das FJR 3 unter Oberst Heilmann im Brennpunkt der Kämpfe stehen. Sein Regiment verteidigte nun die Stadt Cassino und den Klosterberg.
Die Schlacht begann mit einem Luftbombardement auf die Stadt Cassino am 15. 3. 1944. 600 Bomber flogen insgesamt ihre Einsätze und auf dem Monte Trocchino standen die alliierten Generale und sahen diesem Schauspiel zu.
Das FJR 3 verteidigte mit dem II. Bataillon, verstärkt durch die 10./FJR 3, die Stadt Cassino. Das I./FJR 3 stand auf dem Klosterberg und zum Gebirge hin hatte Generalleutnant Heidrich die Regimenter 4 und 1 eingesetzt.
Nach dem Bombardement eröffnete der Gegner mit einem Feuerschlag aus 750 Rohren den Infanterieangriff. Die dichteste Beschießung erlebte die Stadt Cassino, wo Major Foltin mit dem II./FJR 3 schwere Verluste erlitt. Allein 220 Fallschirmjäger wurden unter den Trümmern begraben. Lediglich die in Felshöhlen 5 Kilometer hinter Cassino liegende 6./FJR 3 kam ungeschoren davon.
Dann rollte der neuseeländische Angriff, an dessen Spitze 400 Panzer von Norden gegen Cassino anstürmten. Sie drangen bis zur Stadtmitte vor. Dann blieben sie liegen, weil die Panzer nicht über die Trümmer hinwegkamen und die Infanterie vom Feuer der überlebenden Fallschirmjäger geworfen wurde.

In der kommenden Nacht griff die 4. indische ID an. Sie nahmen den Rocca Janule in Besitz und stürmten zum Klosterberg. Am frühen Morgen des 16. standen die Gurkhas auf der Höhe 435 und damit 400 Meter im Rücken der Verteidiger des Monte Cassino.

Sanitätsfeldwebel Zimmermann, einer der Besten!

Oberfeldwebel Stadelmann: zweimal das Goldene Verwundetenabzeichen (in beiden Weltkriegen). In Tunesien als „Lederstrumpf“ bekannt.

Ofw. Heinrich Schäfer. – Er verteidigte die Kaktusfarm. Sein Zug erledigte im Nahkampf 48 Panzer

Major Hans Jungwirth mit Leutnant Gavin Cadden. Cadden veranlaßte, daß Oberstleutnant Koch im Jahre 1973 durch eine Kranzniederlegung vor dem Londoner Ehrenmal der Frontkämpfer geehrt wurde.

Schilderwald am Stadtrand von Tunis

Zwei Welten begegnen einander

Regimentsbesprechung beim FJR 5, 2. v. links OTL Koch

Fallschirmjäger-Stellung in den Blauen Bergen von Bou Arada

Panzer auf dem Wege nach Tebourba

Volle Deckung!

Verwundete fahren zurück

Beobachtungsposten am Stadtrand von Tunis

Granatwerfer am Djebel Djaffa

Beobachter an der „Schere“

Gebirgs-Fallschirmjäger zu Pferde!

Das I./FJR 4 stürmte den Indern entgegen und zersprengte drei Bataillone der 5. Indischen Brigade.
Zweidrittel der Ruinen des Klosterberges fielen in die Hände der Neuseeländer, doch in den übriggebliebenen Widerstandsnestern hielten die Fallschirmjäger aus. Am 22. 3. befahl General Alexander, der Oberkommandierende in Italien, die Einstellung des Angriffs.

DIE DRITTE CASSINOSCHLACHT

Ende März löste Feldmarschall Kesselring die abgekämpfte 1. FJD aus der HKL heraus, um ihr für eine Woche Ruhe zu geben. Doch wenige Tage darauf mußte Heidrich mit seinen Regimentern wieder zum Monte Cassino marschieren. Diesmal zogen die Soldaten des FJR 4 unter Oberst Walther nach Cassino-Stadt und zum Klosterberg. Das FschMGBatl. 1 wurde dem Regiment unterstellt. Den Abschnitt im Gebirge, mit dem Calvarienberg, dem Colle S. Angelo und dem Monte Caira erhielt das FJR 3. Auf dem Monte Caira war ihm die Kampfgruppe Ruffin unterstellt (Gebirgsjäger, GJR 100 und Hochgebirgs-Bataillon 4). Das FJR 1 stand in der Tiefe der rückwärtigen Stellungen als Divisionsreserve bereit.
Die drei Regimenter gingen geschwächt in diese dritte Schlacht um den Monte Cassino, denn sie hatten ihre III. Bataillone sämtlich an die in Neuaufstellung begriffene 5. FJD abzugeben.
Den Alliierten standen für diesen dritten Versuch 16 voll ausgerüstete Divisonen zur Verfügung. In vier Armeekorps wollten sie diesmal angreifen.
Am 11. 5. eröffnete der Gegner gegen die vier schwachen deutschen Divisionen im Raume Cassino mit einer Feuerwalze aus 2 000 Geschützen, die um 23.00 Uhr – nach dem Zeitzeichen von BBC-London – gleichzeitig das Feuer eröffneten. Vom oberen Rapidotal, bis hinunter zur Küste flammten die Abschußwände im-

mer wieder auf. Granaten pflügten den Boden das drittemal um und noch in der Nacht traten alliierte Sturmtruppen zum Angriff an.

Das FJR 3 unter Oberst Heilmann kämpfte gegen das II. polnische AK. Alle Angriffe der Polen wurden abgewiesen. Schwerpunkt dieses Kampfes war das Ringen um den Calvarienberg, wo das I./FJR 3 verteidigte. Hier stand Major Rudolf Böhmler in einem schier aussichtslosen Kampf. Aber er schlug sich mit seinen Fallschirmjägern mit letztem Einsatz. Seine 3. Kompanie stand im Zentrum des Sturmes gegen die 2. polnische Panzer-Brigade. Die 1. Kompanie, die auf dem Gipfel des Calvarienberges stand, wurde von den polnischen Karpathenjägern mehrfach überrannt. Diese wiederum immer wieder zurückgeschlagen. Einmal nur mit Hilfe der 7./FJR 3.

Doch der Gegner saß auf dem Berg fest. Viermal stürmten die Reserven des I. und II./FJR 3 auf den Berg, um jedesmal abgewiesen zu werden.

Erst am Abend des 12. Mai gelang es einem Stoßtrupp der 14. Kompanie unter Oberfeldwebel Karl Schmidt, den Calvarienberg zu erstürmen und den Gegner zu werfen. Karl Schmidt verdiente sich hier das Deutsche Kreuz in Gold. Er war der Held des Tages.

Der Gegner hatte hier noch eine Stärke von einem Offizier und sieben Mann, als der Kampf beendet war. Am Abend dieses Tages mußte General Anders seine polnischen Truppen auf die Ausgangsstellungen zurücknehmen. Major Rudolf Böhmler erhielt für diese Verteidigungsleistung das Ritterkreuz.

Bis zum 17. Mai zogen sich die Kämpfe hin. Hier strahlte der Stern des kleinen Generals Heidrich, der mitten durch das Feuer preschte, um Verwundete zurückzuholen. Dies gehörte zu jenen drei Maximen, die er geprägt und den Fallschirmjägern eingegeben hatte:

»Kameradschaft! – Können! – Korpsgeist!«

Der General, der am 25. 3. die Schwerter zum Ritterkreuz des Ei-

sernen Kreuzes mit Eichenlaub erhalten hatte, konnte dem Gegner den Klosterberg immer wieder entreißen.
Doch am frühen Morgen des 18. 5. 1944 mußten die Fallschirmjäger seiner Division den Monte Cassino räumen und den Rückzug antreten. Es war dem Gegner am Vortage gelungen mit dem französischen Expeditionskorps durch das unwegsame Auruncische Gebirge durchzustoßen und die Straße Itri-Pico zu erreichen. Damit standen sie 40 Kilometer nördlich der Cassinofront. Dies wiederum bedeutete für die 1. FJD die drohende Umklammerung und Vernichtung. Der Vorstoß von General Juin bedeutete den Fall des Monte Cassino und den Rückzug der 10. Armee.
Generalleutnant Richard Heidrich übernahm in dieser Situation Die Führung des I. Fallschirmkorps. Oberst Karl-Lothar Schulz, der wenig später Generalmajor wurde, führte nunmehr die 1. Fallschirmjäger-Division, die Stammdivision der Fallschirmtruppe. Schrittweise ging er mit der Division zurück und bis Ende August 1944 war die Adria im Raume Bologna erreicht.
Hier hatte am 10. September der Großangriff der 5. US-Armee begonnen. Schon schien Bologna verloren, als auf den Hängen vor der Stadt die Fallschirmjäger unter Generalmajor Schulz erschienen. Der Gegner wurde in pausenlosen schweren Kämpfen gestoppt. Am 27. stellte die 5. US-Armee den Kampf ein und zog sich zurück. In seinem kleinen rotgestrichenen Fiat war Generalmajor Schulz an der Front von einem bedrohten Abschnitt zum anderen gefahren und hatte den Gegner abgewiesen und in Gegenangriffen wieder zurückgeworfen. Er erhielt dafür die Schwerter zum Ritterkreuz mit Eichenlaub.
Während nun die beiden Divisionen des I. Fallschirmkorps, die 1. und 4. FJD, in Italien weiterkämpften, standen ja seit Beginn der alliierten Invasion in der Normandie die 3. und 5. Fallschirmjäger-Division und das FJR 6 in einem erbitterten Einsatz.

DIE KÄMPFE IM WESTEN AN DER INVASIONSFRONT

DAS REGIMENT VON DER HEYDTE BEI CARENTAN

Major von der Heydte, der Kommandeur des in Wahn neuaufzustellenden Fallschirmjäger-Regimentes 6 geworden war, verlegte eingangs Juni mit dem Regiment als Korpsreserve des LXXXIV. AK in die Normandie. Der Regimentsgefechtsstand wurde in Carentan eingerichtet.

Als General der Flieger Student dieses Regiment am Abend des 5. Juni 1944 besuchte, war Major von der Heydte gerade in einen Nachbarabschnitt gefahren. Kurt Student, nun Armeeoberbefehlshaber, traf nur den Ordonnanzoffizier an. Die Fallschirmjäger bereiteten ihrem »Alten« ein Blitzfestessen und anschließend winkte Student die Offiziere und Männer zu sich an die Karte. Er ließ ihnen zwei Worte zurück:

»Seid wachsam!« Es sollten prophetische Worte werden.

In der kommenden Nacht war es schon soweit. Am nachtdunklen Himmel öffneten sich die Sprungluken der amerikanischen Maschinen, die die Fallschirmjäger absetzten. In seinem Stützpunktbereich nahm Oberfeldwebel Peltz einen Major zwei Hauptleute, einen Leutnant und 73 Mann gefangen.

In den frühen Morgenstunden des 6. 6. fuhr Major von der Heydte nach Carentan, um diese Gefangenen zu vernehmen. Es waren Angehörige des 501. Regimentes der 101. US-Luftlande-Division.

»Das ist die Invasion, Viebig!« meldete er wenig später dem Ia des LXXXIV. AK (General Marcks).

Um 09.00 Uhr stand er bei St. Côme du Monts, 15 Kilometer

landeinwärts, auf einem Hügel und suchte durch sein Fernglas die Küste ab. Er sah die schier unübersehbare Invasionsflotte des Landeabschnittes »Utah«. Sie fuhren zurück und richteten in Côme du Mont den Regimentsgefechtsstand ein.

Zunächst versuchte von der Heydte, im Angriff über St. Marie du Mont und Turqueville die Küste bei Madeleine zu erreichen. Das I. Bataillon erreichte die Ortschaft St. Marie du Mont. Nun kam es darauf an, daß das II. Bataillon bei Turqueville eindrehte und über den Damm durch das Überschwemmungsgebiet durchstieß. Wenn das geschehen war, würde die Landestelle der Amerikaner abgeriegelt worden sein.

Doch dazu kam es nicht. Ein Funkspruch vom II./FJR 6 zeigte dem Kommandeur, daß der Gegner bereits in Ste. Mère Eglise steckte. Und von dort aus erhielt Hauptmann Mager mit seinem II./FJR 6 starkes Feuer.

Major von der Heydte, auf einem Krad nach St. Marie du Mont vorgefahren, befahl Mager, nicht einzudrehen, sondern Ste. Mère Eglise anzugreifen, die Stadt zu nehmen und dadurch die Flankenbedrohung zu beseitigen. Aber dieser Angriff scheiterte. Am Morgen des 7. 6. befahl von der Heydte seinen Bataillonen, sich zur Verteidigung einzurichten.

In seinen neuen Stellungen bildete das FJR 6 einen Sicherheitsriegel an der Haustür zur Halbinsel Cotentin. Das FJR 6 hatte einen Streifen von 20 Kilometer Breite und 15 Kilometer Tiefe zu verteidigen.

Die Jäger des Regimentes 6 kämpften gegen einen sich täglich verstärkenden Feind. Teile des Regiments wurden eingekesselt. Mitten in einer Lagebesprechung wurde der Regimentsgefechtsstand vom Gegner eingeschlossen. Panzer schossen auf das Haus, in dem der Regimentskommandeur gerade die Lagebesprechung hielt.

Von der Heydte setzte den Radfahrzug ein. Der erste Divisionsschreiber, Hauptfeldwebel H. Bräu, übernahm mit Meldern, Funkern und Schreibern die Nahsicherung. Die Sherman-Panzer, die

sich an den Gefechtsstand herangearbeitet hatten, wurden im Nahkampf mit Sprengmitteln vernichtet.
Immer wieder, wenn die Amerikaner glaubten, die Fallschirmjäger in der Falle zu haben, tauchten diese bereits wieder im Rücken des Feindes auf. Sie durchwateten Sümpfe, schwammen durch Flüsse und kämpften, wo dies verlangt wurde.
Die rechte Schulter steif, den Arm in der Schlinge – alles Nachwirkungen seines Flugzeugabsturzes – führte Major von der Heydte seine Männer. Er stand, trotz der schmerzenden Nervenquetschung seinen Mann. Seine Zuversicht übertrug sich auf den letzten Jäger.
Einer der Fallschirmjäger, der in amerikanische Gefangenschaft geriet, brach dort aus um, nur mit einem Messer bewaffnet, quer durch Frankreich wieder zu seinem »Haufen« zu gelangen.
Am Abend des 8. 6. wich das Regiment kämpfend auf den Ost- und Nordrand von Carentan zurück. Hier, an der Nationalstraße 13, bildete es einen neuen Sperr-Riegel zwischen den beiden amerikanischen Brückenköpfen.
Carentan wurde zum meistumkämpften Brückenkopf der Invasionsfront. Hier schlugen die Fallschirmjäger jeden anrennenden Gegner zurück.
Dann aber war die Kraft erschöpft, ging die Munition zur Neige. Die 101. US-Luftlande-Division aber war zerschlagen. Die letzten Männer des I./FJR 6 brachen am 10. 6. zum Regimentsgefechtsstand durch und meldeten die Vernichtung des 700 Mann starken Bataillons.
Am Mittag dieses 10. 6. forderte ein Parlamentär des Generals Taylor Major von der Heydte zur Übergabe auf. Als er eben wieder fort war, warfen Ju 52 Verpflegungs- und Munitionsbomben. Es wurde weitergekämpft. Am Ortsrand von Carentan und am Regimentsgefechtsstand bei Pommenauque kämpften noch einmal Fallschirmjäger gegen Fallschirmjäger. Hier zeichnete sich Leutnant Brunnklaus besonders aus. Er fiel im Verteidigungskampf.

Der Wehrmachtsbericht des 11. 6. 1944 meldete:
»Bei den schweren Kämpfen im feindlichen Landekopf und bei der Vernichtung der im Hintergelände abgesetzten feindlichen Fallschirm- und Luftlandetruppen hat sich das Fallschirmjäger-Regiment 6 unter Major von der Heydte besonders ausgezeichnet.«
Unmittelbar darauf wurde das Regiment der 17. SS-PGD »Götz von Berlichingen« unterstellt. Von der Heydte forderte Brigadeführer Ostendorff, den Divisionskommandeur, auf, Teile seiner Division zur Unterstützung des Regimentes auf Carentan anzusetzen. Dies wurde ihm verweigert.
Um 17.00 Uhr des 11. 6. mußte Friedrich August von der Heydte Carentan räumen lassen und mit seinem Regiment auf vorbereitete Stellungen zurückgehen. Damit war die so wichtige Riegelstellung zwischen den beiden Landeköpfen »Utah« und »Omaha« gefallen.
Noch einmal kämpften sich die Jäger bis zum Hotel du Commerce und zum Bahnhof von Carentan vor. Am 12. 6. aber mußten sie endgültig diesen Brückenkopf aufgeben.
Bis zum 25. 7. kämpfte das Regiment beiderseits der Straße von Carentan nach Periers. Noch einmal gelang ihm ein Husarenstreich, als der Radfahrkompanie, mit zwanzig Mann auf Rädern und einem geliehenen Panzer, ein Sieg über ein US-Infanterie-Bataillon zufiel. 13 Offiziere und 600 Mann wurden gefangen genommen.
Nach dem Durchbruch der Amerikaner bei St. Lô ging dieses Regiment im Rahmen der 2. SS-PD »Das Reich« aus dem Kessel von Coutances nach Süden und erreichte bis zum 30. 7. bei Garray die Stellungen der 353. ID. Von der Heydte, inzwischen zum Oberstleutnant befördert, hatte seine Fallschirmjäger durchgebracht.
Am 12. 8. wurde das FJR 6 nach einem letzten Einsatz nordwestlich Vire aus der Front herausgezogen. 3 000 Soldaten und Offiziere fehlten. Sie waren gefallen, verwundet, oder in Gefangenschaft geraten. Das Regiment wurde nach Güstrow verlegt, neu

aufgefüllt und zur Verfügung der Heeresgruppe als »Feuerwehr« in Nordbelgien und Südholland eingesetzt.

DAS II. FALLSCHIRMJÄGER-KORPS IM WESTEN

Nachdem die Alliierten mit einer bis dahin nie gesehenen Streitmacht an Flugzeugen und Schiffen die Invasion am 6. 6. 1944 eingeleitet hatten, wurde das II. Fallschirmkorps dem LXXXIV. AK unterstellt. Aus diesem Armeekörper wurde sodann am 12. 6. eine Armeeabteilung geschaffen. Am Eckpfeiler St. Lô stand die 3. FJD, Generalleutnant Schimpf. Hier versuchten amerikanische Truppen, die Division von Osten her zu umfassen. Sie wurden abgewiesen. Das aus der Heimat gekommene Fallschirmjäger-Regiment 15, Oberst Gröschke, wurde zur Stützung der Front des LXXXIV. AK in den Skat geworfen. Es schlug sich gegen die Texaner der 90. US-ID hervorragend. Hier fiel am 14. 7. Major von der Schulenburg, an der Spitze seines FJR 13. Ein Großangriff der Amerikaner (1. US-Armee), ostwärts der Vire auf St. Lô zielend, wurde vom II. FschK. aufgehalten. Die 5. FJD, die binnen weniger Tage durch schwere Luftangriffe dezimiert worden war, gliederten sich in die Abwehrfront des Korps ein. Bis dahin war sie nur verzettelt zum Einsatz gekommen. Bei dem schweren Bombenangriff des 26. 7., der die Panzer Lehr-Division traf, wurde auch die Kampfgruppe Heintz, Männer der Fallschirmjäger-Regimenter 13 und 14, angeschlagen.
Drei Tage und Nächte hatte das Korps schwere Kämpfe zu bestehen. General Meindl setzte seine letzte Reserve, das FJR 15, ein. Doch dem Gegner gelang schließlich der Ausbruch aus der Enge des Landekopfes. Stützpunktartig krallten sich die Jäger unter Major Noster (FJR 14) im Raume Marigny in den Boden. Die Fsch AA 12 unter Hauptmann Göttsche verhinderte am Wegkreuz Le Mesnil-Herman die Gefangennahme des Divisionsstabes der

352. ID, nachdem sie 12 Sherman-Panzer abgeschossen hatte. Zwar konnten General Meindls Fallschirmjäger die rechte Flanke der Front halten, aber der linke Flügel des LXXXIV. AK war abgeschnitten und die US-Verbände rollten zwischen diesen beiden Korps ungehindert nach Süden.
Fast täglich wechselten in dieser Situation die Gefechtsstände des Korps. Die Lage war bedrohlich. Ein Lichtblick in dieser Situation war es, als die 3. FJD am 1. 8. den Gegner zum Zurückweichen auf Torigny sur Vire zwang.
Bis zum 19. 8. dauerten die Absetzbewegungen an. Jede Preisgabe von Gelände wurde mehr durch die Krisenlagen beim Nachbarn, denn durch eigenes Zurückweichen erzwungen.
Eugen Meindl, eingangs August 1944 zum General der Fallschirmtruppe befördert, erlebte die schwersten Kämpfe seines Korps vorn bei den Soldaten, die bis zum 20. August 606 Feindpanzer allein im Nahkampf vernichteten. Mit Karabinern wurden 75 Flugzeuge durch die Fallschirmjäger abgeschossen.
Erst am 28. August erreichte General Meindl, daß sein Korps aus der Front herausgezogen wurde, weil keine schweren Waffen mehr zur Verfügung standen. Seit dem 12. 6. hatten beide Divisionen dieses Korps im ununterbrochenen Einsatz gestanden.
Aber noch einmal mußte die 3. FJD als Nachhut für die 5. und 7. Armee eingesetzt werden. Bei diesem Einsatz wurde am 4. September 1944 bei Mons der Großteil der Division gefangen genommen, weil sich die Grenadier- und Panzer-Divisionen zu schnell abgesetzt hatten und die Fallschirmjäger nicht folgen konnten.

IN DER FESTUNG BREST

Die 2. Fallschirmjäger-Division, deren Gefechtsstand in Lampaul lag, hatte nach erfolgter Aufklärung folgende Möglichkeiten, einen feindlichen Luftlandeeinsatz bei Brest im Osten von der Landseite her abzuschneiden: sie mußte sich in den Besitz der Monts d'Arré setzen. Außerdem war der Besitz des Menez Hom unerläßlich, weil er die Bucht von Douarnenez, die Halbinsel Crozon, südlich von Brest und die Reede von Brest beherrschte. Das freie Gelände südlich von Chateaulin war zur Beherrschung der Lage ebenfalls wichtig, denn dieses Gelände bot ideale Absprungmöglichkeiten. Es war General Ramcke, der das gesamte Gebiet persönlich abfuhr und dann den Einsatz seiner Division folgendermaßen befahl:

»Das Regiment 2 zieht in den Raum Chateaulin und besetzt die Höhen Menez und Hom und das südlich von Chateaulin liegende Gelände.

FJR 7 übernimmt den Abschnitt Zizun, die Höhen der Monts d'Arré mit Schwerpunkt bei Comana – Höhe 384.

Pionier-Bataillon übernimmt die Sicherung der Bucht von Douarnenez.

Eine Kampfgruppe des II./FJR 7 gruppiert sich mit der Panzerabwehr-Abteilung nördlich und westlich von Brest.

Die Truppe wird in ihren Einsatzräumen Kampfstellungen errichten und die Ausbildung weitertreiben.«

Alle Transporte des Nachschubs, und das fiel besonders erschwerend ins Gewicht – für die 2. FJD mußten über Dijon durch Südfrankreich geleitet, dann mußte noch einmal auf kleinere Fahrzeuge umgeladen werden, weil die Loirebrücke bei Nantes zerstört war.

Gegen Ende Juli mußte die Division ein Bataillon nach der Normandiefront abgeben. Dann erhielt die gesamte Division den Marschbefehl in die Normandie. Doch bereits am zweiten Marschtage traf die Gegenorder ein, mit der Weisung, weiter am Ort zu halten.

Einen Tag später wurde das FJR 2, Oberst Kroh, sowie das FJR 7, Oberst Pietzonka, von starken US-Panzerverbänden ange-

griffen, die nach dem Durchbruch bei Avranches in Richtung Brest vorstießen.
Von den Höhen bei Comana leitete General Ramcke den Abwehrkampf. Es gelang ihm, die wenigen verfügbaren Pak immer rechtzeitig in die bedrohten Abschnitte zu legen. Mit Panzerfaust und Panzerschreck kämpften die Jäger gegen die stählernen Kolosse. Einem Gefreiten, der binnen weniger Minuten zwei Shermanpanzer abschoß, überreichte Ramcke auf dem Gefechtsfeld das E.K. I. Drei Tage lang versuchte der Gegner die Monts d'Arré zu erobern. Unter Verlust von 32 Panzern wurde er abgewiesen. Hervorragenden Anteil am Abwehrerfolg hatte Oberst Pietzonka. Er wurde mit dem Ritterkreuz ausgezeichnet.
Nunmehr erhielt General Ramcke den Befehl nach Brest einzurükken. Der Befehl erreichte ihn, als die US-Truppen am 7. 8. 1944 bereits auf das 22 Kilometer nordostwärts Brest gelegene Lesneven vorgestoßen waren und noch weiter vordrangen. Sie nahmen den Flugplatz Guipavas, nur 8 Kilometer nordostwärts Brest, kampflos in Besitz und am 8. August forderten amerikanische Parlamentäre den Kommandanten von Brest, Oberst von Mosel, auf, Stadt und Hafen zu übergeben. Dieser lehnte ab.
Die 2. FJD erreichte am 9. 8. das Vorfeld der Festung und nistete sich dort ein. Am 12. 8. wurde Bernhard Hermann Ramcke durch Befehl des OKW zum Kommandanten des gesamten Festungsbereiches ernannt.
In der Zeit vom 29. 7. bis zum 12. 8. waren 50 Fallschirmjäger von Freischärlern ermordet worden. Über 200 wurden verwundet. Von mehr als 100 fehlt seit diesen Wochen jede Spur.
Brest, das seit dem 5. 8. ständig von starken Luftgeschwadern der Alliierten angegriffen wurde, erlebte am 12. 8. einen besonders starken Luftangriff. General Ramcke, der sich um die Zivilbevölkerung sorgte, erwirkte auf dem Funkwege bei General Middleton dem Kommandierenden General des auf Brest angesetzten VIII. AK, einen Waffenstillstand, der an vier aufeinanderfolgen-

den Tagen jeweils von 07.00 bis 11.00 Uhr gültig war. Auf vier freien Abzugsstraßen wurden an diesen Tagen die Zivilisten auf Lastwagen abtransportiert, die von der Division gestellt wurden. Die Räumung der Stadt vollzog sich reibungslos. Die nicht transportfähigen Kranken wurden in dem sichersten Hospitalstollen untergebracht. Sie wurden von ihren eigenen Ärzten versorgt. Doch eine kleine Zahl von Franzosen leistete dem Räumungsbefehl nicht Folge. Sie hatten sich versteckt.

Brest war eingeschlossene Festung. Mit den nördlich der Reede stehenden Einheiten und seinem Stabe siedelte General Ramcke auf die Halbinsel Crozon über. Dem Generalleutnant Rauch, Kommandeur der 343. ID, übertrug Ramcke die Verantwortung für den Südabschnitt der Festung. Kapitän z. See Richter, Kommandeur der Marineflak, wurde zum Artilleriekommandeur der Festung ernannt. Der Seekommandant Brest, Admiral Kähler, stellte seine Bordgeschütze und Mannschaften zur Verfügung.

Nun schickte General Ramcke einen Parlamentär zu General Middleton. Er ließ dem Kommandieren US-General eine Karte überreichen, in der sämtliche Lazarette eingetragen waren und bat um deren Schonung. Er bat darüber hinaus, das Lazarett-Dorf Le Fret, nahe Kap Espagnol, als neutrale Zone anzuerkennen. Dort würden auch die amerikanischen Gefangenen untergebracht werden. Damit hatte General Ramcke in seiner Lage alles nur menschenmögliche getan. General Middleton kam diesen Bitten sämtlich nach.

Am 26. August eröffnete US-Artillerie den Angriff auf die Festung mit starkem Feuer, das beim I./FJR 7 niederging. Dies zeigte Oberstleutnant Moeller, dem Ia der Division, und Hauptmann Dr. Hoven, dem Ic, daß der Gegner bei Gouesnou durchbrechen wollte.

General Ramcke wurde verständigt. Er ließ seinen Fahrer Dietinger vorfahren und Hauptmann Kamitschek rufen. Mit diesem fuhr er zum Gefechtsstand von Major Hamer. Der Kommandeur

des I./FJR 7 erwartete sie bereits. Er sprang auf das Trittbrett des Wagens und berichtete, während sie der Stelle entgegenfuhren, wo die Einschläge der Granaten zu einem wilden Getöse anschwollen. Sie erreichten den vorgeschobenen Beobachtungsstand.
Weit rückwärts, aber durch das Scherenfernrohr deutlich zu erkennen, schoben sich Panzer über die Ebene. Sie rollten durch Hecken, walzten Zäune nieder. Weiße und rote Leuchtspurketten flitzten durch die Gegend.
»Wie sieht es in den beiden vordersten Linien aus, Hamer?« fragte Ramcke den Bataillonskommandeur.
»Ich habe sie mit den alten Fallschirmjägern nur dünn besetzen lassen. Sie werden sich überrollen lassen und die Panzer mit Sprengmitteln und Panzerfäusten erledigen, Herr General.«
»Was weiter, Hamer?« forschte Ramcke.
»Sobald die zweite Feindwelle die Linien passiert hat, erfolgt von hier, aus der Flanke, der Gegenstoß. Meine Gegenstoßreserve liegt am Fuße dieser Höhe in den Hohlwegen und Knicks. Ich habe darüber hinaus eine mit schweren Waffen verstärkte Reserve-Kompanie zur Verfügung. Sobald es soweit ist, werde ich mit ihr von der anderen Seite angreifen.«
»Gut!« sagte Ramcke. Das waren seine Fallschirmjäger, die selbständig handelten und dies so, wie er es auch getan hätte.
Die vorderen Linien wurden von den Granaten der Feindartillerie umgewühlt. Noch immer feuerte kein deutsches Geschütz. Doch dann waren die Feindpanzer in günstige Schußpositionen gekommen.
»Herr Major, die zwote Feindwelle ist durch!« meldete der Oberjäger vom Scherenfernrohr. Hamer blickte zu Ramcke hinüber. Der nickte. Der Major hob die Leuchtpistole. Er schoß das vereinbarte Signal und mit einem Schlag feuerten sämtliche Abwehrwaffen.
Aus 8,8 cm-Flak, aus 7,5 cm-Pak und den Dreisieben-Vierlingen, aus Feldgeschützen und Fallschirm-Leichtgeschützen, peitschten

die Mündungsflammen. Die vordersten Feindpanzer wurden getroffen. Sie blieben stehen. Luken schlugen unter Detonationen im Innern zurück. Flammen stoben aus den Luken und Motorräumen empor. Benzinexplosionen rissen die Hecks der nachfolgenden Mannschafts-Transportwagen auf.

Dann belferte aus den Flankenstellungen, an denen die amerikanischen Sturm-Bataillone bereits vorbei waren, MG 42 in hektischem Geschnatter los. Der Gegner ging in Deckung.

»Gegenstoßgruppe folgen!« Major Hamer setzte sich an die Spitze der Reservekompanie. Die Männer fielen in die linke Flanke des Gegners ein.

Und dann wurde es mitten zwischen den Feindpanzern lebendig. Dort blitzten die langen Rückstoßflammen der Panzerfäuste, krachten Tellerminen auseinander und rissen Feindpanzer auseinander. Nahkampftrupps sprangen aus den Deckungen und griffen die Panzer an. Zwei Jäger hielten die hinter einem Panzer jeweils nachfolgende Infanterie mit MPi-Feuer nieder, während die Vernichter die Panzer ansprangen und mit Sprengmitteln außer Gefecht setzten.

Zwei Besatzungen aus Freiwilligen bemannten zwei Sherman-Panzer rollten in die Flankengruppe des Gegners, um mit Sprenggranaten und MG die Feind-Infanterie niederzumachen. Der Gegner wich zurück. Über 500 Gefangene blieben in der Hand des Bataillons Hamer.

Unmittelbar davor hatte Oberst Kroh einen Handstreich genehmigt, der noch heute in der Erinnerung der Fallschirmjäger weiterlebt. Es war einem Manne des bei Huelgoat gefangengenommenen Teiles des II./FJR 2 gelungen, aus der Gefangenschaft auszubrechen und sich in die Festung durchzuschlagen. Er meldete, daß noch über 100 Kameraden in einer Schule in dem Dorfe Braspart von Franzosen der Organisation Franctireurs et Partisans – F.T.P. – bewacht würden. Diese Fallschirmjäger würden täglich neu gequält.

Es galt, die Kameraden zu befreien. Führer jener Gruppe, die einmal durch den Belagerungsring der VIII. US-Korps durchbrechen und dann durch mehrere feindbesetzte Dörfer bis Braspart durchzufahren und die Gefangenen zu befreien hatte, war Oberleutnant Erich Lepkowski, der Verteidiger der Höhe 159,9 bei Kirowograd. Lepkowski stieß bis Braspart durch, er überwältigte die Bewachungsmannschaft, nahm rund 40 Franzosen gefangen und befreite 113 Kameraden aus einer Gefangenschaft, an deren Ende für sie nur der Tod gestanden hätte.

Mit 45 Fallschirmjägern schoß sich Lepkowski den Weg zurück nach Brest frei und erreichte die Festung unangefochten. Für diesen Einsatz wurde er zum Eichenlaub des Ritterkreuzes eingereicht. Das Ritterkreuz aber – für Kirowgrad – wurde ihm am 22. 8. 1944 von General Ramcke umgehängt.

Durch die Funkhorchabteilung Brest wurde ein Angriff auf den Westteil von Brest erkannt. Als der Gegner hier angriff, gelang es ihm zwar, die Höhe 103 zu gewinnen. Doch bei Guipavas wehrte Hauptmann Becker den Gegner am 4. und 6. 9. ab. Hauptmann Kamitschek, der eine Kampfgruppe übernommen hatte, unterstützte ihn.

Am 7. und 8. 9. gelang es den Amerikanern, die Abschnitte des Bataillons Becker zu durchbrechen und das angrenzende Pionier-Bataillon von der Flanke her aufzurollen. Hauptmann Becker und Hauptmann Kamitschek gerieten dabei in amerikanische Gefangenschaft.

Dennoch behauptete sich die Division hier bis zum 10. 9. gegen einen vierfach überlegenen Gegner. Dann wich sie in die Festung selbst zurück und besetzte die HKL Brest.

Immer wieder von Jabos mit Raketenbomben angegriffen, von Bomberformationen mit Bombenteppichen belegt, standen die Verteidiger in der brennenden Stadt in einem aussichtslosen Ringen. Die noch fahrbereiten U-Boote und die letzte Gruppe der Vorpostenboote liefen aus Brest in Richtung Lorient aus. Die V-

Boote wurden von einem feindlichen Kreuzerverband aufgefaßt und nach kurzem Kampf versenkt.
Als dem Gegner im Nordwesten ein tiefer Einbruch gelang, trat Major Ewald mit dem II./FJR 2 zum Gegenstoß an und warf ihn wieder auf seine Ausgangsstellungen zurück.

Am 13. 9. kam ein amerikanischer Parlamentär und überreichte Ramcke ein Schreiben von General Middleton. Es lautete:
»Wie immer im Kriege erreicht die militärische Lage manchmal einen gewissen Zeitpunkt, wo ein Kommandeur weiteres Blutvergießen nicht mehr rechtfertigen kann.
Mit Ihren Offizieren, die für Sie tapfer gekämpft haben, jetzt aber Kriegsgefangene sind, haben wir die Lage der deutschen Besatzung von Brest besprochen. Alle sind davon überzeugt, daß die militärische Lage hoffnungslos ist und daß durch eine Verlängerung dieses Kampfes nichts erreicht werden kann. Wir sind daher der Meinung, daß die deutsche Besatzung von Brest keinen zu rechtfertigenden Grund für ein weiteres Aushalten hat.
Ihre Soldaten haben gut gekämpft, Ihre Truppen sind in einem engen Raum eingekesselt. Sie haben somit Ihre Pflicht Ihrem Vaterland gegenüber voll und ganz erfüllt. Ich ersuche Sie, als ein Berufssoldat gegenüber dem anderen, diesen ungleichen Kampf einzustellen.
Wir hoffen, daß Sie als alter, verantwortungsvoller Offizier der ehrenvoll gedient und seine Pflicht erfüllt hat, diesem Vorschlag Ihre günstige Berücksichtigung geben.

gez. Troy H. Middleton.«

Die Antwort von General Ramcke lautete:
»Herr General! – Ihren Vorschlag lehne ich ab.«
Am 14. und 15. 9. setzten die Amerikaner ihre Angriffe fort. Es gelang ihnen, in den Stadtteil Quilbignon und Recouvrande einzudringen. Der nördlich des U-Bootstützpunktes gelegene Stadtteil

St. Pierre wurde von Oberst Kroh gehalten. Ebenso hielt der Stützpunkt Porzig allen Angriffen stand.
Am Abend des 16. 9. stand jedoch fest, daß St. Pierre in die Hand des Feindes fallen würde. Ramcke beschloß, hier den Kampf einzustellen. Er setzte mit seinem Stabe auf die Halbinsel Crozon über, wo weitergekämpft werden sollte.
Am 18. 9. wurden nach Abschießen der letzten Granaten die Geschütze in St. Pierre gesprengt. Die Stadt Brest wurde am selben Tage von Generalmajor von Mosel übergeben. Auf Crozon wurde jedoch weitergekämpft.
Am Quellenriegel, auf der Halbinsel Espagnol, kam es zu den letzten erbitterten Kämpfen. Unter Führung von Major Mehler, Kommandeur der FschNachrAbt., ließ Ramcke eine Kampfgruppe von 170 Mann aufstellen, die den Quellenriegel besetzte.
Drei Tage konzentrierte sich das feindliche Artilleriefeuer auf den Quellenriegel. Zweimal warf Oberleutnant Jacobs den eingedrungenen Gegner hinaus. Dann gelang den Amerikanern mit Panzerunterstützung der Durchbruch.
Oberleutnant Jacobs erhielt für diesen Einsatz das Ritterkreuz.
Jabos griffen am Vormittag des 20. 9. in beinahe pausenlosen Einsätzen an. Als der Gegner mit Panzern bis auf hundert Meter an den letzten Gefechtsstand von General Ramcke herangekommen war, vernichteten Oberstleutnant Moeller und Hauptmann Dr. Hoven die Geheimsachen der Division. Der Unterstand war von drei Seiten eingeschlossen. Die vierte Seite fiel steil zum Meer hin ab. Das Feindfeuer verstummte und ein US-Brigadegeneral näherte sich dem Bunker. General Ramcke ging ihm entgegen. Er salutierte und der Amerikaner erwiderte diesen Gruß.
»Ich bin General Ramcke!«
»Ich freue mich, Sie zu sehen, General! Ihr Unterstand ist der letzte im gesamten Festungsbereich, der noch kämpfte. Betrachten Sie sich als mein Gefangener. Sie waren ein großer Gegner, General!«

Das war das Ende von Brest, am Abend des 20. September 1944 um 19.00 Uhr. Sieben Wochen lang hatte die 2. FJD die Festung gegen ein Armeekorps gehalten und dabei gegen Bombergeschwader und Jabos, gegen übermächtige Feindartillerie ausgehalten.
Generalleutnant Ramcke wurde zum General der Fallschirmtruppe befördert und erhielt gleichzeitig die Schwerter und die Brillanten zum Ritterkreuz mit Eichenlaub.
Der Krieg war für die 2. FJD zu Ende.

BIS ZUM BITTEREN ENDE

IM WESTEN

Am 11. August 1944 wurde Kurt Student zum Generaloberst befördert. Seine 1. Fallschirmjäger-Armee lag zersplittert im Westen, im Osten und Süden. Der Generaloberst war zu Beginn des September mit Neuaufstellungen in der Heimat beschäftigt und lag mit einem kleinen Arbeitsstab in Berlin-Wannsee.
Als am 4. September 1944 Antwerpen von einer britischen Panzergruppe besetzt wurde, löste diese kritische Entwicklung der Lage in der Wolfsschanze Bestürzung aus. Man besann sich wieder auf Generaloberst Student und seine Fallschirmjäger. Er sollte nunmehr sofort am Albert-Kanal eine neue Abwehrfront aufbauen. Doch welche Divisionen standen ihm dafür zur Verfügung?
Die 1. und 4. FJD kämpften in Italien. Die 3. und 5. FJD waren in den Kesselschlachten bei St. Lô und Falaise zerschlagen worden. Drei neuaufgestellte Fallschirmjäger-Regimenter waren erst wenige Tage vorher zur 7. FJD zusammengestellt worden, die Generalleutnant Erdmann übernommen hatte.
Bei den Besprechungen im FHQ konnte Generaloberst Student es durchsetzen, daß ihm 20 schwere, mittlere und leichte Flakbatterien von der Luftflotte »Reich« als Artillerieersatz zugeteilt wurden. Er wollte sie in dieser prekären Lage als Flak-Kampfgruppen einsetzen.
Am 5. September 1944 flog Generaloberst Student – nachdem er alle Maßnahmen eingeleitet hatte, zu Feldmarschall Model, dem

OB der Heeresgruppe B, dem die 1. FJ-Armee unterstellt worden war. Der Feldmarschall war enttäuscht, daß die ganze Armee vorerst nur in 20 000 Mann bestand. Er wies Generaloberst Student den Frontabschnitt von der Nordsee bis nach Maastricht zu, der eine Ausdehnung von 120 Kilometer hatte. Als Ausgleich stellte er Student das LXXXVIII. AK, General der Infanterie Reinhardt, mit der 719. und der 176. ID zur Verfügung. Letztere befand sich noch im Antransport aus Deutschland. Es war eine »Kranken-Division«.

Generaloberst Student besuchte nacheinander General Reinhard in Moergestel und Generalleutnant Chill, den Kommandeur der 85. ID. Als er auf dessen Gefechtsstand eintraf, erhielt er die Meldung, daß britische Panzer bei Beeringen den Albert-Kanal auf einer nicht gesprengten Brücke überschritten hatten. Er befahl Chill, die Lage im Gegenangriff zu bereinigen und stellte ihm dazu das FJR 6, Oberstleutnant von der Heydte, zur Verfügung.

Bei Beverloo kämpfte das FJR 6 mit der 85. ID gegen die britische Garde-Panzer-Division und die 11. brit. PD. Während nun die Männer um Oberstleutnant von der Heydte den Gegner aufhielten, wurde die 7. FJD in Eilmärschen in den Kampfraum geworfen. Sie nahm kämpfend die Ortschaften Hechtel, Helchteren und Zonhofen. Alle weiteren Gegenangriffe scheiterten jedoch an der Übermacht des Gegners, dem es mit der 50. brit. ID gelang, bei Gheel über den Albert-Kanal zu setzen. Dieser Brückenkopf wurde vom II./FJR 6 unter Hauptmann Mager angegriffen und eingeengt.

In dieser Situation nahm Generaloberst Student seine Truppen zurück und ließ sie hinter den Maas-Schelde-Kanal ausweichen und dort eine neue Abwehrfront aufbauen.

Die 15. Armee, General der Infanterie von Zangen, die beiderseits Calais gestanden hatte und dort abgeschnitten worden war, kämpfte sich nach Osten durch und gliederte sich mit ihren Resten in diese Stellungen der Fallschirmjäger ein.

Am 15. 9. verlegte Generaloberst Student seinen Gefechtsstand in den Raum südlich Vught bei s'Hertogenbosch. Der folgende Sonntag, es war der 17. 9. 1944, war ein warmer Spätsommertag. Während Generaloberst Student bei geöffnetem Fenster arbeitete, vernahm er gegen Mittag plötzlich ein immer stärker anschwellendes Brausen in der Luft. Generaloberst Student berichtete über diesen Tag:

»Ich trat auf den Balkon hinaus. Überall, wohin ich blickte, sah ich Flugzeuge, Truppentransporter und Schleppzüge mit Lastenseglern, die in lockeren Verbänden und einzeln ganz niedrig am Hause vorbeiflogen. Immer neue Verbände kamen heran und verschwanden in der Ferne. Ich war tief beeindruckt von diesem gewaltigen Schauspiel, das sich mir so plötzlich darbot. In diesem Augenblick dachte ich nicht an die Gefährlichkeit der Lage, sondern an meine eigenen früheren Luftlandeunternehmungen. Wenn ich jemals so mächtige Mittel zur Verfügung gehabt hätte ...

Zusammen mit meinem Chef, Oberst i. G. Reinhard, ging ich hinauf auf das flache Dach des Hauses, um zu sehen, wo die Feindverbände blieben. Immer noch zog ein unübersehbarer Strom vorüber. Einige Flugzeuge flogen so tief über uns hinweg, daß wir unwillkürlich die Köpfe einzogen.

Nun flackerte überall auf der Erde Gewehrfeuer auf. Unsere Schreiber, Kraftfahrer und Ordonnanzen, sowie die Nachrichtenmänner hatten sich ihre Karabiner geholt und eröffneten ein Schnellfeuer auf die ganz nahe vorbeifliegenden Maschinen.

Über uns hinweg flogen zwei der drei eingesetzten Airborne-Divisionen des Gegners.«

In einem Waco-Segler der ersten Welle, der bei Vught abgeschossen wurde, fand man den kompletten Operationsplan des Gegners. Wenige Stunden darauf lag er ausgewertet auf dem Schreibtisch Students. Das Endziel des Gegners war die Gewinnung der wichtigen Brücken über den Niederrhein. In den Korridor der Luftlandetruppen sollte die 2. brit. Armee mit großer Geschwindigkeit hineinstoßen und die Luftlandekräfte entsetzen. Der Gegner hatte diese seine Kräfte wie folgt angesetzt:

101. US-Airborne-Division, General Taylor, im Raume Eindhoven-Veghel.

82. US-Airborne-Division, Generalmajor Gavin, im Raume Grave-Nimwegen.

1. britische Airborne-Division, Generalmajor Urquhart, bei Arnheim.

Diese Luftlandungen wurden vom britischen Airborne-Korps, Generalleutnant Browning, geführt.

Generaloberst Student leitete in seinem Raum den Abwehrkampf persönlich. Er ließ gleichzeitig das bei Hechtel-Eindhoven und südlich von Valkenswaard kämpfende FJR 6 herausziehen und noch in der Nacht nach Norden in den Raum Schijndel verlegen. Hier stieß das Regiment am Morgen des 18. 9. auf die Truppen der 82. US-Airborne-Division. Der Angriff des Regimentes drang zwar nicht durch, doch die Amerikaner empfanden ihn als »sehr schwer«. Sie bezeichneten ihn als »Battle of the Dunes«. Der Kampf dauerte an und erst am 24. 9. gelang es von der Heydte mit einer Kampfgruppe seines Regiments die Nachschubstraße der Amerikaner südlich von Veghel bei St. Oedenrode für einen Tag zu unterbrechen.

Inzwischen hatte Generaloberst Student mit der Truppe den Gegner im Raume Arnheim niedergerungen. Der Gegner erreichte hier sein Ziel nicht.

Die alliierte Luftlandeaktion hatte aber die 1. FJ- Armee in zwei Teile gespalten. Doch die nachdrängenden Panzerkräfte der 1. britischen Armee konnten nicht nachstoßen.

Noch ein wichtiger Faktor war hinzugekommen. Und zwar befanden sich am 17. 9. 1944 die Reste der Korpstruppen des II. Fsch-Korps sowie der 3. und 5. FJD im Raume ostwärts Köln in der Neuauffrischung.

Am 18. 9. marschierten diese Reste des Korps auf Befehl von

Feldmarschall Model in den Raum Kleve. Sämtliche nördlich des Reichswaldes gegen den luftgelandeten Gegner kämpfenden Truppen wurden General Meindl unterstellt. Doch nicht mehr als insgesamt 3 400 Mann kamen zusammen. Bei Berg en Dal gelang es Major Becker das Höhengelände zu gewinnen. Dann drang auch die Gruppe Fürstenberg vor und so konnte das gesamte Gelände zurückgewonnen werden, das für die Landung von 450 Lastenseglern des Feindnachschubes am selben Tag vorgesehen war.

Die Amerikaner riefen von jenen Verbänden, die zur Wegnahme der Brücke von Nimwegen vorgesehen war, starke Kräfte zurück, mit denen sie die wenigen Fallschirmjäger bekämpften, die vergebens auf das Herankommen des Artillerie-Regimentes der neuaufgestellten Fallschirmjäger-Division 6 warteten. Dieses FschArtRgt. 6 stand bereits südlich Kranenburg mit drei Batterien, kam aber nicht durch.

Die Fallschirmjäger, von vorn und in der Flanke angegriffen, mußten sich zurückziehen.

Am 20. 9. rollte ein deutscher Angriff mit dem Ziele, die 82. US-Airborne-Division aufzuspalten und den Maas-Waal-Kanal zu erreichen. Drei Kampfgruppen wurden dazu gebildet:

a) Kampfgruppe Major Becker,
b) Kampfgruppe Major Greschick,
c) Kampfgruppe Oberstleutnant Herrmann.

Alle drei Kampfgruppen erreichten die Zwischenziele, wurden dann aber zurückgedrückt. Nimwegen war nicht mehr zurückzugewinnen. Die ersten Panzer der Garde-PD des brit. XXX. AK rollten am Abend des 20. 9. über die Straßenbrücke nach Norden. Die Brücke war auf ausdrücklichen Befehl von Feldmarschall Model nicht gesprengt worden. Er hatte die Absicht, wie er später ausführte, sie durch einen Angriff des II. Fsch-Korps zurückzugewinnen.

Hitlers Befehl vom 24. 9., den Feind im Raume Arnheim, Nimwegen, Mook und Groesbeek so schnell wie möglich zu vernichten und die Frontlücke nördlich Eindhoven zu schließen, betraf das Korps Meindl, das durch die Panzer-Brigade 108 und eine Jagdpanzer-Abteilung verstärkt werden sollte. Am 28. 9. begann dieser Angriff.

Die Kämpfe dauerten bis zum Mittag des 2. 10. 1944. Dann mußte Generaloberst Student melden:

»Beim II. Fallschirm-Korps Angriffsunternehmen nicht geglückt. Starke feindliche Luftüberlegenheit am Tage. Für den Nachtkampf zu schlechte Ausbildung bei der Truppe.« Am 3. 10., ging das Korps Meindl in der erreichten Linie zur Verteidigung über.

Das FJR 6, das Ende September 1944 aus dem Gefechtsraum von Schijndel herausgezogen wurde, erhielt Befehl das Vordringen der Kanadier über die Schelde zu verhindern und den Zugang zur Insel Walcheren offenzuhalten. Bei Woendsdrecht kam es zu schweren Kämpfen. Vier Feindangriffe wurden von den Fallschirmjägern abgeschlagen. Erst am 16. 10. mußten die Fallschirmjäger Woendsdrecht räumen. Sie hatten in diesem Raum 250 Panzer durch Nahkampfmittel abgeschossen.

Am 28. Oktober mußte Friedrich-August von der Heydte sein Regiment abgeben um die Kampfschule der Fallschirmarmee in Aalten aufzubauen. Aber bereits am 9. 12. wurde er zu Generaloberst Student befohlen, der ihm eröffnete, daß eine Großoffensive im Westen gestartet werde und daß er mit einer starken Fallschirmkampfgruppe dort an einem neuralgischen Punkt springen solle. Er sei hiermit zur Aufstellung einer Kampfgruppe beauftragt.

Diese Kampfgruppe wurde in Aalten aufgestellt. Sie verließ am 11. 12. 1944 Aalten und fuhr nach Sennelager. Als sich Oberstleutnant von der Heydte am 15. 12. bei Euskirchen im HQ der Heeresgruppe Model meldete, erfuhr er seinen Auftrag:

»Öffnen und Offenhalten von Engen für die 6. SS-Panzer-Armee. Die Fallschirm-Kampfgruppe wird dazu der 6. SS-Panzer-Armee unterstellt.

Die Ardennenoffensive begann am frühen Morgen des 16. 12.

1944. Im Rahmen der Truppenverbände waren auch die 3. FJD und die 5. FJD im Einsatz. Oberst Heilmann, der im Spätherbst 1944 die Führung der 5. FJD übernommen hatte, erkämpfte sich mit seiner Division den Weg über den Clerf-Fluß und stieß in Richtung Wiltz vor. Am nächsten Tag drang die Division tief in den gegnerischen Raum ein und erreichte am 22. 12., ständig aus Süden angegriffen, Vaux les Rosières, 15 Kilometer südwestlich Bastogne. Hier wurde die Division nach und nach in den Hexenkessel um diese Stadt hineingeworfen. Es gelang Generalmajor Heilmann, seine Division später aus einer drohenden Umklammerung zurückzuführen.

Die 3. FJD kämpfte im Verbande der 6. SS Panzer-Armee und erlitt ebenfalls schwere Verluste.

Nun erfolgte auch der letzte größere Sprungeinsatz. Da der Feind Verstärkungen von Norden her in den Raum Elsenborn zuführte, sollte die Kampfgruppe von der Heydte in der Nacht zum 17. 12. dort springen und den Übergang über die Schnee-Eifel nach Süden für den Gegner sperren.

Der Transport der Kampfgruppe zu den Flugplätzen verlief gut. In Paderborn und Lippspringe starteten die Ju 52 zum Einsatz. Eine Viertelstunde später als berechnet, waren die Spitzenmaschinen über dem Ziel. Das Boschhorn ertönte und als erster sprang Oberstleutnant von der Heydte. Er berichtete darüber:

»Das Bild des Absetzplatzes war geisterhaft schön. Über mir, wie Leuchtkäfer, die Positionslichter der Maschinen. Wie ein Vorhang von Perlen die Leuchtspur der leichten amerikanischen Flak. Hinter den schwarzen Bäumen die suchenden Strahlen der Scheinwerfer. Ich landete, zunächst war ich allein und ging zum befohlenen Sammelplatz, einer Straßengabel. Unterwegs traf ich die ersten Männer. Im Morgengrauen hatte ich 125 Soldaten zusammen, etwas mehr als ein Zehntel der Kampfgruppe.

Wir zogen uns von der Straßengabel in den Wald zurück und bildeten einen Igel. Das Funkgerät war ausgefallen. Ich fand sogar bei einem gefangen genommenen Kradmelder den Befehl für das XVIII. US-Korps, konnte ihn aber nicht weitergeben. Freiwillige Melder, die ich damit zurückschickte, erreichten die Truppe nicht.«

Als sich die kleine Kampfgruppe am Nachmittag des zweiten Tages nach Nordosten in den Wald zurückzog, erreichte sie 150 weitere Männer der Kampfgruppe, die unter der Führung des Kriegsberichters Oberleutnant von Kaiser stand. Es kam zu Gefechten mit amerikanischen Spähtrupps. Am vierten Tag entschloß sich von der Heydte zum Durchbruch nach Osten. Sie trafen auf amerikanische Sicherungen, es kam zu einem kurzen Gefecht. Am 21. 12. entschloß sich der Kampfgruppenführer zur Auflösung des Verbandes und befahl den Durchbruch in kleinen Gruppen. Am 24. 12. geriet er in amerikanische Gefangenschaft. Die Kampfgruppe von der Heydte war nicht mehr.

In den letzten Monaten des Krieges auf deutschem Boden standen die neuaufgestellte 2. FJD, Generalleutnant Lackner, die 6. FJD, Generalleutnant Plocher, die 7. FJD, Generalleutnant Erdmann, und die 8. FJD, Generalmajor Wadehn, in der großen Abwehrschlacht zwischen Maas und Niederrhein im Einsatz. Im Reichswald, bei Geldern und Weeze, in Emmerich und Wesel kämpften sie. General der Fallschirmtruppe Schlemm, der die 1. Fallschirmjäger-Armee übernommen hatte, führte seine Divisionen schrittweise zurück. Er erwies sich als Meister der Improvisation. Bei Goch und Weeze, auf dem Totenhügel von Keppeln und bei Uedem, kämpften die Fallschirmjäger verbissen. Im Brückenkopf Wesel standen sie alle: die 6., 7. und 8. FJD; was noch von ihnen übrig war. 31 Tage hielten sie hier stand.

Der Rückzug durch Deutschland zum Hunte-Ems-Kanal und zum Edewechter Damm zwischen Edewecht und Friesoyte sah immer wieder die Fallschirmjäger im Einsatz und hier bewährte sich die Fallschirm-Sturmgeschütz-Abteilung 12, die seit dem Spätherbst 1944 aufgestellt war. Leutnant Heinz Deutsch, Komman-

dant eines Sturmgeschützes dieser Abteilung schoß 44 Feindpanzer ab und erhielt das Ritterkreuz.
Die Männer der 7. FJD vernichteten bei Edewecht 147 Panzer.
Die Kapitulation erreichte das II. Fallschirmkorps in Groß-Brekendorf, 15 km südostwärts von Schleswig. Generaloberst Student, der im April 1945, von seiner Krankheit genesen, die 1. Fallschirmjäger-Armee wieder übernommen hatte, wurde zu Ende April noch zum Oberbefehlshaber der Heeresgruppe Weichsel ernannt, er erreichte diese Heeresgruppe nicht mehr.
Der Kampf im Westen war zu Ende.

FALLSCHIRMJÄGEREINSÄTZE IN ITALIEN

Die Herbstschlachten in der Romagna stellten das I. Fallschirmkorps unter Generalleutnant Richard Heidrich vor schwere Aufgaben. Die Rückzugskämpfe über den Reno und den Panaro folgten. In Bondeno leitete General Heidrich diese Kämpfe.
Die 1. FJD wußte er in den Händen von Generalmajor Karl-Lothar Schulz sicher. Sie hielt im Großraum Bologna.
Die 4. FJD unter Generalmajor Trettner kämpfte bei Florenz und im Raume Rimini. Dann erreichte sie ebenfalls den Raum Bologna. Schulter an Schulter traten die Fallschirmjäger den Rückzug zum Po an. Als sie den Fluß erreichten, mußten sie alle feststellen, daß nichts zur Rückführung der Truppen getan worden war. General Heidrich versammelte am Vormittag des 23. 4. die Kommandeure seines Korps um sich. Es waren Generalmajor Schulz, Generalmajor Trettner und der Kommandeur der 278. ID, Generalleutnant Harry Hoppe, der Erstürmer von Schlüsselburg. Er gab ihnen den Situationsbericht und schloß mit seiner Weisung:

1. Das I. Fallschirmkorps setzt in der Nacht zum 24. 4. bei Felonica über den Po und verhindert am Nordufer das Übersetzen nachdrängenden Feindes.

2. Die 278. ID bildet zum Schutz des Überganges an der Bahnlinie südlich Felonica einen Brückenkopf und übernimmt mit den zuerst übergesetzten Teilen den Schutz der rechten Korpsflanke an der Nahtstelle zur 14. Armee.
3. Noch verbliebene Fahrzeuge sind zu verbrennen und in erster Linie noch kampffähige Teile überzusetzen. Krankenkraftwagen mit Verwundeten haben Vorrang. Autoreifen sind für Nichtschwimmer von den zurückzulassenden Fahrzeugen abzumontieren.«

Das Übersetzen begann. Viele Soldaten starben in den Fluten des Po. Andere kamen durch. Nach einem langen Rückzug, immer wieder auch von Partisanenverbänden heimtückisch aus dem Hinterhalt angegriffen kam am 2. Mai 1945 hier das Ende. In einem letzten Tagesbefehl an seine Soldaten sagte Generalleutnant Heidrich:

»Wir haben bis zuletzt unsere Pflicht getan und fühlen uns nicht geschlagen – Erhaltet Euch den Fallschirmjägergeist! Selbst wenn wir uns vorübergehend trennen müssen, so bleiben wir trotz allem eine Gemeinschaft. Jeder von Euch muß wissen, daß die dunkelste Stunde unseres Volkes männliche Würde verlangt.

Gedenkt der gefallenen Kameraden, die für uns alle starben.«

DAS ENDE IM OSTEN

Ende Januar 1944 hatte Oberstleutnant Gerhard Schirmer Befehl erhalten, aus dem Stamm seines im Osten bei Kiew aufgeriebenen Bataillons ein neues Regiment – das FJR 16 – aufzustellen.

Im Mai 1944 stand dieses Regiment mit vollen vier Bataillonen. Im Juni wurde es im Nachtsprung ausgebildet. Am 7. 7. erfolgte die Verladung und der Transport zur eingeschlossenen Festung Wilna.

In den harten Kämpfen um und in Wilna bewiesen die Fallschirmjäger Schirmers ihre Schlagkraft. Immer wieder haben sie feindliche Panzerangriffe abgeschlagen. Panzervernichtungstrupps griffen sowjetische Panzer aller Bauarten mit Sprengmitteln an. Ende Juli gelang der Kampfgruppe Schirmer, von der 6. PD unterstützt, der Durchbruch nach Westen. Sie überschritt die Wilnabrücken, die unmittelbar danach in die Luft flogen. Oberstleutnant Schirmer brachte seine Fallschirmjäger im Verlaufe des August bis in die Ostpreußen-Schutzstellung zurück. Zwischen Schloßberg und Wilkowischken wurde bis zum Oktober 1944 verteidigt. General Matzky, der Kommandierende General, brachte den tapferen Fallschirmjägern persönlich die Eisernen Kreuze. Hier errang Schirmer das Eichenlaub zum Ritterkreuz des Eisernen Kreuzes.

Ende Oktober herausgezogen und nach Kukernese gebracht, mußte das FJR 16 (Ost) bei Tilsit den Memelbrückenkopf bilden und halten. Das Regiment stand bis Kriegsende im Einsatz, ehe es in russische Gefangenschaft ging.

Als die Sowjets im März 1945 am Unterlauf der Oder standen, wurde die kurzfristig aufgestellte 9. FJD unter General Bruno Bräuer, einem Fallschirmjäger der ersten Stunde, dort eingesetzt. Mit dieser Division kämpfte Bruno Bräuer sich bis nach Berlin durch, um dort den Sowjets bis zuletzt Widerstand entgegenzusetzen.

Ebenfalls noch im März wurde die in Italien aufgestellte 10. FJD, Oberst von Hoffmann, im Raume St. Pölten in der Steiermark eingesetzt. Sie kämpfte bis zum letzten Tage und wurde in den ersten Maitagen 1945 in der Tschechoslowakai aufgerieben.

Das FschBatl Skau, von Rgt. z. b. V. Schacht, flog am 28. 2. 1945 von Jüterborg nach Breslau und sprang dort im Feuer russischer Waffen ab. Die Soldaten fügten sich in die Abwehrgemeinschaft ein und verteidigten die Stadt bis zum 6. Mai. Dann gingen sie in Gefangenschaft. Der letzte Sprungeinsatz des Zweiten Weltkrieges war zu Ende.

Mit Kriegsende am 8. Mai 1945 traten die deutschen Fallschirmjä-

ger den Marsch in die Gefangenschaft an. Das bittere Los der Gefangenschaft traf viele.
General der Fallschirmtruppe Bruno Bräuer wurde an Griechenland ausgeliefert und dort vor einem Haßtribunal zum Tode verurteilt. Dieses Urteil, das jeder Begründung entbehrt, wurde 1947 vollstreckt.
Generalleutnant Erdmann starb in englischer, Generalmajor Walther in russischer Gefangenschaft.
Der Krieg war zu Ende. Er hatte das Auftreten und den Einsatz einer neuen Waffe erlebt, die auch nach dem Kriege und dann mehr und intensiver denn je aufgebaut wurde. Und wenn es »Die Aufgabe einer Armee (ist) an der Spitze des Fortschritts zu marschieren«, wie Scharnhorst sagte, dann wird es in Zukunft Luftlandearmeen ebenso geben, wie Luftlande-Panzerdivisionen. General James M. Gavin formulierte dies so:
»Die einzige Möglichkeit, um mit an Zahl weit überlegenen Truppen fertig zu werden, besteht in der eigenen überlegenen Beweglichkeit.«
Die Luftlande-Idee hat sich in aller Welt durchgesetzt und so lange es in der Welt Angreifer und Verteidiger gibt, wird es auch diese Art der Kampfführung geben.
Alle Einsätze und begrenzten Konflikte nach dem Zweiten Weltkrieg haben dies unter Beweis gestellt.

ANLAGEN – QUELLENANGABE

STELLENBESETZUNG DER 7. FLIEGERDIVISION

Stand 10. 5. 1940

Divisionskommandeur:	Generalleutnant Student
Ordonnanzoffizier:	Oberleutnant Herrmann
Ia	Major i. G. Trettner
Ia op 1:	Hauptmann Kroh
Ia op 2:	Hauptmann Hübner
Ib:	Hauptmann Osterroth
Ic:	Oberleutnant Lampertsdörfer
Ic AO (Abwehroffizier)	Major Bock
IIa	Oberstleutnant von Fichte
IIb:	Major Ehrlich
Nachrichtenführer:	Major Schostag
IVa:	Amtmann Vitztum
IVb:	Oberfeldarzt Dr. Knebel
Waffen und Gerät:	Hauptmann Käthler
Fliegeringenieur:	Fliegerstabsingenieur Stock

DIE DIVISIONSTRUPPEN

Aufklärungsstaffel:	Oberleutnant Langguth
Transportstaffel:	Oberleutnant Schäfer
Luftnachrichten-Kompanie:	Oberleutnant Schleicher
Kradschützenzug:	Leutnant Geyer
Geschützbatterie:	Oberleutnant Schram
Leichte Flakbatterie 106:	Oberleutnant Timm

Pakkompanie:	Hauptmann Götzel
Sanitätskompanie 7:	Oberstabsarzt Dr. Neumann
Transportkompanie 7:	Hauptmann Rosloff

FALLSCHIRMJÄGER-REGIMENT 1

Regimentskommandeur:	Oberst Bräuer
Adjutant:	Hauptmann Raum
Ordonanzoffizier:	Oberleutnant Schemeitat
Regimentsarzt:	Stabsarzt Dr. Müller
I. Bataillon	
Bataillonskommandeur:	Major Walther
Adjutant:	Oberleutnant Zuber
1. Kompanie:	Oberleutnant Götte
2. Kompanie:	Hauptmann Gröschke
3. Kompanie:	Oberleutnant Frhr. von Brandis
4. Kompanie:	Hauptmann Gericke
II. Bataillon	
Bataillonskommandeur:	Hauptmann Prager
Adjutant:	Leutnant Haedrich
5. Kompanie:	Oberleutnant Straehler-Pohl
6. Kompanie:	Oberleutnant Stangenberg
7. Kompanie:	Oberleutnant Pagels
8. Kompanie:	Oberleutnant Böhmler
III. Bataillon	
Bataillonskommandeur:	Hauptmann Karl-Lothar Schulz
Adjutant:	Oberleutnant Schmücker
9. Kompanie:	Oberleutnant Gessner
10. Kompanie:	Oberleutnant Specht
11. Kompanie:	Oberleutnant (Heinz) Becker
12. Kompanie:	Hauptmann (Werner) Schmidt
13. Kompanie:	(nicht aufgestellt)
14. (Panzerjäger)Kompanie:	Oberleutnant Reitzenstein

FALLSCHIRMJÄGER-REGIMENT 2

Der Regimentsstab stand noch nicht

I. Bataillon

Bataillonskommandeur:	Hauptmann Noster
Adjutant:	Oberleutnant Heckel
1. Kompanie:	Oberleutnant Schlichting
2. Kompanie:	Hauptmann Merten
3. Kompanie:	Oberleutnant von Roon
4. Kompanie:	Hauptmann Morawetz

II. Bataillon

Bataillonskommandeur:	Hauptmann Pietzonka
Adjutant:	Oberleutnant Knobloch
5. Kompanie:	Oberleutnant Thiel
6. Kompanie:	Hauptmann Schirmer
7. Kompanie:	Oberleutnant Zimmermann
8. Kompanie:	Oberleutnant Paul

III. Bataillon
noch nicht aufgestellt

DIE TRANSPORTVERBÄNDE:

Kampfgeschwader z. b. V.:	Oberst Morzik
I. Gruppe:	Major Witt
II. Gruppe:	Oberstleutnant Drewes
III. Gruppe:	Hauptmann Zeidler
IV. Gruppe:	Major Beckmann

Kampfgeschwader z. b. V. 2: (Transport der 22. ID)	Oberst Conrad
Kampfgruppe z. b. V. 9:	Major Jansen
Kampfgruppe z. b. V.: 11:	Oberstleutnant Erdmann
Kampfgruppe z. b. V. 12:	Hauptmann Frhr. von Hornstein

Kampfgruppe z. b. V. 172: Oberstleutnant Frhr. von Gablenz
Gesamtzahl der eingesetzten Maschinen: 430 Ju 53

DIE FLIEGENDEN VERBÄNDE DES GENERALS Z. B. V.
(Auf Zusammenarbeit mit dem Luftlande-Korps angewiesen)

Kommandierender General: Generalmajor Putziger
Chef des Generalstabes: Oberst i. G. Bassenge

unterstellt: 1 Aufklärungsstaffel, DO 17

Kampfgeschwader 4 (3 Gruppen He 111)
Kommodore: Oberst Fiebig

zeitweise unterstellte Einheiten: 1 Kampfgruppe Ju 87
1 Kampfgruppe Ju 88

Kampfgeschwader 54 (3 Gruppen He 111)
Kommodore: Oberst Lackner

Jagdfliegerführer 2: Oberst von Döring
diesem unterstellt:
Jagdgeschwader 26
Jagdgeschwader 51
Zerstörergeschwader 26
Insgesamt: 6 Gruppen Me 109, 2 Gruppen Me 110

STELLENBESETZUNG DES XI. FLIEGERKORPS
Stand 20. 5. 1941:

DAS GENERALKOMMANDO

Kommandierender General:	General der Flieger Student
Chef des Generalstabes:	Generalmajor Schlemm
Ia:	Oberstleutnant i. G. Trettner
Quartiermeister:	Oberstleutnant Seibt
Ic:	Hauptmann Mors
I W (Meteorologe)	Regierungsrat Dr. Brand
IIa:	Oberst von Fichte
IIb:	Oberstleutnant Ehrlich
Nachrichtenführer:	Oberstleutnant Dr. Weyland
Stabsoffizier der Pioniere:	Oberstleutnant von Barenthin
Waffen und Geräte:	Major Kaethler
IVa:	Oberregierungsrat Hopf
IVb:	Oberfeldarzt Dr. Höfer
Feldgericht:	Kriegsgerichtsrat Rüdel

DIE KORPSTRUPPEN

Korpsaufklärungsstaffel:	Hauptmann Lampertsdörfer
Transportstaffel XI:	Oberleutnant Schäfer
LN-Abteilung 41 (mot):	Hauptmann Hoppe
FschFlaMG-Bataillon:	Hauptmann Baier
Fallschirm-SanAbt.:	Dr. von Berg

STELLENBESETZUNG
FALLSCHIRMJÄGER-STURMREGIMENT
Stand vom 20. 5. 1941
Kreta-Einsatz

Regimentsstab:	
Kommandeur:	Generalmajor Meindl, verwundet
Adjutant:	Oberleutnant von Seelen, verwundet
Major beim Stabe:	Major Braun, gefallen
Ordonnanzoffizier:	Oberleutnant Schächter, verwundet
Nachrichtenoffizier:	Oberleutnant Göttsche
Regimentsarzt:	Oberstabsarzt Dr. Neumann
Hauptmann beim Stabe:	Hauptmann Pettelkau
Kampfzugführer:	Oberfeldwebel Gutheil
Nachrichtenzugführer:	Feldwebel Erich
Offizier zur besonderen Verwendung:	Oberleutnant Zierach
Hauptfeldwebel der Stabskompanie:	Hauptfeldwebel Koskialowski
I. Bataillon	
Kommandeur:	Major Koch, verwundet
Adjutant:	Oberleutnant Gerbershagen, gefallen
Hauptmann beim Stabe:	Oberleutnant Ofmann, gefallen
Bataillonsarzt:	Stabsarzt Dr. Jäger
Nachrichtenzugführer:	Feldwebel Urban
1. Kompanie Chef:	Oberleutnant Genz
Arzt:	Oberarzt Dr. Stehfen, gefallen

2. Kompanie	Chef:	Hauptmann Altmann, vermißt
	Arzt:	Oberarzt Dr. Hecker, gefallen
3. Kompanie	Chef:	Oberleutnant von Plessen, gefallen
	Arzt:	Oberarzt Dr. Weizel
4. Kompanie	Chef:	Hauptmann Sarrazin, gefallen
	Arzt:	Assistenzarzt Dr. Rommeswinkel, gefallen
Fernmeldekompanie	Chef:	Oberleutnant Osius, verwundet

II. Bataillon

Kommandeur:		Major Stentzler
Adjutant:		Oberleutnant Wolf
Hauptmann b. Stabe:		Oberleutnant Stoltz
Ordonnanzoffizier:		Oberleutnant Schelske
K.F.Z.-Offizier:		Oberleutnant Gossmann
Nachrichtenzugführer:		Leutnant Braun
Bataillonsarzt:		Stabsarzt Dr. Rodpewig
Kampfzugführer:		Hauptfeldwebel Barabas
5. Kompanie	Chef:	Oberleutnant Herterich
	Arzt:	Assistenzarzt Dr. Grupp, verwundet
6. Kompanie	Chef:	Oberleutnant Pissin
	Arzt:	Oberarzt Dr. Bronkhaus, gefallen
7. Kompanie	Chef:	Oberleutnant Barmetler, verwundet
	Arzt:	
8. Kompanie	Chef:	Oberleutnant Reinhardt
	Arzt:	Oberarzt Dr. Gribel

III. Bataillon

Kommandeur:	Major Scherber, gefallen
Adjutant:	Oberleutnant Heinz, gefallen
Hauptmann b. Stabe:	Oberleutnant Trebes
Ordonnanzoffizier:	Oberleutnant Leiss, gefallen
Bataillonsarzt:	Stabsarzt Dr. Ellenbeck, gefallen
Nachrichtenzugführer:	Oberfeldwebel Ziehm

9. Kompanie	Chef:	Hauptmann Witzig, verwundet
	Arzt:	Oberarzt Dr. Hesse, gefallen
10. Kompanie	Chef:	Oberleutnant Schulte-Sasse, gefallen
	Arzt:	Oberarzt Dr. Merk
11. Kompanie	Chef:	Oberleutnant Jung, gefallen
	Arzt:	Oberarzt Dr. Zwick, gefallen
12. Kompanie	Chef:	Oberleutnant Dobke, gefallen
	Arzt:	Assistenzarzt Dr. Scheiffele

IV. Bataillon

Kommandeur:		Hauptmann Gericke
Adjutant:		Oberleutnant Engelhardt
Bataillonsarzt:		Stabsarzt Dr. Diehm
Nachrichtenzugführer:		Oberfeldwebel Daniels
13. Kompanie	Chef:	Oberleutnant Sauer, verwundet
	Arzt:	Assistenzarzt Dr. Weber
14. Kompanie	Chef:	Hauptmann Kiesel, gefallen
	Arzt:	
15. Kompanie	Chef:	Oberleutnant Dobke, gefallen
	Arzt:	Oberarzt Dr. Zänker, verwundet
16. Kompanie	Chef:	Oberleutnant Hoefeld
	Arzt:	Oberarzt Dr. Wolf

DIE 7. FLIEGERDIVISION

Divisionskommandeur:	Generalleutnant Süßmann
Ia:	Major i. G. Graf von Üxküll

Divisionstruppen

Transportstaffel:	Oberleutnant Dörrwald
Fallschirm-Pi-Batl. 7:	Major Liebach
Fallschirm-ArtAbt. 7:	Major Bode
Fallschirm-MGBtl. 7:	Hauptmann Schulz
FallschirmPzJägAbt. 7:	Hauptmann Schmitz

FALLSCHIRMJÄGER-REGIMENT 1

Regimentskommandeur:	Oberst Bräuer
Adjutant:	Hauptmann Rau
Nachrichten-Offizier:	Oberleutnant Gerhold

I. Bataillon

Bataillonskommandeur:	Major Walther
Adjutant:	Leutnant (Konrad) Schulz

II. Bataillon

Bataillonskommandeur:	Hauptmann Burckhardt
Adjutant:	Leutnant Schächter

III. Bataillon

Bataillonskommandeur:	Major (Karl-Lothar) Schulz
Adjutant:	Leutnant Proff

FALLSCHIRMJÄGER-REGIMENT 2

Regimentskommandeur:	Oberst Sturm
Adjutant:	Hauptmann Paul
Nachrichtenoffizier:	Leutnant Rosenberg
I. Bataillon	
Bataillonskommandeur:	Major Kroh
Adjutant:	Oberleutnant Fellner
II. Bataillon	
Bataillonskommandeur:	Hauptmann Pietzonka
Adjutant:	Oberleutnant Knobloch
III. Bataillon	
Bataillonskommandeur	Hauptmann Wiedemann
Adjutant	

FALLSCHIRMJÄGER-REGIMENT 3

Regimentskommandeur:	Oberst Heidrich
Adjutant:	Oberleutnant Heckel
Nachrichtenoffizier:	Oberleutnant Faßl
I. Bataillon	
Bataillonskommandeur	Hauptmann Frhr. von der Heydte
Adjutant:	Leutnant Lauk
II. Bataillon	
Bataillonskommandeur:	Major Derpa
Adjutant:	Oberleutnant Schulze
III. Bataillon	
Bataillonskommandeur:	Major Heilmann
Adjutant:	Leutnant Lehmann

KRETA:

Das Kräfteverhältnis in den verschiedenen Kampfabschnitten

	Auf deutscher Seite	Auf alliierter Seite
Fallschirmjäger		
Abschnitt Malemes:	1 860 Mann	11 859 Mann
Abschnitt Suda:	2 460 Mann	14 822 Mann
Abschnitt Rethymnon:	1 380 Mann	6 730 Mann
Abschnitt Heraklion:	2 360 Mann	8 024 Mann
Hauptquartier:	– Mann	405 Mann
Summe:	8 060 Mann	41 840 Mann

wurden vom Gegner während des Kampfes auf die Insel gebracht

Seetransport:		800 Mann
später:		
Gebirgsjäger		
gelandet:	13 980 Mann	
Gesamttruppen:	42 640 Mann	

Britische Verluste:

	Tote	Verwundete	Gefang.	Gesamt
British Army:	612	224	5 315	6 151
Royal Marines:	114	30	1 035	1 179
Royal Air Force:	71	9	226	306
Cypriots & Palestinians:	9	1	396	406
Australian IF	174	507	3 102	3 883
Insgesamt:	1 751	1 738	12 254	15 743

Die Verluste der griechischen Armee konnten nicht ermittelt werden. Die angegebene Zahl von insgesamt 5 000 Mann Verlusten dürfte ungefähr zutreffend sein.

Verlustmeldung des I./Luftlande-Sturmregiment im Kreta-Einsatz. *)

Ausschließlich der Kompanie Osius (F.-Kompanie).

Bataillonsstab:

Gefallen:	3 Offiziere,	5 Unteroffiziere,	13 Mannschaften
Verwundet:	1 Offizier,	5 Unteroffiziere,	6 Mannschaften
Vermißt:	– Offiziere,	– Unteroffiziere,	2 Mannschaften

1. Kompanie:

Gefallen:	2 Offiziere,	7 Unteroffiziere,	5 Mannschaften
Verwundet:	1 Offizier,	4 Unteroffiziere,	11 Mannschaften
Vermißt:	– Offiziere,	3 Unteroffiziere,	12 Mannschaften

2. Kompanie:

Gefallen:	2 Offiziere,	11 Unteroffiziere,	32 Mannschaften
Verwundet:	– Offiziere,	6 Unteroffiziere,	11 Mannschaften
Vermißt:	3 Offiziere,	1 Unteroffizier,	1 Mannschaften

3. Kompanie:

Gefallen:	1 Offizier,	3 Unteroffiziere,	12 Mannschaften
Verwundet:	2 Offiziere,	13 Unteroffiziere,	10 Mannschaften
Vermißt:	– Offiziere,	1 Unteroffizier,	– Mannschaften

4. Kompanie:

Gefallen:	3 Offiziere,	4 Unteroffiziere,	18 Mannschaften
Verwundet:	1 Offizier,	11 Unteroffiziere,	12 Mannschaften
Vermißt:	– Offiziere,	1 Unteroffizier,	2 Mannschaften

Gesamtverluste:

Gefallen:	11 Offiziere,	27 Unteroffiziere,	80 Mannschaften
Verwundet:	5 Offiziere,	39 Unteroffiziere,	50 Mannschaften
Vermißt:	3 Offiziere,	6 Unteroffiziere,	17 Mannschaften

Die Verluste der zugeteilten LS-Flugzeugführer betrugen:

Gefallen:	2 Offiziere	11 Unteroffiziere	
Verwundet:	2 Offiziere,	5 Unteroffiziere,	4 Mannschaften

Beim Unternehmen »Merkur« fielen folgende Sanitätsoffiziere:

Oberarzt Dr. Otto Brinkhaus,
Stabsarzt Dr. Ellenbeck,
Oberarzt Dr. Hartmann,
Oberarzt Dr. Hecker,

Oberarzt Dr. Hesse,	Oberarzt Dr. Stehfen,
Assistenzarzt Rommeswinkel,	Oberarzt Dr. Zwick.

Fast alle Sanitätsoffiziere wurden im Einsatz verwundet. Die Zahl der Toten, Verwundeten und Vermißten unter dem Sanitätspersonal ist außerordentlich hoch. Allein beim I./Luftlande-Sturmregiment betrug die Zahl der Gesamtausfälle beim Sanitätspersonal 10 Mann. Das III./Luftlande-Sturmregiment hatte 25 Mann Sanitätspersonal-Verluste.

Die Sanitäts-Kompanie Dietzel jedoch, zu der die Einsatzgruppe unter Oberarzt Dr. Hartmann gehörte, die am frühen Nachmittag des 21. 5. 41 westlich Plantanias mitten in die feindlichen Feldstellungen sprang, wurde fast völlig aufgerieben. Nach der Meldung von Oberarzt Dr. Dietzel vom 9. 6. 1941 an den Regimentsarzt verlor die Kompanie:

Gefallen:	32 Offz., Uffz. und Mannschaften
Verwundet:	6 Offz., Uffz. und Mannschaften
Vermißt:	13 Offz., Uffz. und Mannschaften
Sprungverletzt:	2 Offz., Uffz. und Mannschaften
Gesamtverluste:	53 Offz., Uffz. und Mannschaften

Dieser außerordentlich hohe Anteil beweist, mehr als Worte es vermöchten, den vorbildlichen Einsatz eines jeden einzelnen Angehörigen der Fallschirm-Sanitäts-Abteilung.

DIE ALLIIERTEN STREITKRÄFTE FÜR »HUSKY«

XV. Armeegruppe:	General Sir Harold Alexander
See-Oberbefehlshaber Mittelmeer:	Admiral Sir Andrew Cunningham
OB der alliierten Mittelmeer-Luftstreitkräfte:	Luftmarschall Sir Arthur Tedder
7. US-Armee:	General Georg Patton
II. US-Korps:	Generalleutnant Omar N. Bradley

1. ID:	Generalmajor Terry Allen
3. ID:	Generalmajor Lucien Truscott
45. ID:	Generalmajor Troy Middleton
Korps Keyes:	Generalleutnant Keyes
2. PD:	
9. ID:	Generalmajor Manton Eddy
82. Airborne-Division:	Generalmajor Ridgway (Nach Erfüllung der Sonderaufgaben unterstellt.)
2 Bataillone Rangers:	Oberstleutnant Darby
8. Brit. Armee:	Feldmarschall Sir Bernard Montgomery
XIII. Korps:	Generalleutnant Sir Miles Dempsey
5. ID:	Generalmajor G. C. Bucknall
50. ID:	Generalmajor S. C. Kirkman
XXX. Korps:	Generalleutnant Sir Oliver Leese
231. (Malta)Brigade:	Brigadier Roy Urquhart
51. Highland-Division:	Generalmajor Douglas Wimberley
1. kan. ID:	Generalmajor Guy Simmonds
1. Luftlande-Division:	Generalmajor »Hoppy« Hopkinson
40. u. 41. Royal-Marine-Commando:	Brigadier Laycock
Commando 3:	Oberstleutnant Durnford Slater

DIE ITALIENISCHEN STREITKRÄFTE AUF DER INSEL

6. Armee:	General Alfredo Guzzoni
XII. Armeekorps:	General Mario Arision (ab 12. 7.) General Francesco Zingales)
Division »Aosta«:	General Giacomo
Division »Assietta«:	General Erberto Papini (später General Francesco Scotti und ab 26. 7. General Ottorino Schreiber)

Artillerie-Kommandeur:	Oberst Ferdinando Ainis
136. autonomes Küsten-Rgt.:	
Streitkräfte Porto »N«-Palermo:	Brigadegeneral Giuseppe Molinero
208. Küsten-Division:	Divisions-General Giovanni Marciani
202. Küsten-Division:	
207. Küsten-Division:	Divisions-General Ottorino Schreiber

XVI. Armeekorps:	Korps-General Carlo Rossi
Division »Napoli«:	Div.Gen. Giulio Cesare Gotti Porcinari
Artillerie-Kommandeur:	Oberst Francesco Gennaro
XIX. Küsten-Brigade:	Brigade-General Giovanni Bocchetti
213. Küsten-Division:	Divisions-General Carlo Gotti
Streitkräfte Porto »E«-Catania:	Brigade-General Azzo Passalacqua
206. Küsten-Division:	Divisions-General Achille d'Havet
XVIII. Küsten-Brigade:	Brigade-General Orazio Mariscalco

Als Verfügungstruppe für die 6. Armee:

Division »Livorno«:	Div.Gen. Domenico Chirieleison
Bewegliche Gruppen:	»A«, »B«, »C« (für das XII. AK)
Bewegliche Gruppen:	»D«, »E«, »F«, »G«, »H« (XVI. AK)
Taktische Gruppen für das XII. und XVI. AK:	insgesamt acht.

Selbständige Kommandos der italienischen Marine auf Sizilien:

1. Piazza Militare Marittima Messina-Reggio, Calabria: Geschwader-Admiral Pietro Barone
2. Piazza Militare Marittima Augusta-Siracusa: Konteradmiral Priamo Leonardi
3. Piazza Militare Marittima di Trapani: Konderadmiral Giuseppe Manfredi
4. Überwasserstreitkräfte: Torpedoboot-Geschwader: Kapitän zur See Mimbelli

STELLENBESETZUNG DER DEUTSCHEN KRÄFTE AUF SIZILIEN

a) Generalkommando XIV. Panzerkorps:

Kommandierender General:	General der Panzertruppe Hube
Chef des Generalstabes:	Oberst i. G. v. Bonin
1. Generalstabsoffizier:	Oberst i. G. Birck

b) 29. Panzergrenadier-Division:

Kommandeur:	Generalmajor Fries
1. Generalstabsoffizier:	Oberstleutnant i. G. Stünzer

c) 15. Panzergrenadier-Division:

Kommandeur:	Generalmajor Rodt
1. Generalstabsoffizier:	Oberst i. G. Heckel

d) Panzerdivision »Hermann Göring«:

Kommandeur:	Generalleutnant Conrath
1. Generalstabsoffizier:	Oberstleutnant i. G. Bergengrün

e) Fallschirmjäger-Regiment 3:

Kommandeur:	Oberst Heilmann

f) Fallschirmjäger-Regiment 4:

Kommandeur:	Oberstleutnant Walther
g) Kommandant Messina-Straße:	Oberst Baade
h) Seekommandant Messina:	Fregattenkapitän von Liebenstein
i) Befehlshaber Basis Kalabrien:	Generalleutnant Heidrich
j) Führer des DVSt beim OAK 6:	Generalmajor von Senger-Etterlin

STELLENBESETZUNG 1. FALLSCHIRMJÄGER-DIVISION
Stand: 15. 3. 1944

Divisionskommandeur:	Generalleutnant Heidrich
Ia:	Major i. G. Heckel
Ib:	Hauptmann Stangenberg
Ic:	Oberleutnant Treiber
Divisionsarzt:	Oberstabsarzt Dr. Eiben
Divisonsintendant:	Oberstabsintendant Dr. Ehlers

Fallschirmjäger-Regiment 1

Regimentskommandeur:	Oberst (Karl-Lothar) Schulz
I. Bataillon:	Major Werner Graf v. d. Schulenburg
II. Bataillon:	Major Gröschke
III. Bataillon:	Major Becker

Fallschirmjäger-Regiment 3

Regimentskommandeur:	Oberst Heilmann
I. Bataillon:	Major Böhmler
II. Bataillon:	Hauptmann Foltin
III. Bataillon:	Major Kratzert

Fallschirmjäger-Regiment 4

Regimentskommandeur:	Major Grassmel
I. Bataillon:	Hauptmann Beyer
II. Bataillon:	Hauptmann Hübner
III. Bataillon:	Hauptmann Meyer

Fallschirm-ArtRgt. 1:	Major Schram
I. Abteilung:	Hauptmann Scheller
III. Abteilung:	Hauptmann Tappe
Fallschirm-PiBatl. 1:	Hauptmann Frömming
Fallschirm-PzJägAbt. 1:	Major Brückner
Fallschirm-MGBatl. 1:	Major Schmidt
Fallschirm-SanAbt. 1:	Oberstabsarzt Dr. Eiben

DIE RITTERKREUZTRÄGER DER FALLSCHIRMTRUPPE

(In Klammern die laufende Nummer in der Reihenfolge der Verleihung.)

Eichenlaub mit Schwertern und Brillanten zum Ritterkreuz des Eisernen Kreuzes:

General der Fallschirmtruppe B. H. Ramcke (20)	19. 9. 1944

Eichenlaub mit Schwertern zum Ritterkreuz des Eisernen Kreuzes:

1.	Generalleutnant Richard Heidrich	25. 3. 1944
2.	Oberst Ludwig Heilmann (67)	15. 5. 1944
3.	Oberst Hans Kroh (96)	12. 9. 1944
4.	General der Fallschirmtruppe B. H. Ramcke (99)	19. 9. 1944
5.	Oberst Karl Lothar Schulz (112)	18. 11. 1944
6.	Oberst Erich Walther (131)	1. 2. 1945

Eichenlaub zum Ritterkreuz des Eisernen Kreuzes:

1.	Generalmajor B. H. Ramcke (145)	15. 11. 1942
2.	Generalmajor Paul Conrath (276)	22. 8. 1943
3.	General der Flieger Kurt Student (305)	27. 9. 1943
4.	Oberst Wilhelm Schmalz (358)	24. 12. 1943
5.	Generalleutnant Richard Heidrich (382)	5. 2. 1944
6.	Oberst Erich Walther (411)	2. 3. 1944
7.	Oberst Ludwig Heilmann (412)	2. 3. 1944
8.	Oberstleutnant Hans Kroh (443)	6. 4. 1944
9.	Oberst Karl-Lothar Schulz (459)	20. 4. 1944
10.	Oberstleutnant Reinhard Egger (510)	27. 6. 1944
11.	Major Josef Fitz (511)	27. 6. 1944

12.	General der Fallschirmtruppe Eugen Meindl (564)	28. 8. 1944
13.	Oberst Erich Pietzonka (584)	20. 9. 1944
14.	Major Walter Gericke (585)	20. 9. 1944
15.	Generalmajor Heinrich Trettner (586)	20. 9. 1944
16.	Oberstleutnant Dr. Friedrich-August Frhr. von der Heydte (617)	18. 10. 1944
17.	Hauptmann Heinz Meyer (654)	18. 11. 1944
18.	Oberstleutnant Gerhard Schirmer (657)	18. 11. 1944
19.	Major Rudolf Witzig (662)	25. 11. 1944
20.	Major Rudolf Rennecke (664)	25. 11. 1944
21.	Oberstleutnant Kurt Gröschke (693)	9. 1. 1945
22.	Major Dr. Karl Rossmann (725)	14. 2. 1945
23.	Oberstleutnant Bern von Baer (761)	28. 2. 1945
24.	Oberst Karl-Heinz Becker (780)	6. 4. 1945
25.	Major Hans Ostermeier (855)	30. 4. 1945

Ritterkreuz des Eisernen Kreuzes:

1.	Hauptmann Herbert Abratis	24. 10. 1944
2.	Major Paul Adolff	20. 7. 1943
3.	Oberleutnant Gustav Altmann	12. 5. 1940
4.	Oberfeldwebel Peter Arent	4. 12. 1942
5.	Feldwebel Helmut Arpke	13. 5. 1940
6.	Generalmajor Walther von Axthelm	4. 9. 1941
7.	Oberstleutnant Bern von Baer	13. 1. 1944
8.	Oberleutnant Josef Barmetler	19. 7. 1941
9.	Oberleutnant Karl-Heinz Becker	9. 7. 1941
10.	Hauptmann Erich Beine	18. 11. 1944
11.	Hauptmann Hans-Joachim Bellinger	30. 9. 1944
12.	Major Rudolf Berneike	15. 3. 1945
13.	Oberst Bertram	3. 1945
14.	Hauptmann Helmut Beyer	7. 1944

15.	Oberfähnrich Fritz Birnbaum	18. 10. 1944
16.	Oberstleutnant Ernst Blausteiner	29. 10. 1944
17.	Leutnant Wolfgang Graf von Blücher	24. 5. 1940
18.	Oberleutnant Rudolf Boehlein	30. 11. 1944
19.	Major Rudolf Böhmler	26. 3. 1944
20.	Oberst Bruno Bräuer	24. 5. 1940
21.	Hauptmann Helmut Brewkow	24. 1. 1945
22.	Major Hans Briegel	14. 1. 1945
23.	Fahnenjunker-Feldwebel Manfred Büttner	27. 4. 1945
24.	Oberst Paul Conrath	4. 9. 1941
25.	Leutnant Egon Delica	12. 5. 1940
26.	Oberst Denzinger	9. 1944
27.	Leutnant Heinz Deutsch	28. 4. 1945
28.	Leutnant Rudolf Donth	14. 1. 1945
29.	Oberleutnant Reinhard Egger	9. 7. 1941
30.	Oberleutnant Johann Engelhardt	29. 2. 1944
31.	Generalleutnant Wolfgang Erdmann	27. 2. 1945
32.	Major Werner Ewald	17. 9. 1944
33.	Hauptmann Josef Fitz	11. 12. 1942
34.	Hauptmann Ferdinand Foltin	9. 6. 1944
35.	Hauptmann Edmund Francois	20. 10. 1944
36.	Gefreiter Herbert Fries	5. 9. 1944
37.	Major Ernst Froemming	18. 11. 1944
38.	Leutnant Robert Gast	6. 10. 1944
39.	Oberleutnant Alfred Genz	14. 6. 1941
40.	Hauptmann Walter Gericke	14. 6. 1941
41.	Fahnenjunker-Feldwebel Ernst Germer	29. 10. 1944
42.	Major Siegfried Gerstner	13. 9. 1944
43.	Major Günther Gersteuer	13. 9. 1944
44.	Feldwebel Helmut Görtz	24. 5. 1940
45.	Major Franz Grassmel	8. 4. 1944
46.	Major Kurt Gröschke	9. 6. 1944
47.	Oberfeldwebel Georg Grünewald	29. 10. 1944

48.	Unteroffizier Werner Grunold	6. 12. 1944
49.	Oberleutnant Andreas Hagl	9. 7. 1941
50.	Major Konstantin Hahm	9. 6. 1944
51.	Hauptmann Heino Hamer	5. 9. 1944
52.	Hauptmann Hans-Christian Hansen	11. 2. 1945
53.	Oberfähnrich Wolfgang Hartelt	23. 2. 1945
54.	Hauptmann Friedrich Hauber	5. 9. 1944
55.	Oberst Richard Heidrich	14. 6. 1941
56.	Major Ludwig Heilmann	14. 6. 1941
57.	Leutnant Erich Hellmann	9. 7. 1944
58.	Oberleutnant Harry Herrmann	9. 7. 1941
59.	Hauptmann Max Herzbach	9. 1944
60.	Oberst Georg-Henning von Heydebreck	24. 6. 1944
61.	Hauptmann Friedrich-August Frhr. v. d. Heydte	9. 7. 1941
62.	Oberfeldwebel (PK) Hanns Hönscheid	1. 3. 1945
63.	Leutnant Dirk Itzen	23. 11. 1941
64.	Hauptmann Eduard Hübner	2. 1945
65.	Oberarzt Dr. Rolf Jäger	15. 5. 1940
66.	Oberleutnant Siegfried Jamrowski	9. 6. 1944
67.	Unteroffizier Siegfried Kalow	29. 10. 1944
68.	Hauptmann Kampmann	7. 2. 1945
69.	Feldwebel Wilhelm Kempke	21. 8. 1941
70.	Oberleutnant Horst Kerfin	24. 5. 1940
71.	Major Helmut Kerutt	2. 2. 1945
72.	Hauptmann Eduard Kiefer	18. 5. 1943
73.	Oberleutnant Walter Kiess	12. 5. 1940
74.	Major Waldemar Kluge	2. 8. 1943
75.	Leutnant Walter Knaf	5. 4. 1944
76.	Oberfeldwebel Karl Koch	24. 10. 1944
77.	Hauptmann Walter Koch	10. 5. 1940
78.	Leutnant Franz-Heinz Koenig	8. 3. 1945
79.	Unteroffizier Herbert Köpsell	7. 2. 1945
80.	Obergefreiter Heinrich Krappmann	28. 2. 1945

81.	Hauptmann Rudolf Kratzert	9. 6. 1944
82.	Oberleutnant Rupert Kraus	30. 11. 1944
83.	Leutnant Heinz Krink	9. 6. 1944
84.	Major Hans Kroh	21. 8. 1941
85.	Oberleutnant Willi Kroymanns	20. 1. 1945
86.	Hauptmann Martin Kühne	29. 2. 1944
87.	Oberleutnant Wilhelm Kuhlwilm	30. 11. 1944
88.	Oberfähnrich Rudolf Kurz	12. 1944
89.	Stabsarzt Dr. Carl Langemeyer	18. 11. 1944
90.	Oberleutnant Hans-Georg Lehmann	10. 10. 1944
91.	Major Max Lemke	18. 10. 1941
92.	Leutnant Erich Lepkowski	8. 8. 1944
93.	Major Walter Liebing	2. 2. 1945
94.	Hauptmann Hans Lipp	26. 1. 1945
95.	Leutnant Hans Lippe	22. 4. 1945
96.	Hauptmann Rolf Mager	31. 10. 1944
97.	Hauptmann Hans von Majer	20. 2. 1945
98.	Generalmajor Eugen Meindl	14. 6. 1941
99.	Leutnant Joachim Meissner	12. 5. 1940
100.	Oberfeldwebel Otto Menges	9. 6. 1944
101.	Hauptmann Gerhard Mertins	6. 12. 1944
102.	Hauptmann Heinz Meyer	8. 4. 1944
103.	Leutnant Elmar Meyer	17. 9. 1943
104.	Hauptmann Dr. Werner Milch	9. 1. 1945
105.	Leutnant Gerd Mitschke	18. 5. 1943
106.	Oberst Friedrich Morzik	16. 4. 1942
107.	Oberst Hanss-Horst von Necker	24. 6. 1944
108.	Oberfeldwebel Karl Neuhoff	9. 6. 1944
109.	Oberstabsarzt Dr. Heinrich Neumann	21. 8. 1941
110.	Oberfeldwebel Heinrich Orth	18. 3. 1942
111.	Hauptmann Hans Ostermeier	23. 8. 1944
112.	Hauptmann Hugo Paul	15. 11. 1944
113.	Gefreiter Herbert Peitsch	29. 10. 1944

114.	Oberstleutnant Erich Pietzonka	5. 9. 1944
115.	Gefreiter Albert Plapper	30. 11. 1944
116.	Generalmajor Hermann Plocher	22. 11. 1943
117.	Hauptmann Fritz Prager	24. 5. 1940
118.	Hauptmann Fritz Quednow	4. 5. 1944
119.	Gefreiter Emil Rademacher	27. 3. 1945
120.	Oberst Hermann-Bernhard Ramcke	21. 8. 1941
121.	Leutnant Siegfried Rammelt	11. 6. 1944
122.	Hauptmann Robert Rebholz	2. 8. 1943
123.	Oberfeldwebel Adolf Reininghaus	13. 9. 1944
124.	Hauptmann Paul-Ernst Renisch	27. 11. 1944
125.	Hauptmann Rudolf Rennecke	9. 6. 1944
126.	Hauptmann Joachim Renz	6. 12. 1944
127.	Leutnant Heinz Richter	24. 3. 1945
128.	Leutnant Helmuth Ringler	15. 5. 1940
129.	Oberleutnant Arnold von Roon	9. 7. 1941
130.	Oberleutnant Dr. Karl Rossmann	12. 11. 1941
131.	Leutnant Walter Sander	28. 2. 1945
132.	Major Hans Sandrock	18. 10. 1944
133.	Feldwebel Bruno Sassen	22. 2. 1942
134.	Leutnant Gerhard Schacht	12. 5. 1940
135.	Leutnant Martin Schächter	12. 5. 1940
136.	Oberleutnant Friedrich Schäfer	24. 10. 1944
137.	Oberfeldwebel Heinrich Schäfer	8. 8. 1944
138.	Oberfeldwebel Johannes Scheid	21. 6. 1943
139.	Generalleutnant Richard Schimpf	6. 10. 1944
140.	Hauptmann Gerhard Schirmer	14. 6. 1940
141.	Gefreiter Lothar Schirner	3. 4. 1945
142.	General der Fallschirmtruppe Alfred Schlemm	11. 6. 1944
143.	Major Wilhelm Schmalz	28. 11. 1940
144.	Hauptmann Fritz-Wilhelm Schmid	6. 10. 1944
145.	Oberleutnant Herbert Schmidt	29. 5. 1940
146.	Major Werner Schmidt	5. 4. 1944

147.	Obergefreiter Schörner	2. 1945
148.	Hauptmann Kurt Schreiber	21. 6. 1943
149.	Major Wolf-Werner Graf v. d. Schulenburg	20. 6. 1944
150.	Hauptmann Karl-Lothar Schulz	24. 5. 1940
151.	Feldwebel Erich Schuster	21. 8. 1941
152.	Oberleutnant Alfred Schwarzmann*	29. 5. 1940
153.	Major Heinz-Herbert Schweim	28. 2. 1945
154.	Hauptmann Günther Sempert	30. 9. 1944
155.	Leutnant Hubert Sniers	24. 10. 1944
156.	Gefreiter Konrad Steets	30. 11. 1944
157.	Major Edgar Stentzler	9. 7. 1941
158.	Major Kurt Stephanie	30. 9. 1944
159.	Hauptmann Günter Straehler-Pohl	10. 5. 1943
160.	Hauptmann Wolfram Stronk	18. 10. 1944
161.	Hauptmann Werner Stuchlik	30. 11. 1944
162.	Generalleutnant Kurt Student	12. 5. 1940
163.	Oberst Alfred Sturm	9. 7. 1941
164.	Generalleutnant Wilhelm Süßmann	20. 5. 1941
165.	Hauptmann Karl Tannert	5. 4. 1944
166.	Leutnant Hans Teusen	14. 6. 1941
167.	Hauptmann Hans Thor	30. 9. 1944
168.	Leutnant Cord Tietjen	24. 5. 1940
169.	Major Erich Timm	3. 10. 1944
170.	Oberleutnant Rudolf Toschka	14. 6. 1941
171.	Oberleutnant Horst Trebes	9. 7. 1941
172.	Major i. G. Heinz Trettner	24. 5. 1940
173.	Oberleutnant Gerhard Tschierschwitz	6. 12. 1944
174.	Hauptmann Herbert Trotz	24. 4. 1945
175.	Oberfeldwebel Alexander Uhlig	29. 10. 1944
176.	Hauptmann Kurt Veth	30. 9. 1944
177.	Leutnant Helmut Wagner	24. 1. 1942
178.	Oberleutnant Heinz Wallhäuser	6. 12. 1944
179.	Hauptmann Erich Walther	24. 5. 1940

180.	Hauptmann Friedrich-Wilhelm Wangerin	24. 10. 1944
181.	Leutnant Hans-Joachim Weck	30. 4. 1945
182.	Oberfeldwebel Heinrich Welskop	21. 8. 1941
183.	Feldwebel Walter Werner	9. 6. 1944
184.	Oberstleutnant Gustav Wilke	24. 5. 1940
185.	Hauptmann Johann Wimmer	19. 2. 1945
186.	Feldwebel Karl-Hans Wittig	5. 2. 1944
187.	Oberleutnant Rudolf Witzig	10. 5. 1940
188.	Oberleutnant Hilmar Zahn	9. 6. 1944
189.	Feldwebel Wolfgang Zander	28. 4. 1945
190.	Oberleutnant Otto Zierach	15. 5. 1940

*) 1936 Olympiasieger im Turnen

Die angegebenen Daten sind größtenteils die Tage der Verleihung an die Beliehenen, oder die Tage der öffentlichen Bekanntgabe.

LITERATUR UND QUELLENANGABE

Alexander, Harold R.:	D' El-Alamein à Tunis a la Sicile / Paris 1945
Alman, Karl:	Sprung in die Hölle / Rastatt 1964
ders.	Graue Wölfe in blauer See / Rastatt 1967
Altieri, James:	The Spearheaders / New York 1960
Arcy-Dawson, John de:	Tunisian Battle / London 1944
Arent, Peter:	Briefe nach den Schlachten / i. Ms. 1940–43
Arent, Ernst:	Aus dem Leben meines Bruders / i. Ms. 1963
Arnim, Jürgen von:	Tunesien nach 14 Jahren / ZS. 1957
Audoin-Dubreuil, Louis:	La Guerre de Tunisie / Paris 1945
Ball, Edmund F.:	Staff officer with the fifth Army, Sicily, Salerno, Anzio / New York 1958
Berg, Richard:	Geschichte des Fallschirms / ZS
Barnikol, Dr. H. A.:	Kriegserlebnisse in Tunesien / i. Ms.
Barré, G.:	Tunisie 1942–1943 / Paris 1950
Bernig, Heinrich H.:	Hölle Alamein / Balve 1960
ders.	Angriffsziel: Festung Europa / Balve 1960
Benz, Heinrich:	Unser Peter Arent / i. Ms. 1965
ders.	Das Fallschirmjäger-Regiment 5 / i. Ms. 1965
Bischhaus, Erwin:	Korinth und Kreta / ZS

Böhmler, Rudolf:	Monte Cassino / Darmstadt 1955
ders.	Fallschirmjäger / Bad Nauheim 1960
ders.	General Ludwig Heilmann / i. Ms.
ders.	General Richard Heidrich / i. Ms.
Bonin, Oberst v.:	Betrachtung über die Kriegführung in Sizilien / i. Ms. 2. 1947
Bourgeon, Charles:	Les Carrillons sans Joie / Paris 1959
Buchheit, Gerd:	Hitler der Feldherr / 1958
Buchner, Alex:	Der deutsche Griechenlandfeldzug / Heidelberg 1958
ders.	Schwere Tage bei Rethymnon / ZS
ders.	Gebirgsjäger an allen Fronten / Hannover 1954
Bräuer, Bruno:	Unser Oberst Schulz / ZS 1944
Bradley, Omer:	A Soldiers Story / New York 1964. 2. Aufl.
Brown, John Mason:	To all hands / New York 1943
Carell, Paul:	Die Wüstenfüchse / Hamburg 1961
ders.	Sie kommen / Oldenburg 1960
Chatterton, George:	The Wings of Pegasus / London 1962
Churchill, Sir Winston:	Memoiren, Bd. II und III / Hamburg 1949
Clark, W. Mark:	Calculated Risk / London 1951
Clauss, M. W:	Vor 20 Jahren: Rommels letzter Angriff / ZS
Cramer, Hans:	Die letzte Panzerschlacht des DAK / ZS 1962
Cunningham, Admiral:	A Saylors Odyssee / London 1951
Department of Military:	Al Military History of World War II / New York 1953
Deutsch, Heinz:	Geschichte der grünen Teufelsbrigade XII / i. Ms.
Divine, Arthur Durham:	Road to Tunis / 1944

Dobiasch, Sepp und Fleckner, Major:	Gebirgsjäger auf Kreta / Berlin 1942
Eisenhower, Dwight D.:	Kreuzzug in Europa / Amsterdam 1948
Esebeck, Hanns Gert v.:	Afrikanische Schicksalsjahre / Wiesbaden 1949
Faldella, Emilio:	Lo Sbarco e la difesa della Sicilia / Rom 1956
Frankenberg, E. v.:	Die Legende vom Afrika-Korps / ZS 1963
Fries, Walter:	Sizilien und Italien / Bad Nauheim 1966
ders.	Der Kampf der 29. PGD auf Sizilien / i. Ms.
Fuller, J. F.:	Der Zweite Weltkrieg 1939–1945 / Wien 1952
Gause, Alfred:	Sonderunternehmen gegen Bizerta-Tunis am 9. 12. 1942 / ZS 1957
Gavin James, M.:	Airborne warfare / Washington 1947
Gasteyer, Walter:	Mein Zugführer Peter Arent / i. Ms.
Generalstab des Heeres:	Kampferlebnisse von der Westfront / Berlin 1949
Genz, Alfred:	Kampfberichte / i. Ms.
Gericke, Walter:	Da gibt es kein zurück / Münster 1955
ders.	Fallschirmjäger hier und da / Berlin 1941
ders.	Sprungeinsatz Monte Rotondo / ZS
ders.	Gefechtsbericht FJR 11 / i. Ms.
ders.	Im Landekopf Anzio Nettuno / i. Ms.
ders.	Kriegstagebuch der 4. FJD / i. Ms.
Görlitz, Walter:	Der Zweite Weltkrieg 1939–1945 / Fft/Main 1957
Grabler, Josef:	Eine Armee flog durch die Luft / ZS

Hambuch, Rudolf: Einsätze in Tunesien / i. Ms.
Hart, B. H. L.: Rommels letzter Schlag / ZS 1953
Hayn, Friedrich: Die Invasion / Heidelberg 1954
Haupt, Werner: Das Ende in Afrika / ZS 1963
Heilmann, Ludwig: Chania / ZS 1941
ders. Monte Cassino / ZS 1944
ders. Fallschirmjäger auf Sizilien / Ms. 1959
Heilmann, Grete: Mein Mann Ludwig Heilmann / i. Ms.
Herington, J.: Air war against Germany and Italy 1939–1944 / Canberra 1954
v. d. Heydte, Prof. Dr.: Daedalus Returned / London 1958
ders. Kampfberichte, Tagesbefehle / i. Ms.
ders. Der Fehler in der Rechnung Cotentin / ZS
ders. Der letzte deutsche Sprungeinsatz / ZS
Heym, Stefan: Of Smiling peace / Boston 1944
Jars, Robert: Les Campagnes d' Afrique / 1957
Jensen, Hans: Einsatzbericht 3. Zug 1. / FJR 5 / i. Ms.
Jacobsen, Dr. H. A.: Dokumente zum Westfeldzug / Göttingen 1960
ders. Fall Gelb / Wiesbaden 1957
Kabisch, General: Unser Kampf in Holland / München 1941
Keilig, Wolf: Das deutsche Heer 1939–1945 / Bad Nauheim 1959
Kerutt, Hellmut: Kampfberichte, Befehle, Skizzen / i. Ms.
Kesselring, Albert: Soldat bis zum letzten Tag / Bonn 1953
Kleim, Herbert: Einsatz am Djebel Rihane / i. Ms.
Knoche, Wilhelm: Beitrag zur Kriegsgeschichte des FJR 5 / i. Ms.

ders.	Beginn der Kämpfe in Tunesien / i. Ms.
ders.	Brückenkopf Wiborgskaja / i. Ms.
Kurowski, Franz:	Der Kampf um Kreta / Herford 1965
ders.	Das Tor zur Festung Europa / Nekkargemünd / 1966
ders.	Brückenkopf Tunesien / Herford 1967
ders.	Von Caserta nach Tunis / ZS
ders.	Der Kampf um Medjez el Bab / ZS
ders.	Der Durchbruch der Alliierten bei Medjez el Bab
ders.	Entlastungsangriff am Djebel Djaffa
ders.	Nach 23 Jahren wieder in Tunesien
ders.	Fallschirmjäger in Rußland I–V (alle: der Deutsche Fallschirmjäger 1966–67)
ders.	Ihr Stadion ist der Himmel / Bochum 1971
ders.	Das Buch der Fallschirmspringer / Göttingen 1973
Lange, H. W. W.:	Rommel in Thala / ZS 1961
Langemeyer Dr. Carl:	Die Männer mit den Blauen Spiegeln
ders.	Berichte, Kampfschilderungen
Lepkowski, Erich:	Kampfberichte, Kanal von Korinth, Kreta, Miusfront, Kirowograd und Brest / i. Ms.
Lauterbach, Ernst:	Mit dem II./FJStRgt. im Osten / i. Ms.
Lemelsen, Joachim:	29. Division / Bad Nauheim 1960
Linclater, Eric:	The Campaign in Italy / London 1951
Majdalany, Fred:	Monte Cassino / München 1958
Manteuffel, Hasso v.:	Die Schlacht in den Ardennen 1944–45 / Frankfurt/Main 1960

ders.	Tunesieneinsatz – Auszüge der täglichen Meldungen des OKH an das OKW / i. Ms.
Maravigna, P.:	Come abbiamo perduto la guerra in Africa / Rom 1949
Messe, Giovanni:	Come fini la guerra in Africa / Rom 1949
Milch, Werner:	Unser Einmarsch in Rom / ZS
Möller-Witten, Hans:	Männer und Taten / München 1959
Montgomery, Sir Bernard:	Von El Alamein zum Sangro / Bern 1949
ders.	Memoiren /
Moorehead, Alan:	Afrikanische Trilogie / Hamburg 1948
Müllenbach, Herbert:	Und setzet ihr nicht das Leben ein / Gütersloh 1941
Nehm, Heinz:	Zwei Einsätze in Tunesien / i. Ms.
Nehring, Walther K.:	Die 1. Phase der Kämpfe in Tunesien bis zum 9. 12. 1942 / i. Ms.
Neumann, Dr. Heinrich:	Der Kreta-Einsatz des Luftlande-Sturmregimentes. Kampf- und Sanitätsberichte / i. Ms.
Nicholson, Gerald W. L.:	The Canadians in Italy / Ottawa 1957
OKW:	Der Kampf um Norwegen / Berlin 1940
OKW:	Die Wehrmacht 1941 / Berlin 1941
O'Neill, Herbert Charles:	Foothold in Europe / London 1945
Otte, Afred:	Kurze Geschichte des FschPzKorps »HG« / i. Ms.
ders.	Einsatz der Fallschirm-Panzerdivision »HG« in Italien / i. Ms.
Pakenham-Walsh. R. P.:	North-West Africa / 1948
Pond Hugh:	Sicily / London 1962
Ramcke, Bernhard H.:	Vom Schiffsjungen zum Fallschirmjä-

	ger-General / Berlin 1943
ders.	Fallschirmjäger damals und danach / Frankfurt/Main 1951
ders.	Persönliche Daten und Berichte / i. Ms.
Rechenberg, Hans:	Stunde der Bewährung: Kreta / Berlin 1941
ders.	Fallschirmjäger im Südosten I. Korinth – II. Kreta / ZS
Reisch, Max:	Mausefalle Afrika / Neckargemund 1962
Rexford-Welch, S. C.:	The Royal Air Force Medicinal Services / ZS 1958
Richter, R. Peter:	Im Großkampfraum Normandie und Brest / ZS
Ringel, Julius:	Hurra die Gams / Graz o. J.
ders.	Persönliche Kampfberichte
Robinett, Paul McDonald:	Armor Command / Washington 1958
Rocolle:	L' arme Aéroportée clé dela victoire? / ZS
Rodt, Eberhard:	Kampf der 15. PGD auf Sizilien / i. Ms. KTB
Roscoe, Theodore:	United States Destroyer Operations in World War II/III.A. 1960 Menasha, Wisconsin
Sauer, Paul:	Gefechtsberichte und Kompanieliste der Kompanie / Kampfgruppe Sauer / i. Ms.
Schirmer, Gerhard:	Persönliche Daten und Kampfberichte / i. Ms.
Schmalz, Wilhelm:	Der Kampf der Brigade Schmalz auf Sizilien / i. Ms. 1947
ders.	Der Kampf der PD »HG« bei

	Salerno / ZS
Schmidt, Heinz Werner:	Mit Rommel in Afrika / 1951
Schubert, Erich:	Erinnerungen an Bruno Bräuer / ZS
Schacht, Gerhard:	Eben-Emael – 10. Mai 1940 / ZS
ders.	Die Kämpfe der Gruppe Walther in Südholland / i. Ms.
Schäfer, Heinrich:	Die Kaktusfarm / i. Ms.
Schulz, Karl-Lothar:	So nahmen wir Waalhaven / ZS
ders.	Kampfberichte Heraklion / i. Ms.
ders.	Befehle, Berichte, Italien / i. Ms.
Schulz, Joh.:	Kampf am Pont du Fahs / München 1957
ders.	Die verlorene Armee / Balve 1960
ders.	Unternehmen Overlord / Balve 1961
Seemen, Gerhard v.:	Die Ritterkreuzträger 1939–1945 / Bad Nauheim 1955
Senger und Etterlin, Frido von:	Krieg um Europa / Köln 1960
Seventh Army:	Report of Operations of the United States Seventh Army in the Sicily-Campain / New York 1945
Schuster, Erich:	Von der Versuchsabteilung zum Sturmregiment / i. Ms.
ders.	Stoßtrupps in Tunesien
Sieber:	Gefechtsberichte der Gruppe Sieber / i. Ms.
Spencer, John Hall:	Battle for Crete / London 1962
Sogno, V.:	Il XXX. corpo d' armata italiana in Tunisia / 1952
Strassl, Ernst E.:	Die Nacht von Galatas / Berlin 1941
Stephanides, Theodore:	Climax in Crete / London 1950
Stronk, Wolfram:	Einsatz in der 1. / PR »HG« auf Sizilien / i. Ms.

Student, Kurt:	Memoiren / i. Ms.
ders.	So sahen wir die Kreter / ZS
ders.	Der Kampf um Rom / ZS
ders.	Arnheim – letzter deutscher Erfolg / ZS
ders.	Die Kapitulation / ZS
ders.	Die Wahrheit über die Fallschirmtruppe / ZS
Tankers:	In Tunisia / Fort Knox 1943
Teusen, Hans:	Kampfberichte und persönliche Daten / i. Ms.
Tippelskirch, Kurt v.:	Geschichte des Zweiten Weltkrieges / Bonn 1953
Trettner, Heinz:	Werdegang und soldatischer Abriß / i. Ms.
ders.	Ist nationales Denken noch zeitgemäß / ZS
US-Army Combat Forces Journal:	Panzer gegen Fallschirmjäger
Vehreschild, Josef:	Kampfberichte Tunesien / i. Ms.
Vian, Sir Philip:	Action this day / London 1960
Volz, Heinz:	Fallschirmjäger-Regiment von Hoffmann / i. Ms.
Wamper, Hans:	Wir sperrten die Straße Den Haag–Amterdam / ZS
Wachsmuth, Harald:	Waffenlos 12 Tommies überrumpelt / ZS 1943
Westphal, Siegfried:	Herr in Fesseln / Bonn 1950
ders. (Herausgeber)	Schicksal Nordafrika / 1954
Winterstein, Martin und Jacobs, Hans:	General Meindl und seine Fallschirmjäger / Braunschweig o. J.
Witzig, Rudolf:	Die Einnahme von Eben Emael / ZS 1940

Zierer, Otto: Rot scheint die Sonne / Stuttgart o. J.

Zimmermann, Horst: Mein Einsatz mit dem II./FJR 5 in Tunesien / i. Ms.

Ferner: Zeitschriften: Der Adler
Gefechtsberichte, Tagesbefehle, Stellenbesetzungen, Einsatzschilderungen.

Der besondere Dank des Autors gilt der Zentralbibliothek der Bundeswehr, die immer wieder zu den einzelnen Feldzügen die entsprechende Literatur nannte und besorgte. An ihrer Spitze Herrn Büchereidirektor Dr. Sack.
Von Fallschirmschützen bis zum Oberbefehlshaber der 1. Fallschirmjäger-Armee haben über 300 ehemalige Angehörige der Deutschen Fallschirmtruppe an der Bestgestaltung dieses Werkes nach über zehnjährigen Recherchen Anteil. Ohne sie hätte dieses Werk nicht in der vorliegenden Form entstehen können.
Dortmund, 25. 1. 1974
Der Autor